KB164931

18~19세기 농정책의 시행과 농업개혁론

염정섭

서울대학교 인문대학 국사학과에서 학사, 석사, 박사 학위를 받았다. 서울대학교 규장
각한국학연구원에서 책임연구원으로 일했고, 전북대학교 쌀삶문명연구원에서 HK교수
를 지냈다. 현재 한림대학교 인문대학 사학과 교수로 재직하고 있다.
조선시대 전반에 걸쳐 農法, 農書뿐만 아니라 宮房田, 量田, 量案, 農業改革論, 救荒,
水利施設 등에 대한 연구를 진행하고 있다. 주요 논저로『조선시대 농법 발달 연
구』(2002),『아 그렇구나 우리역사 9·10·11, 조선 1·2·3』(2006·2007),『풍석 서유
구와 임원경제지』(공저, 2011),『연암 박지원 연구』(공저, 2012),『서유구: 농업개혁론을
제시한 임원경제지 편찬자』(2013) 등이 있다.

18~19세기 농정책의 시행과 농업개혁론

초판 1쇄 인쇄 | 2014년 3월 20일
초판 1쇄 발행 | 2014년 3월 28일

지은이 | 염정섭
펴낸이 | 지현구
펴낸곳 | 태학사
등   록 | 제406-2006-00008호
주   소 | 경기도 파주시 광인사길 223
전   화 | 마케팅부 (031)955-7580~82   편집부 (031)955-7585~89
전   송 | (031)955-0910
전자우편 | thaehak4@chol.com
홈페이지 | www.thaehaksa.com

ISBN 978-89-5966-639-3 94910
     978-89-7626-500-5 (세트)

이 도서의 국립중앙도서관 출판시도서목록(CIP)은 서지정보유통지원시스템 홈페이지
(http://seoji.nl.go.kr)와 국가자료공동목록시스템(http://www.nl.go.kr/kolisnet)에서
이용하실 수 있습니다.(CIP제어번호: CIP2014008804)

* 이 저서는 2008년도 정부재원(교육부 인문사회연구역량강화사업비)으로 한국연구재단의
  지원을 받아 연구되었음(NRF-2008-812-A00019).

염정섭

18~19세기 농정책의 시행과 농업개혁론

태학사

머리말

　조선후기 19세기의 삼정문란과 농민항쟁에 주목하다보면, 농민들이 농업생산에 여념이 없을 때 조정에서는 부세수취에만 혈안이 되었던 것으로 보기 쉽다. 또한 다른 한편에서 실학자들의 농업개혁론의 논지를 따라가다보면 조정의 관리는 아무런 일도 하지 않는 무능한 존재에 불과하였던 것으로 간주하기 마련이다. 과연 조선후기의 국왕과 조정에서는 농민의 농업생산과 관련된 어떠한 일도 하지 않았던 것일까. 그리고 관료들과 재야지식층이 제기한 농업개혁론은 모두 현실적으로 실현 가능한 것이었을까.

　필자가 보기에 조선후기 국가적 차원에서의 農政策이 시행되었고, 농업개혁론 가운데 일부는 책 속의 개혁론에 가까운 것이었다. 조선후기 농업사에 관한 여러 연구성과를 비판적으로 검토하면서 이 책의 집필을 계획하였다. 그리하여 조선후기 농정책에 대한 연구과 농업개혁론에 대한 연구를 몇 년에 걸쳐 수행하였다. 그 결과 농정책과 농업개혁론을 연결시켜 정리하는 것이 당대의 농업현실을 보다 분명하게 파악할 수 있는 연구과제라는 생각에 이르게 되었다.

　이 책은 18세기와 19세기의 農政策과 農業改革論을 종합 분석하여 정리한 연구이다. 좀더 부연설명하자면 이 책에서 18세기에서 19세기에 걸쳐 국왕과 조정에서 입안하여 실행한 農政策의 다양한 면모를 정리하여 제시하고자 하였다. 그리고 농정책의 전개와 관련하여 관료들과 재야지식인들이 제시한 農業改革論의 성격을 여러 가지 측면에서 분석하고자 하였다.

훨씬 오래 전인 1990년대 후반 「조선시대 農書 편찬과 農法의 발달」을 주제로 박사학위논문을 작성하는 과정에서 국왕과 조정이 실행한 農政策의 전체적인 모습에 대한 정리를 장래의 연구 과제로 설정하게 되었다. 국왕과 조정의 농정책이 어떻게 구체적으로 진행되었는지 밝히는 연구가 조선의 농민들이 마주하고 있던 농업현실을 파악하는 데 중요할 것이라는 생각을 하게 되었다. 그리하여 이후 18세기 후반 정조 재위 시기를 중심으로 農政策을 살피면서 勸農策, 水利振興策 등을 본격적으로 정리하였다.

조선후기 農業改革論을 본격적으로 새롭게 정리하려는 생각은 1990년대 초반 대학원에 재학 중일 때부터 갖고 있었다. 하지만 읽고 정리해야 할 많은 자료에 막혀 오랜 시간을 보내면서도 이렇다할 연구결과를 내지 못하고 있었다. 그러다가 2000년대 중반에 이르러 조선후기 實學의 農業思想을 전반적으로 검토하고 체계화시켜서 정리하는 글을 쓸 기회를 얻게 되었다. 그 기회에 많은 시행착오를 거치면서 조선후기 농업개혁론의 계통을 정리하고 그 성격을 따져볼 수 있었다. 또한 그 뒤에 徐有榘, 朴趾源, 丁若鏞 등의 농업관련 저술을 읽고 연구할 수 있는 호기가 찾아와 이들을 포함한 많은 인물들의 농업개혁론을 체계적으로 천착하여 정리할 수 있었다.

농정책에 대한 연구와 농업개혁론에 대한 연구에서 어느 정도 성과를 거둔 무렵에 두 가지를 같이 통합적으로 검토하는 것이 필요하다는 점을 깨달았다. 먼저 농정책이 농업개혁론과 깊이 관련되어 있다는 점이 눈에 들어왔다. 국왕과 조정에서 입안하여 추진하는 농정책이 일상적으로 실시되었는데 이는 농업생산의 안정성을 확보하기 위한 것이었다. 따라서 농업생산을 둘러싼 여러 문제를 해결하고 나아가 좋은 농업여건을 만들기 위한 농업구조개선론은 농정책과 따로 떼

6

어놓을 수 없는 것이었다.

또한 농업개혁론이 농정책의 문제점을 해결하거나 농정책의 한계를 뛰어넘는 성격을 지닌 것이라는 점도 주목하게 되었다. 그리고 토지소유 문제의 해결이나 농업경영의 혁신 등을 담고 있는 농업개혁론은 농정책이 다룰 수 없는 부분을 제기하고 있지만 개혁의 주체가 결국 국가라는 점에서 농정책과 아주 관계가 없는 것은 아니라는 점도 눈여겨보게 되었다. 결론적으로 18세기와 19세기의 농정책과 농업개혁론을 같이 엮어서 연구하는 것이 조선후기 농업현실을 전체적으로 파악하는 데 커다란 도움을 줄 수 있을 것이라는 생각을 하게 되었다. 이러한 생각 속에 이 책을 세상에 내놓게 되었다.

2000년 박사학위를 받고 2002년에 출판한 첫 번째 저서를 손에 들었던 것이 벌써 10여 년 전 과거의 일이 되어 버렸다. 박사학위를 받은 이후 지금까지 참으로 갖가지 일을 겪었고, 많은 사람을 만났다. 호의를 베풀어주신 많은 분들의 도움을 받아 서울대학교 규장각한국학연구원, 서원대학교, 전북대학교 쌀삶문명연구원, 한림대학교 사학과 등 여러 곳에서 연구실을 꾸밀 수 있었다. 그리고 강의실에서 여러 학생들을 만나 미운 정, 고운 정을 쌓을 수 있었다.

지난 10여 년 가운데 몇 년 동안은 초중고생들이 읽을 수 있는 조선시대 역사를 써보려고 갖가지 자료를 수집해서 씨름한 시절이었다. 한국연구재단의 지원을 받아 규장각한국학연구원에 소장되어 있는 量案을 중심으로 본격적인 양안해설 사업을 진행하기도 하였다. 또한 중학생이 보게 될 역사교과서 집필에도 참여할 수 있었다. 그리고 일본과 중국의 농업 유물 유적 일부를 가까이에서 살펴볼 수 있는 기회를 얻기도 하였다.

그동안 연구관심 분야가 여기저기로 확대되면서 각 관심 주제별로 본격적인 연구를 해보겠다는 연구계획을 꾸준히 세워왔다. 하지만 아직도 연구결과로 세상에 내놓지 못하고 연구계획으로만 많은 것들이 남아 있다. 게다가 연구·집필작업을 지금 당장 진행해야 할 숙제 목록이 줄어들기는커녕 달마다 늘어만 가고 있다. 이제 이 책을 세상에 내놓으면서 꽉 막힌 숙제들을 하나하나 해치우면서 앞으로의 연구를 시원하게 내달릴 작정을 굳건하게 세워놓고 있다.

지난 10여 년을 돌아보니 그때마다 정성을 다한다고 자부하였지만, 그럼에도 불구하고 많은 잘못과 실수로 점철되어 있음을 반성하지 않을 수 없다. 다행히 많은 분들의 호의를 받을 수 있어서 나락으로 떨어지지 않고 지금껏 버틸 수 있었다. 그때그때 곤란한 지경에서 건져내주신 분들과 잘못된 실수에 너그러운 용서를 내려주신 분들께 너무나 감사하지 않을 수 없다.

이 책을 내면서 많은 분들에게 감사인사를 전하고 싶다. 서울에서 살다가 강원도 홍천에 내려가 20년 가까이 살고 계시는 부모님께 감사드린다. 그리고 매사 철없기만 한 남편을 이끌어준 사리분별이 뚜렷한 아내에게 고맙다는 말을 전한다. 매일 집에서 놀기만 하냐고 타박하던 딸과 아들에게 그래도 이만큼 공부했다며 이 책을 보여주고 싶다. 필자에게 여러 측면에서 큰 배려를 해주시는 한림대학교 인문대학 여러 선생님들께 감사드린다. 또한 필자에게 연구자로서 그리고 교육자로서 가야 할 길을 넉넉히 알려주시는 한림대 사학과 선생님들께서는 특히 감사드린다.

이 연구를 인문저술 지원 사업으로 선정하여 연구비를 지원해준 한국연구재단에 감사드린다. 그리고 군데군데 부실한 논리와 내용으로 채워진 연구결과물을 심사하시느라 고생한 여러 심사위원들께 이 자리에서 사의를 표한다. 또한 이 책의 출간을 맡아주신 태학사 지현구 사장님과 난삽한 원고를 깔끔하게 정리해주신 편집부의 한병순 부장님께 깊은 감사인사를 올린다. 마지막으로 이 책을 쓰면서 참고하였

8

던 많은 논문과 저서의 필자분들에게 감사드린다. 그렇지만 당연하게도 이 책에 실려 있는 모든 잘못과 오류는 전부 필자가 감당해야 할 부분이다. 아무쪼록 이 책이 조선후기 농업현실을 살펴보는 데에 아주 조그마한 도움이라도 되기를 기원한다.

2014년 3월
한림대 연구실에서
염 정 섭 올림

차 례

一

序論

1. 문제제기와 연구동향

1) 문제제기

본 연구는 18세기 초반에서 19세기 중반에 걸쳐 농업생산의 원활한 수행을 위하여 국왕과 조정에서 마련하여 시행한 農政策[1]을 살펴보고, 또한 농업현실의 문제점을 해결하기 위하여 관료층과 재야 지식층을 중심으로 제출된 農業改革論[2]을 검토하는 연구이다. 이 시기 동안 조정에서 시행한 농정책을 여러 측면에서 구체적으로 밝혀내고, 다양한 농업개혁론을 그 성격의 측면에서 구분하여 실체적으로 분석하는 연구이기도 하다.

조선후기사 연구라는 측면에서 본 연구의 연구사적 위치를 조망한다면, 조선후기 농업변동의 양상과 성격을 규명하고 나아가 조선후기 사회성격의 해명에 나아가기 위한 작업의 하나에 해당한다고 할 수

---

1 조선시대 중앙 정부에서 마련하여 시행한 농업에 관련된 시책을 農政策으로 정리하는 것은 다음 연구를 검토하는 과정에서 시사를 얻은 것임을 밝혀둔다. 金容燮, 「世宗朝의 農業技術」, 『韓國中世農業史研究』(知識産業社, 2000) ; 李泰鎭, 「세종 대의 농업기술정책」, 『세종조문화연구』 2(한국정신문화연구원, 1984) ; 李泰鎭, 「세종 대의 천문연구와 농업정책」, 『애산학보』 4(1986).

2 '實學의 농업사상'을 살펴보면서 농업개혁론과 연결시킨 설명은 앞서 다음 글에 피력하였다. 염정섭, 「조선후기 실학의 농업사상」, 『韓國儒學思想大系Ⅶ–經濟思想編』(한국국학진흥원 편, 2007).

17

있다. 현재까지의 한국사학계의 연구 상황 속에서 본 연구가 농정책과 농업개혁론을 주요한 주제로 삼는 것은 조선후기 농업사 연구의 연구과제와 연구방법에 대한 문제제기에 바탕을 두고 있다. 그러한 문제제기는 조선후기 특히 18세기 초반에서 19세기 중반에 걸친 역사상에 대한 검토과정에서 도출된 것이다. 아래에서 본 연구의 문제제기에 대하여 정리한다.

18세기 초반에서 19세기 중반에 이르는 시기는 영조, 정조, 순조로 이어지는 國王이 재위하던 기간이다. 세 왕대에 걸쳐 100여 년에 달하는 이 시기동안 정치사적으로 볼 때 커다란 변동이 일어났다. 숙종대의 빈발하였던 換局은 영조 재위 초반까지 이어졌다. 그리고 숙종대부터 대두하였던 蕩平論은 영조가 본격적으로 추진한 蕩平策으로 이어졌다. 또한 정조는 영조가 추진한 탕평책을 계승하면서 나름대로 발전시킨 독자적인 탕평책을 실행하였다. 하지만 순조가 즉위하면서 탕평의 색깔은 사라지고 勢道家門이 득세하는 세도정치시기로 변환되었다.[3] 이와 같은 정치사적 변동과정에 대한 많은 연구들이 이어지면서 정치권력, 정치세력의 성격이 점차 분명하게 해명되고 있다.

18세기 초중반 이후 조선의 향촌사회에서 在地士族들은 앞선 시기에 鄕案과 洞約을 통해 지역사회에서 행사하던 지배력을 점차 상실하였다. 경제적인 변동, 그리고 이와 연관된 신분질서의 변동은 新鄕이라 불린 새로운 신흥세력의 대두를 촉발하였다. 이와 더불어 숙종 대

---

3 18세기 초반에서 19세기 중반에 이르는 시기 조선사회의 정치적 변화 흐름에 대해서 다음 논저를 주요하게 참고할 수 있다. 鄭奭鍾, 『朝鮮後期의 政治와 思想』(한길사, 1994) ; 朴光用, 「조선후기 '蕩平' 연구」 서울대학교 대학원 문학박사 학위논문(1994) ; 金成潤, 『朝鮮後期 蕩平政治 硏究』(지식산업사, 1997) ; 한국역사연구회 19세기정치반연구반, 『조선정치사 1800~1863 상·하』(청년사, 1990) ; 김백철, 『조선후기 영조의 탕평정치 - 『속대전』의 편찬과 백성의 재인식』(태학사, 2010).

중반 이후 官主導 향촌통제책이 점차 面里制의 강화와 더불어 자리를 잡아가면서 吏鄕세력과 守令이 향촌사회를 통제하게 되었다. 饒戶 또는 富民이라고 불린 새로운 사회세력들은 總額制로 운영되는 수령의 부세행정에 적극 동조하면서 기존의 사족들이 장악하던 향촌사회 지배력에 대항하였다. 이러한 와중에 鄕戰이란 불린 신구 세력 사이의 갈등이 첨예화되기도 하였다.[4] 이상과 같은 사회사적 변동과정은 향촌사회사 자료의 구체적이고 치밀한 분석 연구를 통해 점차 뚜렷한 모습을 보여주고 있다.

18세기 중반 이후 농민들은 都結을 중심으로 地稅化되고, 군현 단위로 總額制로 운영되어 나가는 부세체제의 변동 속에서 流離民이 되거나 도시 貧民으로 전락할 위기에 처해 있었다. 이와 더불어 宮房이나 衙門의 토지 침탈에 자기 소유토지를 상실한 無田農이 되기도 하였다. 또한 적극적으로 궁방과 아문의 토지집적과정에 참여하는 농민도 나타났다. 경우에 따라서는 소작인으로서 永代小作權, 賭地權 등을 확보하기도 하였다. 하지만 자기 소유의 토지를 갖지 못한 소작농들은 전주와 국가가 자행하는 경제적 압박이 더욱 심화되는 것을 견디지 못하고, 田主의 지대 수취에 저항하는 抗租운동이나 국가의 田結稅 수취 등에 저항하는 抗稅 움직임을 펼쳐나갔다. 나아가 군현의 부세행정에 저항하는 富民과 연합하여 농민항쟁(民亂)을 일으키기도 하였다.[5]

---

4 조선후기 향촌사회의 동향에 대해서는 다음 논저를 참조하였다. 김인걸, 「조선후기 향촌사회 변동에 관한 연구」, 서울대 박사학위논문(1991) ; 고석규, 『19세기 조선의 향촌사회 연구』(서울대학교 출판부, 1998) ; 김준형, 「18세기 里定法의 전개 - 촌락의 기능강화와 관련하여」, 『진단학보』58(1984) ; 이태진, 「조선후기 양반사회의 변화」, 『한국사회발전사론』(일조각, 1993) ; 鄭震英, 『朝鮮時代 鄕村社會史』(한길사, 1998) ; 이해준, 「조선후기 사회사연구의 성과와 전망」, 『韓國史論』24(國史編纂委員會, 1994) ; 오영교, 『조선후기 향촌 지배정책 연구』(혜안, 2001).

현재 농민들의 동향과 농민항쟁에 대한 연구가 더 이상 진전을 보이지 않고 있는데, 이는 연구자들의 연구방법과 문제의식에 기인한 것이다. 하지만 조선후기 농민들의 동향이 국가의 정책, 구체적으로 부세정책 등에 의해서 나타난 것이라는 점은 분명하다. 그렇다면 국가의 농업정책에 대한 부분이 현재까지 제대로 해명되었는지 자문해 필요가 있다. 그러한 질문에 대한 적절한 해답이 분명하게 제시되었다고 하기는 어려울 것이다. 본 연구에서 국가의 농정책을 살피는 이유가 바로 여기에 있다.

조선후기 사상계의 동향과 관련해서 實學, 實學論을 중심으로 많은 연구들이 이루어졌다. 17세기 후반에서 19세기 초반에 걸쳐 제출된 관료층과 재야 유학자의 사회개혁론은 그동안 대체로 實學이라고 불려 왔다. 그리하여 특히 해방 이후 현재까지 이른바 '실학', '실학자', '실학파'에 대한 연구성과는 이루 손꼽을 수 없을 정도로 많이 쌓여 있다.[6]

실학을 근대 지향적이고 민족지향적인 조선후기의 학풍으로 파악하기도 하였다. 그리고 실학을 經世致用, 利用厚生, 實事求是의 세 분야로 나눌 것을 제안하기도 하였다. 한편 1980년대 北學이 근대 지향적이라고 정리하고 북학을 實學이라고 규정하는 새로운 주장도 나와

---

5 조선후기 농민항쟁, 농민의 동향 등에 대해서는 다음 논저를 참고할 수 있다. 安秉旭, 「19세기 壬戌民亂에 있어서의 '鄕會'와 '饒戶'」, 『韓國史論』 14(서울대 국사학과, 1986) ; 金容燮, 「哲宗朝의 民亂發生과 그 指向 - 晋州民亂 按覈文件의 分析」, 『東方學志』 94(연세대, 1996) ; 고석규・한상권, 「18・19세기 봉건모순의 심화와 민의 성장」, 『역사와 현실』 3(역사비평사, 1990) ; 高錫珪, 「19세기 전반 鄕村社會勢力間 對立의 推移 ; 慶尙道 英陽縣을 중심으로」, 『國史館論叢』 8(국사편찬위원회, 1989).

6 실학에 대한 연구사정리로 다음 3편의 논문을 참고할 수 있다. 박찬승, 「조선후기 사회・경제사상 연구현황」, 『韓國中世社會解體期의 諸問題(上)』, 한울 ; 이헌창, 「유학 경제사상의 체계적 정립을 위한 시론」, 『국학연구』 3, 한국국학진흥원 ; 한영우, 「'실학' 연구의 어제와 오늘」, 『다시, 실학이란 무엇인가』, 푸른역사.

있다. 그런데 실학의 근대지향, 민족지향이라는 성격에 대한 문제 제기는 이미 여러 학자들이 앞서 실행한 바 있고, 현재도 실학 개념을 둘러싸고 많은 주장이 제기되고 있다.[7]

하지만 실학의 논점을 보다 분명하게 파악하기 위해 농업 중심의 개혁론을 살펴본다면 앞서 문제제기하였던 국가의 농업정책이나 농민층의 동향을 바탕으로 실학자들의 농업개혁론(실학의 농업사상)을 정리한 것으로 보기 어렵다고 생각된다. 여러 실학자의 저작에 근거하여 실학론을 제시하고, 설명하는 것으로 그친 것이 아닌가 반성이 필요하다고 생각된다.

또한 실학의 구체적인 성격을 보다 당시의 농업현실 속에서 냉정하게 재단하는 것이 요구된다고 생각된다. 농업구조에 대한 개혁, 농업체제에 대한 변혁 등 실학의 구체적인 주장, 논의의 성격이 달랐다는 점에 주목해야 한다고 생각한다. 이와 관련해서 실학 자체가 당대 사회현실에 대한 반성적 검토에서 유래한 것이라는 점도 주의해야 할 것이다. 본 연구에서 농업개혁론을 농업구조 개선, 농업세제 변혁이라 구분하여 살펴보는 이유가 바로 여기에 있다.

이상에서 아주 간략하게 살펴본 바와 같이 18세기 초반에서 19세기 중반에 걸친 시기의 조선사회는 정치적, 사회적, 경제적, 사상적 제 측면에서 커다란 변화와 변동에 직면하여 새로운 흐름과 양상이 등장하고 있었다. 영조 대에서 순조 대에 이르는 이 시기에 조선 사회가 어떻게 변화하고 어떠한 방향으로 나아가고 있었는지 아직 분명하게

---

7 실학의 개념에 대한 논저는 다음을 참고할 수 있다. 천관우, 「磻溪柳馨遠研究」, 『역사학보』 2, 역사학회 ; 한우근, 「이조 실학의 개념에 대하여」, 『진단학보』 19, 진단학회(『이조후기 사회와 사상』, 재수록) ; 이우성, 「실학연구서설」, 『실학연구입문』, 일조각 ; 지두환, 「조선후기 실학연구의 문제점과 그 방향」, 『태동고전연구』 3, 태동고전연구소 ; 한영우 외, 『다시, 실학이란 무엇인가』, 푸른역사.

제시하기 어렵다고 생각된다.

논자에 따라서는 이 시기 조선사회 변화를 중세사회에서 새로운 사회로 바뀌어 가는 과정으로 설명하고 있다. 1960년대를 전후한 시기부터 이루어진 조선후기사 연구에 대해서 "조선후기를 근대로의 전환기로 파악하고 조선사회 내부에서 이루어졌던 발전상을 구체적으로 확인해내는 한편, 이를 통해 과거 정체성론자들의 주장을 불식시키고 한국사를 주체적이고 발전적으로 체계화 할 수 있는 토대를 제공하였다"[8]고 평가하는 설명이 대표적인 것이다.

그리고 조선후기 농업사를 줄기차게 연구한 金容燮의 경우 "中世的인 農業體制의 解體과정이 현실적으로 여하히 近代的인 農業體制로 연결되었는가"[9]라는 문제의 해답을 찾는 연구작업이 자신이 수행한 한국근대농업사연구 내용이라고 밝혀놓고 있다는 점도 같은 맥락에서 이해할 수 있다. 조선후기 사회성격의 변동, 사회구성체 이행, 새로운 사회로의 전환 등으로 표현되는 거대 담론 등을 제시하는 견해들도 비슷한 위치에 놓여 있는 연구로 생각된다. 그렇지만 과연 중세적인 농업체제에서 근대적인 농업체제로 연결되어 나간 것이 조선후기 농업발전의 주요한 내용이었다고 볼 수 있는지 현재로서는 명확히 동의하기 어렵다고 생각한다.

현재로서는 조선후기 사회 성격의 재조명에 적극적으로 기여할 수 있는 연구활동이 필요하다고 생각한다. 즉 조선후기 사회의 성격 규명을 위해 농업 부문에서 당대 농업현실에 대한 역사적 이해를 보다 넓혀나가는 것이 반드시 필요하다는 생각이다. 다시 말해서 조선후기사 연구에서 1960년대 이후 추구하였고, 앞으로도 계속 힘을 기울여

---

8 近代史硏究會編, 「總論」, 『韓國中世社會 解體期의 諸問題』 上(한울, 1987).
9 김용섭, 「序」(1975년 초판), 『增補版 韓國近代農業史硏究』 上(一潮閣, 1988), 5면.

야 할 과제가 "이 시기에 이루어진 '발전'의 의미와 그 발전이 어떻게 추진되어 나갔는가 하는 점"[10]을 재확인하는 것이 앞으로의 연구의 새로운 출발점이 될 것이라고 생각된다. 최근 농업사 이외의 조선후기사 연구의 각 분야에서도 조선후기 사회 발전의 구체적인 내용과 의의를 찾기 위한 노력이 이루어지고 있다고 판단된다.

이상에서 살펴본 바와 같이 조선후기 농업사는 앞으로 구체적인 농업현실의 파악, 국가의 농업에 관한 정책 마련과 추진, 그리고 실학으로 이름 붙여진 농업개혁론의 실체 파악 등의 측면에서 많은 연구과제를 갖고 있다고 정리할 수 있다. 특히 18세기에서 19세기에 이르는 시기를 대상으로 농업사연구의 외연을 확대하고 내포를 심화하는 연구성과의 산출이 필요한 상황이다.

2) 연구동향

본 연구는 18세기 초반에서 19세기 중반에 걸친 국가의 農政策과 관료층과 재야 지식층을 중심으로 제출된 農業改革論을 검토하려고 한다. 이 시기 농정책과 농업개혁론의 연구가 기존의 농업사 관련 연구와 차별성을 갖는 부분에 대한 설명이 필요하다. 농정책과 농업개혁론을 서로 밀접하게 관련시켜서 살펴보는 것이 어떠한 연구사적 의의를 지니고 있는지 해명이 요구된다.

여기에서는 조선후기 농업변동에 대한 두 가지 입장에 대해서 비판적인 검토를 해나가면서 본 연구의 연구사적 의의를 제시하고자 한다. 연구 동향에 대한 정리가 해당 시기 해당 분야의 모든 연구를 망라하는 것으로만 한정할 수는 없다고 생각한다. 기본적으로 연구동향에

---

10 김인걸, 「조선후기 鄕村社會 변동에 관한 연구 - 18, 19세기 '鄕權' 담당층의 변화를 중심으로」, 서울대학교 대학원 국사학과 박사학위논문(1991), 5면.

대한 비판적인 검토는 곧 새로운 연구방법, 연구방향, 연구시각 등을 내놓는 것을 의미하여야 할 것이다. 그리고 새롭게 내놓은 연구방법, 연구방향, 연구시각을 곧이어 다시 비판적 검토의 대상이 되지 않을 수 없을 것이다.

조선후기의 정치, 사회, 사상의 흐름에서 찾아볼 수 있는 변동양상은 농업분야에서도 나타났다. 조선후기 농업 부문에서의 변화 변동에 대한 많은 연구들은 역사적 사실에 근거하여 나름대로의 역사상을 제시하고 있다. 그런데 조선후기 농업변동을 검토한 연구성과 가운데 당시의 농촌현실에 대한 연구시각, 성격 규정 등의 측면에서 크게 두 가지 입장이 나뉘어 대립하고 있다.

18세기에서 19세기 중반에 이르는 시기의 조선의 농업현실에 대한 성격 규정과 발전 방향에 대한 전망에 대해서 그동안 한국사 연구자들의 이해는 대체로 內在的 發展論에 입각한 것이었다고 할 수 있다.[11] 그런데 이러한 조선후기 사회에 대한 성격 규정에 반대하면서 小農社會[12]의 형성과 변화에 근거한 小農社會論을 제시하는 일군의 학자들이 등장하면서, 두 가지 입장이 크게 대비되고 있다. 두 가지 입장을 비판적으로 검토하면서 국가적 차원에서 추진된 농정책과 관료층과 재야지식인층에서 제시한 농업개혁론을 연관시켜 살피는 본 연구의 연구사적 의의를 설명할 것이다.

먼저 내재적 발전론에서 제시하고 있는 조선후기 이래의 내재적 발

---

11 한국사학계에서의 내재적발전론에 대한 설명은 다음 글을 참고할 수 있다. 金仁杰, 「1960, 70년대 '內在的 發展論'과 韓國史學」, 『韓國史 認識과 歷史理論』(金容燮教授停年紀念韓國史學論叢刊行委員會, 1997) ; 최윤오, 「조선후기 사회경제사 연구와 근대 - 지주제와 소농경제를 중심으로」, 『역사와 현실』 45(한국역사연구회, 2002).

12 小農社會論에 대한 논의는 다음 글에 주의할 수 있다. 이영훈, 「조선후기 이래 소농사회의 전개와 의의」, 『역사와 현실』 45(한국역사연구회, 2002) ; 미야지마 히로시, 『미야지마 히로시, 나의 한국사 공부 - 새로운 한국사의 이해를 찾아서』(너머북스, 2013).

전이란 한국사의 발전과정에서 추출될 수 있는 내적·외적, 아래·위로부터의 발전 계기를 확인해 내는 것이다.[13] 19세기 후반 이후 한국사회의 시대적 과제를 반봉건·반침략 민족국가 건설로 설정하고 그것을 통해 근대사회를 설명해 내려는 것이 내재적 발전론의 입장이라고 할 수 있다.[14] 농민층의 양극분해와 경영형부농의 등장,[15] 그리고 유통경제의 발달과 사회경제적 변동에 따른 신분제 변동 등이 나타났고, 이러한 변화가 조선후기 농민항쟁으로 이어져나갔다는 설명이 바로 내재적발전론의 기본 설명틀이다.[16] 19세기 후반 이후 한국사회의 발전은 외적 충격에 직면하여 그 발전의 맹아를 피워내지 못하고 원치 않는 방향으로 왜곡되고 말았다. 구체적으로 내재적발전론을 조선후기 사회에서의 자본주의 맹아의 성립과 일본에 의한 말살로 정리되기도 한다.[17]

조선후기 내재적발전론의 입장에서 조선후기에 제기된 여러 농업 관련 개혁론을 접근하는 시각을 정리하면 다음과 같다. 小農 보호, 小農 중심, 農民的 노선 등으로 규정된 방향과 地主 입장, 地主 중심, 地主的 노선 등으로 규정된 방향으로 조선후기 농업개선론과 농업개혁론을 나누어 살펴보고 있다.[18] 달리 살펴보면 조선후기에 대두한 농

---

13 내재적발전론의 입장에서 한국사의 성과를 집대성하려는 시도로 다음 책을 들 수 있다. 金容燮教授停年紀念 韓國史學論叢 刊行委員會, 『金容燮教授停年紀念 韓國史學論叢』(지식산업사, 1997).

14 최윤오, 「조선후기 사회경제사 연구와 근대 - 지주제와 소농경제를 중심으로」, 『역사와 현실』 45(한국역사연구회, 2002).

15 金容燮, 「朝鮮後期의 經營型富農과 商業的 農業」, 『增補版朝鮮後期農業史研究』 II(一潮閣, 1990).

16 金容燮이 관심을 기울이고 해명한 많은 주제들이 대부분 내재적발전론의 구성요소에 해당한다고 할 수 있다.

17 박섭, 「내재적 발전론의 의의와 한계」, 『오늘의 우리 이론 어디로 가는가』(생각의 나무, 2003), 111면.

업개선론과 농업개혁론을 크게 부세제도 이정방안과 토지소유 개혁 방안으로 나누고 이를 각각 지주적 입장의 개선안, 농민적 입장의 개혁안이라고 이름붙이고 있다.

내재적발전론에 따르면 조선후기 사상의 흐름은 진보적 사상과 보수적 사상으로 구분되어 이해되었다. 그리하여 실학파의 농업론은 民亂, 抗租 투쟁과 연결되는 개혁론으로 해석되었다. 그리고 실학과 근대사상과의 연관관계에 대한 검토가 60년대의 내재적 발전론에 힘입어 사상사적인 측면에서의 이루어졌다. 즉 내재적 발전론에서는 조선후기에 제기되는 다양한 농업개혁론을 농민중심의 토지소유 개혁방안, 지주중심의 부세제도 이정방안으로 단순하게 2분법적 구분을 해놓고 있다.[19] 그리고 토지소유와 관련된 개혁론으로 지목할 수 있는 井田論, 均田論, 限田論, 閭田論 등을 모두 反朱子學的 土地論으로 설정하였다.[20] 또한 농업 문제 해결을 위한 주희의 방안을 주자학의 農政釐整策의 공식적 견해로 파악하면서, 주자학이 國定敎學으로 발달하고 있었던 조선에서는 의당 이 같은 방안이 농정이정책으로 충실히 수용되지 않으면 안 되었다고 설명하였다.

우리가 문제제기할 수 있는 것은 조선후기에 등장하는 부세제도를 변혁하자는 주장 가운데 조선의 농업현실 體制를 根源的으로 變革시키려는 내용을 담고 있는 경우가 있고, 반대로 토지소유를 개혁하자는 주장 가운데 儒學 經傳에 나오는 방안을 姑息的으로 제시하는 경

18 金容燮, 「近代化過程에서의 農業改革의 두 方向」, 『韓國近現代農業史硏究 ; 韓末 · 日帝下의 地主制와 農業問題』(일조각, 1992).

19 金容燮, 「導論 - 조선후기의 농업문제와 實學」, 『한국근대농업사연구 3 - 전환기의 농민운동』(지식산업사, 2001).

20 金容燮, 「朱子의 土地論과 朝鮮後期 儒者」, 『증보판 朝鮮後期農業史硏究[Ⅱ]』(일조각, 1990), 422면.

우도 찾아볼 수 있다는 점이다. 이러한 점을 감안할 때 조선후기 농업 문제를 둘러싸고 등장하는 개량적인 견해는 주희의 설에 충실한 지주 적 입장의 것이고 혁신적 방안은 반주자적이고 농민적인 입장의 것이 라고 설명하는 것이 적당한 것인지 의문이다.

잘 알려져 있다시피 조선전기에 均田論, 限田論이 이미 제기되고 있었다는 점,[21] 그리고 토지소유를 개혁하자는 주장 가운데 옛 經傳에 나오는 방안을 답습하여 적어놓은 것에 불과한 경우도 있다는 점 등 을 감안할 필요가 있다. 따라서 중요한 점은 어떠한 농업개혁 방안이 조선의 농업현실을 개량적으로 개선하려는 성격을 지니고 있는지 아 니면 조선 농업현실의 체제를 근원적으로 변혁하려는 성격을 갖고 있 는지 밝혀내야 한다는 점에 있다. 이를 朱子學的 農政論, 非(反)朱子 學的 土地論으로 구분하는 것도 토지개혁론, 농정개선론의 성격의 일 면을 드러내는 것이긴 하지만 보다 중요한 기준인지 여부는 쉽게 수 긍하기 어렵다.

결국 문제는 토지소유 개혁론 또는 부세제도 개선안으로 구분하고 이를 농민중심, 지주중심으로 구별 하는 데에 자리하고 있는 것이 아 니라, 어떤 특정한 농업개혁 방안이 조선의 농업현실을 구조적으로 개선하려는 성격을 지니고 있는지 아니면 조선 농업현실의 체제를 근 원적으로 변혁하려는 성격을 갖고 있는지 밝혀내야 한다는 점에 있다. 이와 더불어 어떤 논자가 제시한 농업개혁론이 토지소유 개혁론이라 고 해서 그 개혁론을 농민중심의 방안이라고 이름붙일 수 없을 것이 고, 반대로 부세제도 이정론이라고 해서 그 방안을 지주 중심의 농업 개혁론이라고 이름붙일 수 없을 것이다. 왜냐하면 부세제도를 근원적 으로 변혁하자는 주장이 가장 농민의 처지와 입장에 근거한 논리일

---

21 金泰永, 「조선 전기의 均田·限田論」, 『國史館論叢』 5(1990).

수 있고, 토지제도를 고식적으로 개혁하자는 주장이 가장 농민의 처지에 비현실적인 주장인 동시에 지주의 입장을 옹호하는 주장일 수 있기 때문이다. 따라서 여러 논자의 농업개혁론이 지니고 있는 성격을 당대의 농업현실, 농민처지, 지주입장에서 재조명해야 할 필요성이 제기된다.

한편 小農社會論은 조선사회의 근간을 이루고 있던 農民 대중의 자립적 농업경영이 조선후기에 이르러서야 가능하였고, 이에 따라 18세기 이후 1950년대까지 조선사회의 성격을 소농사회로 규정하려는 주장이다. 소농사회론을 주창하고 있는 이영훈은 예전에 조선후기 사회성격을 규정하면서[22] 조선후기 農牛의 확대보급, 그에 따른 다량의 퇴비제조, 쟁기를 비롯한 주요 農具의 개량 등으로 토지생산성의 향상과 더불어 一人당경지면적의 감소 경향을 보이고 있는 점을 주목하였다. 그리고 조선후기 농업발전의 기본 내용으로 집약적 농법의 발전을 생산력적 토대로 삼고 있다고 하였다. 그리하여 조선후기 사회는 안정적 구조의 자립적 소경영의 발전으로 요약할 수 있다고 하였다. 이러한 견해를 바탕으로 소농사회론을 주장하고 있다.[23]

소농사회론에서 주장하는 바에 따르면 조선후기에 농촌사회에서의 양극분해, 그리고 소농의 몰락이라는 상황은 찾아볼 수 없다는 것이다. 그리고 농민들의 경작규모는 양극으로 분해되기는커녕 위아래가 모두 아래쪽으로 수렴하는 하향 평균화 경향에 있었다는 것이다. 이러한 경향은 20세기 전반 식민지기의 농촌사회에서도 마찬가지고 나아가서는 1950년대까지도 그러하였다고 설명하였다.[24]

---

22 李榮薰, 『朝鮮後期社會經濟史』(한길사, 1988).

23 미야지마 히로시, 『미야지마 히로시, 나의 한국사 공부 - 새로운 한국사의 이해를 찾아서』(너머북스, 2013).

24 李榮薰, 「조선후기 사회를 어떻게 볼 것인가 - 소농사회론을 중심으로」, 『역사와

다시 말해서 소농사회론에서는 조선시대 후기에 이르러 소농사회가 성숙된다고 주장한다. 그리고 전근대 한국사회의 성격을 서유럽의 전근대와 상이한 '소농사회'로 정식화하고, 한국사의 근대=자본주의는 서유럽에서 이식된 것이라고 주장하면서, 자생적인 자본주의 발전을 부정하는 것이라고 할 수 있다.[25]

먼저 소농사회론의 근간을 구성하고 있는 小農은 조선후기에만 존재하고 있던 것이 아니라는 점에서 소농사회론의 논거가 희박하다고 할 수 있다. 조선전기의 小農의 존재는 과전법에 의해 분급된 과전의 田主(收租者)와 대립관계에 있던 佃客이었지만, 동시에 국가적 수조지에서 田租를 납부하던 田主(所有者)였다.[26] 조선전기 이래 계속해서 국가와 밀접한 관련을 맺고 국가가 추진한 農政策의 주된 대상이었던 소농의 존재를 도외시하고, 조선후기 그것도 18세기 이후의 소농만 역사적 존재로 자리매김하는 것은 역사학의 연구근간을 무시한 것이라고 할 수 있다. 적어도 국가와 농민의 관계 속에서 小農의 역사적 존재를 검출하는 것이 필요할 것이다.

또한 소농사회론은 조선시대 主戶 - 挾戶관계로 설명하던 예전의 분석틀[27]과 무관하게 제기되고 있다는 점에서 연구사적으로도 불쑥 튀어나온 논리라는 문제점을 가지고 있다. 그리고 특히 국가의 농정책의 전개는 小農의 경제적 자립성, 또는 경제 주체로의 성장 등과 밀접하게 관련되어 있지만, 소농사회론에서는 이에 관한 설명을 찾을

현실』 45호(한국역사연구회, 2002).

25 李榮薰, 「조선후기 사회를 어떻게 볼 것인가 II - 조선후기 신분제·신분변동의 재검토」, 『역사와 현실』 48호(한국역사연구회, 2003).

26 金泰永, 『朝鮮前期土地制度史研究』(지식산업사, 1986) ; 李景植, 『朝鮮前期土地制度研究』(一潮閣, 1986).

27 李榮薰, 『朝鮮後期社會經濟史』(한길사, 1988).

수 없다.

이상의 검토에서 알 수 있는 바와 같이 현재 연구상황에서 내재적 발전론과 소농사회론의 문제점을 해결하는 연구성과를 거두기 위해 서는 연구 방향의 측면에서 새로운 모색이 필요하다. 연구시각과 연구방법을 새롭게 모색하고 이에 따라 조선후기 농업변동, 농업현실을 재구성하는 연구 수행이 필요하다.

먼저 내재적 발전론이 제시하는 農業改革論의 성격을 재검토하는 연구가 요구된다. 앞서 지적하였듯이 농업개선론, 농업개혁론의 성격을 당대의 농업현실 속에서 새롭게 자리매김하여 이로써 농업개혁론을 단순한 2분법으로 설명하는 것을 심화시켜야 할 것이다.

그리고 소농사회론에서 제대로 살펴보지 못하고 있는 農政策을 18 ～19세기를 중심으로 깊이 있게 분석하는 것이 필요하다. 국가의 농업생산에 관한 여러 정책들의 지향점이 무엇이고, 그 결과 어떠한 농업현황이 나타나고 있었는지 국가의 농정책의 시행과 그 功過를 따져보면 이에 따라 小農의 위상과 처지를 섬세하게 밝힐 수 있을 것이다.

본 연구는 위와 같은 연구동향에 대한 비판적 검토를 통해 내재적 발전론, 그리고 소농사회론과 구별되는 새로운 입장에서 조선후기 농업현실을 파악하는 연구가 필요하다는 점을 제시하려고 한다. 이를 위해 조선후기 농업현실에 대한 새로운 이해의 가능성을 넓히기 위하여 農政策과 農業改革論을 같이 검토하는 연구가 필요하다는 점을 제시하려고 한다.

농정책과 농업개혁론을 포괄하는 연구를 수행하는 것이 내재적 발전론이 직면하고 있는 조선 국가의 동향에 의해 야기되는 많은 역사적 현상에 대한 외면, 필요 이상으로 강조되는 내재적 발전 요인에 대한 과도한 역사적 평가 등에서 벗어날 수 있는 통로를 찾을 수 있을 것이다. 그리고 농정책과 농업개혁론을 결합시킨 연구를 통해 소농사회론에서 제기하는 소농사회의 형성, 발전이라는 역사상이 조선사회의 일면적인 부분에 대한 과도한 강조이면서 조선 국가가 갖고 있는 성격의 역사적 변화, 변동에 눈을 돌리지 못하고 있다는 점을 지적할 수 있을 것이다.

본 연구는 조선후기 농업현실에 대한 내재적 발전론과 소농사회론의 주요한 논점들이 조선후기의 농업현실을 해석하는 정교한 해석틀의 역할을 하지 못하고 있다는 점을 출발점으로 삼고 있다. 즉 두 가지 입장은 모두 조선후기 農政策의 실상을 파악하여 조정의 농업정책이 어떻게 마련되어 실현되고 있었는지에 대한 구체적인 검토를 빠뜨리고 있다. 그리고 당대의 농업현실에 대한 현실적인 개혁론인 農業改革論이 조정의 관리들과 재야의 지식인들에게 모두 제기된 당시의 해결책 모색이라고 점을 보다 강조하는 것이 필요하다고 생각된다. 조선후기 농촌 사회 변동, 농민층 동향, 사회변동의 전체적인 흐름 속에서 농정책과 농업개혁론을 살펴보는 연구가 요구된다.

이상 앞에서 설명한 바를 정리해보면 본 연구는 18세기 초반에서 19세기 중반에 걸쳐 안정적인 농업생산을 달성하기 위해 국왕과 조정에서 마련하여 시행한 農政策을 살펴보고, 또한 조선후기 농업현실에 대한 문제점 지적과 그에 대한 해결책으로 관료층과 재야 지식층 등이 제시한 農業改革論을 검토하는 연구사적 의의를 가지고 있는 것으로 정리할 수 있다. 그리하여 본 연구에서는 이 시기에 조정에서 시행한 농정책의 여러 부분을 구체적으로 밝히고, 또한 다양한 농업개혁론의 성격을 구체적으로 분석할 것이다. 또한 조선후기 농업변동의 양상을 朝廷의 정책적인 측면에서 재검토하고, 지식인들의 개혁론적인 측면에서 재검토할 것이다.

2. 연구내용과 연구방법

조선국가에서 추진한 農政策과 중앙과 지방에서 관직을 역임한 관료와 재야의 유생들이 제시한 農業改革論은 농업생산을 둘러싼 다양한 접근방식과 그에 따른 방안을 제시하고, 실천하고, 평가하는 과정을 포함하는 것이었다. 그리고 농정책과 농업개혁론은 근원적으로 農本이라는 조선왕조에서 추구하는 보편적인 원리를 전제로 삼는 것이었다.

조선왕조는 朱子學的 儒教를 國定教學으로 삼고, 그 農政理念으로 농업생산자 농민층을 教導하고 농업을 장려하고 있는 農本主義 국가였다.[28] 고려왕조에서도 뚜렷하게 찾아볼 수 있는 농본주의, 중농사상 등은 조선왕조에서도 줄기차게 강조되고 이어져 나갔다. 조선왕조의 국정이념이 農本主義 바로 그것이었다는 점은 왕조 개창 직후부터 무수히 강조되었다.[29] 그런데 조선초기 이래 강조된 農本主義라는 이념이 조선후기에 이르기까지 동일한 성격을 갖고 있었다고 볼 수 있는지, 또한 農本主義의 구체적 표현이 국가에서 추진한 農政策에 어떻게 반영되었는지, 그리고 조선후기에 크게 대두한 農業改革論에서 농본주의 이념은 어떻게 변용되고 있었는지 따져볼 필요가 있다.

조선후기 18세기 초반에서 19세기 중반에 이르는 시기에 조선의 중앙정부는 여러 가지 農政策을 실시하였다. 조선왕조의 기본적인 운영재원을 바로 農業生産을 통해서 확보하고 있었기 때문에 조선 정부의

---

28 金容燮, 「世宗朝의 農業技術」, 『韓國中世農業史研究』(지식산업사, 2000), 456면.
29 조선 개창 직후 都評議使司가 태조에게 올린 上言에서도 農本이 강조되고 있다. 『太祖實錄』권2, 太祖 1年 9月 24日 壬寅 (1-31) ; 都評議使司裵克廉 趙浚等上言二十二條 一 學校 風化之源 農桑 衣食之本 興學校以養人才 課農桑以厚民生 一 守令 以田野荒墾戶口增減等事黜陟.

입장에서 농업생산의 안정성을 확보하는 것이 무엇보다 중요하였다. 따라서 이때 실시한 농정책은 농업생산의 안정성을 확보하기 위해 정책들이었다고 규정할 수 있다.[30]

조선 중앙정부의 차원에서 수행된 農政策은 세 가지 측면으로 구성되어 있었다. 첫째는 농업생산의 원활한 수행을 국가적인 입장에서 조장하고 지원하는 '勸農'이라는 측면이다. 두 번째는 실제의 농업생산이 진행되는 시기에 各地의 農形을 파악하고 여러 가지 농업생산의 변화를 야기하는 변수에 대응하며 농업생산을 관리하고 감독하는 '監農'이라는 측면이다.

그리고 세 번째는 자연재해 등으로 농업생산이 소기의 성과를 거두지 못하는 凶年이 닥쳤을 때 農民의 재생산을 최소한도로 지원하는 '荒政' 또는 '灾政'이라고 불리는 측면이다. 세 가지 측면으로 구성된 農政策은 조선의 국왕을 비롯한 지배층이 우선적으로 수행할 정책이었다.

18세기에서 19세기 중반에 걸치는 시기의 農業改革論은 조선의 농업생산을 둘러싸고 나타난 문제를 지적하고, 이를 근거로 농업 문제의 해결을 지향한 주장, 논의, 이론을 가리킨다. 조선후기 농업에서의 변동양상이 농업기술, 농업경영, 농업정책, 토지소유 등의 측면에서 다채롭게 벌어지고 있었기 때문에 그에 대응하는 농업개혁론도 다양한 측면에서 제기되고 있었다.

농업개혁론은 현실의 조정에서 수행하는 농정책과 깊은 관련을 맺고 있었다. 在野의 지식인과 朝廷의 관리들은 당시 실행되고 있던 농

---

30 염정섭, 「18세기 후반 正祖代 勸農策과 水利 진흥책」, 『韓國文化』 29(서울대 한국문화연구소, 2002) ; 염정섭, 「18세기 후반 正祖代 農政策의 전개」, 『韓國文化』 32(서울대학교 한국문화연구소, 2003).

정책에서 권농, 감농, 황정의 유용성을 인정하면서 또한 그에 파생되는 문제점을 지적하였다. 그리고 농정책에서 깊이 다루지 못하였던 토지소유의 문제, 농업체제의 문제도 변혁시킬 것을 제안하였다.

본 연구에서는 조선후기 농정책을 구조적으로 분석하고, 시기적 변화를 검출하기 위하여 먼저 18세기 영정조 대와 19세기 순조 대의 농정책을 시기적으로 나누어 검토한다. 그리고 농정책의 구조적인 요소를 찾아내고 그 기능과 역할 등을 평가하는 데 주목할 것이고, 농정책의 시기적 변화와 그에 따른 농업현실과의 상관관계를 살펴보는 것도 유의할 것이다.

농정책의 구조적인 접근은 크게 중앙정부 차원에서 마련되어 수행된 정책과 지방 군현에서 수령이 직접 수행하고 현지 실정에 맞춰 변용시킨 시책을 검토하는 방법으로 이루어질 것이다. 국왕 중심의 국정 운영이 탕평의 논리 속에서 모색될 때 수행된 國王 중심의 勸農과 지방 군현에서 守令 중심으로 수행된 監農, 재해를 맞이하였을 때 중앙과 지방의 모든 관심이 집중되고 여기에 지방 富民의 참여를 독려하였던 荒政[31]을 살필 수 있을 것이다.

또한 농사를 수행하는 주변 환경 여건을 조성하기 위한 농사 장려 방책으로 국왕 중심의 권농책, 開墾 장려책,[32] 曆書 간행에 담긴 勸農

---

31 荒政이라는 표현은 『周禮』의 '荒政十二條'에서 유래한다. 12개 조목은 散利·薄征·緩刑·弛力·舍禁·去幾·眚禮·殺哀·蕃樂·多婚·索鬼神·除盜賊이다(『周禮』地官司徒第二, 大司徒). 荒政 가운데 진휼에 관하여 다음 논문을 참고할 수 있다. 鄭亨芝, 「朝鮮後期 賑恤政策 研究 - 18世紀를 중심으로」, 이화여자대학교 박사학위논문(1992) ; 文勇植, 「朝鮮後期 賑政과 還穀 運營의 研究」, 고려대학교 사학과 박사학위논문(1999) ; 梁晋碩, 「17·18세기 還穀制度의 운영과 機能변화」, 서울대 대학원 국사학과 박사학위논문(1999) ; 정형지, 「정조 대의 진휼정책」, 『正祖思想研究』 4(正祖思想研究會, 2001).

32 李景植, 「17세기 土地開墾과 지주제의 전개」, 『韓國史研究』 9(1973) ; 宋讚燮, 「17·18세기 新田 開墾의 확대와 경영형태」, 『韓國史論』 12(서울대 국사학과, 1985).

의 의의, 改量 조처[33]를 검토한다. 특히 改量 조처의 경우 18세기에서 19세기에 걸친 시기적인 변화의 모습을 잘 찾아볼 수 있다. 量田을 통해 찾아내려고 하였던 토지와 그와 연관된 사람에 대한 정보의 범위가 앞선 시기에 비해 19세기로 옮겨갈수록 보다 실제의 모습을 국가의 공적인 장부인 量案에 담으려고 하였다. 즉 양반인 토지 주인이 奴名으로 자신의 토지를 量案에 등재하던 관행을 부인하고 양반 토지 주인의 實名을 조사하여 기록하려는 정책 방향을 찾아볼 수 있다. 이와 같은 연구방법을 통하여 18~19세기에 걸쳐 추진된 농정책의 구체적인 모습을 찾아볼 수 있을 것이다.

또한 이와 더불어 수령과 감사를 통한 각 지역의 農形과 雨澤의 파악과정, 농형장계와 우택장계의 실제 사례, 농형과 우택을 통한 荒政의 대비 등에 주목하여 정리할 것이다. 계속해서 荒政에 관하여 설명하면서 조선시대 자연재해에 대한 대응방식, 祈禳儀禮 등을 살필 것이다. 또한 饑民을 구제하기 위한 본격적인 황정, 즉 救荒의 실행양상을 정리할 것이다.

다음으로 농업개혁론에 대한 접근방식을 폭넓게 설정하여 농업여건의 개선, 농업생산의 구체적인 증진 방안 등 改良, 改善 등에 초점을 맞춘 논의뿐만 아니라 토지소유, 농업체제, 농업경영 등의 變通, 變革 등에 주목한 주장도 검토할 것이다. 조정에서 농정책을 실행하고 있는 동안에 조정의 관료들뿐만 아니라 재야의 지식인들도 양전시행의 변통, 수리시설의 진흥, 농기구와 농법변통론 등과 같은 농업여건을 개선하고, 농업생산을 원활하게 이루어질 수 있게 해주어야 한다는 변통론을 제시하고 있다는 점을 소홀히 보지 않으려고 한다. 또한 농민들이 점차 토지소유에서 멀어져가고, 부익부 빈익빈이 더욱

---

33 오인택, 「17 · 18세기 量田事業 研究」, 부산대학교 사학과 박사학위논문(1996).

가속화되는 상황을 타파하기 위한 토지소유 개혁론, 농업체제 변혁론 등도 등장하고 있다는 점 또한 주의하지 않을 수 없다.

그런데 지금까지 조정의 관리, 재야지식인이 제시한 농업에 관한 현실개혁론은 '실학론'으로 간주되어 왔다.[34] 농업개혁론은 그동안의 연구에서 오래전부터 '實學'[35]이라는 사상 흐름으로 규정되었던 것이다. 그리하여 각양각색의 토지 소유개혁론[36]과 농업경영 혁신론[37] 등이 실학의 농업개혁론[38]이라는 역사적 위치를 차지하게 되었다. 그런데 어떤 사람의 농업에 대한 생각에 실학이라는 이름을 붙이는 순간부터 그 사람의 생각을 진보적이고 현실개혁적인 성격을 지닌 것으로 간주하게 되면서 수많은 농업개혁론 관련 논의를 주장한 사람을 실학자로 자리매김하게 되었다. 게다가 갈수록 실학자에 포괄되는 인물의 범위가 크게 늘어나면서 실학의 시기도 크게 확장되었다.

농업개혁론을 실학으로 규정하는 것은 어떤 논자의 주장을 사전에 진보적 개혁적인 것으로 지목하는 것과 다르지 않다. 실제로 해당 논자의 주장이 어떤 성격을 지닌 것인지 파헤치기 전에 예단을 내리는 것이나 다름없기 때문이다. 실상 井田論, 均田論 등의 주장이 실제로

---

34 金容燮, 「조선후기의 농업문제와 실학」, 『동방학지』17(연세대 국학연구원, 1976).

35 조선후기 實學에 대한 최근의 연구사 정리는 다음 책을 참고할 수 있다. 『한국사 시민강좌』48(한국사시민강좌 편집위원회, 2011, 일조각).

36 조선후기 대표적인 토지소유 개혁론으로 이익의 限田論, 박지원의 限田論, 정약용의 閭田論, 井田論 등을 들 수 있다.

37 농업경영 혁신론의 대표적인 주장은 바로 서유구의 屯田論이다. 이외에 정약용의 閭田論도 일부 관련된 내용이 실려 있다.

38 金容燮의 다음 두 논문이 18, 19세기 조선의 농업실정에 대한 당시인의 농업개혁 방안을 주요하게 다루고 있다. 金容燮, 「十八世紀 農村知識人의 農業觀 - 正祖末年의 應旨進農書의 分析」, 『韓國史硏究』12, 19681970, 『朝鮮後期農業史硏究』I - 農村經濟·社會變動 一潮閣, 재수록); 金容燮, 「哲宗朝의 應旨三政疏와 「三政釐整策」」, 『增補版韓國近代農業史硏究』上(一潮閣, 1984).

개혁적, 진보적인 성격을 지니고 있는가 아니면 三代의 理想論을 반성 없이 재차 제기하고 있는 것인가 여부는 깊이 따져보아야 할 문제이다. 달리 말해서 진보적, 개혁적이라는 수식어는 정전론, 균전론이라는 제목, 형식의 문제가 아니라 그 논의가 담고 있는 내용, 본질의 문제라는 점이다.

위와 같은 시각에서 조선후기 농업개혁론이 당대의 농업현실을 어떻게 진단하고 있고 그에 대한 대책을 제시하고 있는지 살펴볼 필요가 있다. 또한 조정관료들 중심의 농정책과 재야지식인 중심의 농업개혁론을 같이 비교하면서 검토해야 마땅할 것이다. 앞서 지적했듯이 조선후기 농업개혁론을 지주적 농업개선론 또는 지주적 노선, 농민적 농업개혁론 또는 농민적 노선이라는 평가를 붙이는 것도 깊이 재검토할 문제이다. 농민적 노선의 농업개혁론에 의거하여 조선사회가 변화, 개혁을 수행할 수 있었던 역사적 가능성은 사실상 희박하였다. 또한 반대의 경우로 지주적 노선의 농업개선론이 농민들에게 별다른 이득이 없었을 것으로 추정하는 것도 무리이다.

농업현실과 이에 대한 개선 개혁론을 지주, 농민이라는 계급적 이해관계에서 근원적인 분립의 배경을 찾지 않는다면 어떻게 당대의 농업의 변화, 변동을 지향하는 주장들을 크게 나누어 볼 수 있을 것인가. 여기에서 조선후기의 농업현실은 조선사회의 변화와 따로 떨어져 있는 독립변수로서만 작동하지 않았다는 점에 주목하고자 한다. 조선후기의 농업현실은 당연하게 정치적, 사회적, 경제적, 문화적 변화 변동과 밀접한 관계를 맺고 있었다. 그런데 조선사회의 제 부문에서의 변화 변동은 크게 나누어 보았을 때 조선왕조를 유지해온 구조와 체제의 본령을 바꾸지 않는 범위 내에서 개선, 개량, 개혁이 이루어진 상황과 조선왕조를 이끌어온 구조와 체제의 본령을 변화, 개혁, 변혁이 벌어진 상황으로 나누어 살펴볼 수 있다.

예를 들어 均役法의 제정 과정에서 벌어진 논의를 보면 戶布論과 減匹論은 외형적으로 보면 조선의 良役 폐단을 시정하자는 주장이다.[39] 하지만 그 속내를 들여다보면 戶布論은 조선의 신분구조, 사회체제를 근원적으로 변혁하자는 주장을 담고 있고, 減匹論은 양역의 부담을 덜어주자는 부세제의 기본틀을 유지하는 개선론에 해당된다. 이렇게 볼 때 양역변통론의 논의가 오랜 기간 동안 치열하게 전개될 수밖에 없었던 사정을 이해할 수 있다. 마찬가지로 조선후기의 농업 현실에 대한 농업개혁론도 외형적인 논의의 '명칭'이 중요한 것이 아니라 주장의 '실체'가 중요하다는 점을 실제로 연구과정을 통해서 확인할 수 있을 것이다.

본 연구에서는 조선후기의 농업현실을 진단하면서 제시된 각양각색의 농업개혁론을 농업 구조개선론과 농업 체제변혁론으로 나누어 살펴볼 것이다. 먼저 농업 구조 개선론이란 조선후기 왕조체제에서 이루어진 농정을 운영하는 제반 요소들이 적절하게 구조화되어 있고, 이러한 구조를 구성하는 요소들이 제대로 기능할 수 있도록 개선, 개량해야 한다는 주장들이다. 따라서 실질적으로 농정책의 수행과정에서 제기된 다양한 문제에 대처하는 현실 개량론의 성격을 띠고 있다.

예를 들어 量田의 과정과 절차, 그리고 양전을 통해서 작성한 量案이 갖고 있는 문제를 해결하기 위해 改量을 주장하거나, 陳田의 현황을 파악하고 이를 收稅과정에 반영할 것을 제시하는 査陳시행론은 바로 양전을 추진하는 농정책의 문제점을 보완하려는 의미를 갖고 있다.[40] 또한 水利施設 변통론이나 農器具 · 農法 개량론은 농사현실에

---

39 鄭萬祚, 「朝鮮 後期의 良役變通論議에 對한 檢討 – 均役法 成立의 背景」, 『동대논총』 7집(동덕여자대학교, 1977) ; 정연식, 「조선후기 '役摠'의 운영과 良役 變通」, 서울대학교 대학원 국사학과 박사학위논문(1993).

40 1720년에 시행된 庚子量田을 둘러싼 당대의 양전론의 전개, 경자양전 시행조직

서 부딪히는 농업환경을 개선하려는 논리로 농촌에 거주하던 지배층
이나 중앙의 정책 입안자가 모두 관심을 갖고 있던 부분이었다. 이와
같은 측면에서 살펴보는 농업구조개선론은 뒤에 살필 농업체제 개혁
론이 주로 在野의 시각에서 제시된 것에 비해 在朝의 입장에서 제시
된 것이라는 특징을 가지고 있다.

다음으로 농업 체제 변혁론이란 조선왕조의 농업생산을 둘러싸고
나타난 여러 가지 문제를 구조의 변혁, 체제 개혁을 통해 해결하려는
주장들이다. 구조적인 접근에 비해 농업생산에 연관된 문제상황을 보
다 근원적인 것으로 파악하고 이를 원칙에 입각하여 해결하려는 논리
라고 할 수 있다. 따라서 당시 富益富 貧益貧이라는 현상이 심화되고
있던 당대 토지소유 현실에 의거하여 限田論,[41] 閭田論[42] 등을 제시하
는 논자들의 주장은 토지소유 문제에 대해 근원적인 개혁을 주장한
것으로 볼 수 있다. 또한 농업경영 혁신론으로 파악할 수 있는 屯田論
등은 당시의 농업경영의 문제를 철저하게 변혁시키려는 주장이었다.
이러한 농업체제 변혁론의 성격을 정확하게 규명하기 위해서는 在朝
의 입장에서 추진되었던 농업구조 개선론과 연관 관계 속에서 파악하
는 것이 필요하다.

조선후기의 사회적 경제적 변동이 농업생산, 상업활동, 향촌사회
등의 측면에서 나타나고 있음을 확인할 수 있다면, 이러한 역사적 변
화는 또한 농본주의에 입각한 농정책, 농본주의에 의거한 농업개혁론

과 기재형식 등에 관한 논문들은 다음 책에 모여 있다. 한국역사연구회 토지대장연구
반, 『조선후기 경자양전 연구』(혜안, 2008).

41 愼鏞廈, 「星湖 李瀷과 燕巖 朴趾源의 限田制 土地改革 思想」, 『李元淳教授 華甲
紀念 史學論叢』(교학사, 1986).

42 趙誠乙, 「丁若鏞의 土地制度 改革論」, 『韓國思想史學』 10(韓國思想史學會, 1998)
; 朴贊勝, 「丁若鏞의 井田制論 考察 ;『經世遺表』「田制」를 중심으로」, 『歷史學報』 제
110집(역사학회, 1986).

에도 영향을 끼쳤을 것으로 추론할 수 있기 때문이다.

이상에서 살핀 바와 같이 18~19세기 조선의 농업현실을 나름대로 파악하고 그에 대한 합리적인 방안을 마련하여 농업생산의 원활한 진행과 농민의 재생산을 지원하기 위해 실행된 정책들이 바로 農政策이었다. 그렇다면 농정책 속에는 당시 농업현실에 대한 이해와 진단이 담겨 있다고 할 수 있다. 특히 농정책을 마련하기 위한 논의과정에 대하여 깊이 있는 역사적 분석을 수행하게 되면 현실 관료들의 농정책이 어떠한 성격의 것이었는지 평가할 수 있을 것이다. 관료들의 정책과 방안이 언제나 보수적이거나 개량적인 것이라고 할 수는 없다는 점을 해명할 수 있을 것이다.

조선후기 농정책의 전체적인 전개 양상을 밝혀내면 農業技術의 발달이나 賦稅制度의 변화, 농업경영의 변동 등의 측면에서 사회경제사의 흐름을 정리하는 연구에 커다란 도움을 줄 수 있을 것이다. 특히 농업개혁론을 다루는 연구에서 연구대상으로 삼고 있는 어느 논자의 농업개혁론이 실제 조정에서 추진한 농정책과 어떤 부분은 유사하고 어떤 부분은 크게 다른지 평가할 수 있을 것이다.

본 연구에서 다루는 18세기 초반에서 19세기 중반까지는 구체적으로 숙종 재위 말년에서 영조 즉위 무렵인 1710, 20년대부터 순조 재위 말년인 1830, 40년대까지이다. 숙종 후반기는 조선후기 농정책의 주요한 부분인 量田 시행을 둘러싼 논의가 집중적으로 이루어진 시기이다. 이때 논의의 결과로 1720년 庚子量田이 시행되었다. 경자양전은 조선후기 농업사에서 앞뒤 시기를 나누어 볼 수 있는 주요한 사건이고 또한 조정에서 추진한 農政策의 대표적인 시책이었다. 따라서 1710, 20년대 무렵을 앞 시기와 구별하여 조정에서 수행된 농정책을 살펴나가기에 적당하다고 할 수 있다.

순조 재위 말년인 1830, 40년대는 1820년에 추진한 순조 대의 양전

계획이 무산되었지만, 효명세자의 개혁정치에 힘입어 朝野에서 다양한 농업 분야에 대한 관심이 고조되던 시기이다. 또한 철종 말년 전국적으로 발생한 임술농민항쟁의 여파로 다양한 농업개혁론이 대두하던 시기와 연결되는 시기이기도 하다. 이와 같은 생각에서 시기를 확정하여 18~19세기 농정책과 농업개혁론을 검토할 것이다.

18~19세기에 걸쳐 조선왕조가 추진한 농정책과 농업 구조와 농업체제를 변혁시키기 위해 제시된 농업개혁론을 살펴보기 위하여 많은 자료를 검토할 필요가 있다.

농정책의 상세한 내용과 시기적 변화를 파악하기 위하여 『朝鮮王朝實錄』을 비롯하여 『承政院日記』, 『日省錄』 등 연월일로 정리된 관찬사료 들을 검토한다. 그리고 농정책의 주요한 부분이 중앙관리와 지방수령의 제안, 건의, 대책 등에서 마련된 것이라는 점에서 주요 인물의 文集 자료 등도 살펴보아야 한다. 이때 중앙정계에서 여러 농정책 수행에 중심적인 역할을 수행한 官僚들을 검출하고 그들의 문집 자료에 주목할 것이다.

또한 농정책의 구체적인 측면을 집중 검토하기 위해 여러 가지 성격을 자료를 종합 검토할 필요가 있다. 18세기 영조·정조 대 국왕 권농책의 경우는 영조 대에 편찬된 『親耕儀軌』, 정조의 문집인 『弘齋全書』 등 국왕 관련 저술을 검토할 필요가 있다. 그리고 지방 수령의 監農 수행의 양상을 살피기 위해서는 각종 農形狀啓 등을 수록한 '謄錄類' 자료를 상세하게 검토해야 할 것이다. 그리고 구황책의 시행과 관련하여 지방에 파견된 御史의 書啓, 別單 등도 같이 분석하려고 한다. 농정책의 수행이 경우에 따라서 節目이나 事目 형태의 규정으로 마련된 것을 찾아볼 수 있다는 점에서 각종 '勸農節目', '堤堰節目', '救荒事目' 등을 집중 분석할 것이다.

농업개혁론을 농정구조 개선론과 농업체제 변혁론으로 나누어 살펴볼 때 주요하게 검토할 자료는 두 가지 성격의 자료로 구성되어 있다. 하나는 농업개혁론이 집중적으로 제기된 시기에 나오는 자료로 1786년 정조의 왕명으로 관리들이 올린 '丙午所懷', 1798년 무렵 지방 수령이 올린 '民隱疏' 1799년 무렵에 臣庶들이 올린 '應旨農書' 등이 그것이다. 이들 자료는 『丙午所懷謄錄』(1786)과 같이 묶여서 간행되기도 하였지만, 대부분 『日省錄』, 『承政院日記』 등 관찬 연대기 자료에도 실려 있고 또한 개인의 文集에 수록되어 있다. 농업개혁론을 살필 때 주요하게 참고할 두 번째 성격의 자료는 개인의 著作이다. 주로 文集에 실려 있지만, 독자적인 체제를 갖춘 著書 형태를 갖고 있다. 丁若鏞의 一表二書가 대표적인 저서 형태의 자료이고, 다른 농업개혁론자의 글은 文集을 통해 확인할 수 있다. 이때 특히 주의를 기울일 부분은 농업개혁론을 제기한 인물들을 광범위하게 찾아보아, 몇몇 인물 중심으로만 농업개혁론을 살펴보지 않도록 해야 할 것이다.

이상에서 살펴본 바와 같이 본 연구는 18~19세기에 걸쳐 조선사회 농업생산의 원활한 수행을 위하여 국왕과 조정에서 마련하여 시행한 農政策 가운데 국왕 주도의 勸農策을 살펴보고, 또한 농업현실의 문제점을 해결하기 위하여 관료층과 재야 지식층을 중심으로 제출된 農業改革論 가운에 農政改善論에 해당하는 것을 검토하려고 한다. 앞으로 이 시기에 조정에서 시행한 농정책의 여러 부분을 구체적으로 밝히고, 또한 다양한 농업개혁론의 성격을 새롭게 분석하여, 조선후기 농업현실에 대한 이해를 보다 넓히고 나아가 조선후기 사회의 성격을 재조명하는 연구를 계속 추진해 나갈 것이다. 또한 農本主義의 구체와 변용이라는 주제를 보다 심화시킨 연구를 해나갈 계획이다. 아직 미흡한 내용이어서 선학의 질정을 받아 보완하고자 한다.

[본서의 장절 구성에 포함된 논문 목록]

- 「18세기 후반 正祖代 勸農策과 水利 진흥책」,『韓國文化』29(2002, 서울대 한국문화연구소).
- 「18세기 후반 正祖代 農政策의 전개」,『韓國文化』32(2003, 서울대학교 한국문화연구소).
- 「조선후기 실학의 농업사상」,『韓國儒學思想大系Ⅶ - 經濟思想編』(이헌창 외, 2007, 한국국학진흥원).
- 「숙종 대 후반 量田論의 추이와 庚子量田의 시행」,『조선후기 경자양전 연구』(이세영 외, 2008, 도서출판 혜안).
- 「19세기 초반 서유구의『임원경제지』편찬과「본리지」의 농법(農法) 변통론」,『쌀·삶·문명 연구』2(2009, 전북대 인문한국 쌀·삶·문명연구원).
- 「『林園經濟志』「本利志」의 農政改善論」,『震檀學報』108(2009, 진단학회).
- 「燕巖의『課農小抄』에 대한 綜合的 檢討」,『연암 박지원 연구』실시학사 실학연구총서 04(임형택 외, 2012, 사람의 무늬)
- 「순조 대 초반 勸農策의 시행과 量田 추진」,『역사교육논집』50(2013, 역사교육학회).

제1편

—

18〜19세기 農政策의 시행

제1장 18세기 영조~정조 시기 農政策의 시행

1. 國王 勸農策의 시행

1) 숙종 시기 勸農敎 반포의 정례화

　조선왕조의 중앙정부 차원에서 수행된 농업생산을 둘러싼 여러 가지 정책적인 모색들을 대략 세 가지 측면에서 접근할 수 있다. 첫째로 농업생산의 원활한 수행을 국가적인 입장에서 조장하고 지원하는 勸農의 측면이고, 둘째로 실제의 농업생산이 진행되는 시기에 各 地域의 農形과 雨澤을 파악하고 여러 가지 농업생산의 변화를 야기하는 변수에 대응하며 농업생산을 관리하고 감독하는 監農의 측면이며, 셋째로 자연재해 등으로 농업생산이 소기의 성과를 거두지 못하는 凶年이 닥쳤을 때 農民의 재생산을 최소한도로 지원하는 荒政 또는 災政의 측면이 바로 그것이다.

　勸農, 監農, 荒政 등의 정책적인 추진 양상을 하나로 묶어 農政策이라고 개념화할 수 있을 것으로 생각된다. 즉 조선왕조에서 정책적으로 수행한, 農事를 권장하고, 農業을 장려하며, 실제의 農作(농업생산)을 감독하고, 農形(농사 형편)과 雨澤(강우량)의 정도를 파악 정리하며, 災害의 有無와 이에 대한 대책을 마련하고, 凶荒이 닥쳤을 때 이를 극복하기 위한 賑恤과 賦稅의 減免 등을 農民에게 베풀었던, 일상적으로 그리고 정례적으로 수행한 여러 가지 方策을 農政策으로 묶어볼 수 있다.

조선후기에 조정에서 농정책을 마련하는 과정에서 깊이 주목해야 할 대상이 바로 國王이었다. 조선의 국왕은 國政의 수행을 최종적으로 주도하는 권한을 지니고 있었기 때문에, 농업생산의 豊凶에 대한 책임을 감당해야 했다. 또한 국왕은 자연재해가 발생하였을 때 이를 극복하기 위한 祈禳儀禮를 담당해야 했다.[1] 가뭄과 홍수를 이겨내기 위한 기우제, 기청제는 곧 국왕이 맡아 수행하는 것으로 간주되고 있었다. 이러한 측면에서 국왕은 農政策을 마련하여 실시하는 것에도 앞장서야 하는 존재였다. 따라서 勸農에서도 국왕은 솔선하였다.

조선후기 국왕들은 아래에서 자세히 서술한 바와 같이 농업 생산의 안정과 진흥을 위한 노력을 남달리 기울였다. 그럼에도 불구하고 지금까지 조선후기 농업 변동과 농업개혁론에 관한 연구에서 國王의 存在를 집중적으로 다루지 않았다는 점은 의외의 사실이라고 할 수 있다. 특히 정치사 연구에서 탕평책의 시행 등으로 특별한 주목을 받고 있는 정조를 비롯한 영조, 숙종 등 이른바 蕩平論을 제기한 君主의 농업 구상이 본격적으로 검토된 바가 없다.[2] 이런 점에 착안하여 여기에서 國王의 勸農策을 검토하려고 한다.

조선의 국왕은 전체적인 농정책의 측면 가운데에서 특히 권농, 즉 농사의 권장을 무엇보다도 강조하였다. 국왕들은 농업생산의 원활한 수행을 목표로 勸農教와 勸農綸音의 반포 등 여러 가지 農業 진흥을

---

1 조선시대에 자연재해가 발생하였을 때 국가가 실시한 祈禳儀禮에 대한 설명은 다음 책에 자세하다. 최종성, 『『기우제등록』과 기후의례』(서울대학교 출판부, 2007) ; 이욱, 『조선시대 재난과 국가의례』(창비, 2009).

2 政治史 연구에서 肅宗 이래 英祖, 正祖에 이르는 세 왕의 蕩平論과 蕩平策이 어떠한 것이었는지 주요하게 검토하고 있는 아래 논문의 연구시각이 農業政策이라는 주제에도 적용되어야 마땅할 것이다. 朴光用, 「조선후기 '蕩平' 연구」, 서울대 박사학위논문 (1994) ; 鄭景姬, 「肅宗代 蕩平論과 「蕩平」의 시도」, 『韓國史論』 30(서울대 국사학과, 1993).

위한 政策을 시행하였다. 특히 영조는 국왕 권농을 몸소 시범을 보이기 위해 親耕을 몇 차례 실행하였고, 정조는 당대의 선진적인 농업기술을 종합적으로 정리할 필요성을 절감하여 '農書大全'의 편찬을 추진하기도 하였다.[3]

조선왕조에서 국왕과 권농의 관계를 가장 잘 보여주는 것이 이른바 太宗雨에 관련된 설화이다. 매년 5월 10일에 내리는 비를 태종우라고 부르는데 여기에는 다음과 같은 설화가 붙어 있다. 태종 말년에 오래도록 가뭄이 들었는데 병이 깊은 상태에서 한탄하며 "내가 帝鄕에 이르게 되면 마땅히 上帝에게 단비를 내려달라고 청할 것이다"라고 말하였다. 그 후 태종이 세상을 떠난 날에 沛然하게 비가 내렸는데 바로 5월 10일이었다. 이후로 매번 이날에는 비가 내리는 날이 많고, 맑은 날이 적어서 國俗에서 태종우라고 부른다는 것이다.[4] 태종우의 설화는 국왕이 권농에 부여하고 있던 강조가 어느 만큼이었는지 명확하게 보여주는 史話라 할 수 있다.[5]

17세기 후반 숙종 시기 이후가 되면서 국왕이 가장 중요한 의미를 부여한 권농책으로 매년 정월에 '勸農下教'를 연례적으로 반포하는 것이 정착되었다. 일반적으로 '勸農教' 또는 '勸農綸音'으로 불린 국왕의 '勸農下教'는 일차적으로 농사의 권장을 수령에게 당부하는 것이었고,

---

3 正祖가 추진한 農書 편찬이 조선후기 농업변동과 농서 편찬의 흐름에서 갖고 있는 의미에 대해서는 다음 연구를 참고할 수 있다. 金容燮, 『朝鮮後期 農學의 發達』, 韓國文化硏究叢書 2(서울대 한국문화연구소, 1970) ; 金容燮, 『朝鮮後期農學史硏究』(一潮閣, 1988) ; 문중양, 『조선후기 水利學과 水利담론』(集文堂, 2000) ; 廉定燮, 「18세기말 正祖의 '農書大全' 편찬 추진과 의의」, 『韓國史硏究』 112(韓國史硏究會, 2001).

4 太宗雨에 대한 說話는 여러 가지 野史類의 書冊에 실려 있다. 여기에서는 高尙顔, 『泰村集』 권4, 「效嚬雜記」 上을 참고하였다.

5 조선 초기 世宗이 내린 勸農教文에서도 농사 권장에 대한 강한 의지를 찾아볼 수 있다. 『世宗實錄』 권105, 世宗 26년 윤7월 壬寅(4-579) ; 申浹, 『農家集成』 (世宗)勸農教文

또한 農民 또는 小民의 노고를 위로하는 것이기도 하였다.

숙종 시기에 권농하교를 정례적으로 내리는 것이 상례로 정착하지만, 현종 재위 시기에도 국왕이 때때로 연초에 권농교를 내렸다. 현종 시기의 권농교 반포에 관한 기록으로 『顯宗實錄』과 『顯宗改修實錄』에서 1671년 2월 21일에 내린 권농교와 1673년 2월 5일에 내린 권농교 두 기사를 찾아볼 수 있다.[6] 이 가운데 두 번째 권농교는 당시 承旨로 있는 鄭晳이 지은 것이었다.[7] 『현종개수실록』에 실린 것과 鄭晳의 문집인 『岳南文集』에 실려 있는 것이 내용상 완전히 동일하다.[8] 이것으로 보아 1671년에 내린 권농교도 현종의 御製라기보다는 당시의 侍從臣에게 代撰시켜 반포하였던 것으로 생각된다.[9] 歲首가 아닌 2월에 반포되었고 신하에게 代撰하게 한 것이라는 점에서 숙종 시기의 권농하교와 차이가 있다. 하지만 권농교를 작성하여 반포하는 국왕의 권농 방식이 바로 현종 시기에 그 모습을 보였다는 점에 의미를 부여할 수 있다.

숙종 재위 시기에 들어서면 국왕이 매해 年初에 권농교 또는 권농윤음을 반포하는 것이 정례화되어 '歲首勸農敎'로 불리게 되었다. 『肅宗實錄』에 실린 기사 가운데 歲首 勸農敎로 볼 수 있는 것으로 1698

---

6 『顯宗改修實錄』권23, 顯宗 12년 2월 21일 癸卯 (38-53) : 『顯宗實錄』권19, 顯宗 12년 2월 21일 癸卯 (36-689) : 『顯宗改修實錄』권26, 顯宗 14년 2월 5일 乙巳 (38-136) : 『顯宗實錄』권21, 顯宗 14년 2월 5일 乙巳 (37-31).

7 鄭晳, 『岳南文集』勸農敎書 - 承旨時作(1673).

8 鄭晳, 『岳南文集』勸農敎書 - 承旨時作(1673) : 『顯宗改修實錄』권26, 현종 14년 2월 乙巳 (38-136) : 『顯宗實錄』권21, 현종 14년 2월 乙巳 (37-31). 이 가운데 『顯宗實錄』에 들어있는 것은 아주 단출하게 축약된 상태의 글이다.

9 鄭晳, 『岳南文集』勸農敎書 - 承旨時作(1673) : 『顯宗改修實錄』권26, 현종 14년 2월 乙巳 (38-136) ; 夫農之爲務 不外乎趨時用力二者焉耳 故用力勤 而趨時速者 所獲常多 不用力 不及時者 所獲常少 今也耕種旣不及時 耘籽又不用力 陂堤灌漑之利 間或廢而不修 糞土芟草之功 亦多忽而不務 不求於人事之當盡 徒諉乎年運之不幸 是不幾於不稼而救穡者乎

년(숙종 24) 1월에 내린 備忘記가 있다. 이때 숙종은 天災로 말미암아 경기와 호서에 커다란 흉년이 들었다는 점을 지적하면서 진휼과 권농을 성실하게 수행하도록 제도의 方伯과 留守에게 신칙할 것을 지시하였다.[10] 1703년(숙종 29) 정월에는 勸農에 힘쓰고 또한 良役 變通을 시급히 수행하라는 내용의 비망기를 내렸는데 넓은 의미의 권농교로 포함시킬 수 있는 것이었다.[11]

1704년(숙종 30) 이후 歲首에 내린 권농교와 권농윤음을 『숙종실록』에서 찾아볼 수 있는데 당시 歲首勸農敎의 의미를 잘 보여준다.[12] 『숙종실록』을 통해 볼 때 1710년(숙종 36) 이후는 매년 세수권농교가 빠지지 않고 내려지고 있음을 알 수 있다. 1716년에는 眼疾을 치료받던 病中의 숙종이 승정원으로 하여금 대신 권농교를 짓게 하여 諸道에 반포하기도 하였다. 『숙종실록』의 史臣은 이러한 숙종의 勸農에 대한 열의를 높게 평가하였다.[13] 숙종은 왕세자가 대리청정하고 있던 시기에는 왕세자가 대신 徽旨를 내려 권농하도록 지시하기도 하였다.[14]

이상에서 살핀 바와 같이 숙종 재위 이래 국왕의 권농책 시행에서 눈여겨 볼 수 있는 것은 연례적으로 반포되는 勸農敎와 勸農綸音이었다. 현종 시기에 보이는 歲首 勸農敎(綸音)의 반포는 실제로 의례적인 것에 불과할 수도 있는 勸農策이었다. 그렇지만 숙종은 勸農敎의 반

---

10 『肅宗實錄』 권32, 肅宗 24년 1월 甲申 (39-482).

11 『肅宗實錄』 권38, 肅宗 29년 1월 壬子 (40-1).

12 『肅宗實錄』 권39, 肅宗 30년 정월 甲辰 (40-64) ;『肅宗實錄』 권43, 肅宗 32년 정월 庚申 (40-185) ;『肅宗實錄』 권48, 숙종 36년 정월 己巳 (40-341) ;『肅宗實錄』 권50, 肅宗 37년 정월 庚寅 (40-384) ;『肅宗實錄』 권51, 肅宗 38년 정월 乙酉 (40-427) ;『肅宗實錄』 권53, 肅宗 39년 정월 己卯 (40-480) ;『肅宗實錄』 권55, 肅宗 40년 정월 辛酉 (40-526) ;『肅宗實錄』 권56, 肅宗 41년 정월 戊戌 (40-548) ;『肅宗實錄』 권57, 肅宗 42년 정월 壬辰 (40-566) ;『肅宗實錄』 권59, 肅宗 43년 정월 丙辰 (40-632).

13 『肅宗實錄』 권57, 肅宗 42년 정월 壬辰 (40-566).

14 『肅宗實錄』 권61, 肅宗 44년 정월 壬子 (41-1).

포를 정례화 하였고, 이를 통해 한편으로 勸農의 중요성을 강조하고 다른 한편으로는 지난해의 농사작황에 의거하여 지역별로 賑恤을 신칙하거나 軍役의 釐正을 지시하기도 하였다.

2) 영조의 親耕 설행

영조도 숙종에 뒤이어 매년 세수에 권농교 또는 권농윤음을 반포하여 수령의 권농을 독려하였다.[15] 영조는 1734년 正月 元日에 권농교를 내리면서 勸農의 방법에 여섯 가지가 있다고 설명하였다.[16] 영조가 제시한 여섯 가지 권농방법은 차례대로 農時를 빼앗지 않기(不奪農時), 백성들이 정착해 살게 하기(使民奠居), 農糧 有無를 살펴 도와주기(顧助農糧), 쟁기와 소를 갖추어 나누어주기(備給犁牛), 堤堰으로 灌漑하기(堤堰灌漑), 마지막으로 게으름을 타이르고 깨우치기(警飭懶惰) 등이었다. 영조의 권농방략은 농민들에게 구체적인 농업기술을 전수하는 것이 아니라 농사에 전념할 수 있게 여건을 조성하고, 환경을 갖추어 주는 것이었다. 농업기술의 습득과 전수, 그리고 새로운 농업기술의 개발은 농민들의 몫으로 남겨둔 것이었다.

영조는 권농교를 내리면서 또한 승지에게 『農家集成』板本을 구해 인출하여 배포할 것을 지시하였다. 1655년 申洬이 편찬한 『農家集成』의 板本을 구해 새롭게 印出하여 널리 배포하도록 명한 것이었다. 앞서 권농의 여섯 가지 방법 속에 들어가지 않은 농업기술의 문제를

---

15 英祖가 내린 勸農敎와 勸農綸音을 일일이 열거할 수 없지만 다음 몇몇 실록 기사를 참고할 수 있다. 『英祖實錄』 권3, 英祖 1년 1월 庚子 (41-450) ; 『英祖實錄』 권124, 英祖 51년 1월 己酉 (44-485).

16 『英祖實錄』 권37, 英祖 10년 1월 戊寅 (42-407) ; 下諭勸農于八道兩都曰 勸農之道 其要有六 不奪農時也 使民奠居也 顧助農糧也 備給犁牛也 堤堰灌漑也 警飭懶惰也 夫民之安否 繫農勤慢 不飭則慢 飭則勤 若飭勵而無其效 是予言之不信 咨爾方伯守令 體予至意 益勵無怠 仍命承旨問 農家集成 板本所在 印其書而廣布 使我聖祖爲民撰輯之盛意無替焉.

『농가집성』의 인출 보급으로 감당하려는 것으로 보인다. 그런데 이는 농민들 사이에 이루어지고 있던 농업기술의 전습, 그리고 새로운 농업 기술의 개발에 국가, 즉 조정이『농가집성』의 인출을 통해 관여하려는 것은 아니었다. 즉 목민관으로서 권농, 감농, 황정을 최일선에서 추진 해야 할 수령들에게『농가집성』을 내려주고 이들로 하여금 기본적인 농업기술의 내용과 특색을 바로 알게 하려는 것이었다고 생각된다.

영조의 권농책에서 특기할 것은 바로 親耕의 設行이었다. 매해 연 초에 권농교를 반포하는 것 이외에 조선초기 이래로 국왕의 권농 정 사 가운데 가장 커다란 의미가 부여되면서 진행된 것은 바로 친경이 었다. 임금이 직접 籍田에 나아가 쟁기를 잡고 起耕 작업의 시범을 보이는 의례인 친경 의례의 실시는 조선의 국왕이 백성과 신하에게 보여줄 수 있는 가장 커다란 상징적인 권농 행사였다. 親耕은 親蠶과 더불어 백성들이 농사짓고, 길쌈하는 것을 권장할 수 있는 가장 커다 란 정사로 취급되었고 국왕이 실제로 몸소 수행하는 권농 행사의 최 고 수준으로 평가되고 있었다.[17]

조선후기에 친경을 실행에 옮기는 것 자체가 국왕의 권농 의지가 한 단계 높은 수준임을 보여주는 것이었다. 그렇지만 조선후기에 친 경의례가 실제로 실시된 것은 몇 차례에 불과하였다. 인조 대에서 현 종 대에 이르는 사이에 몇 차례 친경 설행에 대한 관료들의 건의가 있었지만 실행에 옮겨지지는 않았다. 숙종 대 이후 본격적으로 친경 실행 여부에 대한 정치적인 성격의 논의가 진행되었지만 실현을 보지 못하였다. 탕평을 내세운 영조 대에 이르러 비로소 친경 의례가 현실

---

17 18세기 말에 應旨農書를 올린 廉德隅도 先大王인 英祖와 마찬가지로 正祖가 親 耕을 수행하고, 왕비가 親蠶을 행하면 게으른 農과 婦가 사라질 것이라고 보고 있었다. 그는 善政보다 善教가 좋고, 躬行이 제일 좋다는 입장에서 국왕의 親耕을 요구한 것이 었다「承政院日記』1802책, 正祖 22년 12월 21일 庚戌 (95-572나) 前 莊陵令 廉德隅 上疏].

화된 것이었다.

영조는 50년에 걸친 재위 기간 동안에 4차례에 걸쳐서 친경의례를
거행하였다. 영조는 1739년(영조 15), 1753년(영조 29), 1764년(영조
40), 1767년(영조 43) 총 4차례에 걸쳐서 친경을 수행하였고, 그 중에
서 1739년과 1767년의 친경의례는 그 상세한 과정이 『親耕儀軌』에
기록되어 현재까지 전해지고 있다.[18]

영조는 자신이 직접 쟁기를 잡아 친경을 수행하는 것이 백성에게
농사를 권장하기 위한 것이라고 언급하였다.[19] 영조는 재위 기간 동안
친경 의식 절차를 완비해 나가면서 권농의 실효를 거두고자 하였다.[20]
그리고 1767년(영조 43) 74살의 노구를 이끌고 친경할 때에는 왕비의
친잠을 자신의 친경과 더불어 거행하게 하여 '農桑의 勸獎'을 적극적으
로 유도하였다. 이때 世孫이었던 16살의 정조는 바로 곁에서 영조의
친경 수행을 지켜보았다. 정조는 영조의 친경의례를 지켜보면서 친경과
같은 국왕의 직접적인 권농행사가 실제로 백성들에게 농사를 권장하는
데 커다란 도움이 되고 있다는 점을 깊이 숙지할 수 있었을 것이다.[21]

1767년에 작성된 『親耕儀軌』를 통해 친경의례의 상세한 절차와 운
영모습을 살펴볼 수가 있다. 영조 대의 친경은 '都監'이라는 친경의례
의 전담 임시기관을 따로 설치하는 방식이 아니라 禮曹가 친경의식을

---

18 서울대학교 규장각 편, 2001 『親耕儀軌』 奎章閣 資料叢書 儀軌篇. 친경의례의
자세한 내용은 다음 解題를 참고할 수 있다. 金芝英, 2001 「『親耕儀軌』 解題」, 『親耕儀
軌』 奎章閣 資料叢書 儀軌篇, 서울대학교 규장각

19 『英祖實錄』 권48, 英祖 15년 1월 壬戌 (42-611).

20 英祖의 4차례에 걸친 親耕에 대한 설명은 『英祖實錄』에 자세히 보이는데 다음
기사를 참고할 수 있다. 『英祖實錄』 권48, 英祖 15년 1월 乙亥 (6-613) ; 『英祖實錄』 권
79, 英祖 29년 1월 甲子 (43-475) ; 『英祖實錄』 권103, 英祖 40년 2월 辛卯 (44-158) ;
『英祖實錄』 권108, 英祖 43년 2월 己未 (44-240).

21 『英祖實錄』 권108, 英祖 43년 2월 庚申 (44-241).

모두 관장하는 방식으로 실시되었다. 예조는 친경의례의 전반적인 실행과정을 세 차례의 예행연습을 통해 준비하였다. 친경 당일 영조는 궁궐에서 홍인문 밖 전농리 先農壇까지 가서 祭祀를 지내고 곧바로 親耕壇으로 나아갔다. 영조가 실행하는 친경의례가 거행되는 동안 이를 구경하기 위해 인근에 사는 백성들이 모여들었다. 물론 영조를 수행하는 많은 관리들과 병사들이 행렬을 이루고 있었다.

영조는 遠遊冠을 쓰고 絳紗布를 입고 의례에 따라 五推, 즉 소를 앞세운 쟁기를 다섯 번 밀어가는 동작을 실행하였다. 그리고 종실과 영의정은 7推를, 이조판서와 병조판서 등은 9推를 실행하였다. 영조는 5推를 마치고 觀耕臺에 올라 나머지 행사를 지켜보았다. 그 후 친경을 돕는 백성들이 씨를 뿌리고 그 위를 빈 가마니로 덮는 마무리를 하면 의식 종료의 선언을 하고 籍田을 떠났다.

친경 의례는 대개 한낮 정도면 모든 의식을 마친 수 있다. 친경 의례에 참여한 관료와 백성들에게 고생을 위로하는 술을 내려주고, 耆民, 즉 75세 이상의 노인들과 서민에게는 음식도 하사하였다. 이외에 관료에게 資級을 더해주거나, 가벼운 죄를 지은 자들을 赦免하고, 군졸에 대한 특별 활쏘기 시험, 유생에 대한 특별 과거 시험 등의 행사가 추가적으로 행해졌다.[22]

이와 같이 영조는 영조는 勸農教의 반포 이외에 親耕의 設行이라는 상징적인 농사의 시범 실행을 통해 백성들에게 무엇인가 보여주는 방식으로 勸農策을 실행하였다. 재위 기간 중에 총 4차례에 걸쳐서 親耕儀式을 거행하면서 점차 의식 절차를 완비해 나가고 또한 勸農의 實效를 거두고자 하였다.

---

22 이상 영조 대의 친경의례 시행과정은 서울대학교 규장각 간행 『친경의궤』 해제 참조

3) 정조의 御製 勸農綸音 반포

정조는 王位에 즉위한 이후 적극적으로 정치적 경제적 분야에서 새로운 변화를 모색하였다.[23] 정조가 주도한 대응책 모색은 18세기 이후 조선사회의 전 분야에서 나타난 사회경제적인 변화 나아가 정치적인 변화를 반영하면서 동시에 숙종 대 후반 이후 강화된 국왕 중심의 정치체제를 확고하게 구축하려는 것이었다.[24] 또한 정조 대에 추진되었던 제반 정책은 전체적으로 18세기 국왕들이 추구하였던 小民保護의 구체적인 발현이었다.[25]

정조는 조선후기 농업생산의 여러 측면에서 나타난 변동에 대응하기 위하여 여러 가지 勸農策을 수행하였다. 그는 농업생산의 원활한 수행을 목표로 勸農敎와 勸農綸音의 반포 등 여러 가지 農業 진흥을 위한 政策을 시행하였다. 그리고 수리진흥을 위한 노력을 기울였고, 화성성역을 추진하면서 수리시설 축조와 둔전경영을 결합시켜 새로운 모색을 성취하기도 하였다.[26] 또한 정조는 당대의 선진적인 농업기술을 종합적으로 정리할 필요성을 절감하였고, 그 결과 農書의 집대

---

23 18세기 후반 正祖 在位 시기를 중심으로 정치적, 경제적, 문화적 변화와 그 동향에 대하여 다음 연구업적을 참고할 수 있다. 鄭玉子, 『朝鮮後期 文化運動史』(일조각, 1988) ; 鄭奭鍾, 『朝鮮後期의 政治와 思想』(한길사, 1994) ; 朴光用, 「조선후기 '蕩平' 연구」, 서울대학교 대학원 문학박사 학위논문(1994) ; 유봉학, 『연암일파 북학사상 연구』(일지사, 1995) ; 金文植, 『朝鮮後期 經學思想 硏究』(일조각, 1996) ; 金成潤, 『朝鮮後期 蕩平政治 硏究』(지식산업사, 1997).

24 李泰鎭, 「朝鮮王朝의 儒敎政治와 王權」, 『韓國史論』 23(서울대 국사학과, 1990).

25 19세기 후반 고종 대 民國 정치이념을 18세기 탕평군주의 소민보호의식의 연장선상에서 파악한 다음의 연구를 참고할 수 있다. 李泰鎭, 「大韓帝國 皇帝政과 民國 정치이념의 전개 - 國旗 제정·보급을 중심으로」, 『韓國文化』 22(서울대학교 韓國文化硏究所, 1998).

26 유봉학, 『꿈의 문화유산 : 화성』(신구문화사, 2000) ; 崔洪奎, 『禹夏永의 實學思想 硏究』(一志社, 1995) ; 염정섭, 「正祖 後半 水利施設의 築造와 屯田經營 - 華城城役을 중심으로」, 『韓國學報』 82집(一志社, 1996).

성 작업인 '農書大全'의 편찬을 추진하기도 하였다. 정조의 農業 안정과 진흥을 위한 노력을 감안할 때, 지금까지 조선후기 농업 변동과 농업개혁론에 관한 연구에서 國王의 存在를 집중적으로 다루지 않았다는 점은 의외의 사실이라고 하지 않을 수 없다.

정조는 즉위한 이후 죽을 때까지 親耕을 직접 수행하지는 않았지만 대신 봄의 친경의 짝을 이루는 가을의 觀刈를 수시로 거행하였다.[27] 친경이 봄에 전답을 기경하는 시범행사라면, 관예는 가을에 작물을 수확하는 대목을 참관하는 행사였다. 1781년(정조 5) 윤5월에 정조는 관예 의식을 거행하면서 친경의 경우와 마찬가지로 관예할 때에도 樂章을 사용하는 것으로 마련하게 하였다.[28] 이때 정조는 영조가 앞서 친경을 거행한 성대한 본보기를 '繼述'한다는 것을 내세워 先農壇에 제사를 지내고 籍田에서 보리를 베어내는 의식을 치렀다. 동시에 八道의 監司와 兩都의 留守들에게 자신이 몸소 솔선한 지극한 뜻을 본받아 목민관에게 농사의 권면을 힘써하도록 유시하였다.[29] 이와 같이 정조는 영조의 뒤를 이어 왕위에 올라 국왕이 농사의 모범을 보이는 친경과 같은 성격의 관예를 거행하면서 권농을 실행하였다.

정조가 보다 주안점을 둔 권농책은 바로 勸農敎와 勸農綸音의 반포였다. 정조는 재위한 24년 동안 한해도 거르지 않고 매년 정월에 歲首勸農綸音이나 歲首勸農敎를 반포하였다. 정조 자신은 1791년(정조 15)에 내린 세수권농윤음에서 "내가 즉위한 이래 세수에는 곧 권농의 윤음을 내렸다"라고 언급하였다.[30] 정조는 매해 上辛日(첫 번째 辛日)

---

27 『正祖實錄』 권54, 附錄 正祖大王行狀 (47-294)

28 『正祖實錄』 권11, 정조 5년 윤5월 丁未 (45-239) ; 『正祖實錄』 권11, 정조 5년 윤5월 庚戌 (45-240) ; 『弘齋全書』 권166, 日得錄 政事 (영인본 5-44).

29 『正祖實錄』 권11, 正祖 5년 윤5월 庚戌 (45-240).

30 正祖, 『弘齋全書』 권28, 綸音 歲首勸農綸音 - 辛亥. 粵予踐阼以來 歲首輒下勸農

에 社稷壇에서 祈穀祭를 직접 올리고, 제사가 끝나면 齋殿으로 물러나서 勸農綸音을 받아쓰게 하였다.[31]

정조가 매년 팔도에 내린 권농윤음(권농교)은 당시 農政의 급무를 제기하고 지방관으로 하여금 잘 수행할 것을 당부하는 내용이었다. 정조가 어제하여 내린 「세수권농윤음」과 「세수권농교」를 모아 보면 다음 표 1과 같다.[32] 『홍재전서』에 실린 세수권농교와 세수권농윤음은 정조의 御製라고 할 수 있다.[33]

표 1 『弘齋全書』에 보이는 正祖 御製 勸農敎·勸農綸音

1777년(正祖 1, 정유)	歲首勸農綸音	1778년(正祖 2, 무술)	歲首綸音
1781년(正祖 5, 신축)	歲首勸農敎	1783년(正祖 7, 계묘)	歲首勸農敎, 歲首綸音
1784년(正祖 8, 갑진)	歲首勸農敎, 歲首綸音	1785년(正祖 9, 을사)	歲首綸音
1786년(正祖 10, 병오)	勸農綸音	1787년(正祖 11, 정미)	歲首勸農敎, 歲首勸農綸音
1788년(正祖 12, 무신)	歲首勸農敎	1791년(正祖 15, 신해)	歲首勸農綸音
1792년(正祖 16, 임자)	歲首勸農敎, 歲首綸音	1796년(正祖 20, 병진)	歲首勸農敎
1797년(正祖 21, 정사)	歲首勸農綸音	1798년(正祖 22, 무오)	歲首勸農敎
1800년(正祖 24, 경신)	歲首勸農敎		

之編.

31 朴趾源, 『燕巖集』 권1, 「安義縣社稷壇神宇記. 每歲上辛 肆我聖上 必親祈穀于太社 (……) 退御齋殿 秉燭呼寫 勸農綸音 頒示八路.

32 正祖가 御製하여 頒下한 歲首勸農敎와 歲首勸農綸音으로 『弘齋全書』에 실려 있는 것을 뽑았다.

33 『弘齋全書』는 1799년(正祖 23)에 奎章閣直提學 徐浩修가 주관하여 편찬 작업이 진행되다가 중도에 徐浩修가 死亡하여 徐榮輔에게 命하여 總 190편을 續編케 하였다. 2차 편찬은 1800년 正祖가 昇遐할 때까지 약 반년간의 저술을 덧붙여 1801년(純祖 元) 12월에 沈象奎가 주관하여 總 184편을 편찬하였고, 1814년에 出刊하였다(藏書閣 영인본 『弘齋全書』).

숙종 대 이후 국왕이 연례적으로 수행한 권농교의 반포에 정조는 특별한 의미를 덧붙였고 그리하여 권농교(윤음)의 반포가 의례적인 것에 머물지 않게 하였다. 정조는 직접 어제한 세수권농교를 반포하면서 전해의 농업생산 현황에 대해서 정리하고 올해의 농사에서 주안점으로 삼아야 할 것을 제시하는 의미를 부여하였다. 또한 정조는 농업기술의 전반적인 부분에 대해서도 언급하면서 水利,[34] 及時,[35] 糞田[36] 등을 하나하나 지적하기도 하였다.

숙종, 영조의 권농교를 비롯하여 정조가 내린 권농교(윤음)의 가장 기본적인 골자는 권농의 주요한 책무를 감사를 포함한 목민관, 즉 수령에게 부여하고 그들의 권면을 당부하는 것이었다.[37] 조선왕조의 지방지배구조에서 수령은 농촌사회에서 수행되는 농업생산의 전반적인 진행상황을 지도 감독하는 임무를 띠고 있었다. 수령은 권농과 감농과 황정으로 구성되는 농업생산과 관련된 여러 가지 정책을 직접 수행하는 주체였다. 특히 감사는 각 군현의 군수와 현감이 올린 農形과 雨澤 보고를 종합하여 비변사에 그때그때 보고해야 하는 막중한 책무도 지니고 있었다.[38]

정조는 재위 20년이 넘어가는 시기부터 국정의 여러 측면에서 과감한 개혁을 추진할 것을 분명히 하였다.[39] 정조는 농업 부문에서 새로운 農書 편찬을 추진하기도 하고 뒤에 살펴보는 바와 같이 侍從 출신

---

34 『正祖實錄』 권17, 正祖 8년 1월 丁亥 (45-419).

35 『正祖實錄』 권11, 正祖 5년 1월 甲戌 (45-202).

36 『正祖實錄』 권25, 正祖 12년 1월 甲子 (45-682).

37 守令에 대한 勸勉 당부는 조선 초기의 대표적인 勸農教인 世宗의 「勸農教文」에서도 분명하게 찾을 수 있다.

38 광해군에서 인조 대 무렵에 작성된 경상도 지역의 狀啓謄錄을 보면 農形狀啓도 상당수 같이 묶여 있다『啓本謄錄』(규장각 : 古 4255-17)].

39 유봉학, 2000 『꿈의 문화유산 : 화성』, 신구문화사.

守令들로 하여금 각자 해당 지역의 民隱을 소상하게 밝히고 그 해결책을 담은 이른바 '民隱疏'를 올리게 명령을 내렸다. 또한 정조가 구상한 公奴婢 철폐 시책은 그가 죽은 뒤에 곧바로 실행에 옮겨지고 있었다. 이와 같은 맥락에서 정조의 농정책도 재위 20년을 지난 시점부터 명확하게 변화의 조짐을 보여주고 있었다.

1797년(정조 21)에 정월에 정조는 御製로 「御製養老務農頒行小學五倫行實鄕飮儀式鄕約條例綸音」(이하 務農綸音으로 略記함)라는 긴 제목의 윤음을 반포하였다.[40] 이 윤음에서 정조의 권농윤음 반포로 표출된 그의 농정책이 숙종과 영조의 그것과 다른 지향점을 갖고 있음을 확인할 수 있다. 정조는 「무농윤음」에 노인을 休養하고(養老), 농사일에 힘쓰며(務農), 『小學』과 『五倫行實』, 『鄕飮儀式』, 『鄕約條例』를 반행하면서 당부하는 내용을 담고 있었다.

정조가 내린 「무농윤음」은 慈宮(혜경궁 홍씨)의 周甲을 맞이하여 노인을 잘 보살피고 농부들이 농사일에 힘쓰기를 권장하기 위하여 내린 것이었다. 그런데 이 윤음의 직접 수령자와 권면 대상자가 民으로 설정되어 있다는 점이 주목된다. 앞서 반포한 권농교(윤음)의 직접 수령자와 권면 대상자가 監司와 留守 나아가 각 군현의 守令이라는 점과 달라진 부분이다.

정조는 자신이 만든 『鄕飮儀式』과 『鄕約條例』를 『小學』, 『五倫行實』과 더불어 반포하겠다는 의욕을 보이고 있었다. 정조가 鄕飮酒禮와 鄕約이 백성을 교화하는 수단일 뿐 아니라 休老와 勞農의 방편이기도 하다는 입장을 명백히 밝힌 것이었다. 정조는 老人을 보살피고

---

40 『日省錄』正祖 21년 正月 1日 壬寅 (24책 626나~627라) 下綸音于中外 諭以 休老勞農 頒行小學五倫行實鄕飮儀式鄕約條例 : 『正祖實錄』권46, 正祖 21년 1월 1일 壬寅 (47-1).

農民을 위로하는 의례로 鄕飮酒禮가 가장 적합하다고 보고 있었다. 향음주례를 설행하게 되면 貴賤과 높고 낮음을 분간하여 나아가서 몸을 바르게 하고, 나라를 편안케 하는 것이 일어나게 될 것이라고 전망하였다.[41]

정조는 「무농윤음」을 方伯과 留守에게 보내어 遵行하게 하고, 성균관에서는 諸生에게 보여주어 교유하며, 한성부의 각 坊曲에 널리 내보낼 것을 지시하였다. 이와 같이 「무농윤음」을 반포한 것은 향약 등의 鄕禮를 가다듬어 결국 農民을 위로하고 老人을 보살피려는 의지의 발현이었다. 결국 직접 민을 독려하는 방식으로 권농의 효과를 거두려는 것이었다. 그리고 「무농윤음」의 내용을 잘 실행하여 해마다 풍년이 들게 되면 이는 農夫의 기쁨이고, 곧 자식된 자의 기쁨이며, 또한 朝廷의 기쁨이라고 강조하였다.[42]

그런데 「무농윤음」을 반포하면서 鄕約의 설행 등을 추진하고 이를 통한 백성의 안식을 꾀하려는 의도는 그다지 성공적인 것이지 못했다. 일차적으로 당대의 조선사회가 처해있던 정치 경제적 상황이 향약의 설행이나, 오륜행실의 반포로 향촌사회의 안정된 질서를 새롭게 조성할 수 없는 지경에 도달해 있었다. 1798년에 응지농서를 올린 湖西의 卜台鎭은 정조가 시도한 還餉 變通과 務農綸音 반포가 커다란 성과를 거두지 못하였다고 평가하였다.[43] 사실 복태진의 평가처럼 還餉策問, 務農綸音 등의 조치는 별다른 성과를 거두지 못하는 상황이었다. 그

---

41 『日省錄』 正祖 21년 正月 1日 壬寅 (24책 626나-627라) 下綸音于中外 諭以 休老 勞農 頒行小學五倫行實鄕飮儀式鄕約條例 ;『正祖實錄』 권46, 正祖 21년 정월 壬寅 (47-1) ; 予又思之 一日行禮 風動四方 惟鄕飮酒 近之 是禮也 休老而勞農 導歡而序齒 明 貴賤而辨隆卑 正身安國之要 率是以興也.

42 『正祖實錄』 권46, 正祖 21년 정월 壬寅 (47-1) ; 農夫之慶 人子之慶也 人子之慶 朝廷之慶也.

43 『承政院日記』 1802책, 正祖 22년 12월 20일 기유 (95-560나) 副護軍 卜台鎭 上疏

는 뒤에 설명하는 1798년의 農書綸音이 매우 크고 매우 중요한 급선무를 제시한 것으로 평가하고 천년에 한 번 찾아오는 기회로 여기고 있었다. 나아가 綸音에 제시된 王言을 제대로 수행하면 결국 唐虞 三代의 정치를 회복할 수 있을 것이라고 단언하기도 하였다.[44] 이와 같은 복태진의 평가 속에서 정조의 지향이 환향 변통과 무농윤음 반포를 뛰어넘는 새로운 방향으로 나아가게 된 것은 너무나 당연한 것이었음을 알 수 있다.

4) 정조의 「勸農政求農書綸音」 반포

정조가 주도한 권농책의 白眉이자 18세기 후반 조선 사회의 농업생산이 처해 있는 상황을 바탕으로 삼아 이에 대한 가장 구체적인 대책을 제시한 「권농윤음」이 바로 1798년(정조 22) 11월 30일 반포된 「勸農政求農書綸音」(이하 農書綸音으로 略記함)이다.[45] 이 윤음은 『正祖實錄』, 『弘齋全書』, 각 應旨農書의 序頭에 실려 있다. 정조는 「농서윤음」을 반포하여 종합적인 農書를 편찬하기 위한 기초자료의 수집과 農政의 커다란 변화를 도모하였다. 또한 정조는 자신이 파악하고 있는 농업기술의 요체를 「농서윤음」 속에서 제대로 제시하고 있었다.

1798년 11월 30일 정조는 口傳으로 하교하여 유사당상을 迎春軒의 外軒에 입시하게 하고 「농서윤음」을 반포하였다.[46] 정조가 매년 정월에 반포하던 세수권농윤음을 앞당겨 11월 30일에 반포한 것은 몇 가지 점을 뚜렷하게 의식하여 수행한 것이었다.[47] 즉 정조는 분명한 나

---

44 『承政院日記』 1802책, 正祖 22년 12월 20일 기유 (95-560나) 副護軍 卜台鎭 上疏.
45 1970년 金容燮의 연구에서 처음으로 「勸農政求農書綸音」과 應旨農書들이 분석 정리되었고(「18세기 農村知識人의 農業觀」, 『朝鮮後期農業史硏究』 1 一潮閣), 이후 몇 사람이 논문으로 연구성과를 발표하였다.
46 李書九, 『丙戌記事』(규장각 古4254-9) 戊午年 11월 30일.

름대로의 목적을 가지고 11월 30일에 「농서윤음」을 반포하였고 또한 이 윤음의 반포에 몇 가지 의미를 부여하고 있었다.

정조는 다음해인 己未年이 先王인 영조가 친경한 60주년이 되는 해라는 점을 강조하였다. 1739년(영조 15)에 영조가 직접 적전에서 친경 의례를 행하면서 권농을 몸소 실천하는 모범을 보인 것의 60주년이 되었던 점을 기리려는 의사의 표시였다. 선왕에 대한 推仰과 繼述이라는 의미와 권농의 실질적인 강조라는 의지를 동시에 부여한 것이었다.

또한 정조는 「농서윤음」의 반포 일자 자체에도 각별하게 관심을 기울여 「농서윤음」에 지극한 권농의 의미를 부여하고 있었다. 정조가 이 윤음을 반포한 日字는 1798년 11월 30일이었다. 이날은 丑月인 12월로 넘어가기 하루 전날로 日干支가 己丑인 날이었다. 게다가 다음 해인 1799년은 干支가 己未인 해였다.[48] 年月日의 간지에 土의 속성을 지닌 것으로 간주되고 있는 十干에서의 己와 十二支의 丑이 겹쳐서 등장하는 일자였던 것이다. 즉 己와 丑이 만난 己丑日은 土의 속성이 겹친 날로 평가할 수 있다.

정조는 농사짓기에 기본적인 바탕이라고 할 수 있는 土에 해당되는 干支가 모인 날에 맞추어 의식적으로 「농서윤음」을 반포하고 있었다.[49] 이와 같이 정조는 綸音을 반포하는 日字에까지 農이 천하의 근본이라는 의미를 부여하면서 농업진흥에 대한 간절한 염원을 내포시키고 있었다. 정조는 綸音을 頒布한 지 며칠 뒤에 '丑日 未正 講農書'

---

47 『承政院日記』 1801책, 정조 22년 12월 2일 辛卯 (95-495가). 次對하는 자리에서 正祖와 李秉模가 問答하는 부분에서 正祖가 「農書綸音」에 부여한 의미가 잘 드러나고 있다.

48 『日省錄』 正祖 22년 무오 11월 30일 기축(27권 99~101면) 「下勸農政求農書綸音」 ; 予 卽祚 二十二年 建丑月 前一日 己丑 未正.

49 『承政院日記』 1801책, 正祖 22년 12월 2일 신묘 (95-495가).

를 抄啓文臣의 御製 賦題로 삼기도 하였다.[50]

신료들은 「農書綸音」에 대하여 충실하게 奉行해야 할 것이라는 의견을 피력하였다. 좌의정 李秉模는 綸音이 頒布된 지 이틀이 지났을 때 「農書綸音」을 읽은 소감을 피력하면서 매년 元日에 내리는 勸農綸音에 비해 금번의 綸音이 더욱 빛이 난다고 평가하였다.[51] 그는 「農書綸音」이 빛나는 이유로 豫備의 聖念에서 綸音이 나왔다는 점을 지목하고, 中外의 大小 신하들이 정성으로 綸音의 내용 가운데 萬一이라고 體行한다면, 또한 백성들로 하여금 스스로 農土에 나아가서 일하게 할 수 있을 것이고 설명하였다.[52] 또한 李秉模는 정조가 강조한 세 가지 농업기술 가운데 水利의 문제를 다른 것보다 더 중요하게 파악하면서 대표적인 水利施設인 堤堰이 비록 사소한 폐단을 일으킨다고 하더라도 둑을 쌓고 儲水하는 것을 하지 않을 수 없다는 의견을 제시하였다.[53]

정조는 11월 30일 「農書綸音」을 반포한 바로 그 날 京外에 綸音을 전파할 것을 지시하였다.[54] 「농서윤음」을 반포한 바로 그 날 편전에 입시한 검교 직제학 鄭民始 등에게 지시하면서 "한성부의 坊契와 외방의 州邑에 일일이 「농서윤음」을 謄傳(謄寫 · 傳達)하는 것은 어려우니 주자소에서 整理字로 인출하도록 분부하라"고 언급하였다.[55] 이와 같이 정조는 綸音을 漢城府의 坊契와 外方의 州邑에 謄傳하는 것이 상당히 어려운 과정일 것으로 파악하였다. 인용문에 보이는 '謄傳'이

---

50 『承政院日記』 1801책, 正祖 22년 12월 10일 기해 (95-520다).
51 『承政院日記』 1801책, 正祖 22년 12월 2일 신묘 (95-495가).
52 『承政院日記』 1801책, 正祖 22년 12월 2일 신묘 (95-495가).
53 『承政院日記』 1801책, 正祖 22년 12월 2일 신묘 (95-495가).
54 『承政院日記』 1800책, 正祖 22년 11월 30일 기축 (95-486다).
55 『承政院日記』 1800책, 正祖 22년 11월 30일 기축 (95-486다).

란 原本을 놓고 한 坊契나 州邑에서 謄寫하고 그런 다음 다른 郡縣으로 傳達하는 방식으로 보인다. 정조는 謄傳의 방식으로 綸音을 일일이 謄寫하는 것이 어려운 일이라고 파악하였을 뿐만 아니라 臣庶에게 綸音을 頒示하는 것이 너무 지체되어서는 안된다고 생각하였던 것이다. 그리하여 「농서윤음」을 鑄字所에서 整理字로 引出하도록 명한 것이었다. 引出된 印本을 中外에 頒示하는 방안을 취한 것이다. 또한 정조는 諸臣이 入侍하고 있던 자리에서 有司堂上 李書九를 불러 들여 「農書綸音」의 跋尾를 찬출하도록 명하였다.[56] 「농서윤음」을 印本으로 印出 頒下하는 데에 필요한 조치였다.

정조는 1798년 12월 1일 「農書綸音」을 刊印하여 全國에 내려보내 庶民들까지 알 수 있게 할 것을 檢校 直閣 沈象奎에게 지시하였다.[57] 이때 史庫와 各司, 京兆의 坊契, 四都八道, 諸臣에게 賜給할 것을 명하였다.[58] 그리고 「농서윤음」의 인본을 官衙 차원이 아닌 諸臣들 개인에게 많이 賜給하였다. 時原任大臣과 閣臣 등 官員에게 賜給한 것이 정확하게 몇 건인지 확인할 수 없지만 상당한 분량이 사급되었다. 정조는 앞서 다른 綸音을 반포할 때에도 官員들에게 많이 내려주곤 하였다. 정조는 특별히 漢城 判尹 具㢞을 불러들여 府內의 坊契에 빠짐없이 「農書綸音」을 頒示하도록 지시하기도 하였다.[59]

---

56 『承政院日記』 1800책, 正祖 22년 11월 30일 기축 (95-486다).

57 『承政院日記』 1801책, 正祖 22년 12월 1일 경인 (95-488가) ; 『日省錄』 正祖 22년 12월 1일 경인(27권 109면) ; 『綸綍』(규장각 奎12855) 226책, 戊午 12월 초1일.

58 〈求農書綸音〉을 內外에 頒布하라는 왕명이 『內閣日曆』(正祖) 22년 12월 초1일에도 기록되어 있다. 그런데 正祖의 勸農政求農書綸音 頒布의 왕명을 하달 받은 인물이 沈象奎가 아니라 李晚秀로 기록되어 있다. 같은 날 內閣의 人員을 보면 李晚秀는 直提學인데 病이 있는 것으로 기록되어 있고, 沈象奎는 檢校 直閣이었다. 따라서 內閣에 勸農政求農書綸音 반포의 책임을 부가하고 있음을 알 수 있다.

59 『承政院日記』 1801책, 正祖 22년 12월 1일 庚寅 (95-492나).

「농서윤음」에서 눈 여겨 보아야 할 점은 정조가 누구에게 윤음의 내용을 전달하고자 하였으며 누구로부터 농정을 권장할 방안과 새로운 농서를 편찬할 만한 자료를 구하려고 하였는가라는 점이다. 앞에서 「농서윤음」을 주자소에서 정리자로 인출하도록 명하여 전국에 내려보낸 것은 庶民들에게까지 「농서윤음」을 널리 알리려는 의도가 담긴 것이었다. 실제로 당시 정조의 지시대로 「農書綸音」은 漢城府 坊契에 등사되어 두루 게시되어 있었다.

그런데 한성부에 게시된 「農書綸音」은 특기할 만한 점을 지니고 있었다. 應旨農書를 올린 金天黼의 지적에 따르면 한성부의 경우 「農書綸音」은 眞諺의 형태로 게시되어 있었던 것이다.[60] 金天黼은 "신은 멀리서 耕鑿하는 民으로 마침 京洛에 머물고 있었는데, 農政綸音(즉 농서윤음)이 眞諺으로 翻謄되어 坊曲에 두루 揭示되어 있는 것을 보고 더욱 감격하고 고무됨을 이기지 못하였다" 라고 언급하였다.[61] 眞諺이라는 용어는 1759년에 만들어진 『英祖貞純后嘉禮都監都儀軌』에도 用例가 등장하는데 바로 眞書와 諺書를 병칭하는 용어로 사용되고 있었다. 玉冊文의 진서와 언서를 각각 1부 正書하여 內入하라는 명령이 내려지고 있었다.[62] 이러한 사례에서 1798년 金天黼이 見聞한 農政綸音(즉 농서윤음)은 漢文의 것과 諺文의 것이 같이 게시되어 있었던 것으로 추정해도 무방할 것으로 생각한다.

정조가 내린 「農書綸音」이 諺文本으로도 만들어졌을 가능성은 다

---

60 『日省錄』正祖 22년 12월 16일 을사 (27권 189면) 前同知 金天黼 疏陳農務之方.

61 『承政院日記』1802책, 正祖 22년 12월 16일 을사 (95-540나) 前 同知 金天黼 上疏 ; 臣以遐土耕鑿之民 適留京洛 伏見農政綸音 眞諺翻謄 遍揭坊曲 尤不勝激昂鼓舞之至也.

62 『英祖貞純后嘉禮都監都儀軌』(규장각, 奎13103) 三房儀軌, 稟目秩 鑞匠所用 ; 一取考謄錄 則玉冊文 眞諺書 各一本 正書內入矣 今亦依此擧行 [규장각, 1994 규장각자료총서 금호시리즈(의궤편) 영인본, 116면].

른 정조가 내린 綸音의 경우에서 유추할 수 있다. 정조는 1783년 9월에 「救恤綸音」을 내리면서 各道와 郡縣에 眞諺으로 翻謄하여 내려보내 방방곡곡마다 포고하여 깨우치도록 지시하고 있었다.[63] 게다가 정조가 1794년(정조 18)부터 1797년(정조 21) 사이에 내린 윤음 가운데 1794년 10월에 내린 〈全羅道康津海南長興靈巖興陽珍島等邑民人慰諭蠲恤綸音〉[64]과 같은 해 11월 3일 연속으로 반포한 〈諭華城城役董工諸臣綸音〉,[65] 〈諭嶺南父老士民綸音〉,[66] 〈諭湖西士夫民庶綸音〉,[67] 그리고 마지막으로 1797년에 내린 〈養老務農頒行小學五倫行實鄉飮儀式鄕約條例綸音〉 등이 모두 諺解되었고, 함께 묶여서 活字本 간행되었다는 점이 시사점을 주고 있다.[68] 위의 5건의 언해와 동일한 성격을 지닌 「農書綸音」의 경우도 諺解되었을 가능성이 충분히 있다고 생각된다. 즉 農書綸音은 眞書, 즉 漢文으로 주자소에서 인쇄된 本과 별도로 諺解를 거쳐 諺文으로 작성된 謄書本이 따로 존재하고 있었을 가능성이 보다 높다고 할 수 있다.

　1798년 12월 이후 「農書綸音」이 各道와 各邑에 반포되고 전파된 상황을 영남의 예를 통해 살펴볼 수 있다. 이해 12월 23일 정조는 重熙堂에서 嶺南句管堂上 등이 입시하였을 때 兵曹 判書 李時秀에게 嶺南의 綸音 頒給 상황에 대해서 下問하였다. 정조는 嶺南 道伯에게 「農書綸音」을 頒下하였는데 이에 대한 처리 상황을 구관당상에게 私書를 통해서 알고 있는지 下問하였던 것이다.[69]

---

63 『正祖實錄』 권16, 정조 7년 9월 乙未 (45-392).
64 『正祖實錄』 권41, 정조 18년 10월 己巳 (46-514).
65 『正祖實錄』 권41, 정조 18년 11월 乙酉 (46-517).
66 『正祖實錄』 권41, 정조 18년 11월 丙戌 (46-518).
67 『正祖實錄』 권41, 정조 18년 11월 丁亥 (46-519).
68 『綸音』(규장각 奎5166), 正祖(朝鮮)撰. 1冊(32張) 活字本(丁酉字).
69 『承政院日記』 1802책, 正祖 22년 12월 23일 임자 (95-584나).

이시수는 중앙의 朝廷에서 경상도 관찰사에게 綸音을 頒下한 뒤에 慶尙道 觀察使가 嶺南 道內의 各邑에 綸音을 頒給하였다고 전해들었음을 언급하였다. 이시수에 따르면 당시 영남에서는 大邑에는 각각 2件씩 주고, 小邑에는 각각 1件씩 주는 방식으로 윤음을 頒布하였다고 한다.[70] 嶺南의 경우 「농서윤음」이 道內의 각 고을에 샅샅이 그리고 낱낱이 分給되고 있었다.

慶尙道 이외의 다른 道도 경상도의 綸音 頒給 상황과 마찬가지였을 것이다. 各道 各邑에 綸音이 頒給되어 있었던 점은 應旨人의 應旨農書가 정조의 農書綸音의 내용 파악을 전제로 삼아 내용을 서술하고 있다는 점에서 확인할 수 있다. 상당수의 應旨人은 應旨農書로서 '農書冊子'를 올리면서 아예 정조의 綸音을 冒頭에 그대로 옮겨싣기도 하였다.[71] 즉 應旨人이 직접 農書綸音을 見聞하였다는 점, 단순히 農書綸音의 반포 소식에 근거하여 應旨農書를 進呈한 것이 아니라는 점을 알 수 있다. 바로 이점인 農書綸音이 전국에 두루 전파되어 있었다는 원천적인 증거라고 할 수 있다.

정조가 「농서윤음」을 팔도의 臣庶에게 낱낱이 반시되기를 바란 것은 무엇보다도 새로운 종합농서로 '農書大全'을 편찬하려는 것이었다.[72] 새로운 농서를 편찬하기 위한 방식이 일차적으로 전국의 농업기술 현황, 즉 농법의 현황을 조사하는 데에서 출발하는 것은 당연한 것이었다. 그런데 정조가 전국의 농법 현황을 파악하기 위해서 취한

---

70 『承政院日記』 1802책, 正祖 22년 12월 23일 임자 (95-584나).

71 康洵, 梁周翊 등의 應旨農書가 그 사례라고 할 수 있다(『農書』 7 應旨進農書 1 참조).

72 正祖의 '農書大全' 편찬추진에 대해서는 다음 논문을 참고할 수 있다. 金容燮, 1968 「十八世紀 農村知識人의 農業觀 - 正祖末年의 應旨進農書의 分析」, 『韓國史研究』 12, 韓國史研究會 ; 廉定燮, 2001 「18세기말 正祖의 '農書大全' 편찬 추진과 의의」, 『韓國史研究』 112, 韓國史研究會.

방식은 앞서 15세기에 세종이 『農事直說』을 편찬할 당시 취했던 것과 다른 것이었다.

세종 대 『농사직설』의 편찬에서 편찬 담당자였던 鄭招 등이 편찬의 저본으로 활용한 것은 하삼도 관찰사가 올린 농서책자였다.[73] 이 농서 책자는 원천적으로 각 지역의 老農의 경험을 수합한 것이었지만, 하 삼도관찰사가 일차 정리하여 산출된 것이었다. 『농사직설』이 이러한 편찬 과정을 거쳐서 만들어졌기 때문에 기본적으로는 조선의 농법을 정리하면서도 실제의 서술 내용에서는 중국의 농서에서 문장표현을 원용한 부분이 상당히 많이 남아 있었다.

'농서대전' 편찬 추진에서 편찬의 저본자료로 활용한 것은 各道의 儒生을 비롯한 여러 성격의 인물이 올린 應旨農書였다. 즉 『농사직 설』이 관찰사가 중간에 취사선택하여 올린 농서책자를 편찬 저본으로 이용한 반면, '농서대전' 편찬 추진은 응지인의 응지농서를 보다 직접 적인 일차 자료로 이용하는 체제를 갖추고 있었다.

정조는 「농서윤음」에서 전국의 농법 현실을 종합하기 위해서 일반 민의 적극적인 협력을 도모하는 의도를 숨기지 않고 드러내고 있었다. 정조가 애타게 농정을 정비하고 농서를 편찬하는 데 도움을 기다리던 대상이자 실질적인 「농서윤음」의 직접 수령자는 바로 '小大臣庶'로 표 현된 백성들이었다.[74] 실제로 「농서윤음」에 호응하여 응지농서를 올 린 응지인 가운데 한성부 북부에 거주하던 庶民 李必忠이라는 사람이

---

73 『世宗實錄』 권41, 세종 10년 윤4월 甲午 (3-129) "傳旨慶尙道監司 咸吉平安兩道 地品好而無知之民 泥於舊習 農事麤鹵 未盡地力 欲採可行良法 使其傳習 道內耕種耘穫 之法 五穀土性所宜 及雜穀交種之方 訪之老農 撮要成書以進 且農書一千部 以國庫米斗 換紙印進".

74 正祖, 『弘齋全書』 권29, 勸農政求農書綸音 "京外小大臣庶 咸須聽悉 如有己見 可 以有裨於三農者 或以章疏 或以簿冊 京而呈于廟堂 外而納于監司".

포함되어 있었다.

「농서윤음」에서 정조는 國의 근본은 民이며, 백성의 하늘은 農이라는 논리에서 출발하여, 백성이 농사를 제대로 짓기 위해서는 天時에 근거하여 地利를 다해야 함과 더불어 마땅히 人事를 잘 닦아야 한다고 설명하였다. 이른바 因天時, 資地利, 修人事라는 것을 농의 본령으로 파악하는 것이었다.[75] 그리고 농업기술의 요소로서 직접 지목하여 강조한 것은 水利, 土宜, 農器였다. 정조는 윤음에서 興水功, 相土宜, 利農器라는 조목을 설정하여 水利의 진흥, 土宜에 알맞은 穀種의 선택과 경작, 農器의 개선을 농업기술 가운데 개혁이 필요한 부분으로 지적하였다.

水利의 진흥이라는 것은 수리시설의 정비, 관리를 포함하는 수리기술의 개선을 주목한 것이다. 土宜에 걸맞은 경작법의 채택이라는 것은 각 지역의 특성에 적합한 작물의 경작, 나아가 지역 특성에 맞는 경작조건의 개선을 강조한 것이다. 마지막으로 農器의 개선을 통해서 현실의 경작법에서 통용되고 있는 農器具의 개량을 도모하고 이를 통한 생산성의 증대를 요구한 것이었다.[76] 이러한 농업기술의 발전을 함께 꾸려나갈 동반자로서 나아가 농업기술의 혁신을 주도할 협력자로서 정조가 고려하던 대상은 바로 民이었다고 생각된다.

「농서윤음」을 내린 직후인 1798년(정조 22) 12월 지은 「萬川明月主人翁自序」에서도 정조는 萬川을 庶民에 빗대고 만천에 빛을 비추는 明月을 자신에 대응시키면서, 관료를 포함한 민의 주재자로서 국왕의 위치를 내세운 것에서도 국왕과 민의 관계에 대한 새로운 설정을 찾

---

75 應旨農書를 올렸던 彦陽 幼學 全萬誠도 正祖가 내린 「農書綸音」의 핵심을 天時, 地利, 人事로 파악하였다『承政院日記』1806책, 正祖 23년 3월 19일 丁丑 (95-768가) 彦陽 幼學 全萬誠 上疏].

76 『日省錄』正祖 22년 11월 30일 己丑(27권 99~101면) 「下勸農政求農書綸音」.

아볼 수 있다.[77] 탕평군주로서의 정조가 추진한 권농책은 민과 국왕의 직접적인 연결관계에 근거하여 농업기술의 정리와 새로운 농서 편찬을 추진하는 것이었다.

정조는 이 윤음을 반포한 목적이 무엇인지, 추진하려는 사업이 무엇인지 윤음의 내용 중에 분명하게 밝히고 있었다. 그것은 바로 八道의 農法을 모아 '農書大全'이라는 제목을 붙였을 것으로 추정되는 農書 편찬을 추진하는 것이었다.[78] 정조의 '농서대전' 편찬 추진은 결국 완성된 편찬물을 세상에 남겨놓지 못하고 무산되고 말았다. 정조가 '농서대전'에 담으려고 했던 내용을 정조의 윤음에서 짐작할 수 있다. 정조는 앞서 지적한 대로 수리의 진흥, 토의에 알맞은 穀種의 선택과 경작법의 정리, 농기의 개량과 개선이라는 세 가지 요소를 가장 중요한 농업기술로 지목하였다.[79] 이러한 점에서 정조의 「농서윤음」 반포는 농업기술의 정리를 통한 농업생산의 안정을 도모하는 농정책의 주요한 발현이었다고 정리할 수 있다. 정조는 농정책의 가장 기초적인 부분을 바로 農法, 농업기술의 정리, 보급에 두고 있었다.

2. 開墾 장려책의 시행

1) 18세기 이전 開墾 장려책의 시행

조선전기부터 중앙정부는 농경지를 확대하기 위하여 開墾과 干拓

---

77 이태진, 「朝鮮王朝의 儒敎政治와 王權」, 『韓國史論』23(서울대 국사학과, 1990), 230~232면.

78 金容燮, 「十八世紀 農村知識人의 農業觀 - 正祖末年의 應旨進農書의 分析」, 『韓國史研究』12(韓國史研究會, 1968) ; 廉定燮, 「18세기말 正祖의 '農書大全' 편찬 추진과 의의」, 『韓國史研究』112(韓國史研究會, 2001).

79 『日省錄』正祖 22년 11월 30일 己丑 (27-99-101) 「下勸農政求農書綸音」 ; 農之本 在乎勤與勞 而其要則亦惟曰興水功也 相土宜也 利農器也.

을 널리 장려하였다. 사실 농업을 장려하기 위한 목표를 갖고 수행되는 여러 가지 시책들 가운데 農地의 절대면적을 확대해 나갈 수 있는 開墾은 언제나 권장되고 장려되는 방법이었다.[80] 특히 15세기 전반기에는 低地와 低濕地 중심으로 개간이 이루어졌는데,[81] 海澤이라고 불린 干潟地의 개간과 農地化에 많은 진척을 보였다.

1441년(세종 23)에 의정부는 人口를 증가시키고, 또한 경작 가능한 田土가 제한되어 있는 상황을 극복하기 위한 방안으로 개간을 건의하였다. 바다에 가까운 州郡의 해변에 제방을 쌓아 水田을 만들도록 監司를 독려하자는 건의를 한 것이다.[82] 이렇게 하면 백성들이 耕種할 만한 田畓을 얻게 되어 농사를 지을 수 있을 것이라고 보았다.

바다 인근에 비옥한 토지가 있다는 지적은 오래 전부터 사람들 입에 오르내린 것이었다.[83] 또한 新田과 陳荒地의 개간을 장려하고, 水車와 같은 새로운 수리도구를 이용하기 위한 시도도 이루어졌다.[84] 나아가 남해안의 巨濟와 南海 두 섬의 경작할 만한 곳에 농사를 지을 수 있도록 개간하고, 계속 농사짓기를 이어나가기 위해 木柵을 설치하여 보호하는 방안이 제시되기도 하였다.[85] 거제와 남해 두 섬에다 昌善까지 포함한 3개 섬에서 개간한 토지가 1419년에 1,130여 결에 달하는 것으로 조사될 정도로 田地를 확보하는 데 海島 개간이 유용

---

80 조선초기 農地 開墾, 北方 開拓 등에 대해서는 다음 책이 자세한 내용을 담고 있다. 李景植, 『朝鮮前期土地制度硏究』(Ⅱ)(지식산업사, 1998).

81 李泰鎭, 「15.6세기의 低平・低濕地 開墾 농업」, 『國史館論叢』 2(國史編纂委員會, 1989).

82 『世宗實錄』 권92, 世宗 23년 1월 乙丑 (4-333).

83 『世宗實錄』 권97, 世宗 24년 8월 辛卯 (4-426).

84 李泰鎭, 「조선시대 水牛・水車 보급 시도의 농업사적 의의」, 『千寬宇선생환력기념 한국사학논총』(正音文化社, 1985)(『韓國社會史硏究 - 농업기술의 발달과 사회변동』, 知識産業社, 1986 재수록).

85 『世宗實錄』 권1, 世宗 즉위년 8월 丙申 (2-263).

하였다. 그렇지만 倭變 등 盜賊의 출몰을 조심하기 위해 木柵, 土城 등을 축조해야 하는 번거로움이 여전히 뒤따르고 있었다.[86]

함길도, 평안도의 閑曠地에는 屯田을 설치하여 운영하는 방안이 모색되기도 하였다. 특히 屯田을 관리하는 인물을 監考라는 職任으로 임명하였다가, 나중에 성과를 많이 거두게 되면 京職이나 土官에 제수하자는 건의도 제출되었다.[87] 이러한 둔전 운영의 모색은 압록강 두만강 너머의 農地 경작을 때때로 허용하는 것과 마찬가지로 경작지의 확대와 적절한 운영을 꾀하는 것이었다. 결국 농지의 확대라는 농업 장려의 맥락에서 이해할 수 있을 것이다. 이와 같은 맥락에서 전라도 일대의 묵은 황무지를 개간하는 것에 대해서도 조정에서 주의를 기울이고 있었다.[88]

이와 같이 조선초기에 이루어진 農地 開墾은 沿海지역의 閑曠地 간척, 그리고 屯田 설치를 중심으로 이루어졌다.[89] 개간의 중심대상이 濱海州郡의 陳荒地였다. 조정에서는 墾田多少에 따른 수령의 黜陟과 褒賞, 奉足制의 여유있는 운영, 流民의 歸農과 영농에 대한 지원 등 실질적인 개간 장려책을 실시하였다. 그리고 개간자에 대한 소유권 내지 이용권 우선 승인, 그리고 면세혜택의 부여 등을 통해 개간을 독려하였다. 이러한 상황에서 海澤 간간, 즉 干拓을 통한 新田 개발에는 奴婢·良人·兩班·土豪, 貧農·富農, 佃戶·地主 등 사회의 모든 신분 모든 계층이 참가하였다. 또한 개간은 바다 가운데 島嶼에서도 활발하게 이루어지고 있었다.

86 『世宗實錄』 권7, 世宗 2년 윤1월 丙申 (2-371).
87 『世宗實錄』 권92, 世宗 23년 5월 丁酉 (4-341).
88 『世宗實錄』 권40, 世宗 10년 윤4월 壬辰 (3-128).
89 이경식, 「조선초기의 農地開墾과 大農經營」, 『한국사연구』 61·62(1991)(『조선전기 토지제도사연구Ⅱ』, 지식산업사, 1998 재수록).

개간과 관련해서 15세기 후반 편찬된 『經國大典』에 3년이 넘은 陳田은 다른 사람이 신고하여 경작하는 것을 허락한다는 규정을 살펴볼 필요가 있다.[90] 이 규정은 주인이 있는 陳田, 즉 有主 陳田도 起耕한 사람을 주인으로 삼는다는 것은 아니었다. 1556년(명종 11)에 명종이 내린 受敎에 이러한 상황을 확실하게 규정하였는데, 삼년이 지난 진전을 사람들이 관에 신고하고 경작해 먹는 것을 허락해 준 것은 영구히 전토를 지급해주는 것이 아니며, 만약 本主가 나타나서 還推하면 본주에게 돌려주어야 하고, 경작한 자는 다만 耕食하는 것만 허락하는 것이라는 해석이었다.[91] 本主의 소유권이 크게 강화되고 있다는 점에서 개간이 無主地를 중심으로 진행될 수밖에 없었음을 알 수 있다.

16세기에 戚臣, 權勢家를 중심으로 沿海地域의 간석지가 개발되어 堰田이 만들어졌다. 연해 지역의 간석지는 두말할 나위 없이 無主陳田이었다. 당시 조정의 권력을 차지하고 있던 戚臣들은 堰田 개발에 권력을 휘두르고 있었다.[92] 堰田이란 沿岸 지역에서 둑[堰]을 쌓아 바닷물을 막아 마련된 경지를 가리킨다. 간석지는 海澤이라고 불리기도 하였는데, 그 개발의 사례는 13세기 중엽까지 거슬러 올라간다. 하지만 15세기 말 성종 대 초반까지 성과면에서 부진을 면치 못하는 형세였다. 16세기 이후 언전 확대가 본격적으로 나타났는데, 이는 권세가, 戚里, 宮家 등이 開墾할 뿐만 아니라 奪占하는 방식으로 堰田을 확대하고 있었기 때문이다.

17세기를 거쳐 18세기에 이르러서도 陳田 주인의 田土에 대한 권리

---

90 『經國大典』 권2, 戶典 田宅 ; 過三年陳田 許人告耕.

91 『受敎輯錄』, 戶典 諸條 ; 過三年陳田 許人告耕者 非謂永給 待本主還推間 姑許耕食(嘉靖丙辰承傳) ; 『續大典』 권2, 戶典 田宅.

92 이태진, 「16세기 沿海地域의 堰田 개발 - 戚臣政治의 經濟的 背景 一端」, 『김철준박사화갑기념사학논총』(1983)(『한국사회사연구』, 지식산업사, 1986 재수록).

는 근원적으로 보호되고 있었다. 1720년에 만들어진 庚子量案 가운데 경상도 지역의 양안을 보면 起陳 여부를 기재한 다음, 舊主와 今主를 모두 기록하고 있다.[93] 또한 주인 없는 진전인 경우는 無主로 분명하게 표시하고 있었다.[94] 양안의 이러한 주 기재 방식은 진전 주인에 대한 정보를 양안에 수록할 사회적 필요성이 있었음을 보여주는 것이라고 볼 수 있다.[95]

16세기 이후에 주인이 없는 無主 閑曠處일 경우 起耕者를 主人으로 삼는다는 규정은 확고한 것이었다. 따라서 기경이라는 조건이 무주 한광지의 소유권을 확보하는 가장 커다란 방법이었다. 그런데 무주 한광지의 소유권을 근원적으로 보장받기 위해서는 官에서 立案을 받아내는 과정을 거쳐야 했다.[96] 앞서의 起耕이 현실적인 소유권 확보의 충분조건이라면, 立案은 법제적인 소유권 확보의 필요조건이었다. 따라서 입안의 신청과 발급은 소유권을 확정하는 필요적인 과정이었다. 보다 중요한 것은 起耕을 하면서 占有하고 있어야 하는 조건이었다.

無主 閑曠地에 대하여 起耕하여 耕食하고 있다는 현실적인 占有 활

---

93 서울대학교 奎章閣에 1719년에서 1720년에 작성된 己亥·庚子量案이 총 132책 가량 소장되어 있는데, 전라도 지역과 경상도 지역의 量案 일부만 남아 있다. 양안의 기재양식과 형태적 특징에 대해서 오인택의 다음 연구를 참고할 수 있다. 오인택, 「경자양전의 시행 조직과 양안의 기재 형식」, 『역사와 현실』 38(한국역사연구회, 2000).

94 『南海縣(西面)庚子改量田案』(奎14712, 14716), 『全羅左道南原縣己亥量田導行帳』(奎15028) 등 慶尙道, 全羅道의 庚子量案은 모두 起陳 상황과 더불어 陳主를 명확히 기재하고 있다.

95 李榮薰은 다음 논문에서 量案上 主 규정의 변화가 토지소유권의 신장과 밀접한 관련이 있다고 하였다. 李榮薰, 「量案上의 主 규정과 主名 기재방식의 추이」, 『조선토지조사사업의 연구』(민음사, 1997).

96 『新補受敎輯錄』 戶典 量田 ; 陳田並皆懸錄主名 無主處亦以無主懸錄 量後 願爲起耕者 呈本曹受立案 然後依法永作己物 無文籍僞稱己物欲爲懸主 於量案査覈現露 則論以冒占之罪 全家徙邊(1717년 庚子量田事目).

용과 官에서 발급받은 立案이라는 文書 가운데, 조선시기에 보다 원천적인 法源을 지닌 것으로 받아들여진 것은 起耕의 조건이었다. 1671년(현종 12)에 현종은 다른 사람이 비용을 들여 起墾한 토지를 미리 立案만 받아놓은 京鄕의 사람들이 한 장의 도장이 찍힌 立案에 근거하여 빼앗지 못하게 금지하였다. 田土를 탈취하려는 것 뿐 아니라 다른 사람에게 매매하는 것도 근거가 없는 것으로 취급하여 동일하게 금지시키고 있었다.[97]

또한 1688년(숙종 14) 숙종이 내린 受教 중에 海澤이나 山野의 陳荒處에 대한 立案을 받아놓고 3년 안에 耕墾하지 않았으면 3년이 지난 이후에 起耕한 자에 대해서 立案을 받은 자가 爭訟하지 못하게 금지시킨 것이 있었다.[98] 이와 같이 17세기 이후 조선 중앙정부가 수행한 권농정책의 한 방향은 閑曠地와 陳田의 開墾을 권장하는 것이었다. 조선시대에 조정에서 개간을 장려하기 위해 여러 가지 시책을 펼쳤다. 그리하여 농경지의 확대가 17세기에서 18세기 무렵에 확연히 확인되는데, 이 가운데 특히 수전의 증대가 남다른 것이었다.

그리고 1729년(영조 5)에 마련된 관계 규정에는 起耕하지 않으면서 立案으로 民田에서 收稅하는 者를 『大明律』의 田宅을 侵占한 조항으로 처벌해야 한다는 것이 있었다.[99] 이와 같이 無主陳田의 起耕者를 主人으로 우선 보호하고, 立案을 받은 자가 근거 없이 起耕者를 침범하지 못하게 하는 受教들이 모두 모여서 『續大典』에 등재되었다.[100]

---

97 『新補受教輯錄』 戶典 諸田 ; ○京鄕人占得田地 預出立案 而他人費力起墾之後 只以一張踏印之紙奪取 而又以立案 私相買賣 實涉無據 申明禁斷 (康熙辛亥承傳).

98 『受教輯錄』 刑典 聽理 ; 海澤山野陳荒處 受出立案 三年之內不得耕墾 而三年之後 有起耕 則使立案者 不得爭訟 (康熙戊辰承傳).

99 『新補受教輯錄』 戶典 諸田 ; 山峽閑曠處 費力作田之後 以一張立案據執 極爲無據 今後則起耕 爲主 而若有不自起耕 而以立案 收稅民田者 依大明律 侵占田宅者 杖八十 徒二年 (雍正己酉承傳).

이상과 같이 17, 18세기 起耕者를 田主로 보호하는 개간 장려책에 힘입어 新田 開墾이 이루어졌다.[101] 그런데 개간에 필요한 자본력, 인력 流民化된 몰락 小農이 노동력으로 참여하였고, 堰畓·垌畓으로 불린 저여지 개간이 주로 수행되었다. 개간에 지주층을 비롯하여 상인 등도 참여하고 있었고, 개간에 투여한 物力에 따라 개간지의 소유구조가 결정되고 있었다.

2) 18세기 후반 정조의 개간 장려책

18세기 후반 정조는 개간을 독려하고 권장하는 권농책을 그대로 이어갔다. 정조 대 조정에서 수행한 권농책은 기본적으로 선대 국왕이 실행하였던 방책을 계승하면서 이를 보다 충실히 추진하고 또한 새로운 성격을 부여하는 것이었다. 정조는 권농책을 추진하면서, '農本'을 크게 선포하고, 수령과 관료들에게 권농을 당부하는 것을 기본으로 삼고 있었다. 개간을 장려하는 것도 마찬가지로 선왕의 정책을 계승하는 것을 바탕으로 삼고 있었다.

정조는 개간을 장려하기 위해 기경자를 우대하는 입장을 계승하고 있었다. 정조는 때때로 陳荒田을 개간하라는 왕명을 내리면서 개간의 독려와 陳田의 감소를 지시하였다.[102] 정조는 重農하는 政事에서 개간을 권장하는 것보다 더 중요한 것이 없다고 표방하고 있었다.[103] 1800

---

100 『續大典』 권2, 戸典 田宅.

101 17세기 이후 開墾의 동향에 대해서 다음 논문을 참고할 수 있다. 李景植, 「17세기 土地開墾과 지주제의 전개」, 『韓國史研究』 9(1973) ; 宋讚燮, 「17·18세기 新田 開墾의 확대와 경영형태」, 『韓國史論』 12(서울대 국사학과, 1985).

102 『承政院日記』 1801책, 正祖 22년 12월 7일 丙申 (95-514가) ; 林川 郡守 尹志範 上疏 ; 惟我聖上 軫念裕民之方 屢下起荒之教.

103 『綸綍』(奎12855) 庚申(1800년) 6월 1일 ; 重農之政 豈有過於勸闢 (……) 不可無獎勸之擧.

년 6월 수원 유수 徐有隣이 府內에서 起墾한 結數가 360餘 日耕이라고 보고하자 권장하는 거행이 없어서는 안된다면서 判官 金思義에게 鹿皮를 賜給하고, 스스로 30일경을 개간한 자를 嘉善衛將에 차정하도록 지시하였다.[104]

정조 대 후반에 이르러 개간장려 시책을 한 단계 높여 개간자, 기경자를 실질적으로 우대하는 규정이 시행되었다. 그것은 收稅의 측면에서 혜택을 내려주는 것이었다. 즉 개간자, 기경자에게 영구적인 납세액의 감면을 부여하는 규정이었다. 사실 개간 장려가 성공적으로 이루어지기 위해서는 收稅 문제, 즉 陳田을 개간하였을 때 수세의 측면에서 어떠한 혜택을 주거나 또는 피해를 주지 않는 방안이 마련되어 시행되는가 여부가 중요하였다. 1798년에 상소한 玄風 縣監 張錫胤은 "還起(陳田을 개간하여 起耕하는)한 田土에서 白徵하지 않으면 전토가 모두 개간될 것이다"라고 지적한 것이 바로 요점을 가리킨 것이었다.[105]

당시에 量案에 舊陳이나 久陳으로 기록되어 있으면 일단 收稅 대상에서 빠져 있었다. 그런데 이러한 久陳이나 舊陳을 起耕하여 耕食하게 되면 收稅하고, 起耕작업이 이루어지지 않아 久陳이나 舊陳으로 남아 있으면 收稅하지 않는 것이 당연한 일이었다. 하지만 양안에 起田으로 등재되었으면 이후 陳田이 되었다고 하더라도 계속 收稅하는 것이 또한 의례적으로 행해지고 있었다.[106] 정조 대에 應旨農書를 올린 申在亨도 양안에 起田이라 기입된 경우 의례적으로 매년 수세를

---

104 『綸綍』(奎12855) 庚申(1800년) 6월 1일 ; 以水原留守 徐有隣 勸關田畓結數 開錄 事狀啓 判付 重農之政 豈有過於勸關 本府 爲諸路之所取則 而田畓三百六十餘日耕之起 墾 於別論之後者 極爲可嘉 其在先從愧始之道 不可無獎勸之擧.

105 『承政院日記』1800책, 正祖 22년 11월 4일 癸亥 (95-432가) 玄風縣監 張錫胤上 疏.

106 『英祖實錄』권91, 英祖 34년 5월 丁酉 (43-688) ; 全羅監司洪麟漢上書 (……) 蓋 以量前舊陳者 起則稅 不起則不稅 而量後今陳 則不計起與不起 一倂收稅.

하는 것이 실제 농사를 짓지 않을 경우 매우 억울한 상황을 초래할 것이라고 지적하였다.[107] 이런 상황을 타파하기 위하여 영조 대에는 量後의 陳田을 續田으로 간주하여 隨起收稅하는 방책을 검토하기도 하였다. 1758년 당시 대리청정하던 王世子는 全羅監司 洪麟漢이 永陳田을 續田으로 삼아야 한다는 건의를 올리자 이를 비변사에서 논의하게 하였다.[108]

정조는 陳荒田의 개간을 권장하기 위해 收稅의 측면에서 근원적으로 혜택을 내려주는 조처를 취하였다. 1799년(정조 23) 정조는 개간을 장려하기 위하여 期限을 정해 免稅하는 방안에서 한 단계 더 앞서 나간 방책으로 田品을 降等시켜주는 조처를 시행하게 하였다. 구체적으로 살펴보면 바로 陳田을 다시 起耕田으로 開墾하였을 때 田品을 낮추어주는 것과 減稅해주는 것 두 가지를 실시하게 하였다. 이러한 시책이 당시 이미 嶺南에서 시행하고 있었는데, 이를 諸道에 모두 적용하게 한 것이었다.[109]

田品의 降等은 일시적인 減稅가 아니라 영구적인 減稅의 의미를 지닌 것이기 때문에 開墾을 장려하는 데 획기적인 의의를 부여할 수 있는 시책이었다. 嶺南 道臣 李泰永이 狀請하여 流來舊陳을 개간하는 데 노력이 더욱 많이 들어가니 이를 近年永災로 陳田이 된 것을 還起하는 것과 같은 혜택을 주어서는 개간 장려가 되지 않는다고 건의한 바 있었다.[110] 量田을 시행하여 量案을 새로 작성할 경우에도 1等~6

---

107 『承政院日記』1802책, 正祖 22년 12월 16일 을사 (95-540다) 洪州 幼學 申在亨 上疏).

108 『英祖實錄』권91, 英祖 34년 5월 丁酉 (43-688) ; 全羅監司洪麟漢上書 略曰 湖南 永陳處 今若許續 則所謂良田之陳 必爲大闢.

109 『正祖實錄』권52, 正祖 23년 11월 辛未 (47-220) ; 定嶺南陳田還起降等減稅之式 仍令諸道 照此施行 左議政沈煥之啓言 陳田起墾處 三年減稅 乃是國典. 『日省錄』正祖 23년 3월 20일 戊寅 (27권 538~539면) ; 漢城府 北部 庶民 李必忠 所陳冊子.

等에 이르는 田品은 田稅 부과의 단위가 되는 結負數를 산정할 때 기준이 되기 때문에 대체로 바꾸지 않는 것이 원칙이었다는 점에서도 田品의 降等은 커다란 의의를 지닌 것이었다. 1720년 庚子量田 당시 정해진 量田事目의 초안은 전품 등제를 陞降하지 말도록 규제하는 내용을 담고 있었다.[111] 이런 점에서 還起 田畓의 降等이란 영구적인 減稅 조처는 유효한 개간 장려책이라고 할 수 있다.

정조 후반에 應旨農書를 올린 應旨人 중에 張志翰은 陳田의 개간을 장려하기 위해서 陳田 起耕 이후 3년 동안의 無稅를 확실하게 거행할 것을 요구하였다. 그는 陳田 개간의 장려책이 실행되면 土地에 남겨진 이득[遺利]이 사라지게 되고 民産은 저절로 넉넉하게 될 것이라고 주장하였다.[112]

또한 應旨人 尹在陽도 자신이 올린 應旨農書에서 五軍門, 各宮房, 忠勳府, 勢家가 주인인 田土로 起耕할 만한데 버려져 있는 陳田을 農民들이 起耕할 수 있게 해주어야 한다고 주장하기도 하였다.[113] 이러한 응지인의 개간 장려 방책의 제시는 당시의 정조 대 개간 장려책을 확실하게 보장받기 바라는 뜻을 담고 있었다. 18세기에 걸쳐 水田을 중심으로 田結數의 증대가 눈에 띠게 나타났다는 점에서[114] 18세기 조정의 개간 장려는 조정에서 바라던 소기의 성과를 거둔 것이라고 할

---

110 『正祖實錄』 권52, 정조 23년 11월 17 辛未 (47-220).

111 『新補受教輯錄』 戶典 量田, 康熙丁酉量田事目 ; 今番改量時 則量後加起之處 等數高下 一從土品施行 而至於曾前量案所載 田畓等第 勿爲陞降.

112 『承政院日記』 1802책, 正祖 22년 12월 23일 壬子 (95-583나) ; 前 忠義衛 張志翰上疏.

113 『承政院日記』 1802책, 正祖 22년 12월 22일 辛亥 (95-577가) ; 前 持平 尹在陽上疏.

114 1627년 下三道 田畓原帳付結數 905,856結과 1784년의 931,138結 사이에 약간의 증대를 찾아볼 수 있고, 특히 水田의 비중이 상승하였음을 찾아볼 수 있다(『度支志』 外編 권4, 版籍司 田制部).

수 있을 것이다.

이상에서 살핀 바와 같이 정조는 개간의 장려를 위해 역대 조정이 마련한 여러 가지 시책을 계승하여 守令에게 개간을 독려하고, 나아가 開墾者에게 施賞을 하기도 하였다. 重農하는 政事에서 개간을 권장하는 것보다 더 중요한 것이 없다고 간주하고 있었다. 그리고 정조는 陳荒田의 개간을 권장하기 위해 限年하여 免稅하는 방안에서 한 단계 더 앞서 나갔다. 그리하여 田品을 낮추어 주는 영구적 減稅를 베풀어 開墾을 획기적으로 장려하였다.

3. 曆書 간행과 勸農

조선시대의 曆書는 冊曆이라고 부르기도 하는데, 일 년 동안의 月日, 해와 달의 운행, 월식과 일식 등을 기록한 책이다. 조선시대에 觀象監(15세기 초 書雲觀에서 改名)에서 역서의 제작을 담당하였다. 曆書는 사람이 하늘과 교통하기 위해 만든 매개물의 성격을 갖고 있었다. 자연의 주기적인 변화에 시간의 흐름이라는 일정한 질서를 부여하여 만들어낸 것이 바로 曆法이고, 역법에 기초하여 시간을 흐름을 정리해낸 것이 曆書였다.[115] 그런데 역서는 시간의 변화, 계절의 변동을 담고 있다는 점에서 농업과 긴밀한 관계를 맺고 있었다. 사람들의 생활에 혁명적인 변화를 가져온 農耕은 태생에서부터 계절의 변화와 맞물려 돌아갈 수밖에 없었기 때문에 달력과 농경은 애초에 불가분의 관계를 맺고 있었다. 따라서 農耕을 구체적인 日時와 긴밀하게 연관시킨 農曆은 권농과도 서로 떼어놓을 수 없는 관계로 볼 수 있다.

---

115 이용복, 「朝鮮時代의 曆과 曆算」, 『한국천문력 및 고천문학』, 태양력 시행 백주년 기념 워크샵 논문집(한국표준과학연구원 부설 천문대, 1996), 32면.

먼저 역서와 농력의 관계를 살피기에 앞서 農曆의 의미를 좀 더 살펴볼 필요가 있다. 농력이라는 개념은 농사일을 뜻하는 農이라는 글자와 달력을 의미하는 曆이라는 글자를 조합하여 만든 단어이다. 그러므로 글자의 의미에 따르면 농력의 기본적인 뜻은 '농사일을 미리 기록한 달력', 또는 '지난 농사일을 기입한 달력'이라고 할 수 있다. 이러한 의미로 쓰이는 다른 말로 農事曆이 있다.

농력이라는 말은 농사일을 권장하는 차원에서 쓰일 경우와 농사일을 수행하는 과정에서 쓰이는 경우 이렇게 두 가지로 나누어 볼 수 있다. 즉 농사일을 권장하는 경우 달력에 구체적인 날짜가 지정되어 있을 것이고, 농사일을 수행하는 과정에서 작성된 경우는 기입한 구체적인 날짜가 그때그때 곳곳마다 달라질 수밖에 없다. 후자의 경우 농력은 '달력에 기입한 농사일'이라는 뜻도 지니게 된다. 이와 같이 농력은 여러 가지 경우에 따라 다른 방식으로 만들어지고 활용되지만, 농사일과 관련된 달력이라는 점이 기본적인 성격이라고 보아야 할 것이다.

조선왕조는 해마다 曆書, 즉 年曆을 만들어 반포하였다. 17세기 중반 時憲曆이 도입된 이후 이에 의거하여 時憲書를 제작하고 반포하였다.[116] 형식적으로는 중국의 曆書를 印刊하는 방식을 취하고 있었지만 실제로 조선의 觀象監에서 계산하여 만든 曆書를 간행하고 반포하는 것이었다.[117] 조선후기에 간행된 曆書는 크기와 명칭이 다양하게 등장하고 있었다. 曆書를 향유하는 신분과 목적에 따라서 曆書의 재질과 크기를 달리한 것이었다.[118]

---

116 문중양에 따르면 1653(효종 4)년에는 時憲曆에 의거해 曆書를 편찬할 수 있게 되었다고 한대문중양, 「18세기 후반 조선 과학기술의 추이와 성격」, 『역사와 현실』 39(한국역사연구회, 2001)].

117 『顯宗改修實錄』 권16, 顯宗 8년 정월 辛巳(37-537).

매년 간행된 曆書는 기본적으로 하늘의 질서를 올바르게 반영하여 이를 통한 땅의 정치적 권위를 내외에 과시하는 도구로 활용하였다. 하지만 曆書는 말 그대로 계절의 변화를 알려주는 달력의 기능을 기본적으로 수행하였다. 계절의 변화를 정확히 알려준다는 점에서, 그리고 계절의 변화는 곧 農時와 밀접하게 관련된다는 점에서 曆書의 반포는 農時의 선포와 다른 것이 아니었다. 세종 대에 천문기구에 붙여진 記와 銘에서 천문기구 제작이 人時, 즉 農時를 가르쳐주기 위한 것이라는 언급을 찾아볼 수 있는데,[119] 이는 바로 曆書와 農時의 관계를 잘 보여준 사례라고 할 수 있다.

영조 대에 사헌부에서 觀象監 正 金振渭의 처벌을 주장하면서 그 이유로 曆書의 착오를 지적하였다.[120] 그런데 이때 曆書의 착오가 초래한 주요한 양상을 節候의 進退가 잘못되었다는 점을 들고 있었다. 이와 같이 曆書에 착오가 생기면 節候의 進退와 밀접한 관련이 있는 農時를 잘못 계산하게 되어 勸農에 차질이 일어날 가능성을 우려하고 있었던 것이다.

조선왕조는 曆書를 간행한 다음 內職과 外職으로 나누어 반포하였다. 1780년(정조 4) 11월에 다음해에 나누어줄 曆書의 반포 대상자에 대한 吏曹와 兵曹의 草記가 서로 어긋나자 이를 바로잡는 일이 있었다.[121] 당시 정조의 명으로 頒曆 대상자를 설정한 결과에서 外職의 경우만 보면 留守, 監司, 節度使만 들고 있어서 매우 협소한 범위로 한정한 것이었다. 그런데 이 규정은 특별하게 만들어진 曆書의 頒給만

---

118 정성희, 「藏書閣 소장 曆書에 대한 考察」, 『藏書閣』 6(한국정신문화연구원, 2001).

119 李泰鎭, 「제3장 세종 대의 天文 역사와 農業政策」, 『朝鮮儒教社會史論』(지식산업사, 1989), 69면.

120 『英祖實錄』 권37, 英祖 10년 2월 辛酉 (42-420).

121 『正祖實錄』 권10, 正祖 4년 11월 戊戌 (45-196).

가리키는 것이었을 것으로 추정된다. 왜냐하면 이미『經國大典』에 日
曆을 4,000건 刊印하여 諸司와 諸邑 그리고 宗親, 文武 堂上官 이상에
게 頒給하고 있었기 때문이다.[122]

조선후기에 제작된 역서는 수록 기간과 용도에 따라 크게 세 종류
로 분류되는데, 內用三書와 時憲書 등 1년 단위 曆書, 千歲曆과 百中
曆과 같은 100여 년 단위의 曆書, 그리고 七政曆가 같은 天體曆이 있
다고 한다.[123] 따라서 위의 규정은 內用三書와 같은 특별한 曆書의 반
급 대상자를 정리하는 상황이었던 것으로 추정된다.

諸邑, 즉 州府郡縣의 守令에게 頒給된 曆書는 여러 가지 경로를 거
쳐 鄕村의 在地士族에게까지 전달되고 있었다. 郡縣에서 새로 刊印하
거나 또는 여러 건을 확보하여 鄕村의 재지사족에게 선물하고 있었
다. 조금 시기적으로 앞선 기록이기는 하지만 17세 초중반에 禮安에
거주하던 金坽이 쓴『溪巖日錄』에 나오는 기사를 보면 官曆이라고 표
현된 曆書가 향촌의 在地士族에게 이르렀음을 알 수 있다.[124]

1617년 당시 김령은 중앙정부에서 各官에 나누어준 曆書를 참작하
여 농사를 독려하고 있었는데, 官曆에 기록되어 있는 작물에 따른 적
절한 파종 일자라는 것이 실제로 적당한 것인지 아닌지 의구심을 갖
고 있었다. 4월 10일 日記에서 김령은 "이날 種綿하였다. 官曆에는 栽
種하는 것이 적당하지 않다고 하였다. 잘 익을 지 여부를 알 수 없다.
가을이 오면 알 수 있을 것이다"라고 기록하고 있었다.[125] 이러한 언급

---

122 『經國大典』권3, 禮典, 藏文書 ; 每年頒曆日(觀象監印四千件 頒諸司諸邑及宗親文武
堂上官以上 濟州三邑外諸邑皆納紙受去 餘件貿紙以備明年之用 校書館印一千件以備諸書印出之
資).

123 정성희,「藏書閣 소장 曆書에 대한 고찰」,『藏書閣』6집(2001), 181~182면.

124 필사본『溪巖日錄』8책은 金坽이 쓴 일기로 국사편찬위원회에서 脫草하여 1997
년『溪巖日錄』上下로 간행되었다(張弼基,「『溪巖日錄』解題」,『溪巖日錄』上(국사편찬
위원회, 1997), 10면].

에서 김령이 그간 계속해서 綿花를 재배하고 있었기 때문에 자신의 경험이나, 노비의 경험에 근거하여 또는 주변 면화 재배 농민이 파종하는 시기에 맞춰 綿田에 파종하였으면서도, 官曆에 기재된 적당하지 않은 日字라는 점을 내심 마음에 꺼려하고 있었음을 알 수 있다.

조정에서 제작한 官曆, 즉 曆書가 중앙관리와 지방수령, 그리고 재지 유력자에게 도달하였던 사정은 天紀의 변화를 일깨워주는 의미 이외에도 勸農과 관련시켜 해석할 수 있다. 그것은 이때 頒給하는 官曆이 단순히 날짜와 干支를 표시하고, 윤달 여부를 교정하는 내용 뿐아니라 농작물의 적절한 播種 또는 栽種 日字(또는 干支) 등을 담고 있기 때문이었다. 官曆은 農家에서 작물을 재배하는 특정한 작업을 수행하는 것이 적당한지(宜), 적당하지 않은지(不宜)를 日字별로 기재하고 있다는 점에서 官에서 제공하는 農事曆이라는 의미를 가지고 있다고 생각한다.[126]

물론 실제 농업생산을 영위하기 위해서는 기후조건을 잘 살펴야하고, 특히 특정한 지역의 국지적인 사정을 감안해야 한다는 점에서, 農曆은 짙은 地域性을 띠지 않을 수 없었다.[127] 그렇지만 기후조건에 걸맞은 농작업을 진행하도록 官에서 독려하는 것은 勸農의 차원에서 대단히 중요한 의미를 지니고 있었다. 따라서 曆書의 반포를 조선 중앙정부가 시행한 農政策에 포함시켜 이해하는 것이 충분히 가능할 것이다.

---

125 金坽, 『溪巖日錄』 3책, 1617년 4월 10일(국사편찬위원회 『溪巖日錄』 上, 340면) ; 是日種綿 官曆不宜栽種 未知稔否如 何秋來可知.

126 農書와 日記類 資料를 이용하여 16세기에서 18세기에 걸친 몇 개의 사례를 추출하고, 해당 지역의 農事曆, 農曆을 복원한 다음 연구를 참조할 수 있다. 염정섭, 2002 『조선시대 농법 발달 연구』, 태학사.

127 경기 廣州에 살던 崔世澤은 자신이 살고 있던 지역의 農曆을 간략하게 정리하여 應旨農書에 싣고 있었다(『日省錄』 正祖 23년 4월 28일 丙辰 〈27권 711면〉).

중앙정부가 農政策의 일환으로 農事曆의 의미가 있는 官曆을 반포한 것은 農時가 농업생산에서 갖고 있는 중요성을 인정하였기 때문이었다. 農時를 어기지 않는 것은 수령의 治積을 평가하는 중요한 기준 가운데 하나였다. 농사일이 한창인 農節에는 築城과 같은 農民의 노동력을 동원하는 사업을 벌이는 것을 삼가야만 했다.[128]

曆書는 農事曆의 의미뿐만 아니라 占候, 즉 기후예측과 관련된 성격을 갖고 있었다. 기후변화에 대한 예측은 계절의 변화에 따라 커다란 흐름을 감지할 수 있고, 또한 대부분 하늘의 움직임을 보고 파악할 수 있었다.[129] 그런데 占候, 즉 전근대의 기후 예측 방식의 여러 가지 유형 가운데, 天體나 自然物 등에 따른 占候 이외에 曆占, 干支占候라는 것이 있었다. 이는 특정한 날짜 또는 특정한 干支를 날씨 변화와 연결시켜 파악하는 것이었다.[130] 曆書에 의존하여 占候하고 농사에 유리한지 불리한지를 살피는 방식이었다고 할 수 있다.

왕실과 고위관료가 사용한 內用三書라는 曆書는 曆註에 上任下라는 것을 기재한 것이었다. 上任下는 그날에 하기에 좋은 일과 안좋은 일을 적어놓은 것이었다고 한다.[131] 內用三書의 기재 내용은 占候와 실질적으로 같은 의미를 지닌 것이었다. 즉 두 가지 경우 모두 특정한 날짜와 특정한 기후 변화 또는 好不好를 연관시켜 파악하는 것인데, 그 바탕이 되는 것은 바로 曆書였던 것이다.

曆書를 占候에 이용하는 것과 같은 맥락에서 1799년에 응지농서를

---

128 1734년 2월 獻納 趙漢緯는 湖南에서 築城하려는 것은 農時를 빼앗는 것이라고 규정하면서 役事를 정지시켜야 한다고 주장하였다(『英祖實錄』, 권37, 英祖 10년 2월 20일 丙寅 〈42-421〉).

129 金蓮玉, 「朝鮮時代 農書를 통해서 본 占候」, 『문화역사지리』 7(1995), 73면.

130 金蓮玉, 「朝鮮時代 農書를 통해서 본 占候」, 『문화역사지리』 7(1995), 78~79면.

131 정성희, 「藏書閣 소장 曆書에 대한 考察」, 『藏書閣』 6(한국정신문화연구원, 2001).

올린 金致大는 아예 書雲觀에서 星辰의 顯晦를 잘 살펴서 그해에 어떤 작물이 풍년이 들지 예측하여 曆書에 기록하여 民人들이 알려주게 하는 방안을 제시하기도 하였다.[132] 그리고『千一錄』을 지은 禹夏永도 날씨 변화의 예측을『四時纂要』에 수록되어 있는 占候法에 따라야 할 것이라고 지적하고 있었다.[133]

주부군현의 수령에게 나누어준 曆書는 곧 재지사족 등이 참고해야 할 농사 일정을 적어놓은 農事曆이라는 의미도 지니고 있었다. 조정에서 勸農을 수행할 때에도 역법에 따라 산정한 24절기를 기준으로 삼았다. 17세기 후반에 조정에서 만든 勸農節目에서도 24절기의 芒種을 벼농사 파종의 주요한 한계 시점으로 삼고 있었다.[134]

農時의 중요성은 농작업이 계절의 변화를 감안하여 수행하지 않을 수 없다는 점에서 더욱 분명한 것이었다. 17세기 초에『農家月令』이라는 農書를 지은 高尙顔은 농업기술을 아예 月令, 즉 24절기에 맞춰 배열하는 방식을 취하기도 하였다.[135] 24절기를 단서로 농업기술을 정리한 農書는 특히 그 자체가 하나의 農曆에 해당한다고 할 수 있다는 점에서 같이 살펴볼 필요가 있다. 농력을 담고 있는 농서는 농민들이 오랜 세월에 걸쳐 발전시켜온 농업기술을 보여주고 있다. 농업기술을 실제로 활용하는 농민들은 지역적인 농업환경에 걸맞은 농사일 실행 시기를 오랜 경험 속에서 가늠해놓고 있었다. 地域農法이라고 부를 수 있는 기술체계가 각각 독자성을 갖게 되는 가장 주요한 부분은 바로 농작업의 適時 부분이라고 할 수 있다. 지역적인 농업관행을 모아 이를 날짜별로, 24절기별로 정리한 것이 바로 농력이라고 할 수 있다.

132『承政院日記』1808책, 正祖 23년 5월 2일 己未 (95-876다).

133 禹夏永,『千一錄』권8, 農家總覽, 占時候.

134『度支志』外篇 권3, 版籍司 勸農 節目(1687).

135 閔成基,「제6장『農家月令』과 16世紀의 農法」,『朝鮮農業史研究』(一潮閣, 1988).

이상에서 살핀 바와 같이 曆書를 반포하는 것 자체가 주요한 권농 행사의 하나로 볼 수 있을 것이다. 曆書의 반포는 실제적인 農事曆을 제시한다는 의의와 더불어 占候의 자료를 제공해주는 의미를 갖고 있었다. 따라서 曆書의 반포는 勸農策의 주요한 부분에 해당하는 것이었다.

조선왕조에서 매년 간행한 曆書는 曆法에 근거하여 하늘의 질서를 정리한 것이었다. 또한 曆書의 반포는 곧 農時의 선포와 같은 의미를 지닌 것이었다. 諸邑, 즉 州府郡縣의 守令에게 頒給된 曆書는 여러 가지 경로로 鄕村의 在地士族에게 미치고 있었다. 그리고 조정에서 頒給하는 官曆은 한편으로 農事曆이라는 의미도 지니고 있었다. 이러한 점에서 曆書의 반포는 중앙정부가 시행한 勸農策의 일환이었다. 게다가 曆書는 農事에 절대적으로 필요한 占候의 자료가 되기도 하였다.

4. 農形과 雨澤의 파악과 정리

1) 各道 農形의 파악

조선후기 農政策의 주요한 구성 부분의 하나는 農形 파악을 통한 농업생산 관리라는 監農의 측면이었다. 중앙정부는 지방 수령, 관찰사를 통하여 農民의 농업생산활동을 감독하였다. 구체적인 방식은 守令과 觀察使가 보고하는 農形狀啓와 雨澤狀啓를 확보하는 것이었다. 守令은 農節이 되면 관찰사에게 農形을 보고하고, 비가 내렸을 때 雨澤 상황을 구체적으로 보고하게 되어 있었다. 수령의 보고를 관찰사가 수합하여 道內의 農形과 雨澤으로 종합 정리하여 중앙으로 狀啓를 올리는 보고체계가 설정되어 있었다. 농작물이 자라는 農節은 바로 守令이 각 군현의 農形을 파악하여 중앙에 보고해야 할 시절이었다.

특히 夏至 이후에서 立秋까지는 농형과 우택을 朝報에 수록하였다.[136]

18세기 중후반 조선은 지방 수령에서 중앙 정부로 이어지는 監農을 충실하게 수행하고 있었다. 守令 → 觀察使 → 政府 → 國王으로 이어지는 공식적인 보고 계통을 통하여 정조는 각 지역의 농형을 잘 파악하였다. 그리고 정조 대에 이르러 앞서 시행되던 農形 보고 체계를 정리하여 『大典通編』에 수록하고 있었다. 즉 田稅 收取 방식이 比摠法으로 이루어지는 상황에서 戶曹에서 比摠하기 위한 근거자료로 활용하던 것이 바로 諸道의 農形 장계라는 것을 명시하고 있었다.[137] 조선 팔도 각 地域의 農形을 지방 차원에서 파악하여 대책을 강구하고, 또한 그렇게 파악된 농사 형편을 중앙정부에 보고하였다.

農節에 접어들면 各邑의 守令은 곡물의 播種 與否 특히 水田의 耕種이 제때에 수행되었는지 잘 감독하고 그 결과부터 보고해야 했다. 水田의 耕種 여부는 每朔 各面의 사정을 大數로 보고해야 하는데 특히 芒種을 경계로 삼아 이때까지 播種을 완수하도록 독려할 책무가 부여되어 있었다. 만약 都事가 巡審하여 水田 耕種이 망종 무렵까지 제대로 완수하지 못한 것이 심각할 경우 守令 등에게 처벌이 내려졌다.[138] 이러한 규정은 숙종 대에 마련된 「勸農節目」에 보이는 것인데, 같은 절목에 芒種시절에 最後로 付種한 者와 芒種을 지나서 처음으로 付種하기 시작하는 者를 처벌하라는 규정까지 삽입되어 있었다. 朝廷에서 규정한 守令이 수행할 監農 임무는 播種 여부를 제대로 파악하

136 『六典條例』 권2, 吏典 ; 農形雨澤 自夏至後 至立秋前 鱗次出朝報 ([初次霜降 亦爲頒布).

137 『大典通編』 권2, 戶典, 收稅 ; 敬差官都事踏驗年分之規 本曹臨時定 或命道臣磨勘則當年八月 本曹參考諸道農形狀 以相當年比摠啓下 觀察使秋審後 分等啓聞.

138 『度支志』 外篇 권3, 版籍司 田制部一 勸農 節目 肅宗 13년(1687) ; 一 各邑 每朔 各面 付種未付種 大數牒報 至於芒種後 都事巡審田野 尤甚陳廢者 守令則或啓罷 或施殿最之罰 監色及該面有司 各別推治.

는 것이 그치지 않았다. 적당한 穀種을 지정하고 권장하는 것도 포함되어 있었다.[139]

農形 狀啓를 올리는 것은 守令과 監司의 일상적인 업무 수행의 기본적인 임무였다. 農節 기간 동안 守令이 작성하여 觀察使를 거쳐 중앙정부에 보고되는 農形狀啓는 구체적인 농업생산활동의 내용이 담겨져 있었다. 守令은 대략 10일에 한 번씩 농형장계를 작성하여 감사에게 올리는 것이 常例였다. 군현의 수령은 각 面里의 보고를 수합하고 종합하여 농형장계를 만들었다. 특별히 가뭄이 심하다가 비가 오게 되면 당시까지의 農形을 보고하라는 王命이 내려지기도 하였다.[140] 監司는 守令으로부터 받은 농형장계를 하나로 모아 戶曹에 종합 보고하였다. 또는 각 군현을 돌아다니면서 확인한 農形을 보고하기도 하였다.[141] 이때 각도에서 올라온 농형장계는 다른 장계류와 같이 지역별로 하나의 謄錄으로 묶여져 호조에 보관되었다.

감사와 수령이 농형장계와 우택장계를 일상적인 업무수행 과정에서 반드시 해야 할 일로 파악하고 이를 실제로 거행한 사례를 18세기 중반 강화지역의 경우에서 살펴볼 수 있다. 18세기 중반 강화유수가 농형장계와 우택장계를 올린 경우를 특징적인 사례로 찾아볼 수 있다.

영조 대인 1749년 12월부터 1751년 8월까지 江華府留守 兼鎭撫使를 지낸 金光世란 인물이 강화유수로 재임하던 시기에 承政院, 備邊

---

139 숙종 대에 마련된 「勸農節目」은 糖穀, 즉 수수를 수확을 많이 할 수 있는 곡물로 평가하고 糖穀을 널리 보급해야 하는 부담을 守令에게 부여하고 있었다(『度支志』 外篇 권3, 版籍司 田制部一 勸農 節目 肅宗 13년).

140 『正祖實錄』 권40, 正祖 18년 7월 壬子 (46-492) ; 教曰 夜下別諭 以寓修省一分之思 自朝霏霏 晚乃滂沱 渴望之餘 歡天喜地 同雲四低 可占遠近之均洽 得雨形止之登聞 豈待此諭 而憧憧之極 有此申申 並與雨後農形 後錄列邑狀聞.

141 『正祖實錄』 권35, 正祖 16년 8월 辛卯 (46-330) ; 慶尙道觀察使鄭大容條啓 行部所徑蔚山機張東萊梁山金海等邑灾荒狀.

司 등에 올린 啓文 등을 모아놓은 『江都啓錄』(奎27536)이라는 책이 서울대학교 규장각한국학연구원에 소장되어 있다. 전체 분량이 1책 (93장)에 불과하지만 당대의 어느 기록에서도 찾아볼 수 없는 강화유수와 관련된 내용을 담고 있다. 강화부 유수가 실제로 거행한 상세한 牧民의 실제를 보여주고 있다. 또한 대상 시기가 18세기 중엽이라는 점에서 다른 지방 군현의 狀啓謄錄類와 차별성을 지니고 있다.[142]

강화유수는 직접 현장에서 발로 뛰는 수령과는 다른 위상을 가지고 있었지만, 牧民官으로서 農政策을 수행하는 外官의 성격을 지니고 있었다. 따라서 김광세가 『강도계록』에 수록한 農事 形止, 즉 農形 보고들은 다른 수령들의 그것과 다른 것이 아니었다. 김광세의 농형, 우택 장계는 農政을 최일선에서 수행하는 守令의 농형 보고와 다름없는 것이었다.

김광세가 올린 농형 보고 가운데 1750년 5월 17일에 올린 農形 보고는 雨澤에 대한 보고를 겸한 것이었다. 田畓의 파종 상황을 적시하고, 鋤役(김매기)과 移秧, 根耕(그루갈이)을 차례대로 수행하도록 감독하고 있음을 아뢴 것이었다.[143] 시기에 따라서는 牛疫 등에 대한 자세한 보고가 곁들여지기도 하였다.[144] 1751년에도 農形 보고는 이어지고 있는데, 田畓의 위치에 따라, 작물의 종류에 따라서 현재 어느 정도까지 농작업이 이어지고 있는지에 대해서 대략적인 정보를 전해주는 것이었다.[145]

---

142 국사편찬위원회에서 편집 간행하고 있는 『各司謄錄』의 상당 부분이 조선후기 특히 19세기 이후 八道와 郡縣에서 올린 狀啓를 謄錄한 자료들이다. 이에 대해서는 다음 조사 보고서를 참고할 수 있다. 김인걸, 『各司謄錄 資料의 基礎調査 및 研究』, 한국사연구지원보고서(국사편찬위원회, 1998).

143 『江都啓錄』 乾隆15년 6월 5일.

144 『江都啓錄』 乾隆15년 8월 7일.

145 『江都啓錄』 乾隆16년 5월 24일. 윤5월 6일. 두 개의 보고를 비교해보면 雨澤

農形 보고가 갖고 있는 農政 상의 의의는 바로 監農과 荒政을 이어 준다는 점에서 찾을 수 있다. 농형 보고에 의거하여 한 해 풍흉의 대강을 미리 짐작할 수 있고, 이에 따라 흉년이 도래할 우려가 있을 때 이에 대비하는 방안을 미리 마련할 수 있었던 것이다. 따라서 농형 보고 내용 가운데 水災, 旱災, 風雨 등의 재해 요소에 대한 것이 들어가지 않을 수 없었다. 김광세가 1750년 8월에 올린 농형보고는 8일간 주야를 가리지 않고 내린 大雨와 나무를 넘어뜨릴 정도로 거세게 불었던 惡風으로 발생한 피해 상황에 대한 것을 많이 포함하고 있었다.[146]

그리고 김광세가 올린 우택 장계 중에는 당시의 기후특성을 찾아볼 수 있게 해주는 기초 자료에 해당되는 것도 포함되어 있었다. 예를 들어 1751년 윤5월 27일에 올린 農形과 雨澤 보고를 보면 같은 달 17일부터 24일까지 매일 비가 내렸고, 그 중에서도 20일 아침과 21일 午後 두 차례에 걸쳐 양동이를 뒤집어 쏟아 붓는 것 같은 폭우가 내렸음을 알 수 있다. 뒤에 나오는 두 차례의 폭우는 현대적인 기상 용어로 局地性 集中豪雨에 해당되는 것으로 추정된다.

김광세가 올린 農形 장계와 雨澤 장계는 各面의 任掌이 보고한 것을 수합한 것이었다. 각 면에서 파악한 파종, 이앙, 제초 등 농작업의 실상과 雨量의 크기 등을 각 면의 임장들이 보고하면 이를 종합하여 강화유수 김광세가 중앙에 장계를 올렸다.

18세기 중반 강화부의 사례에서 알 수 있는 바와 같이 수령, 감사들은 담당 지역의 농형을 파악하고 우택을 조사하여 이를 중앙정부에 보고하였다. 이를 통해 조정에서는 各道의 農形을 구체적으로 파악할

상황에 대한 보고의 틀을 동일하지만, 전자는 兩麥 發穗 등에 주안점을 두고 있는 반면, 후자는 벼의 移秧과 除草에 보다 중점을 두고 있었다. 이와 같이 두 보고의 초점에 차이가 있는 것은 농사일이 시간이 지나감에 따라 변화해나감을 잘 보여주는 것이다.

   146 『江都啓錄』 乾隆15년 8월.

수 있었다. 곡물의 播種 與否부터 경작 상황에 이르기까지 守令의 주기적인 農形 보고가 이어지고 있었다. 또한 조선 팔도 각 군현의 守令이 降雨量을 측정하여 雨澤을 보고한 것을 바탕으로 중앙에서 각도의 강우량을 취합하여 1년 단위의 강우량으로 집계되었다.

한편 정조 대를 비롯한 조선후기에 국왕은 각지의 農形을 제대로 파악하기 위하여 守令의 보고를 취합한 監司의 狀啓 보고라는 통로 이외에 다른 가능한 방법을 모두 동원하였다. 중앙의 官員이 휴가를 받아 歸鄕하였다가 복귀하였을 때 국왕은 道中에서 살핀 農形이 어떠한지 下問하기도 하였다. 이와 같은 農形 파악의 일상적인 수행은 監農의 일상적인 실행을 의미하는 것이었다.

조선의 정치체제에서 중앙정부의 관원은 수시로 특정한 지역, 또는 연고가 있는 향촌을 찾아보고 歸京하였다. 이때 중앙 관원은 한편으로는 개인적인 이유로 즉 先塋에 祭享을 올리거나, 兩親을 親見하기 위하여 給由를 받아 지방사회를 방문하였다. 또한 다른 한편으로 國王의 지시를 받거나 비변사 등의 공식적인 업무 처리를 위하여 향촌사회를 찾아보았다. 한편 지방 수령도 마찬가지로 개인적인 이유로, 또는 공식적인 이유로 上京하여 서울의 친척, 친구 등을 방문하거나, 중앙관아를 찾아 자신이 牧民官으로 있는 지역의 농사 형편을 전해주곤 하였다.[147] 즉 중앙관원과 지방수령은 비공식적으로 중앙정부, 또는 국왕에서 각 지역의 農形을 전달하는 기회를 마련할 수 있었고, 정조를 비롯한 조선의 국왕은 특히 이러한 기회를 적극적으로 이용하였다.

정조는 史官을 비롯한 중앙관서의 관원이 지방사회를 돌아보고 歸京하거나, 지방수령이 上京하였을 때[148] 이들을 불러들여 각 지역의 農

---

147 『正祖實錄』권49, 正祖 22년 9월 丁丑 (47-112) ; 召見嶺湖差員及上京守令 詢問農形民情.

形을 묻곤 하였다. 또한 史官이나 宣傳官을 교외에 보내 농형을 살펴
보게 하였다.[149] 정조는 1798년 11월 湖西를 다녀온 史官 李允謙을 불
러들여 民情을 下問하였다. 그런데 이윤겸은 당시가 이미 농사를 끝
마치고 수확도 종료된 상황이고 收稅를 위한 給災가 시급한 때여서,
실제의 農形을 파악하는 것이 그리 쉬운 일이 아니었음에도 불구하고
農形을 중심으로 民情을 설명하고 있었다.[150]

정조는 연소한 閣臣을 따로 農形을 파악하는 임무를 부여하여 특정
지역에 내보내기도 하였다. 1799년 5월 가뭄이 극심하여 여러 가지
대책을 수립하고 있을 때 정조는 檢閱 李存秀에게 始興, 安山 등지의
農形을 살펴오라는 명령을 내렸다. 5월 29일 李存秀는 書啓를 올려서
자신이 살핀 지역의 農形을 자세히 설명하였다. 주로 가뭄으로 인하
여 발생하는 移秧의 지연 문제를 중심으로 자신이 본 바와 老農의 지
적을 곁들여 서계를 작성하고 있었다.[151] 정조는 이와 같이 특정한 인
물에게 특정지역의 농형을 살피게 하는 조처를 취하기도 하였다.[152]

특별한 임무를 수행하기 위해서 파견된 暗行御史가 農形을 파악하
여 보고하기도 하였다. 1777년 정조는 京畿暗行御史로 차출된 李秉模
에게 경기 지역의 농형을 살피고 백성의 폐단을 염찰하게 하였다.[153]
또한 慰諭御史가 農形을 파악하여 보고하기도 하였다.[154] 그리하여 최

---

148 『正祖實錄』 권16, 正祖 7년 9월 戊申 (45-394) ; 召見上京守令 歷詢農形.

149 『正祖實錄』 권37, 正祖 17년 5월 戊申 (46-389) ; 分遣史官宣傳官于東西南郊 看
審農形 ; 『正祖實錄』 권16, 正祖 7년 7월 庚寅 (45-375) ; 遣史官金健修 察畿邑農形.

150 『承政院日記』 1800책, 正祖 22년 11월 1일 庚申 (95-422다).

151 『承政院日記』 1809책, 正祖 23년 5월 29일 丙戌 (95-964나) ; 檢閱 李存秀 書啓
臣敬奉聖敎 自南郊之青坡石隅 由始興東面馬場川文星洞 西面所下里 至安山之草山面前
坪 所經諸處 農形 遍爲看審.

152 近侍를 보내어 農形을 살피게 하는 경우도 있었다. 『正祖實錄』 권33, 正祖 15년
8월 癸卯 (46-233) ; 時 水潦跨月 上深憂之 遣近侍 看審農形於沿江之地者相續也.

153 『正祖實錄』 권3, 正祖 1년 6월 乙未 (44-672).

종적으로 한 해의 농사 결과가 어떠한지 파악하는 데 이르렀다. 1796년의 경우를 보면 이해 8월 호조는 事目災를 약소하게 내려주면서 그 이유로 올해 農形이 풍년이라는 사실을 강조하고 있었다.[155] 위에서 살펴본 바와 같이 守令과 朝官을 동원하여 각 지역의 農事 形止, 즉 農形을 파악하고, 이를 종합 정리하는 監農이 일상적으로 수행되고 있었다.

2) 雨澤의 파악과 종합

조선 팔도 각 군현의 守令은 비가 왔을 때 즉시 降雨量을 측정하여 監司에게 보고하였다. 감사는 각 郡縣의 보고와 監營의 降雨量을 종합하여 雨澤狀啓를 작성하고 이를 중앙에 보고하였다. 農形 보고와 마찬가지로 雨澤 보고도 各郡縣의 守令이 各面 任掌의 보고를 취합하여 정리한 것을 상부에 아뢰는 것이었다. 雨澤狀啓에 기재되는 내용은 비가 오기 시작한 시간, 내린 기간, 降雨量 등이었다. 降雨量을 측정하는 방법은 기본적으로 測雨器를 이용하는 것이었다.

세종 대에 제작된 측우기는 길이가 1尺 5寸이고 圓徑이 7寸인 원통형의 銅器였다.[156] 測雨器는 세종 재위 당시 世子 자리에 있던 문종의 고안으로 제작된 것이었다. 측우기는 기본적으로 雨量을 재기 위한 도구로써 만들어졌다.[157] 측우기를 통해서 降雨量을 객관적으로 측정하는 방식은 조선후기에도 그대로 통용되었지만 실제로는 제대로 활용되지 못하였다. 이에 1770년(영조 46)에 영조는 측우기의 모양과 제

---

154 『正祖實錄』 권38, 正祖 17년 9월 乙巳 (46-410).

155 『正祖實錄』 권45, 正祖 20년 8월 乙酉 (46-667) ; 是歲熟 戶曹以今年農形 各穀均熟 諸路同然 給災一款 並不擧論.

156 전상운, 『한국과학사』(사이언스북스, 2000).

157 李泰鎭, 『朝鮮儒敎社會史論』(知識産業社, 1989), 64~66면.

작 방식을 전국의 郡縣에 내려보내 각지에서 새롭게 자체 제작하게 하였다.[158] 이후 측우기 이용이 보다 본격화되었다.

조정에서는 觀象監이 관장하여 昌德宮에 설치한 측우기에서 降雨量을 周尺으로 分寸까지 재어 파악하였다. 測雨器의 크기 자체도 周尺으로 규정되어 있었고, 降雨量도 周尺으로 측정하였다.[159] 정조는 1780년에 측우기로 水深을 측량하는 세칙을 정하기도 하였다. 정조는 하루에 측우기로 수심을 측량하는 횟수를 3회로 정하고, 水深의 分寸도 성심껏 재도록 당부하였다.[160] 이에 따르면 昧爽부터 午初三刻까지, 午正初刻부터 人定까지, 人定부터 翌日昧爽까지 등 하루를 3분하여 雨量을 측정하게 하였다. 그런데 이는 하루종일 비가 내릴 때의 경우이고, 몇 시간 정도 내린 비의 양을 보고할 때에는 언제부터 언제까지 비가 내린 시간을 기록하였고, 또한 하루 이상 지속된 강우의 경우에도 비가 내리기 시작한 시각과 그친 시각을 특정하였다.

중앙에서 측정한 降雨量은 그때그때 측우기로 재어두었을 뿐만 아니라 1년의 전체 降雨量도 집계하여 정리해 두고 있었다. 중앙에서 파악한 강우량 정보와 관련된 사례를 정조 대에서 찾아볼 수 있다. 정조가 1799년 5월 가뭄이 든 시기에 1791년 이후 1798년까지 연간

---

158 『英祖實錄』 권114, 英祖 46年 5月 1日 丁丑 (44-352) ; 命倣世宗朝舊制 造測雨器 置昌德慶熙兩闕 令八道兩都皆造置 俾審雨澤多少 以測雨器尺寸幾何 馳啓以聞 仍敎曰 此卽體昔年一風一雨命審之聖意 何敢放忽 聞實錄以爲 測雨器設石以置 今者兩闕兩雲觀 皆造石臺 高布帛尺一尺 廣八寸 臺上造圓穴安之 穴深一寸 用庚申新製尺 蓋庚申取三陟 府在所世宗朝布帛尺 參考大典 新製尺式也 ;『영조실록』 行狀 (44-543) ; 四十六年 夏四月 頒測雨器 王得世宗朝測雨器之制 命度支製置兩闕及雲觀 且分送兩都八道 每雨澤以尺寸報 因編象緯考有是命.

159 『度支志』 外篇 권3, 版籍司 田制部一 測雨器事實.

160 『正祖實錄』 권32, 正祖 15년 4월 丁卯 (46-217) ; 敎曰 測雨器水深書入也 分寸每 相左 時限亦不一 此後自昧爽至午初三刻 午正初刻至人定 自人定至翌日昧爽以前 分三 次書入 (……) 觀象監官員 臥積仕日 無義莫甚 甚至望雨得雨也 水深分寸 不能誠心計量 此皆提調不能檢飭而然 提調推考 後復慢忽.

총강우량을 언급하고 있는데, 이는 年間 降雨量에 대한 집계를 축적하고 있었기 때문에 가능한 것이었다. 이때 정조의 언급에 따르면 작년 같은 달에 尺餘에 달하던 雨澤이 今年 이번 달에는 2寸에 불과할 정도로 가뭄이 극심하게 발생한 시점이었다. 정조는 이렇게 가뭄이 든 상황을 국왕 자신의 잘못 때문이라고 자책하고 있었다.[161]

정조는 1798년에 이전 8年에 걸친 雨澤의 상황, 즉 年間 降雨量을 종합하여 제시하고 있었다. 당시 측우기 수치는 周尺으로 기록되어 있었다. 周尺 1尺을 현재 사용하는 cm로 환산하면 20.8cm 내외로 추정할[162] 수 있기 때문에 周尺으로 측정된 降雨量을 mm 단위로 환산하면 다음의 표 2와 같다.[163]

표2 1791년~1798년 降雨量 내역(『承政院日記』 정조 23년 5월 22일 己卯)

연도(干支)	측우기 수치(周尺)	강우량(mm)	비고
1791년(辛亥, 정조 15)	8尺 5寸 9分	1786.72	
1792년(壬子, 정조 16)	7尺 2寸 9分	1516.82	『日省錄』 7尺 1寸 9分
1793년(癸丑, 정조 17)	4尺 4寸 9分	933.92	
1794년(甲寅, 정조 18)	5尺 8寸	1206.4	
1795년(乙卯, 정조 19)	4尺 2寸 4分	881.92	
1796년(丙辰, 정조 20)	6尺 8寸 5分	1424.8	
1797년(丁巳, 정조 21)	4尺 5寸 6分	948.48	
1798년(戊午, 정조 22)	5尺 5寸 6分	1156.48	
8년간 평균 연간강우량	-	1231.94	

---

161 『承政院日記』 1809책, 正祖 23년 5월 22일 己卯 (95-935가).

162 朴興秀, 「세종조의 도량형 통일」, 『한국사 24 - 조선초기의 경제구조』(국사편찬위원회, 1994).

163 『承政院日記』 1809책, 正祖 23년 5월 22일 기묘 (95-935가). 正祖가 辛亥年(1791) 이후 기록해둔 降雨量 집계이다.

1791년부터 1798년까지 8년 동안 年間 降雨量의 추이를 보면 평균이 1,231mm였다. 최대 연간 강우량은 1791년의 1,786mm이고, 최소 연간 강우량을 기록한 것은 1795년의 881mm였다. 8년 중에서 雨澤으로 볼 때 평균 연간강우량 이상의 강우량을 기록한 해는 4년이고, 3년은 확실하게 가뭄이 든 해이며, 나머지 1년은 보통보다 약간 낮은 강우량을 기록한 해로 파악할 수 있다.

降雨量의 파악은 기본적으로 測雨器로 잰 水深 수치를 이용하였지만, 실제의 농업생산 현장이나 지방 군현 등에서는 관행적인 降雨量 파악방식을 竝用하고 있었다.[164] 관행적인 降雨量 파악 방식은 쟁기와 호미의 날의 크기를 기준으로 비가 땅에 스며든 부분의 깊이를 재는 것이었다. 이를테면 호미 날 하나가 들어가는 깊이까지 비가 스며들었으면 강우량을 '一鋤'라고 표현하고, 쟁기 날 하나면 '一犁' 등으로 표현하는 방식이었다. 이러한 관행적인 강우량 측정 방식은 지방 守令들이 중앙에 보고하거나, 또는 중앙 관리들이 국왕에게 보고할 때 강우량을 가늠하는 수치로 사용되고 있었다. 아예 測雨器로 잰 강우량과 犁鋤로 파악한 강우량을 병행하여 사용하기도 하였다.

호미와 쟁기를 이용한 강우량 측정 방식은 정조의 敎書에서도 찾아볼 수 있다.[165] 또한 1799년 5월 17일 내린 비를 측정하던 방식을 하나의 사례로 찾아볼 수 있다. 당시 祈雨祭를 실시하기 위해 준비를 진행하던 시기에 卯時부터 申時까지 비가 뿌렸는데 이때 측우기로 잰 水

---

164 『江都啓錄』乾隆16년(1751) 4월 16일. 이날 올린 雨澤 보고를 보면 4월 6일 7일에 내린 비는 겨우 '浥塵', 즉 먼지를 적실 정도에 그쳤다고 우량을 기록하였고, 24일 오시부터 내려서 혹은 쏟아 붓다가 혹은 흩뿌려 25일 묘시에 그친 비는 '一犁許'였다고 기록하였다.

165 『正祖實錄』권13, 正祖 6년 6월 癸酉 (45-312) ; 雨 禮曹請還御正殿復膳復樂 不許 敎曰 才得鋤犁 猶靳滂沛 顚若之思 豈聞於躬禱之時也.

深은 8分이었다.[166] 이 정도의 강우량은 가뭄에 상당한 해갈을 주었지만 아직 미흡한 것으로 평가되고 있었다. 그런데 測雨器 水深 8分은 하루 뒤인 5월 18일 檢校 提學 鄭民始가 언급한 바에 따르면 '鋤許'라는 표현에 해당할 정도의 강우량이었다.[167]

鄭民始는 비가 내린 양을 형용하는 데 있어서 절대적인 측우기의 수치를 사용하지 않고 있었다. 즉 앞서 승정원일기 5월 17일에 기록되어 있는 측우기의 절대적인 비의 양에 대한 수치 표현 대신 호미를 이용하는 측정방법을 사용하고 있었다. 또한 1799년 황해도 관찰사가 올린 우택 장계에도 鋤犁를 이용한 降雨量을 기록하고 있었다.[168]

이상에서 살핀 바와 같이 18세기 후반 정조 대에 중앙정부는 各道 各邑의 農形과 雨澤 현황을 파악하고 종합하여 정리하고 있었다. 이러한 체제는 본래 농사 감독, 즉 監農의 의의를 지닌 것이었지만, 또한 한해 농사의 作況을 판단하는 정보를 제공하는 것이기도 하였다.

5. 災害 파악과 荒政의 시행

1) 災害 인식과 祈禳儀禮

조선후기 특히 18세기 중후반에 시행된 荒政을 살피기에 앞서 먼저 조선시대 재해에 대한 인식내용을 전반적으로 살펴본다. 자연재해 등 天變地異의 발생 원인에 대한 설명, 그리고 재해를 없애기 위해 실행한 祈禳儀禮 등을 검토할 것이다. 그리하여 황정의 세부적인 내용이

166『承政院日記』1809책, 正祖 23년 5월 17일 甲戌 (95-928가).

167『承政院日記』1809책, 正祖 23년 5월 18일 乙亥 (95-929나). 경기 監司 李在學도 雨澤狀啓에서 강우량을 鋤許라고 표현하면서 보고하고 있었다.

168『正祖實錄』권51, 正祖 23년 5월 丙寅 (47-185) ; 今觀海西狀聞 初三之雨 道內卅三官 得犁許九邑 鋤餘十二邑 浥塵二邑云.

어떻게 마련되어 시행되었는지 제시하려고 한다.

조선전기의 경우 자연재해를 비롯한 天變災異가 발생하였을 때 天人感應論에 의거하여 그 발생 원인에 대하여 설명하였다. 즉 "人事가 아래에서 感動한 뒤에야 天變가 위에서 感應하는 것이다(人事感於下 則天變應於上)",[169] 또는 "인사가 아래에서 감동하면 천도가 위에서 감응한다(人事感於下 則天道應於上)"[170]라는 방식으로 설명하였다.

태종 대에 사간원에서 時務를 건의하면서 人事가 아래에서 잘못되면 天變이 위에서 應한다고 설명하였다.[171] 세종 대에도 人事와 天道를 연관시켜 재변에 대해서 설명하는 것은 마찬가지였다. 『明宗實錄』의 史臣은 보다 구체적으로 경기에서 발생한 우박에 대하여 인사의 잘못이 아래에서 일어나서 이에 따라 天變이 위에서 호응한 것이라고 설명하였다.[172] 이러한 방식의 설명은 人事와 天道 사이에 선후 관계를 설정하는 논리구조였다. 인사에서의 잘못이 먼저 나타나고 이것 때문에 천도의 감응이 천변으로 나타난다는 것이었다.

---

169 1399년 天變地異로 定宗이 대사면령을 반포한 宥旨에 '人事感於下 則天變應於上'라는 구절이 들어 있다. 『定宗實錄』 권2, 定宗 1年 8月 8日 乙巳 (1-154) ; 頒宥旨 王若曰 (……) 且人事感於下, 則天變應於上, 故古之王者, 每遇災變, 必修人事, 或側身修行, 或發政施仁, 蓋反其本, 應天以實也.

170 겨울에 雷霆이 발생한 것 때문에 성종이 내린 傳旨를 보면 '人事感於下, 則天道應於上'가 전제조건으로 설정되어 있었다. 『成宗實錄』 권209, 成宗 18年 11月 7日 壬寅 (11-259) ; 傳旨議政府曰 人事感於下 則天道應於上 天之降災降祥 豈無自而然哉 予以菲薄 纘承丕基 臨深履薄 日愼一日 常懼獲戾于上下 今當隆冬 雷霆再作 是必予治道失宜也 勉思厥愆 以答天譴 內以失德 外以失政 朝廷之弊法 閭閻之愁嘆 其令中外 咸以實聞.

171 『太宗實錄』 卷3, 太宗 2年 2月 18日 辛未 (1-226) ; 司諫院上時務數條 一 大抵人事失於下 則天變應於上 今治具畢張 庶績咸熙 宜有休徵 而星文示譴 此豈非時政有所失 民情有所壅而致然歟 伏望殿下 日與大臣賢士 講論治體 凡所施爲 戒愼恐懼 求所以弭災之方 幸甚.

172 『明宗實錄』 卷27, 明宗 16年 8月 10日 丁卯 (20-600) ; 丁卯 傳曰 京畿雨雹之災 慘酷非常 尤甚被災處 救荒預備事 言于戶曹 (史臣曰 雹者 戾氣也 人事失於下 則天變見於上).

조선전기에서 후기에 이르기까지 자연재해가 발생하였을 때 이를 극복하기 위해 실시한 의례가 바로 祈禳儀禮이다. 기양의례는 재변이 일어났을 때 이를 극복하기 위해 종교적인 기반에서 거행되는 주술적인 의례를 가리킨다. 기양의례 가운데 祈雨祭, 祈晴祭, 祈雪祭 등을 뽑아 氣候儀禮로 명명하기도 한다.[173]

하지만 기우제 등이 일상적인 기후 상황일 때 행해지는 것이 아니라 이상 기후 현상이 닥쳤을 때 벌어진다는 점에서, 직면하고 있는 재난에서 벗어나려는 '禳'에 주목하여 기양의례라는 용어를 사용하는 것이 적절할 것으로 생각된다. 이와 같이 살펴볼 때 기양의례란 가뭄, 홍수, 전염병 등과 같이 자연재해만이 아니라 개인의 질병과 불행 등 일상적인 삶의 조건을 위협하는 상황이 닥쳤을 때 이를 소멸하고자 거행하는 종교·주술적인 비정기적 의례를 가리키는 것[174]으로 정리할 수 있다고 생각한다.

조선전기의 기양의례는 천변재이뿐만 아니라 자연재해가 발생하였을 때 그로 인한 피해에서 벗어나기 위한 예방적인 또는 사후적인 의례들이었다고 볼 수 있다. 기양의례는 종교적인 귀의 대상에게 호소하는 기원, 기도뿐만 아니라 구체적인 의식, 의례 등으로 그때마다 등장하였다.

기양의례에서 기양의 의미를 좀 더 자세하게 살펴볼 필요가 있다. 祈禳에서 祈는 祈禱를 뜻한다. 기도는 종교적인 행위로써 神明에게 아뢰어 災禍의 소멸을 구하고, 福慶의 지속 연장을 바라는 것이라고 할 수 있다. 이렇게 보면 祈가 관할하는 개념의 범위는 매우 광범위하여, 사람들의 개인적 사회적 생활에서 국가적인 통치행위에 이르기

---

173 최종성, 『『기우제등록』과 기후의례』(서울대학교 출판부, 2007).

174 이욱, 『조선시대 재난과 국가의례』(창비, 2009).

까지 모든 부문과 연관된다고 할 수 있다. 따라서 祈雨, 祈晴 등 가뭄의 해갈, 홍수의 종식 등을 바라는 것만 아니라 後嗣를 바라는 祈嗣, 장수를 염원하는 祈壽, 복록을 원하는 祈福 등의 경우에도 祈를 앞세우고 있다.

그리고 祈禳에서의 禳은 재난, 재해의 소멸과 제거를 구한다는 의미이다. 본래 禳은 고대의 제사의 명칭에서 나온 것[175]인데, 질병이나 재앙의 소멸을 희구하는 제사라는 뜻을 가지고 있었다. 『周禮』에 딸린 주석을 보면 변이를 제거하는 것을 禳이라 하는데, 이는 물리치다는 뜻의 攘이라는 글자와 뜻이 통한다고 정리하고 있다. 이러한 점에서 당면하는 재난에서 벗어나고 곤경에 빠진 사람을 구제하는 것을 禳災라 부를 수 있다. 그리고 재해를 물리치는 禳災의 범위는 天災에서 자연재해에 이르기까지 광범위한 것이라고 할 수 있다.

기양을 語義的인 측면에서 검토한 바를 정리하면, 기양은 하늘, 땅, 사람, 자연과 관련된 갖가지 재난, 재변, 재해를 소멸시키고 그리하여 사람들이 겪는 고통에서 벗어나기를 희구하고 염원하는 행위와 관련된 모든 것을 가리킨다고 할 수 있다. 구체적으로 기양의 내용과 형식은 종교적 배경, 학문적 토대, 개인적 경험, 사회적 관습 등에 따라 다르게 나타날지라도 그 목표와 목적은 재변과 재해의 소멸 및 극복이라고 수렴할 수 있을 것이다. 다종다양하고 광범위한 기양의 내용과 형식이 역사적인 과정을 거쳐 정형화되어 자리잡은 것을 기양의례라 정리할 수 있을 것이다.

조선초기에도 하늘에 제사를 드려, 즉 祭天을 통해 곡식의 풍성함, 가뭄 해갈의 降雨를 기도하는 일을 빼놓지 않았다. 조선왕조 개창 초

---

175 『周礼』, 天官, 女祝 ; 掌王后之內祭祀 凡內禱祠之事 掌以時招梗禬禳之事 以除疾殃.

기에 圓丘壇에서 제사드리는 것을 철폐해야 한다는 주장이 나오기도 하였다.[176] 하지만 圓丘壇이라는 제단의 명칭을 圓壇으로 바꾸어 기우제 설행을 계속 수행하였다.[177] 원단이라는 이름으로 바뀌기는 하였지만 이후 계속 원구로 불려졌다. 세종 대에도 가뭄이 들었을 때 대신들을 소격전, 원구 등에 보내어 비를 빌게 하였다.[178]

또한 佛敎式 祈禳儀禮도 설행되었다. 조선이 개창된 직후부터 불교식 기양 의례의 설행을 반대하는 주장이 제기되고 있었다. 태조가 즉위한 직후 사헌부에서 기강을 세울 것, 간쟁을 받아들일 것 등 열 가지의 시행해야 할 조목을 제시하였는데, 그 가운데 절검을 숭상해야 한다는 조목에서 "前朝(고려)에서 조그마한 災變이 있으면 恐懼修省해야 하는 것을 알지 못하고 오로지 佛神을 섬겨 많은 비용을 허비하였다"[179]라고 지적하였다. 이는 재변이 일어났을 때 불교식 의례 등을 거행하지 말고 유학에서 군주에게 요구하는 공구수성할 것을 제시하는 기사로 앞으로 천변지이에 대한 조선의 대응이 어떻게 전개될 것인지 잘 보여주는 것이었다.

道敎式 祈禳儀禮도 시행되고 있었다. 조선이 개창된 이래 가뭄이나 홍수가 발생하였을 때 이를 없애기 위해 도교식 기양의례를 거행하였

---

176 『太祖實錄』권1, 太祖 1年 8月 11日 庚申 (1-26) ; 禮曹典書趙璞等上書曰 圓丘天子祭天之禮 請罷之.

177 『太祖實錄』권6, 太祖 3年 8月 21日 戊子 (1-69) ; 禮曹啓曰 吾東方自三國以來 祀天于圓丘 祈穀祈雨 行之已久 不可輕廢 請載祀典 以復其舊 改號圓壇上從之.

178 『世宗實錄』권4, 世宗 1年 6月 8日 辛巳 (2-321) ; 命吏曹判書孟思誠 祈雨于昭格殿 檢校漢城府尹崔德義 行蜥蜴祈雨 于景福宮慶會樓池邊 右議政李原 祈雨于圓丘.

179 『太祖實錄』권1, 太祖 1年 7月 20日 己亥 (1-20) ; 七日崇節儉 卑宮室而惡衣服 夏禹之盛德 惜百金而衣弋綈 漢文之美事 彼貴爲天子 富有四海 尙且節儉如此 況東韓之地 介在山海 生齒之數 財賦之額無幾 豈可以不量其出入而妄費哉 前朝小有災變 則不知恐懼修省 惟務事佛事神 糜費不可殫記 此殿下之所明知也 願自今 法夏禹漢文之儉德 凡服飾器用宴享賞賜 一從儉約 佛神不急之費 竝皆革去 凡所施爲 毋使縱侈 則下民觀感, 而亦歸於厚矣.

다. 昭格殿에서 醮祭를 드리는 것이 대표적인 방식이었다. 대개의 경우 불교식 기양의례와 병행되었고, 또한 민간신앙에 따른 기양의식과 더불어 설행되었다. 태조 3년(1394) 5월 가뭄이 들자 태조는 "二罪 이하를 赦免하고 王師를 불러 祈雨하고, 소격전에서 太一에 초제를 드려 祈雨하게 하였다"[180] 이와 같이 도교 의식에 기우 성격을 덧붙여 실행하였다.

성종 대 이후 士林의 정계 진출이 더욱 활발하게 이루어지면서 이들을 중심으로 천변재이에 대한 天人感應論의 시각이 분명하게 제시되어 나갔다. 재변의 발생 원인을 天心이 人君을 仁愛하여 몸을 조심하고 행실을 닦게 하려는 것이라고 설명하였다.[181] 한편 燕山君은 관상감의 災異 보고 자체를 불신하고 이를 요망하게 임금을 속이는 일로 간주하는 행태를 보이기도 하였다.[182] 또한 자연재해에 대한 무관심한 태도를 보여주었다. 反正으로 왕위에 오른 중종은 천변과 재해에 대한 천인감응론을 온전히 수용하였다. 중종 3년(1508)에 天變이 일어나자 중종은 의정부에 전교를 내려 하늘과 사람이 一理이고 인사와 천변이 감응한다는 점을 강조하며, 자신에게 충고할 만한 일을 가

---

180 『太祖實錄』 권5, 太祖 3年 5月 9日 丁未 (1-62) ; 丁未 以旱宥二罪以下囚 上請王師祈雨 醮太一于昭格殿 祈雨.

181 『成宗實錄』 卷91, 成宗 9年 4月 27日 戊午 (9-586) ; 戊午 弘文館副提學兪鎭等藝文館奉敎表沿洙等上書曰 (……) 夫災變之出 古人以謂 天心仁愛人君者 以其能側身修行也 故雖日月之食 皆有常度 而聖人書之春秋 以爲大變 則人君不可以常事而忽之也 且有天之災焉 有地之災焉 有人之災焉 日月星辰 風雨水火 昆蟲草木之現異於上 告變於下 貽害於民 而駭人心目者 皆可謂災.

182 『燕山君日記』 卷62, 燕山君 12年 4月 11日 庚申 (14-47) ; 庚申/觀象監啓 去夜雨雪 問于承政院曰 雨雪非時 非獨今也 古亦有之 如此等事 臺諫亦有言者乎 且召觀象監員問夜雪之由承旨等啓 天人之間 杳不可知 然雨雪非時 則前此臺諫來啓 然人心不一 亦有不言者 但非獨今時 古亦多有之 上敎允當 傳曰 今者天氣向暖 草木敷榮 雪不應下 妖誕罔上 莫此爲甚 卽下密威廳鞫之 如不服刑訊 王荒于聲色 不恤民瘼 每以太平自誇 故惡聞災異如此.

리지 않고 올릴 것을 성심으로 지시하였다.[183]

명종이 즉위한 이후 閔齊仁은 재해를 없애기 위해서는 人心을 안정시키고 士氣를 배양하는 것이 중요하다는 지적하였다. 그에 따르면 人心이 화평해야 災變이 사라지고 治化가 이룩되며, 士氣가 배양되어야 氣節이 흥하게 되고 治化가 드러난다는 것이었다.[184] 이와 같이 公論 또는 士氣 등이 천변 재이의 消長과 깊은 관련을 맺고 있다는 논리는 士林에 의한 정치 실행을 통해서 天道를 지키고 人心을 안정시키는 것이 가능하다는 설명과 이어지는 것이었다.

자연재해의 발발을 人事의 구체적이고 세밀한 여러 가지 양상에서 찾는 논리도 찾아볼 수 있다. 1561년(명종 16) 8월 경기에 우박의 재해가 일어나자 명종은 구황을 미리 준비하도록 호조에 지시하였다. 이러한 왕명을 담은 기사에서 史臣은 우박이 내린 연유를 人事의 잘못에서 찾으면서, 구체적으로 賦役의 번중함, 民生의 초췌, 그리고 禪敎 兩宗의 문제, 內需司의 문제 등을 하나하나 지적하고 이러한 문제들이 하늘에 이르러 우박이라는 이즈러진 기운, 즉 戾氣가 나타난 것이라고 정리하였다.[185] 그에 따르면 백성을 구제하는 荒政이란 민생을

---

183 『中宗實錄』 卷5, 中宗 3年 2月 25日 癸巳 (14-232).

184 『明宗實錄』 卷5, 明宗 2年 5月 20日 庚午 (19-506) ; 庚午 上御朝講 知經筵事閔齊仁曰 近來災變甚多 臣常憂念 思末應災之道 不知何爲而感天也 定難之後 人心無不危懼 士氣亦摧折 須知此意 而安定人心 培養士氣 此正今日爲治之急務也 人心和平 然後災變消而治化成 士氣培養 然後氣節興而治化出.

185 『明宗實錄』 卷27, 明宗 16年 8月 10日 丁卯 (20-600) ; 丁卯 傳曰 京畿雨雹之災 慘酷非常 尤甚被災處 救荒預備事 言于戶曹 (史臣曰 雹者 戾氣也 人事失於下 則天變見於上 賦役之煩重 民生之憔悴 未有甚於此時 內需司 國之私門也 禪敎宗 國之蠹賊也 其田土供億 居國之半 而民之豪富者 投籍內需司 丁壯者 逃入禪門 賦有常 而民散無恒 加之以邑宰之貪汚 權貴之誅求 剝民膏血 無有紀極 破産亡家 佽離而劬勞 嗷嗷之怨 上格于天 其戾氣之應 固其理也) (史臣曰 古之所謂荒政 豈今之所謂者乎 古者以愛民爲本 故民皆樂生興事 而蓄積有餘 雖有凶年 而不能爲民害 今則不然 輕民之命 視如草芥 呼泣原野 控告無所 雨雹氷雪 水旱癘疫 無歲無之 稼穡卒瘁 饑饉荐臻 然後雖有救荒之名 顧無救荒之實 徒付文具之末 而無誠心慘怛之意 終使元元 不得免餓

해치는 근원을 해결해야만 성취될 수 있는 것이었다.

천변재이는 단순한 인사의 잘못에서 비롯되는 것이 아니라 사림에 제시한 公論에 입각한 정치가 이루어지고 있는가 여부, 佛教가 흥기하여 유교이념을 어그러뜨리고 있는지 여부 등 구체적인 성리학의 정치이념이 사회에 제대로 발현되고 있는지 아닌지에 따라 나타나는 것으로 정리되고 있었다. 따라서 국왕의 修省은 더욱 강조되지 않을 수 없었다. 그와 함께 국왕이 義理에 대한 講論을 정성껏 수행하는 것 또한 중요한 일이 되었다.

이상에서 살핀 바와 같이 조선전기 이후로 조정에서는 천인감응론에 입각하여 천변지이, 자연재해에 대한 원인을 설명하였다. 하지만 실제 자연재해와 기근이 일어나게 되면 이를 극복하기 위한 구체적인 실무 방책이 실행되어야 했다.

조선후기에도 홍수, 가뭄 등 자연재해가 발생하여 피해를 가져오는 것을 비슷한 양상을 보였다. 자연재해는 일차적으로 농업생산의 차질을 가져오는 것이었다. 농업생산에서 소기의 성과를 거두지 못하고 凶年이 일어나면 이는 곧 飢民 구제를 시급히 수행하지 않을 수 없었다. 그런데 자연재해는 예고 없이 찾아오는 것이었지만 또한 일상적으로 나타나는 것이었다.

대개의 경우 봄철에서 여름으로 이어지는 가뭄, 장마기간 전후로 빈번하게 발생하는 여름과 가을의 홍수, 철없이 찾아오는 우박, 그리고 서늘함을 더해주는 서리 등이 계절마다 불청객처럼 등장하였다. 게다가 시도 때도 없이 폭풍이 불어 곡물을 날려보내기도 하였다.[186]

孚 可勝惜哉).

186 황해도 長湍 지역에 우박이 내리고, 開城에 폭풍과 천둥이 발생하기도 하였다(『肅宗實錄』 권1, 肅宗 즉위년 8월 丙辰 〈38-208〉).

극심한 자연재해로 田畓이 쑥대밭으로 변해버리면 봄철부터 땀흘린 농부의 가을은 잿빛 하늘 그것일 따름이었다.[187]

자연재해와 그에 뒤이은 기근은 농민들의 재생산을 위협하였고, 끼니를 이어나가지 못하여 飢餓로 死亡에 이를 위험에 빠지게 만들었다. 조선의 중앙정부는 자연재해의 발생을 방비하기 위한 재해방비책과 재해와 그에 뒤따른 기근이 생겼을 때 극복하기 위한 재해극복책을 마련하여 시행하였다. 이것이 바로 荒政이었다.

중앙정부는 자연 재해가 발생하게 되면 또는 자연 재해가 발생할 조짐이 있으면 여러 가지 의식을 거행하여 이를 막으려고 하였다. 가뭄이 들었을 때 祈雨祭를 드리고, 비가 계속 내릴 때 祈晴祭를 설행하거나, 벌레 피해를 이겨내기 위한 酺祭를 드리기도 하였다.[188] 이러한 기양의례의 설행은 점차 정형성을 띠어 가고 있었다. 祈雨祭의 경우 비가 내린지 한 달여가 지나도록 다시 내리지 않는 가뭄이 들거나 夏至가 지났을 때에도 적당한 雨量을 확보하지 못하였을 때 실행을 시작하였다. 숙종 대에 이르면 총 12차례의 祈雨祭를 드리는 定式이 마련되었다.[189]

자연재해 가운데 가뭄은 늘 찾아오는 재해였다. 봄철뿐만 아니라, 여름, 가을, 겨울 사철마다 가뭄이 찾아들 수 있었다. 초여름에 가뭄이 들면 특히 커다란 피해를 안겨주었다. 논바닥이 거북 등처럼 갈라지고, 곡식이 누렇게 타 들어가면 어찌할 수가 없었다.

가뭄이 찾아오면 마을에서, 郡縣에서, 朝廷에서 祈雨祭를 드리는 것이 일상사였다. 하지만 기우제는 가뭄을 근원적으로 해소할 수 없

---

187 서리와 우박 피해를 연이어 받은 平安道 安州의 한 농민이 목매어 죽은 사건이 중앙에 보고되기도 하였다(『肅宗實錄』 권1, 肅宗 즉위년 9월 癸酉 〈38-209〉).

188 『太宗實錄』 권16, 太宗 8년 7월 癸亥 (1-446).

189 崔鍾成, 「國行 무당 祈雨祭의 歷史的 硏究」, 『震檀學報』 86(1998), 49~72면.

는, 대책이 될 수 없는 대책일 뿐이었다. 祈雨祭를 드린다고 해서 비가 온다고 확신하지 못하는 것은 너무나도 당연한 일이었다. 가뭄을 해소하기 위해서는 보다 많은 堤堰이나 洑와 같은 수리시설을 축조하는 것이 요구되었지만, 가뭄이 계속되면 계곡을 막아 설치한 제언도 바닥을 드러낼 수밖에 없었다.

가뭄이 찾아오기 이전에 미리 堤堰 등 수리시설을 갖추어 놓는 것 이외에 가뭄을 이겨낼 수 있는 대책을 실상 祈雨 뿐이었다고 할 수 있다. 따라서 祈雨하는 祭祀, 즉 祈雨祭는 중요한 의식이었고, 가뭄을 극복하기 위해서 祈雨祭는 정성껏 모셔야 하였다. 가뭄의 조짐이 있을 때부터 기우제의 설행, 술·담배 금지 등에 대해서 조심하도록 당부하였다. 그럼에도 불구하고 가뭄이 들면 국왕은 자신의 잘못으로 가뭄이 들었다는 자책을 하기 마련이었다.[190]

조정에서 주관하는 기우제는 漢城府 주변의 山川을 중심으로 차례마다 설행하는 곳이 정해져 있었다. 1777년에 찾아온 가뭄에 호응하여 올린 祈雨祭를 살펴볼 수 있는데, 1차로 三角山 木覓山, 漢江에 기우제를 지냈고, 6월 7일(辛丑) 밤에 비가 3촌 7푼 가량 내리면서 기우제를 드디어 정지할 때까지 적어도 7차례 이상 설행되었다.[191]

조선시대뿐만 아니라 전근대사회에서 발생한 災害 가운데 民에게 직접적이고 광범위한 피해를 준 것은 水災와 旱災였다. 다른 자연재해도 부분적으로 치명적인 피해를 가져다주고는 하였다.[192] 특히 수재

---

190 1777년 기우제 祭文 잘못 지은 知製敎를 推考하였는데, 그 사유는 祈雨祭 祝文에 임금 자신을 책하고 자신에게 죄를 돌리는 말이 없었기 때문이었다(『正祖實錄』권3, 正祖 1년 4월 己未 〈44-663〉).

191 『正祖實錄』권3, 正祖 1년 4월 辛酉 (44-663) ; 같은 책, 6월 辛丑 (44-673).

192 자연재해에 동반하는 凶荒과 饑饉에 주목하여 그에 대한 朝鮮의 대책을 처음 체계적으로 살핀 연구자는 崔益翰(『朝鮮社會政策史』, 博文出版社, 1947)인데, 다만 社會政策의 차원으로 접근한 것이라는 점에서 아쉬움이 있다.

와 한재는 당시 농업생산에 직접적인 피해를 주었기 때문에 정부에서도 그 대책에 많은 관심과 주의를 기울였다.[193]

자연재해 가운데 農民의 희망을 완전히 꺾어버리는 것은 바로 가뭄보다는 水災, 즉 홍수였다. 1777년(정조 1)에 발생한 水災만 보더라도 關東,[194] 경상도 晉州 등 수십 고을,[195] 關北 安邊 등 여러 고을[196] 등여러 곳이었다. 홍수가 나서 田土에서 자라고 있는 곡식이 완전히 물에 쓸려 내려가거나, 아니면 물가의 農土가 곡식과 함께 떠내려가는 浦落, 田土의 곡식을 물이 담고 내려온 土砂로 뒤덮어 버리는 覆沙, 아예 전토 자체가 물길로 변해버리는 成川 등은 전혀 남은 곡식을 기대할 수 없는 커다란 재해였다. 국가에서 공식적인 재해의 명목을 지정하였을 때 成川, 浦落 등을 주된 것으로 지목한 것도 이러한 사정 때문이었다.

당시 사람들은 홍수로 발생하는 浦落과 泥生을 어쩔 수 없는 자연적인 현상으로 받아들이고 있었다. 1798년 12월 林川 郡守 尹持範은 浦落과 泥生을 天地 江河가 자연적으로 成就한 것으로 받아들이면서 두 가지를 연관시켜 파악하고 있었다. 당시의 사람들은 浦落과 泥生을 상호 보완적인 자연현상으로 간주하고 있었다. 따라서 泥生으로 인하여 새롭게 생긴 경작지를 地域民이 공동으로 이용해야 마땅한 것이었고, 한 사람이 사사롭게 이러한 泥生處를 독차지해서는 안 되는 것이었다.[197]

---

193 李相培, 「18~19세기 自然災害와 그 對策에 관한 研究」, 『國史館論叢』 89(국사편찬위원회, 2000).
194 『正祖實錄』 권3, 正祖 1년 9월 戊辰 (44-693) ; 같은 책, 10월 乙巳 (44-697).
195 『正祖實錄』 권3, 正祖 1년 9월 丙子 (44-694).
196 『正祖實錄』 권3, 正祖 1년 9월 丙戌 (44-695).
197 『承政院日記』 1801책, 正祖 22년 12월 7일 丙申 (95-514가) 林川 郡守 尹志範 上疏.

가뭄과 홍수 이외에도 곡식을 갉아먹는 벌레의 피해, 산을 넘어오는 건조한 바람의 피해, 너무 일찍 내리거나, 너무 늦게까지 내려서 곡식의 온전한 성장을 방해하는 서리의 피해 등 농민이 농업생산을 수행하는 데 지장을 초래하는 자연재해는 많고도 많았다. 농민의 삶의 고단함은 자연조건이 우선적으로 마련해주고 있었다.

자연재해로 농사를 망치게 되었을 때 메밀과 같은 작물을 대신 파종하는 代播라는 방식의 대응이 장려되었다. 메밀은 다른 밭작물보다 성장기간이 월등히 짧아서 7월 중순에 파종하더라도 수확할 수 있었다.[198] 메밀과 같이 흉년이 눈앞에 닥쳤을 때 이를 구하기 위해 파종하는 작물을 救荒作物이라고 하였다.[199]

18세기 후반이 되면 구황작물의 하나로 甘藷, 즉 고구마를 파종하여 경작하기도 하였다.[200] 甘藷 경작은 1763년 일본에 통신사 正使로 건너간 趙曮 등이 種子를 구해 가지고 온 것에서 비롯된 것이었다.[201] 이렇게 구한 종자를 李匡呂, 姜必履 등이 취득하여 재배법을 정리하고 國中에 전파시켰다.[202]

18세기 후반 정조 재위 당시 甘藷를 심어서 救荒 효과를 거두어야

---

198 『憲宗實錄』 권5, 헌종 4년 6월 己卯 (48-458) ; 大司憲 徐有榘 疏略日 (……) 昔在 正廟戊午(1798) 揷秧愆期 朝令代播蕎麥 臣時守淳昌郡 勸相其役.

199 벼농사를 망쳤을 때 蕎麥(메밀) 代播를 지시하거나 권유하는 등의 기록은 조선시대에 편찬된 農書들과 『朝鮮王朝實錄』에서 무수히 찾을 수 있다.

200 甘藷가 朝鮮에 도입되어 전파되고 耕作法이 정리되는 과정에 대해서는 다음 논문을 참고할 수 있다. 吳壽京, 「朝鮮後期 利用厚生學의 展開와 『甘藷譜』의 編纂」, 『安東文化』 16집(안동대학교 안동문화연구소, 1995) ; 篠田統, 「種藷譜と朝鮮の甘藷」, 『조선학보』 44(조선학회, 1967) ; 孫晋泰, 「甘藷전파고」, 『진단학보』 13(1941).

201 趙曮, 『海槎日記』 권5, 甲申年(1764) 6월 18일 戊戌(『國譯 海行摠載』 Ⅶ, 민족문화추진회, 311~312면).

202 徐有榘, 『種藷譜』 麗藻第十四, 「李參奉贈姜生詩」 附記 ; 藷種之傳於國中 始此卽 乙酉(1765년 영조 41)歲也.

한다는 논의가 일어났다.[203] 1794년 호남 慰諭使로 파견되었던 徐榮輔는 別單을 올려 지금 沿海 諸邑에서 심고 있는 甘藷 耕作을 확대해야 한다는 대책을 내놓고 있었다.[204] 應旨農書를 올린 尙州 幼學 李齊華는 甘藷가 救荒에 적합한 작물이라는 주장을 펴고 있었다. 그는 甘藷가 中國과 일본에서 광범위하게 지천으로 재배되고 있는 현실에 근거하여 甘藷를 諸道에 널리 보급하여 곡물의 부족한 부분을 보충하고, 務農하는 데에도 일조할 수 있도록 해야 한다고 주장하였다.[205] 또한 甘藷의 種을 널리 我國의 諸道에 보급하면 救荒에 효과가 있고 務農하는 데 도움이 될 것이라고 주장하였다.

이상에서 살펴본 바와 같이 災害가 발생하면 이를 이겨내기 위한 노력을 기울여 보았지만, 대체로 여러 가지 기양의례를 거행하는 것이었다. 18세기 중후반에 도입된 고구마의 경작은 救荒에 커다란 도움을 줄 것으로 기대되었지만 실제 보급 정도는 미미한 형편이었다.

2) 凶年 파악과 荒政의 시행

조선시대에 조정에서 추진한 荒政은 흉년이 발생하였을 때 백성을 구제하는 방책이었다. 荒政은 곧 救荒政策이라 불렸다. 農民에게 생산에 필요한 식량과 종자를 貸與, 分給하고, 賦稅를 減免하며, 飢民을 無償으로 救濟하는 것 등이 구체적인 시책의 내용이었다.[206] 황정은

---

203 『正祖實錄』 권48, 정조 22년 6월 丁酉 (47-89).

204 『正祖實錄』 권41, 정조 18년 12월 戊寅 (46-534).

205 『承政院日記』 1807책, 正祖 23년 4월 9일 정유 (95-822다) 尙州 幼學 李齊華 上疏. 『日省錄』에는 "甘藷의 種은 救荒에 가장 알맞으니 諸道에 廣布하면 실로 補穀하는 一助일 것이다"로 되어 있을 뿐이다.

206 荒政이라는 표현은 『周禮』의 '荒政十二條'에서 유래한다. 12개 조목은 散利·薄征·緩刑·弛力·舍禁·去幾·眚禮·殺哀·蕃樂·多婚·索鬼神·除盜賊 등이다(『周禮』 地官司徒第二, 大司徒).

단순한 일과성 재해대책이 아니라 토지에 기대어 살아가고 있는 농민들의 최소한의 재생산을 국가가 보장해 줌으로써 체제유지의 물적 기반을 확보하는 지속적 국가정책의 일환이었다.[207] 국가의 존립과 관련되어 있었기 때문에 황정은 田政, 軍政, 還政에 함께 四政이라고 불리기도 하였다.[208]

조선전기에 자연 재해로 말미암아 흉년이 닥쳤을 때에도 荒政이 실행되었다. 흉년이 발생하였을 때 수행해야 하는 여러 가지 대책의 출발점은 과연 그 해의 어느 지역에 어떠한 재해로 말미암아 흉년이 발생하였는지 제반 사정에 대한 파악이었다. 앞서 한해 농사의 실제 진행과정에 대한 관리 감독을 수령과 조관을 중심으로 수행해나가면서 이미 어느 정도 흉년 발생에 대한 예견을 하였을 터이지만 보다 확실하게 가을 수확할 무렵 그리고 겨울철 기근 상황에 대한 조사가 필요하였다. 그리하여 관찰사에게 기근 사정에 대해서 조사하여 보고하게 하였다.[209]

세종의 경우 수령과 관찰사의 작황 보고에 의거하여 새로 부임하는 牧民官에게 황정을 제대로 실행하도록 독려하였다.[210] 특별히 흉년이 닥친 다음해에는 각도의 관찰사에게 農形을 10分 단위로 나누어 어느

---

207 鄭亨芝, 「朝鮮後期 賑恤政策 硏究 - 18世紀를 중심으로」, 이화여자대학교 박사학위논문(1992) ; 文勇植, 「朝鮮後期 賑政과 還穀 運營의 硏究」, 고려대학교 사학과 박사학위논문(1999) ; 梁晋碩, 「17 · 18세기 還穀制度의 운영과 機能변화」, 서울대 대학원 국사학과 박사학위논문(1999) ; 정형지, 「정조 대의 진휼정책」, 『正祖思想硏究』 4(正祖思想硏究會, 2001).

208 金善卿 編 解題, 『朝鮮民政資料叢書』(四政考, 牧綱, 要覽, 牧民攷, 百里鏡)(驪江出版社, 1987).

209 『世宗實錄』 卷92, 世宗 23년 3월 2일 己亥 (4-336).

210 1426년 세종이 羅州判官 趙孜를 辭朝할 때 '各道啓本'을 언급하였는데, 이 '각도계본'이 바로 추수 상황을 보고한 수령과 관찰사의 보고였던 것으로 생각된다(『世宗實錄』 卷34, 世宗 8년 12월 甲申 〈3-54〉).

정도 흉황을 입었는지 자세히 보고하게 명하기도 하였다.[211] 각도에 파견되어 농형 특히 흉황의 정도를 파악하는 임무를 맡은 損實 敬差官은 경우에 따라서 流移하는 사람들 찾아내어 原籍地로 돌려보내는 推刷 경차관 노릇을 겸하기도 하였다.[212] 그런데 경차관을 파견하는 것이 늘 올바른 해결책으로 수용된 것은 아니었다. 경차관 파견이 오히려 해당 지역 농민에게 使臣을 대접해야 할 부담을 떠안기는 것이 될 수 있기 때문에, 현재의 통치체제 그대로 각 지역의 수령에게 손실의 파악을 믿고 맡기는 것이 올바른 방책이라는 반발이 일어나기도 하였다.[213] 흉황의 파악은 앞서 監農 과정에서 농작물이 자랄 때 조관을 활용하여 농형을 살피던 것과 마찬가지로 먼 길을 다녀온 조관의 견문에 의지하기도 하였다.

흉년이 확실하거나 그 의심이 짙어지게 되었을 때 조정에서 시행하는 대책의 첫 자리는 물론 飢民의 목숨을 구하는 것이 차지하겠지만, 기민의 부담을 덜어주는 여러 가지 방책이 병행되었다. 그 가운데 하나가 賦稅의 減免이었다. 경우에 따라 부세를 輕減해주거나 또는 免除해주었다. 부세의 감면은 대개 수령과 관찰사가 요청하였지만 경차관이나 行臺 監察이 파견되어 흉황을 파악하였을 때에는 이들이 장계를 올려 요청하기도 하였다.[214] 전세를 減免하면서 지역의 흉년 정도에 따라 4분의 1에서부터 3분의 2에 이르기까지 分數로 나누어 감면을 실행하기도 하였다.[215] 또한 각관에 소속되어 있는 노비의 신공을

---

211 『世宗實錄』 卷76, 世宗 19년 3월 9일 己亥 (4-57).
212 『世宗實錄』 卷101, 世宗 25년 7월 丁丑 (4-497). 流移民이 발생하면 軍役을 짊어질 인원이 부족하게 되기 때문에 原籍地로 돌려보내기 위한 推刷가 그때마다 실행되었고, 추쇄 條目도 정리되어 있었다(『世宗實錄』 卷21, 世宗 5년 8월 乙丑 〈2-553〉).
213 『世宗實錄』 卷101, 世宗 25년 7월 29일 壬午 (4-499).
214 『世宗實錄』 권3, 世宗 1년 1월 6일 辛亥 (2-296).
215 『世宗實錄』 卷78, 世宗 19년 8월 7일 甲子 (4-98).

면제하거나 절반을 경감시켜주기도 하였다.[216]

義倉을 통한 기민의 구제는 단순한 과정이 아니었고, 대단히 중요한 정사로 취급되었다.[217] 수령은 의창을 운영하는 데 사실상 독단적으로 처리할 수 있는 권한을 국왕으로부터 위임받았다고 할 수 있다. 守令이 辭朝할 때 국왕이 還上 또는 義倉을 강조하는 것, 또한 수령이 지방 군현 통치에서 국왕의 대행자 노릇을 하는 점 등에서 그러한 전결의 권한을 찾아볼 수 있다. 게다가 義倉의 운영은 民生의 안정을 도모하기 위해 때에 따라 法典 대로가 아닌 權變을 쫓아야 할 사정도 있기 때문이었다. 결국 수령은 백성을 다스리는 사람으로서 賑恤을 원활히 수행해야 한다는 당위를 달성하기 위해, 義倉穀의 分給 등을 때에 따라 조절할 수 있었다.[218]

관에서 운영하는 의창 대신 민간에서 자율적으로 시행하는 社倉法을 검토하는 일련의 노력을 찾아볼 수 있다. 1444년(세종 26) 7월 집현전에서 사창법 시행의 불가 입장을 세종이 동의하던 중에 우연히 자신의 의견을 진술하게 된 金宗瑞는 사창의 長을 잘 선택하여 임명하는 것이 중요한 일이라는 의견을 피력하기도 하였다.[219] 뒤이어 세종 재위 말년에 李季甸과 李普欽이 사창법의 시행을 적극적으로 주장하기는 하였지만 실행에 옮겨지지 못하고 말았다.[220]

중앙의 조정에서 구황의 실행에 나서기도 하였지만 결국 피와 땀을 흘려가며 기민의 생존을 담보해낼 책무는 전적으로 수령과 감사에게

216 『世宗實錄』 卷3, 世宗 1년 1월 9일 甲寅 (2-297).

217 김훈식, 「조선初期 義倉制度硏究」, 서울대 대학원 국사학과 박사학위논문 (1993).

218 세종은 수령이 의창곡을 운영할 때 權變에 따를 것을 오히려 더욱 강조하였다(『世宗實錄』 券97, 世宗 24년 7월 癸未 (4-423)).

219 『世宗實錄』 卷105, 世宗 26년 7월 14일 辛酉 (4-570).

220 『世宗實錄』 卷109, 世宗 27년 7월 23일 乙未 (4-629).

있었다. 감사는 흉년이 닥쳤을 때 구황의 일을 마칠 때까지 유임하는
것이 관례였다. 감사는 도내 각 고을의 구황 실정을 잘 살피기 위해
직접 살피거나 또는 檢律, 敎諭, 驛丞 등을 파견하여 방방곡곡 구황의
실정을 고찰하게 하였다.[221]

각도의 관찰사는 군현을 순시하며 구황을 지도 감독하였다. 때로는
진휼을 전담하여 보좌하는 職任을 차출하여 구황을 보좌하게 하기도
하였다. 기민 구제를 제대로 못한 수령과 감사는 처벌을 받았다. 1419
년에 세종은 형조를 통하여 각도 수령 가운데 기민 구제를 정성스럽
게 하지 않을 자를 가려내어 파악하였다.[222]

한성부와 외방에서 구황을 가장 구체적이고 실질적인 방안은 賑濟
場을 설치하여 운영하는 것이었다. 진제장을 설치하여 粥을 끓여 기
민에게 나누어주는 것은 無償으로 구제하는 방안이었다. 진제장은 대
개 흉년이 든 해 다음해 정월부터 설치되어 양맥이 성숙할 때까지 운
영되었다. 경우에 따라서는 양맥의 수확 이후에도 진제장의 운영이
계속될 경우도 없지는 않았지만 이는 아주 특별한 경우였다.

한성부의 진제장은 대개 普濟院와 洪濟院 두 곳에 만들어지는 것이
상례였다.[223] 疫疾이 함께 유행하거나 그럴 염려가 있을 때에는 東西
活人院에 진제장을 같이 두기도 하였다.[224] 이럴 때에는 의원을 동서
활인원과 각 진제장에 나누어 보내서 배치하여 기민이 역질로 병사하

---

221 『世宗實錄』卷103, 世宗 26年 2月 27日 丁未 (4-545) ; 丁未 議政府據戶曹呈啓
平安咸吉江原黃海等各道 失農尤甚 咸吉道則已遣敬差官矣 平安黃海江原道 亦遣敬差官
則失農各道 使命煩多 反爲有弊 觀察使差遣檢律敎諭驛丞等 出其不意 於幽深山谷 來往
考察 如有救荒疎虞 以致飢死者 所在守令 隨卽推劾決罪 從之.

222 『世宗實錄』卷5, 世宗 1년 8월 13일 乙酉 (2-332).

223 『世宗實錄』卷105, 世宗 26년 7월 10일 丁亥 (4-575).

224 東西活人院에 祿官을 두고, 동활인원은 濟生院이, 서활인원은 惠民局이 救療하
는 일을 나누어 맡고 있었다(『世宗實錄』卷3, 世宗 1년 2월 己丑 〈2-302〉).

는 것을 방비하게 하고 한성부의 낭청과 오부의 관원이 잘 살펴보도록 지시하였다.[225] 또한 도성 내부에 있는 興福寺라는 절에 진제소를 두어 기민을 구제하기도 하였다.[226]

한편 外方의 진제장은 흉년이 닥친 고을 단위로 설치되었지만,[227] 흉년을 모면한 이웃 고을이 흉년에 빠진 다른 고을의 백성을 구제하기 위하여 고을과 고을의 경계선상에 진제장을 설치하기도 하였다. 또한 백성들이 이웃 지역으로 건너가는 통로인 關津이 겨울철에는 얼어붙어 배가 지나다닐 수 없다는 점을 감안하여 관진의 양쪽 언덕부분에 진제장을 설치하기도 하였다.[228]

16세기 초반에 이르면 賑恤廳이 설치되어 賑恤 관련 사무를 맡게 되었다. 백성들을 진휼하는 책임은 일차적으로는 지방수령에게 있었고, 관찰사 역시 그 임무에 주력해야 했다. 그리고 다른 한편으로는 외관의 진휼활동을 살피고, 독려하며, 별도의 구체적인 조치 강구를 위해 진휼사나 경차관 등의 奉命 사신을 파견했다. 즉 수령과 관찰사를 중심으로 하여 진휼문제를 담당하는 봉명사신을 파견해 그를 보완하고자 했던 것이 조선초기의 진휼정책이었던 것이다. 그러나 이러한 진휼정책은 성종 대에 들어 달라지게 된다. 그 원인은 성종 중반 이후 활발해진 진휼사 파견과 관련되어 있었다. 사실 진휼사 파견에는 상당한 비용이 들었고, 대개 2품 이상의 재상급인 그들의 행렬에는 상당수의 인원이 필요하였다. 바로 진휼사의 행렬과 접대의 비용을 백성들이 부담한 것에 문제가 있었다. 때문에 성종 대 중반 이후 진휼사 파견에 대한 반대 의견이 제시가 된 것이고, 중종 때에는 호조판서가

---

225 『世宗實錄』卷103, 世宗 26년 3월 16일 丙寅 (4-547).
226 『世宗實錄』卷17, 世宗 4년 8월 3일 丁亥 (2-489).
227 『世宗實錄』卷98, 世宗 24년 10월 15일 壬寅 (4-441).
228 『世宗實錄』卷115, 世宗 29년 2월 22일 甲寅 (5-8).

진휼사를 겸하였다.

진휼청이 설치된 1511년(중종 6)은 매우 극심한 가뭄이 든 해였다. 가뭄의 정도는 기근이 심하다고 여겨졌던 '을사년(성종 16, 1485), 계해년(연산군 9, 1503)보다 배 이상이 된다.'라는 말이 나올 정도였고, 금주령까지 내려졌다. 그러므로 이러한 극심한 가뭄으로 인해 진휼청이 설치된 것이었다. 그리고 진휼청의 설치로 본격적인 진휼정책이 마련되기 시행되었다. 진휼청이 올린 계문에 따라 '그 달 27일에는 버려진 어린아이를 거둬 기르고, 굶주리는 士族 과부와 처녀의 수를 조사해 廩給하도록 하며 이 해의 閱武를 중단하도록 하라는 중종의 명이 내려졌다.[229]

진휼청은 중종 6년에 처음 설치되어 계속 존속한 것으로, 독립기구로 설치한 것이었다. 그렇지만 진휼청은 상설관서가 아닌 임시관서였다. 이 때문에 진휼청은 필요에 따라 치폐를 거듭하였고 나중에 중종 20년(1525) 7월 재설치 시에는 독립기구가 아닌 호조판서가 진휼사를 겸하는 방식을 취하게 되었다. 진휼사를 파견하는 것이 군현에 많은 부담을 주었기 때문이었다. 진휼청의 업무는 호조와의 합의를 걸쳐 이루어졌을 것이다. 왕이 구황을 명할 때 두 기관에 힘쓸 것을 강조하였다. 그래서 두 기관이 서로 논의를 하여 일을 하였을 것으로 보인다. 특히 흉년 시에 종사관이나 경차관을 파견해 실정을 살핀 후, 그들이 왕에게 올린 계본으로 진휼대책을 세우는 등의 일을 했다고 한다.

중종 대 진휼청이 올린 賑恤節目에 몇 가지 중요한 내용이 보인다. 진휼을 수행할 수령에게 "근심을 같이하고 백성을 사랑하여 기르는 뜻을 고려하지 않고서 자신을 공양하고 객을 접대하되 힘써 사치스럽

---

229 김순남, 「조선 초기 賑恤使臣의 파견과 賑恤廳의 설치」, 『조선시대사학보』 41 (조선시대사학회, 2007), 66면.

게 하며 날마다 잔치를 열어 술 마시기를 일삼으면, 사치가 지나쳐 백성을 괴롭히는 것이 이보다 심한 것이 없으니, 감사를 시켜 늘 바로 잡고 살펴서 오랜 병폐를 통렬히 고치게 할 것"230을 당부하는 내용이 들어 있었다. 그리고 고을 내에서 각 집마다 가지고 있는 곡식 수량을 파악하여 이를 公債와 마찬가지로 굶주린 백성에게 빌려주고 나중에 갚게 할 것을 지시하는 내용도 담겨 있었다.

진휼청과 별도로 흉년이 들었을 때 여러 도 사이에 곡물을 이전하는 일이 전개되었다. 중종 7년(1512)에 함경도 지역에 큰 흉년이 들었다. 기민을 구제하기 위한 방책으로 강원 곡물을 이전하는 방안이 실행되었다. 각 고을의 흉황 정도를 파악하고 현재 남아 있는 곡물 규모를 조사하여 각 고을 사이에 곡물을 이전하게 하였다.231 또한 飢民移居의 허용도 흉년 구제책의 하나로 자주 거론되어 실시하였다. 또는 아예 생존에 적당한 곳에 옮겨 살게 하는 이주 방책을 시행하기도 하였다.

구황곡을 마련하기 위한 방법의 하나로 納粟策을 실행하기도 하였다. 納粟으로 곡물을 마련하여 구황에 활용하는 방안이었다. 1512년(중종 7)에 함경도 흉년을 이겨내기 위한 방책으로 하나로 죄인이 贖罪로 내야 할 錢穀을 함경도로 보내는 조처가 취해졌다.232

조선후기에 시행된 황정의 기본적인 골격은 조선전기의 그것과 대동소이하였다. 여기에서는 18세기 중후반 조정에서 수행한 황정의 전체적인 구조를 정조 대를 중심으로 살펴본다. 정조 대에 추진된 農政

---

230 『中宗實錄』卷95, 中宗 36年 5月 14日 己亥 (18-465).

231 『中宗實錄』卷16, 中宗 7年 8月 4日 乙巳 (14-604).

232 『中宗實錄』卷16, 中宗 7年 6月 29日 辛未 (14-596) ; 左議政柳順汀 右議政成希顏啓曰 (……) 納粟免罪 此非美事 但咸鏡道穀物 辦之無由 此權宜之擧 以此可以救活民命 在成廟朝 如成聃命 亦納粟免罪 此數事 皆可施行.

策의 또 다른 측면은 이른바 荒政 또는 災政이라고 불린 것이었다. 농업생산이 재해로 말미암아 부실하게 되어, 흉년이 들게 되었을 때 조선의 중앙정부는 荒政策을 실행하였다.

荒政이란 어느 한해의 농업생산이 가뭄과 홍수 등의 災害로 말미암아 소기의 성과를 거두지 못하게 되었을 때, 災害를 최소화하려는 노력을 기울이고, 재해를 입은 農地를 파악하여 賦稅를 줄여주며, 농민이 회생할 수 있는 대책을 수립하여 추진하는 정책적인 과정을 가리키는 것이었다.

『周禮』를 살펴보면 荒政에 대해 열두 가지의 시행하는 것이 마땅한 조목을 설정해두고 있었다. 그런데『磻溪隨錄』을 지은 柳馨遠에 따르면 『周禮』의 荒政 十二 중에 큰 벼리, 즉 大綱에 해당하는 것은 散利와 薄征 두 가지였다. 유형원은 이미 창고에 보관되어 있는 公財를 푸는 것(散利)과 民이 내야 하지만 아직 거두지 않은 租를 덜어주는 것(薄征)이 荒政의 요체라고 파악하였던 것이다.[233] 다시 말해서 公穀을 민간에 나누어주어 먹을 것을 보태주고, 賦稅를 蠲減하여 민의 부담을 덜어주는 것이 황정의 요체였다. 薄征은 정조도 황정의 중요한 방책으로 강조하던 바였다. 1782년 京畿民人에게 내린 綸音에 그러한 내용이 보인다.[234] 또한 荒政의 주요 시책의 하나로 창고를 열어 賑貸하는[235] 것을 빼놓을 수 없었다.

조선시대에 흉년이 닥쳤을 때 賦稅를 견감하고, 賑恤을 수행하는

233 柳馨遠,『磻溪隨錄』권3, 田制後錄 上 (영인본 80면) ; 周禮荒政十二 首言散利薄征 散公財之已藏 薄民租之未輸 此荒政之大綱也. 참고로 荒政十二는 散利, 薄征, 緩刑, 弛力, 舍禁, 去幾, 省禮, 殺哀, 蕃樂, 多昏, 索鬼神, 除盜賊 등이다.

234『正祖實錄』권14, 正祖 6년 8월 丁丑 (45-324) ; 下綸音于京畿民人曰 嗟爾畿甸民人 明聽予心腹之諭 予嘗觀周禮十二荒政 薄征居第二 薄征之要 莫先於蠲稅與減糴也.

235『萬機要覽』財用編 五, 荒政 ;『正祖實錄』권33, 正祖 15년 12월 己巳 (46-271) ; 平安道觀察使 洪良浩 (……) 荒政則分遣褊裨 劃給穀物馳啓.

것은 바로 이러한 荒政의 요체를 실행하는 것이었다.[236] 그리하여 民을 굶주림에서 구해내고, 굶어죽는 것을 방지하는 것이 황정의 최종적인 목표였다. 또한 황정은 농업생산에 종사하는 농민들의 최소한의 재생산을 보장함으로써 국가적 생산의 기반을 유지하려는 것이기도 하였다.

凶年이 들면 조정에서는 荒政으로 시행해야 할 대책들이 대략 마련되어 있었다. 정조는 선대에 荒政을 수행할 때 어떠한 대책들을 마련하여 시행하였는지 謄錄을 고찰하여 조사하게 하였다. 구체적으로 영조 50년의 謄錄에서 황정에 관련된 시책을 考出하고, 또한 숙종 대와 列朝의 등록에서도 考出하며, 여기에 자신의 재위 시기를 포함시켜 이른바『十二荒政年表』라는 책을 편찬하게 하였다.[237]

조정에서 荒政을 시행하는 목표는 바로 民의 再生이었고, 또한 飢民을 회복시키는 것이었다.[238] 따라서 왕실은 荒政의 일환으로 먼저 낭비되는 요소를 없애고 필요불가결한 지출 이외의 것을 줄이는 節用에 힘써 모범을 보일 필요가 있었다. 앞서 가뭄 등의 재해가 발생하였을 때 減膳 등으로 恐懼 修省의 자세를 보인 것의 연장선상에 있는 조처였다. 신하들도 이러한 입장을 내비치곤 하였다.[239]

그리고 올해 작황이 흉년이라고 판정되면 곧바로 황정의 일환으로

---

236 鄭亨芝는 租稅蠲減策과 救濟穀의 有償支給 및 無償支給을 하나로 묶어 賑恤政策이라고 하였는데, 이것이 실은 柳馨遠이 정리한 荒政의 두 차원, 즉 薄征과 散利를 가리킨다는 점에서 賑恤의 범주를 과도하게 설정한 것이 아닌가 생각된다. 鄭亨芝,「朝鮮後期 賑恤政策 硏究 : 18世紀를 중심으로」, 梨花女大 大學院 사학과 박사학위논문 (1993).

237『正祖實錄』권41, 정조 18년 10월 戊寅 (46-516).

238『正祖實錄』권5, 정조 2년 2월 乙卯 (45-13).

239 司直 愼基慶이 올린 時務策의 첫 머리에 올린 방안이 바로 節用이었다.『正祖實錄』권33, 정조 15년 9월 辛卯 (46-243) ; 司直愼基慶上疏曰 荒政之大者 莫過於節用而省費 損上而益下.

여러 가지 賦稅를 分數로 蠲減하는 것이[240] 시행되었다. 이때 세금의 減免뿐만 아니라 還穀으로 분급하였던 것에 대해서도 蕩減이나 停捧이 시행되었다.[241] 給災를 포함한 賦稅 蠲減은 災實分等에 따라 실제 실행하는 분량이 조절되었다.[242]

농사를 마친 다음 한해의 농사 작황을 전반적으로 평가하는 매기는 災實分等은 3等으로 나누어 尤甚, 之次, 稍實이라는 세 등급으로 산정하는 것이 일반적이었다. 各道의 災實分等은 각도의 관찰사가 올린 災結과 實結에 대한 分等狀(啓)을 토대로 산정되었다.[243] 이를 토대로 給災, 救荒 등 荒政의 제반 조목을 차질없이 진행할 수 있었다. 1777년 8월에 執義 任觀周는 荒政의 가장 중요한 일이 分等, 즉 災實分等이라고 지적하였다.[244] 各邑의 災實分等이 실상과 어긋나면 연쇄적으로 賦稅 蠲減 등이 잘못 처리될 수밖에 없었던 것이다.

給災를 위해 戶曹는 그해의 풍흉을 감안하여 각도에 年分事目을 내려보냈다.[245] 이때 정조는 道臣들에게 分俵를 정확히 하고 백성이 실혜를 받을 수 있게 하도록 지시하였다. 農事의 豊凶에 따라서 災結을 허락해야 한다고 강조하였다.[246] 戶曹는 農節의 전 기간에 걸친 農形

240 『正祖實錄』권22, 정조 10년 9월 壬辰 (45-596) ; 敎日 今年湖南災荒 實爲諸道之最 (……) 當年餉糴及軍保奴貢 定其分數停退.

241 『正祖實錄』권14, 정조 6년 8월 丁丑 (45-324).

242 鄭善男,「18·19세기 田結稅의 收取제도와 그 운영」,『韓國史論』22(서울대 국사학과, 1990) ; 李哲成,「肅宗末葉 庚子量田의 실태와 역사적 성격 - 比摠制로의 변화」,『史叢』39(1991).

243 『肅宗實錄』권60, 숙종 43년 9월 辛未 (40-676).

244 『正祖實錄』권4, 정조 1년 8월 癸卯 (44-685) ; 執義任觀周 上疏討逆 (……) 道臣荒政 莫大於分等.

245 『續大典』권2, 戶典 收稅 ; 每歲本曹視年之凶 頒年分事目于各道 遇災年則頒災名 全傷初不付種之類 雖豊年 亦給災 事目外擅給災名者 敬差官都事先罷後拿.

246 『正祖實錄』권2, 정조 즉위년 8월 戊午 (44-616).

파악에 의거하여 각 지역의 농사 형편을 比摠해서 事目災를 頒布하였다. 이때 각 지역의 給災結數와 給災의 대상이 되는 災名이라는 것을 덧붙여 내려보냈다.

移秧을 실시하지 못한 '未移', 늦은 시기에 이앙을 실시한 '晩移', 애초에 파종조차 하지 못한 '初不付種' 등이 대개의 경우 事目災의 災名에 포함되었고, 그때그때마다 치열하게 발생하였던 蟲災가 있다거나, 가뭄이나 홍수의 피해가 심각한 경우에는 이것도 '蟲損', '川反', '覆沙' 등의 명칭으로[247] 포함되었다.

대개의 경우 戶曹가 내려준 災結 액수는 실제의 피해정도에 비해서 극히 미약한 수준의 것이었다. 따라서 감사와 수령은 호조에서 내려준 급재 결수에 반발하여 結數의 추가를 요청하였고, 또한 호조는 이러한 감사와 수령의 추가 요청을 미리 감안하여 급재결수를 야박하게 내려보내는 경향이 있었다. 監司와 守令이 급재결수의 추가요청, 즉 加請을 하게 되면 여러 가지 사정을 감안하여 호조에서는 일정한 급재결수를 더해주기 마련이었다.

荒政의 또 다른 중요한 조처로서 흉년이 발생하였을 때 국가는 농민들이 생활기반을 잃지 않도록 보조하는 각종 賑恤策을 마련하여 시행하였다.[248] 조선왕조에서 설행한 賑恤의 본질적인 성격은 民의 재생산을 일정한 한도 내에서 보장하는 것이었다. 민의 대다수인 農民이 農業의 재생산을 가능하게 하는 과업이 바로 賑恤이었던 것이다.

1777년 1월 정조가 당시 전년의 흉년으로 진휼에 박차를 가하고 있던 함경도와 강원도의 道臣 그리고 北道의 監賑御史에게 下諭한 내용

---

247 『正祖實錄』 권3, 정조 1년 8월 壬子 (44-691).
248 정조 대 荒政의 전체적인 양상을 賑恤政策의 차원으로 접근한 다음 연구를 참고할 수 있다. 정형지, 「정조 대의 진휼정책」, 『正祖思想研究』 4(正祖思想研究會, 2001).

에 이러한 진휼의 본질적인 성격을 보여주는 언급이 들어 있다. 바로 "種子와 糧食이 떨어진 자와 農牛를 갖추지 못한 자를 區劃하여 勸分하게 해서 농사의 시기를 놓쳐 다음해에 걱정을 끼치게 하는 일이 없게 하라"는[249] 정조의 지시에 보이는 種糧 분급, 農牛 구획 등의 강조는 진휼책이 농사의 연속성, 농민의 재생산을 가능하게 하려는 것이었음을 잘 보여주고 있다.

조정에서 실행한 진휼책 가운데 가장 대표적인 것이 還穀이었다.[250] 還穀은 바로 봄철의 饑饉을 해소시키기 위한 것이었다. 따라서 正月부터 시행하는 것이 원칙이었다. 하지만 극심한 흉년이 들었을 때에는 12월, 나아가 11월부터 시행하기도 하였다. 또한 국가는 지방수령을 통하여 부유한 農民, 地主(田主)로 하여금 곡식을 염출하게 하고, 이렇게 모은 곡식을 먹을 것이 없는 農民에게 나누어주는 방편을 마련하여 시행하였는데 이를 勸分이라고 불렀다.[251]

본래 守令이 賑資穀 마련을 청탁하여 民間에 勸分하는 것이 엄하게 금지되어 있었다.[252] 다만 守令이 公穀이 아닌 私穀을 염출하여 賑資에 보탤 경우 그 액수에 따라 論賞이 뒤따랐다.[253] 이러한 상황에서 외형상 願納의 형태를 띤 勸分을 늘 일어났고, 이에 따라 富民들은 강제적인 요청을 수용하면서도 자발적으로 곡물을 내는 형편이었다.[254]

---

249 『正祖實錄』 권3, 정조 1년 1월 己巳 (44-645).

250 梁晉碩, 「17・18세기 還穀制度의 운영과 機能변화」, 서울대 대학원 국사학과 박사학위논문(1999), 9~41면.

251 鄭亨芝, 「朝鮮後期 賑資調達策」, 『이화사학연구』 20, 21 합집(이화사학연구소, 1993).

252 『續大典』 권2, 戶典, 備荒 ; 以備穀勸分民間者嚴禁.

253 『續大典』 권2, 戶典 備荒 ; 私賑飢民濟活多者 出私穀補官賑者 隨其多少 論賞有差.

254 守令을 중심으로 벌어진 부민층 수탈의 주된 방식 가운데 하나가 勸分이었다(金仁杰, 「조선후기 鄕村社會 변동에 관한 연구 - 18,19세기 「鄕權」 담당층의 변화를 중심

還穀은 영조 대 후반 이후에 賦稅의 성격을 강하게 띠게 되면서 貧農 小農의 재생산을 助力해주는 의미가 점차 희석화되어가고 있었다.[255] 還穀의 성격이 점차 부세적인 것으로 변화해가고 있었지만, 農民에게 種子을 제공하고 나아가 農糧까지 마련해주는 환곡의 賑恤 기능 자체가 붕괴된 것은 아니었다. 다만 18세기 후반으로 진전되면서 환곡의 폐단이 환곡의 부세화 경향과 중첩되면서 보다 강도높게 農民을 압박하였던 것이다.

還穀을 관리하고 운용하면서 分給과 收捧을 담당하였던 주체는 바로 감사와 수령이었고,[256] 실무적인 일은 胥吏들이 담당하였다. 따라서 환곡의 收捧을 덜어주는 시혜를 시행할 때에도 이들이 철저히 규정에 따라 봉행하는 것이 요구되었다. 1782년 정조가 京畿民人에게 내린 綸音을 보면 蠲稅와 停糴의 시행이 제대로 이루어지기 위해서는 守令과 道伯이 제구실을 해야 한다고 강조하였다.[257] 빈궁한 백성들이 아니라 土豪들만 停糴의 혜택을 입어서는 안되는데, 이때 수령이나 감사의 역할이 중요한 것이었다.

還穀의 운영과정에 나타나는 여러 가지 문란상은 환곡의 賦稅化 진전과 맞물리면서 還穀의 荒政上의 의의를 많이 저해하였지만, 그럼에도 불구하고 국가적인 차원에서 農政策의 일환으로 수행하였던 荒政策 자체를 무의미한 것으로 만든 것은 아니었다.[258] 국왕과 조선 정부

으로」, 서울대학교 박사학위논문(1991), 201~220면].

255 梁晋碩, 「17·18세기 還穀制度의 운영과 機能변화」, 서울대 대학원 국사학과 박사학위논문(1999).

256 具玩會, 「朝鮮後期의 賑恤行政과 郡縣支配 ; 守令의 역할을 중심으로」, 『震檀學報』 76(震檀學會, 1993).

257 『正祖實錄』 권14, 正祖 6년 8월 丁丑 (45-324~325).

258 18세기 국가의 還穀 운영 특징을 賑恤穀의 감소와 取耗補用을 위주로 한 還穀의 증가였다고 한다(梁晋碩, 1999 앞의 논문, 153~194면).

는 還穀의 문란상과는 별개로 守令과 監司를 독려하면서 農形을 구체적으로 파악하고, 給災를 제대로 추진하기 위해 노력을 기울이면서 荒政의 수행을 밀고 나갔다. 정조도 還穀으로 내어준 것을 제대로 받아서 원래의 액수를 채워야만 다음해 農粮을 공급할 수 있다는 점에서 還穀의 완비를 강조하였다.[259]

조선의 중앙정부는 재해가 발생하여 荒政의 구체적인 시행이 필요한 지역에 朝官을 파견하여 구체적인 구휼을 맡아서 수행하게 하는 체제를 갖추고 있었다. 이미 17세기 중반에 흉년이 들었을 때 救荒御史를 파견하기도 하였는데, 監賑御史와 같은 일을 맡아서 수행한 것으로 볼 수 있다. 1638년(인조 16) 8월 29일 晝講에서 承旨가 인조에게 三南에 흉년이 들었음을 지적하고 救荒御史를 파견하여 救急해야 한다는 의견을 피력하였다. 그는 三南의 失農이 尤甚한데 특히 嶺南 右道보다는 左道의 河陽 慶州 庇安 醴泉 등지가 완전히 失農(赤地千里)되었다고 지적하고 있었다.[260] 영조 말년에 濟州에 監賑御史를 파견하여 賑濟를 감독하게 하고 있었다.[261]

정조 대에도 이러한 방식으로 특별한 임무를 띤 官僚를 파견하곤 하였다. 監賑御史, 慰諭御史 등을 파견하여 農民을 위로하여 구휼을 담당하게 하였다. 1777년 關北 지역에 파견된 監賑御史 申應顯의 행적에서 그러한 사정을 잘 살펴볼 수 있다. 신응현은 관북감진어사로 임명된 이후 浦港倉에서 곡물 운송을 요청하여 관철시키고, 또한 交濟倉의 곡물도 賑資에 이용하고 있었다. 게다가 계속 賑資의 보충을 狀請하여 이를 획득하고 있었다. 그밖에 奴婢 身貢을 비롯한 제반 관

---

259 『弘齋全書』 권166, 日得錄 政事 徐有防 癸卯錄 (5-45).

260 『仁祖戊寅史草』(규장각 古4254-36) 戊寅 8월 29일(국사편찬위원회, 『朝鮮時代史草』 Ⅰ, 韓國史料叢書 第38輯(1997), 577면).

261 『正祖實錄』 권1, 正祖 즉위년, 5월 庚寅 (44-581).

북 주민의 부담을 덜어내야 할 것이라는 보고를 올리고[262]있었다.

이와 같이 農民의 재생산을 보조하기 위하여 賦稅를 蠲減하고, 還穀을 분급하고 있었다. 군현단위의 황정은 災實 分等에서 시작하는 것이었는데, 守令이 전체적으로 여러 가지 시책을 담당하였다. 경우에 따라 監賑御史 등을 파견하여 賑恤을 담당하게 하였다.

---

262 『正祖實錄』권3, 正祖 1년 7월 己卯 (44-678).

제2장 19세기 순조 대 農政策의 시행

1. 量田 계획의 수립과 추진

18세기 후반 20여 년 동안 재위하였던 정조는 영조가 추진한 탕평책을 이어받아 국왕 중심의 정치체제를 확고하게 구축하려고 하였다. 정치적인 측면에서 정조는 蕩平政治를 추구하면서 왕권의 안정적인 기반을 마련하고 사회개혁을 위한 발판을 구축하였다.[1] 또한 신분제의 개혁을 시도하여 賤人의 良人化를 적극 유도하였다.[2] 또한 경제적인 측면에서 국왕 주도의 농정책을 추진하였고,[3] 奎章閣을 중심으로 '農書大全'이라는 새로운 종합농서의 편찬을 추진[4]하는 등 농업생산을 안정적으로 발전시키기 위한 노력을 기울이기도 하였다. 정조는 중앙 정부의 차원에서 조선사회의 변화에 대응하는 여러 가지 해결 방안 또는 정책을 추진한 것이었다.

---

1 정조 대 탕평정치에 대한 다음 논저 참고. 朴光用, 「조선후기 '蕩平' 연구」, 서울대학교 대학원 국사학과 박사학위논문(1994) ; 金成潤, 『朝鮮後期 蕩平政治 硏究』(지식산업사, 1997).

2 平木實, 『조선후기 노비제 연구』(지식산업사, 1988) ; 金成潤, 『朝鮮後期 蕩平政治 硏究』(지식산업사, 1997).

3 염정섭, 「18세기 후반 正祖代 農政策의 전개」, 『韓國文化』 32(서울대학교 한국문화연구소, 2003).

4 金容燮, 「18세기 農村知識人의 農業觀」, 『朝鮮後期農業史硏究』 1(一潮閣, 1970) ; 廉定燮, 「18세기말 正祖의 '農書大全' 편찬 추진과 의의」, 『韓國史硏究』 112(韓國史硏究會, 2001).

1800년 정조가 죽은 뒤 19세기 초입부터 시작된 이른바 '세도정치기'는 조선왕조의 命運이 갈린 시기였다. 유교적 왕정의 관점에서 세도정치가 순조 초 辛酉事獄(1801)을 거치면서 정조 대의 정치기반을 무너뜨렸고, 세도일족은 도시상업 중심의 공리적 관심과 공리적 충동을 왕정과 관료제를 빌어 충족시키기에 급급하였다.[5] 한마디로 세도정치기는 권력을 집중적으로 장악한 권력집단이 사회모순을 해결한 능력을 상실하였고, 게다가 이를 완화하거나 은폐할 수 있는 능력조차 갖지 못한 상태였다고 정리되고 있다.[6] 세도정치기 정치의 파탄과 이에 따른 사회모순의 격화야말로 결국 농민항쟁을 초래한 원인으로 평가되고 있다.

　　순조 대 이후 세도정치기에 국가운영의 구체적으로 어떻게 이루어졌는지 살펴보는 것은 중요한 연구과제라고 할 수 있다.[7] 특히 조정에서 마련하여 추진한 각 분야에 걸친 政策의 전모를 밝히는 방대한 연구작업이 절실하게 필요하다. 구체적인 각 분야에 관한 정책을 검토

---

　　5 이태진, 「朝鮮王朝의 儒敎政治와 王權」, 『韓國史論』 23(서울대 국사학과, 1990), 230~232면.
　　6 한국역사연구회 19세기정치반연구반, 『조선정치사 1800~1863 하』(청년사, 1990), 750면.
　　7 19세기 초중반 국가 운영의 구체적인 정책의 실제 모습을 확인하는 것은 세도정치기에 일부 권력집단이 정치권력을 독점하면서 정치운영이나 정치조직뿐만 아니라 과거제, 민생시책 등의 측면에서도 사회운영의 능력이 말 그대로 상실한 상황이었는지, 아니면 어느 정도 무너지고 있었는지 파악할 수 있는 근거를 제공할 수 있을 것이다. 또한 국가의 정책 추진과 집행의 구체적인 양상을 파악하는 것은 1862년에 이르러 전국적인 규모로 농민항쟁이 발생하였고, 또한 대부분의 농민항쟁이 유독 부세문제, 즉 三政의 문란이라는 문제에 집중하고 있었는지에 대한 배경 설명도 제시해줄 것이다. 결론적으로 세도정치기 국가운영의 기본적인 틀이 어느 정도 유지되었고, 어떠한 문란된 양상을 드러냈으며, 그것이 어느 시점에 이르러 임계점에 도달하고 농민항쟁으로 폭발하게 되었는지 바로 이 문제를 천착하는 것이 필요하다. 이 문제에 대한 해답을 찾는 작업은 세도정치기 전반에 걸친 국가운영에 관련된 여러 정책의 수립과정, 시행과정, 그리고 그 사이의 논란과 폐단 등을 다각적으로 분석하는 것이 될 것이다.

하여, 이러한 정책이 王政의 실추, 사회 갈등의 심화 등을 가져왔는지 아닌지 따져보는 연구가 시급하다고 생각한다. 이러한 문제의식에서 여기에서는 순조 대를 중심으로 조정에서 추진한 農政策의 주요 내용을 검토한다.

순조 대의 농정책의 대강은 정조 대 시행되었던 것과 동일한 틀을 유지하고 있었다. 순조 대 이후 펼쳐진 농정책을 자세히 살펴보면 대부분은 정조 대의 그것을 계승한 것으로 평가된다. 농정책은 농업생산의 안정성을 확보하기 위한 것으로 이를 제대로 수행하는 것이야말로 국가 운영에 필수불가결한 것이었고, 세도정치의 수행을 위해 필요한 財源을 확보하는 차원에서도 필요한 것이었다.

1800년 6월 정조가 마흔아홉 살이라는 창창한 나이에 갑자기 세상을 떠났다. 發病한 지 20여 일이 지난 6월 28일 오전 정조는 혼수상태에 빠졌고, 결국 깨어나지 못한 채 그날 오후 늦게 창경궁 영춘헌에서 서거하였다.[8] 정조가 승하한 뒤 11세에 불과한 순조가 즉위하자 영조의 계비 정순왕후가 垂簾聽政을 하게 되었다. 수렴청정에 나선 정순왕후를 중심으로 경주 김씨 김귀주를 비롯한 벽파세력이 조정의 권력을 장악하였고, 이들은 정조가 말년에 추진하였던 여러 가지 정책을 제대로 실행에 옮기지 않았다.

정조가 세상을 떠나자 곧바로 壯勇營의 재정을 축소시키는 여러 조처가 취해지기 시작하였다. 그리하여 정조가 죽은 지 채 2년도 지나지 않은 1802년 1월부터 장용영 혁파 논의가 시작되었다. 결국 이 해 9월에 들어서면서 壯勇營의 錢穀布木에 대한 區處 방안이 마련되어 여러 아문으로 나뉘어 소속시켰다.[9]

---

8 유봉학, 『정조 대왕의 꿈』(신구문화사, 2001), 16면.
9 송찬섭, 「正祖代 壯勇營穀의 設置와 運營」, 『韓國文化』 24(1999), 273~276면.

화성부와 장용영 소속의 屯田은 대부분 給價買得으로 확보한 것이었지만 그 중에는 다른 衙門이나 宮房에서 이속된 것도 있었다. 특히 수어청에서 장용영, 화성부로 이속된 것이 많이 있었다. 1779년 정조가 守禦使 徐命膺에게 守禦廳의 屯田에 대해서 질문하자 서명응이 직접 대답하지 못하고 敎鍊官이 불려와 대답하였는데, 광주, 과천을 비롯하여 長興, 창원 등 29곳에 둔전이 설치되어 있다고 하였다.[10]

1802년 9월 장용영 소속 屯土에 대한 구처 방안도 마련되어 시행되었다.[11] 그리하여 壯勇營 소속 屯田 가운데 일부는 華城府에 소속되고, 대부분은 內需司로 이속되었다. 장흥 지역 이외에 21곳의 둔전은 본래 內需司, 糧餉廳, 壽進宮, 明禮宮, 毓祥宮 등에 소속되어 있던 토지인데 代土를 지급하고 장용영으로 이속시킨 것이었다. 또한 給價買得하여 형성된 것도 포함되어 있었다. 따라서 이들 둔전을 원래 소속처로 보내기 어려웠기 때문에 원 소속처에는 婢貢으로 給代해주고 대신 內需司에 모두 소속시켰다.

순조가 즉위한 직후 펼쳐진 정순왕후의 수렴청정은 비록 4년을 다 채우지 못하였지만, 이후 안동김씨 金祖淳 가문과 순조의 외삼촌인 반남 박씨 朴宗慶 가문을 중심으로 세도가문이 정국을 주도하는 이른바 '세도정치'가 생겨나는 데 큰 계기를 제공하였다.

우선 대왕대비인 정순왕후 김씨가 垂簾聽政하는 상황이 곧 세도가문의 勢道家가 권세를 누리는 것과 다르지 않았다. 게다가 정순왕후

---

10 『承政院日記』正祖 3년 8월 3일 (甲寅) ; 上曰 本營屯田爲幾何 命膺曰 二十九所矣 上曰 各在何處乎 命膺曰 臣則未及詳知 當問於敎鍊官以奏矣 上曰 敎鍊官旣在階下 卽於此處問之 可也 命膺招敎鍊官問之 敎鍊官奏曰 屯田之在廣州者六處 在果川者一處 在龍仁者三處 在陽智永平利川砥平原州洪川平澤忠州金海昌原扶安長興海州定州稷山振威永同載寧橫城者各一處 而合爲二十九處矣.

11 『備邊司謄錄』純祖 2년 9월 2일 壯勇營 屯土 區處別單. 다음 논문 참고. 송찬섭, 「正祖代 壯勇營 屯田의 설치와 운영」, 『한국방송통신대논문집』 32(2001).

김씨가 자신의 친정인 경주 김씨 가문을 후원하는 양상도 뒤에 나타난 김조순 가문, 조인영 가문 출신의 왕후, 대비가 친정 가문의 勢道家를 후원하는 것과 동일한 것이었다. 그리하여 勢道 家門을 중심으로 조선의 정치권력이 좌지우지되는 정국으로 귀착되었다.[12]

순조 대 농정책 가운데 가장 먼저 특기할 만한 것이 바로 量田 계획과 추진에 관련된 부분이다. 1820년에 이루어진 量田 계획에 대해서는 김용섭의 연구에서 상세히 정리된 바 있다.[13] 그리고 오수창이 세도정치기에 시행된 주요 정책으로 부세정책을 다루면서부터 양전에 관한 서술을 하고 있는데 대체로 김용섭의 연구를 재확인한 것이었다.[14] 또한 최원규는 19세기 전후의 量田論부터 대한제국기의 量田論까지 포괄적으로 정리한 연구 성과를 발표하였다.[15]

19세기에 들어서면서 양전의 필요성에 대한 논의가 크게 일어나면서 量田 계획이 수립되고 추진되기에 이르렀다.[16] 18세기 말 19세기 초 삼정문란으로 야기된 사회문란에 대해서 정부가 취할 수 있는 대책은 부세제도를 釐正하는 方策, 전정문란을 해소하는 對策 등이었다. 따라서 조정에서 논의하는 대책은 부세제도의 개선으로 모여지고 있었다. 이는 당시 조선사회에 고질적인 문제로 뿌리박고 있던 부세문제를 해결하려는 것이었다.

---

12 세도정치 시기의 정치사는 다음 책을 참고할 수 있다. 한국역사연구회 19세기정치반연구반, 『조선정치사 1800~1863 상·하』(청년사, 1990).

13 김용섭, 「純祖朝의 量田計劃과 田政釐正문제」, 『김철준박사화갑기념사학논총』(논총간행위원회, 1983).

14 오수창, 「제13장 주요정책의 실상」, 『조선정치사 1800~1863 하』(청년사, 1990), 664~665면.

15 최원규, 「19세기 量田論의 추이와 성격」, 『重山鄭德基博士華甲紀念韓國史學論叢』(1996), 599~617면.

16 1820년 量田 계획에 대해서는 다음 논문에 자세하게 정리되어 있다. 김용섭, 「純祖朝의 量田計劃과 田政釐正문제」, 『김철준박사화갑기념사학논총』(1983).

三政 가운데 田政이란 전세제도 운영에 관련된 것이었다. 농지에 田結稅를 부과하고 징수하여 운송상납하는 데 관한 부분이었다. 그런데 전정의 문란은 田結稅의 부과의 기준이 되는 結負制에 의거한 농지 파악의 不實, 그리고 田結稅 부과 과정에서의 문란에서 유래하는 것이 많았다. 따라서 전정의 기반이 되는 전답의 결부를 파악하는 제도적 장치인 양전제를 활용하여, 전정문란을 釐正하기 위한 방책의 하나로 양전 시행을 추진하는 것이 필요하였다.

순조 대인 1820년에 추진한 양전은 시행 여부에 대한 논의를 거쳐 양전 시행방안으로 量田事目이 마련되어 시행 일보직전까지 이르렀지만 결국 실행에 옮겨지지 못하고 중단되고 말았다. 양전이 비록 중단되었지만, 그 전후 논의 과정과 논란을 벌인 부분 등에 대한 검토를 통해 당시 양전 시행이 필요했던 배경, 양전 추진과정에서의 주안점, 양전 사목에 나타난 특징 등을 살펴볼 수 있다. 이런 검토를 통해 순조 대 양전 추진이 갖고 있는 특징을 검출함으로써 당대 농업 분야에서 해결이 필요했던 시대적 과제를 찾아볼 수 있을 것이다.

당시 양전이 추진되었던 배경은 田政 운영상에 나타난 여러 가지 폐단들이었다. 먼저 전정에서 활용하던 量案의 내용이 虛實하고 紊亂한 상황이었다. 당시로부터 100년 전인 1719년에서 1720년 사이에 下三道 지역에서 庚子量田을 실시한 이후 1820년까지 하삼도 지역 전역을 대상으로 삼은 양전은 실시되지 않았다. 군현단위로 양전이 시행된 곳도 있었지만, 대부분의 지역에서 활용하는 양안은 오래 전의 것이었다. 그 결과 양안의 내용과 농지의 실제 상황 사이에 괴리가 나타나고, 양안 자체도 오랫동안 사용되면서 마모되는 지경에 이르고 있었다. 그리하여 특정 지역의 양안이 부세수취를 위한 기준으로서 갖고 있던 존재의의가 많이 상실되었다. 양안이 토지 현실과 동떨어진 군현이나, 아예 양안이 없는 군현이 많았다.

다음으로 量案, 즉 田案이 虛實하면 농지의 현황대로 賦稅 수취가 이루어지지 않았고, 이에 따라 白地徵稅를 하게 되는 일이 많았다. 농지의 형태 변동이나, 給災의 부실뿐만 아니라, 버려두고 起耕하지 않게 된 陳田에 대해서도 民間分徵으로 전세를 징수하고 있었다. 陳田虛卜에 대한 白徵이 전국적인 고질적 폐단이고 규모도 수십 결에서부터 천여 결까지 지역별로 천차만별인 상황이라고 지적되고 있었다.

세 번째로 양전 시행의 불가피성은 賦稅不均과 賦稅錯亂에서 찾을 수 있다. 부세가 공정 균평하지 않고 부당하게 부과되고 있는 폐단이 증대하고 있었다. 일부는 雜役稅의 지역적인 차이에서 연유하는 것이지만 근원적인 이유는 결부제에 기초한 양전제가 규정대로 운영되지 못하고 있는 것과 깊은 관련이 있었다. 또한 田品의 변동으로 賦稅가 不均하게 되는 경우, 地形의 변동으로 田畓筆地의 경계가 변동하고 불분명해지는 것(經界紊亂), 地目의 변동으로 賦稅가 불균해지는 현상 등이 일상적인 것이 되고 있었다. 旱田을 水田으로 바꾼 反畓의 경우 흉년을 당해도 給災하지 않는 관례도 문제였다. 왜냐하면 旱田의 경우 1年再耕으로 給災하지 않는 것이 원칙이었는데, 反畓은 量案에 기재된 地目이 旱田이기 때문이었다. 따라서 번답의 경우 給災를 받을 수 없기 때문에 불만이 축적되어 나갈 수밖에 없었다.

네 번째로 隱結·漏結이 적지 않았던 점을 양전 추진의 배경으로 지적할 수 있다. 농지가 경작되고 있지만 조정의 징세대상에서 누락되는 경우, 상당 부분 지방세력가인 토호들에 의한 것이었지만, 吏屬이나 守令들의 농간에 기인한 것도 많았다. 그리고 사복을 채우는 것이 일반적이지만 官況에 이용되는 경우도 있었다. 隱結을 만드는 방법은 양전할 때 負數를 조작하거나, 新墾田이나 陳田 그리고 起耕田의 결부를 은폐하는 것 등이었다. 이밖에 陳田給災의 이용, 田稅 부과 시의 加徵 등의 방법으로도 隱餘結을 만들어냈다. 이러한 상황이기 때문에 1811년 徐榮輔는 量田을 해야만 稅役을 균등하게 할 수 있고, 또한 隱餘結도 찾아낼 수 있을 것이라고 지적하였다. 서영보는 양전을 시행하는 것이 호조와 선혜청의 재원을 보다 크게 확대할 수 있는 방안이라고 주장하였는데, 늘어나는 田結 結負의 상당부분이 은여결을 파악하여 확보할 수 있다는 설명이었다.[17]

마지막으로 양전과 관련된 田政의 폐단으로 농지의 경계·소유권 분쟁이 적지 않게 일어나고 있었는데, 이러한 분쟁이 양안의 부실 때문에 해소되지 못하고 있었다는 점이다. 양전이 오랫동안 시행되지 않자, 田畓의 지형 변동, 지목 변화 등을 반영하지 못하게 되고, 그에 따라 전답의 소유자에 대한 분명한 파악이나 공증도 불분명해지는 상황이 초래된 것이었다. 전답의 경계와 소유권 분쟁은 民人 상호간의 문제이기도 하고 宮房·官衙와 민인 사이의 다툼이기도 하였다. 대체로 권세에 가까운 자리를 차지하고 있던 宮房·官衙·豪强들이 힘없는 일반 민인을 침해하는 양상으로 나타나고 있었다.[18]

1820년 양전 추진의 배경을 정리하면서 거론한 바와 같이 量田은 근원적인 변혁조치, 또는 전면적인 혁신조치가 아니라, 田政 운영상의 잘못을 정상적으로 운영하기 위한 작업이었다. 그렇지만 양전이 전답의 실제 현실을 있는 그대로 반영하여 그에 따라 양안을 작성한다면, 이는 곧 田政의 폐단을 釐正하는 성격을 가지고 있었다. 이러한 점에서 순조 대 양전추진은 조정의 農政策의 하나로 수행된 것이지만 또한 농업개혁론의 성격을 일부 띠고 있었다.[19]

---

17 『純祖實錄』卷11, 純祖 8年 8月 1日 甲午 (47-606): "召見備局有司堂上徐瑩輔沈象奎 (……) 榮輔曰 有國之大政 莫重於經費 古語云 國無三年之蓄 國不得爲國 顧今經用匱竭 戶惠之策 莫若量田 若以周通幹局之人 差爲量田均田之使 均其稅役 摘發餘隱 則民無冒納之歎 國有裕用之效矣."

18 金容燮, 『增補版韓國近代農業史硏究』上(일조각, 1994), 315~336면.

양전의 논의가 전개되고 양전이 결정되어 양전사목이 마련되는 과정을 거쳤다. 순조 대 초반의 경우 정조 대와 마찬가지로 査陳과 改量을 郡縣별로 부분적이고 점진적으로 수행하는 정도에 머물러 있었다. 그런데 結負制를 그대로 두고 전정의 폐단을 釐正하기 위해서는 量田을 전면적으로 시행하는 방안을 고려하지 않을 수 없었다. 즉 전국적 또는 하삼도 지역 전역에 걸친 量田을 시행하는 대책을 논의하게 되었다.

1820년 양전에 대한 본격적인 논의와 量田 작업 착수가 이루어지기 몇 해 전부터 계속 양전의 필요성에 대한 지적이 제시되고 있었다. 1811년 각도에서 올린 陳弊冊子 내용 속에서도 量田, 改量을 건의하는 내용이 많이 담겨 있었다.[20] 경상도에서 올린 陳弊冊子의 내용을 보면 田結에서 발생하는 폐단이 오로지 改量을 하지 않았기 때문에 발생하는 것이라고 지적하였다.[21] 또한 公忠道에서 올린 陳弊冊子 속에도 田政의 문란이 지금 매우 심하고 그것도 읍마다 사정이 다르게 된 상황을 지적하면서 改量을 하거나 혹은 査陳을 해야 할 것이라는 건의를 올리고 있었다.[22] 나아가 금년에 몇 개 읍을 改量하고 다음 해

---

19 본서의 2편 1장 「18~19세기 농업구조개선론의 전개」 참고.

20 『純祖實錄』 卷14, 純祖 11年 3月 30日 戊寅 (47-678).

21 『純祖實錄』 卷14, 純祖 11年 3月 30日 戊寅 (47-678): "備局 以前後諸道各郡陳弊冊子 回啓言 慶尙道陳弊冊子判付內 (……) 其一 田結之弊 專由於不爲改量 大均一國之田 而改量尺數 一依九等之法 盡革結負之制事也 罷近日結束收稅之法 行國初計畝分等之制 各衙門屯田 各宮房免稅 悉爲革罷 盡入兩稅之額爲宜云 而古之計畝 今爲尺量 設有未得其要之歎 行之已久 猝難更張 屯田免稅等名色 亦非一朝可以革去者 置之."

22 『純祖實錄』 卷14, 純祖 11年 3月 30日 戊寅 (47-678): "又啓言 公忠道陳弊冊子判付內 (……) 洪州等十四邑之或請査陳或請改量者 可知田政之紊亂 王政莫先於經界 而此邑如此 則他邑可知 此道如此 則他道可知 田政如此 而何以均民均賦乎 今若欲一時行之 則非但難於拉擧 反恐爲弊 若使各道道臣守令 從最尤紊處 今年量幾邑 明年量幾邑 則不出十年 庶幾畢量 而不煩不擾 可有實效 廟堂博議講究後稟處 軍政還穀等切瘤之瘼外 諸般雜弊 亦多有之 一體從長稟處事命下矣."

에 몇 개 邑을 개량하는 방식으로 차례대로 실행하면 10년이 지나지 않아 개량을 완수할 수 있을 것이라는 제안도 올리고 있었다. 戶曹判書 金履陽은 1816년 상소를 올려 양전을 시행하는 것을 고려해야 한다고 건의하였다. 그는 당대의 여러 논자들이 나라의 현황을 變通하는 방안을 소개하면서 戶布, 口錢 등과 더불어 量田을 하나의 방안으로 열거하고 있었다.[23]

1811년 이후 1820년 사이에 여러 사람이 양전을 제안하였지만, 보다 직접적으로 1820년 量田 계획과 추진과 연결된 논의를 살펴보면 1819년 李止淵의 주장을 찾아볼 수 있다. 1819년 8월 李止淵은 田政紊亂과 그로 인해 민인이 받고 있는 폐단을 지적하면서 量田이 필요하다는 것을 주장하였다.[24] 이지연은 1809년과 1814년 등 몇 차례 흉년을 치른 후로 田政이 문란해졌기 때문에 이를 해소하기 위해 量田이 필요하다고 주장하였다. 李止淵의 양전 주장을 필두로 본격적으로 양전에 관련된 논의가 일어났다.

이지연이 전정문란의 폐단 지적하면서 民을 보존하기 위한 양전의 필요성을 제기한 지 한 달 정도 지난 뒤인 9월 10일 양전 시행에 대한 구체적인 논의가 이어졌다. 영의정 徐龍輔는 순조에게 筵席에 참여한 여러 신하들에게 下問할 것을 건의하였다. 이에 따라 여러 관리들이 자신의 의견을 개진하였는데, 한성 판윤 李義甲, 이조판서 李存秀 등

---

23 『純祖實錄』 卷19, 純祖 16년 7月 4日 辛亥 (48-100): "戶曹判書金履陽疏略曰 今日 國計 誠岌岌然殆哉 東塗西抹 尙患不繼 世之論者 莫不言不變通 則無以爲國 曰量田可爲 也 曰戶布口錢可行也 曰宮稅之濫式者可減也 曰軍制之近冗者限年權罷也."

24 『純祖實錄』 卷22, 純祖 19年 8月 17日 丙午 (48-152): "丙午 護軍李止淵疏略曰 (……) 故臣則曰量田一事 最爲目下急務 而命吏憚於張大 豪右苦其摘發 則任事之地 易 爲撓奪 然事或有百年未遑 而一朝能行 一時難便 而百世蒙利者 不其能斷 曷有遠功 條例 具在 修則斯擧 今若另揀才能之臣 任以便宜之權 先自兩湖而亟行改量 不計久速 惟務精 詳 而他餘諸路 次第倣行 則其於安民擧廢之政庶乎其兩得之矣 伏願下臣此章於大臣諸宰 使之商確稟處批曰 令廟堂稟處."

은 균전사 파견방법 이외에 감사 수령에게 改量하게 하는 방법을 제안하였고, 반면에 판부사 韓用龜, 지중추부사 金履陽 등은 量田을 신중하게 할 것을 주장하였다.[25]

며칠 뒤인 9월 16일 量田에 대한 비변사의 보고가 올라왔다. 비변사는 시원임대신의 의견을 수합하여 보고하였다. 비변사의 보고 가운데 量田을 시행하는 것이 어렵다는 量田不可論이 정면에 등장하였다. 이시수, 김재찬은 兩湖의 凶荒, 量田 경비 마련의 어려움, 천하국가 均平의 원천적인 곤란함 등을 이유로 양전불가론을 제기하였다.[26] 이후 양전에 대한 논의가 제대로 이루어지지 않고 있다가, 12월 10일 李止淵이 양전 불가론에 대해 강력하게 비판하면서 양전시행론을 펼쳤다. 그런데 이때 몇 달 전에 양전불가론을 내세웠던 인물들이 대체적으로 강경하게 반대하는 발언을 하지 않았다. 그리하여 결국 조정의 논의는 양전을 시행하는 것으로 결론을 내리게 되었다.

순조는 양전을 각도의 방백·수령으로 하여금 지휘 감독하게 하고, 점진적으로 도 단위의 양전을 수행하는 방식으로 결국 전국적 量田을 완료할 것을 지시하였다. 그리고 兩南(호남, 영남)에서 먼저 試量할 것과 이를 위해 각 지방에 지시해서 양전을 위한 방략을 강구하여 보고하도록 명령하였다.[27] 순조가 兩南에서 1820년 가을부터 먼저 量田을 수행하고 이를 위해 수령으로 하여금 量田을 제대로 수행하도록 준비할 것을 지시한 것이었다.

---

25 『純祖實錄』 卷22, 純祖 19年 9月 10日 己巳 (48-153).

26 『純祖實錄』 卷22, 純祖 19年 9月 16日 乙亥 (48-155).

27 『純祖實錄』 卷22, 純祖 19年 12月 10日 戊戌 (48-158): "承旨李止淵啓曰 臣向以量田事 猥陳一得之見 而旋因諸議之不一 乃有待明秋更稟之請矣 苟於來年 眞實施行 則不可不於今冬 預爲知委於各道 使之從容講究 次第措劃 然後可無臨時窘速 做事潦率之患 區區愚見 終不自己 又此煩陳 請下詢大臣 (……) 上曰 委之方伯守令 甚便 八路不必一時竝擧 先自兩南試之爲好 自廟堂 知委該道 講究方略啓聞."

1819년 겨울 이후 양전을 준비하고 있던 전후 사정과 관련해서 1820년 1월 掌令 朴熙顯이 올린 상소를 보면, 박희현은 量田을 올해 가을에 兩南에서 시작하게 되었는데 이를 위해 守令 가운데 임무를 감당하지 못할 자를 가려서 파직하고 새로운 인물을 파견해야 한다고 주장하였다.[28] 이에 대해 순조는 量田을 해야 할 때에 수령에 대한 철저한 평가가 필요하다고 비답을 내렸다. 박희현의 상소 내용과 순조의 비답을 보면 1820년 가을에 양전을 시행하기 위해 여러 가지 준비를 착실히 진행하고 있던 것을 알 수 있다.

1820년 봄, 여름에 걸쳐 兩南 量田의 준비가 진행되는 가운데 新生 왕자의 卒逝(5월 26일)로 순조의 양전 수행에 대한 적극성이 감소되어 갔었다. 게다가 양전 시행을 강력하게 주장하였던 영의정 徐龍輔가 이해 6월 15일 병을 핑계로 자리에서 물러났다.[29] 이런 상황에서 8월 2일 전라감사 李書九가 양전시행의 중단 연기를 건의하자, 조정에서 이서구의 건의를 수용하는 일이 일어났다.[30]

李書九의 주장은 양전은 급히 서두르면 백성들에게 혼란을 초래하기 때문에 천천히 사정을 살펴보아야 하고 특히 풍년이 들 때까지 양전을 미루어야 한다는 것이었다. 이러한 주장은 결과적으로 양전을 하지 말아야 한다는 量田留保論이었다. 이서구의 건의가 조정에서 수

---

28 『純祖實錄』卷23, 純祖 20년 1월 3日 庚申 (48-159): "掌令朴熙顯疏略曰 顧今國計民憂 可謂無復餘地 及今量田 斷不可已 宰臣筵奏 大僚收議 將以今秋先試兩南 預飭道臣另察守令 不堪任者一一狀罷 令銓曹 勿拘常格 各別擇送 然後庶可委任責成 實效可期矣(……) 批曰 量田時守令黜陟事 雖非量田之時 其可忽乎 令廟堂申飭諸道."

29 『純祖實錄』卷23, 純祖 20년 6월 15日 己亥 (48-162): "己亥 領議政徐龍輔 屢疏陳病 乞解相職."

30 『純祖實錄』卷23, 純祖 20년 8월 2日 乙酉 (48-164): "乙酉 全羅監司李書九上疏論量田事曰 (……) 批 以令廟堂 商確稟處 廟堂啓言 道臣所論 躬莅其地 目見其勢 故其言如此 此非以量田爲不可行也 必欲待歲事之連登 田功之克擧 始可議於定界也 請本道量田一款 依所請許令姑徐 從之."

용되면서 이에 따라 兩南 量田이 중단되었다. 이후 이전 시기처럼 査陳과 改量을 부분적으로 지역에 따라 시행하는 양전책으로 복귀하고 말았다.

1819년 8월부터 1820년 8월까지 1년 정도에 걸친 양전 시행 논의과 준비과정이 결국 실행으로 옮겨지지 못한 원인은 바로 量田에 얽힌 사회적 갈등, 즉 이해관계의 대립 문제 때문이었다. 한편으로 量田을 철저하게 시행하면 공정한 稅를 부담하여 종전의 부세불균에 비하여 큰 덕을 보는 계층이 있는 반면에 다른 한편으로 종전의 부세불균에서 누리던 이득을 상실하는 계층이 존재하였던 것이다.

양전을 하지 않음으로써 이득을 보는 계층은 豪右, 富戶, 强戶 등 향촌사회의 유력자와 지방관청의 吏屬들이었다. 이들은 부세불균 속에서 이익을 추구하고 또한 획득하고 있었다. 따라서 양전을 실행에 옮기는 자체가 强戶·富戶·豪右에게 불리한 점들이 많았다. 당시 이들은 비옥한 농지를 소유하면서 田品을 낮추어 輕稅를 내고 있었기 때문에 田品이 변동하는 결과를 초래할 양전을 시행하는 것이 이들에게 불리하였다. 또한 起耕田을 陳田으로 속이는 방법으로 탈세한 것과 막대하게 차지하고 있던 隱漏田이 양전과정에서 적발될 수 있다는 점도 불리한 점이었다. 지방관청 이속들도 정부 수세결을 중간에서 투식하고 있었기 때문에 이것이 드러나게 되는 量田을 환영하지 않았다.

1820년에 양전 추진은 실제 실행되지 못하였다. 하지만 당시에 만들어서 시행하려고 했던 量田事目에서 19세기 초반 조선의 농촌사회의 실제 모습의 일면을 찾아볼 수 있다. 또한 양전을 추진하였을 경우 무엇을 목표로 하였는지에 대해서도 살펴볼 수 있다. 量田事目은 양남에서 양전을 시험적으로 시행하기 위해서 마련된 것이었다. 이 양전사목을 최종적으로 전국적인 양전을 목표로 안출된 量田方略에 해당되는 것이었다. 따라서 당시의 농정을 둘러싼 이해관계자들의 갈등관계가 양전사목에 반영되어 있다고 볼 수 있다. 또한 이때 양전을 추진하면서 목표로 삼고 있었던 것의 구체적인 내용도 찾아볼 수 있다.

경상감사 金履載가 마련한 量田事目[31]은 이 시기 양전사업에서 추구하고 있는 목표가 무엇이었는지 파악하는 것을 가능하게 해주는 자료이다. 그리고 또한 다른 측면에서 양전을 반대한 계층에서 어떠한 반응을 보였는지, 어떠한 점에서 반대 근거를 제시하고 있는지 짐작 가능하게 해주는 자료이기도 하다. 김이재가 만든 量田事目의 앞부분 서술 내용은 양전 시행이라는 문제를 제기하고, 양전의 취지에 대해서 설명하는 부분이다. 서술 내용을 보면 李止淵의 양전문제 제기가 국가 존립 민의 생존을 위해 田政문란을 제거하고 均賦·制産을 실현해야 한다는 점에 두고 있음을 지적하고 있었다. 김이재는 이지연의 주장에 전적으로 동의하면서 특히 均賦에 강조점을 두어야 한다는 점을 강조하여 양전사목을 구성하였다.

다음으로 김이재는 양전사목 작성과정을 설명하는 부분을 이어서 서술하고 있다. 김이재는 10개 고을을 선정하여 실제로 양전을 먼저 시험해 보고, 과거 양전사업에서 작성하였던 量田事目을 조사 검토함으로써 試量작업에 적용하는 과정을 거쳤다고 설명하고 있다. 그가 먼저 시험한 곳은 상주, 대구, 진주, 성주, 영천, 합천, 현풍, 김해, 기장, 삼가 등 10개 지역이었다. 여기에서 試量, 즉 기초조사할 때 때 감영에서 양전에 관한 유의사항과 合行條件을 시달하였다. 그리고 김이재는 과거 양전사목 조례 가운데 『遵守冊』, 「啓下事目(庚子量田)」 등을 검토하였고, 또한 『大典通編』 등의 법전도 검토하였다. 이러한 과정을 거쳐 만든 양전사목을 중앙에 보고하였다. 경상감사 김이재가

---

31 金履載, 『量田事目』(연세대 도서관 소장).

올린 양전사목은 『純祖實錄』[32]에 보인다.

김이재의 양전사목에서 특별한 관심을 부여한 부분으로 몇 가지를 찾아볼 수 있다. 특히 田品 等數 陞降의 불공정, 즉 田品의 불공정 문제에 주의하고 있었다. 또한 김이재의 양전사목은 田段의 누락, 隱漏結 발생, 그리고 尺量의 盈縮을 사사롭게 하는 것(地多卜少·地少卜多), 陳起를 혼란시키는 것(白徵·隱結化 등의 요인) 등에 주목하고 있었다.

먼저 전품에 대한 것을 살펴본다. 전품은 특정 필지의 長廣尺數와 연결되어 결부를 산출하는 데 필수적인 수치이기 때문에 사실상 結負算定의 관건이었다. 김이재는 田品不公의 문제가 부세불균의 근본 원인이 된다는 점을 주목하고 量案 상의 田品을 재조정하려고 하였다. 그런데 田品을 재조정하는 것은 실제 양전을 수행할 때 가장 어려운 부분이었다. 김이재는 양전사목에서 수령에게 전품 승강의 권한을 일임하고 다만 궁방전 역토 관둔전 등을 아울러 陞降하지 못하게 하였다. 이는 관청 수입, 왕실 수입의 안정성을 고려한 것이었다. 조정에서 田品을 公正하게 바꾸려고 할 때 향촌사회 유력자의 토지가 주대상이었을 것으로 보이지만 당대의 농촌현실에서 실행 가능한 것이었는지에 대해서는 부정적으로 평가하지 않을 수 없다.

1720년 숙종말년의 庚子量田을 시행할 때에도 田品을 가능한 한 변경하지 않는 것으로 양전관련 규정이 귀결되었다. 이는 양전실행의 주체들이 당시까지 농민들과 전주들이 확보하고 있던 加耕田을 양전으로 통해 양안에 등재하는 것을 최우선으로 고려하였기 때문이었다. 양전을 실시하면서 전품에 대한 것은 전주와 농민들에게 양보하면서

---

32 『純祖實錄』 卷23, 純祖 20年 3月 27日 癸未 (48-160): "慶尙監司金履載 以量田事目 啓."

나타난 규정이었다.[33] 전품이 결부수로 이어지면서 결국 田稅의 공정한 수취에 관건이 되는 것이었다. 따라서 김이재의 양전사목에서 이에 대해 특별한 관심을 기울이고 있는 점은 특정 필지의 결부수를 현실과 일치시켜서 이를 통해 전세의 공정한 부과를 도모한 것이었다고 생각된다.

다음으로 김이재는 隱漏結의 문제에 주목하였다. 그는 賦稅不均, 白徵, 국고 수입 감축의 주된 원인이 은루결이라고 파악하였다. 양전사목에서는 은루결 방지를 위해 철저한 量田 실시를 강조하였다. 先試하는 과정에서 量田을 철저하게 하는 방식을 찾아냈는데, 개인별로 時起田畓을 신고받아 군 전체의 實起實摠을 작성하는 방법이었다. 즉 實起成冊을 작성하여 양전의 기초장부를 작성하고 이후 量田 과정에서 거짓이 발각되면 국법으로 처벌하는 것을 강조하였다. 은루결이 군현 수령이나 서리들의 손아귀에 놓여 있는 부분뿐만 아니라 전주들에 의해서도 자행되고 있다고 파악하는 것이었다. 이를 위해 특히 田主의 實名을 양안의 主名 기재란에 기재해야 한다는 규정을 양전사목에 수록하였다. 그런데 이러한 은루결 방지대책에 대해서 기존의 기득권을 유지하려는 향촌유력층은 隱漏한 結負가 발각되어 처벌받는 것에 대비하여 佃夫(田主)를 奴名으로 기록하는 방식으로 대응하기도 하였다.

이상에서 살핀 바와 같이 김이재는 영남지역에서 先量과정에서는 읍 전체의 陳起成冊만을 작성하고 本量田에서 필지의 결부를 다시 측량하려고 계획하고 있었다. 그리고 양전사목을 작성하면서 稅政을 불균하게 하는 요인을 제거함으로써 均賦를 실현하려고 하였다. 또한

---

33 庚子量田에 관련된 부분은 다음 논저를 참고. 이세영 외, 『조선후기 경자양전 연구』(도서출판 혜안, 2008).

土豪 富民들이 그동안 부당하게 누린 세정 운영상의 비리를 척결함으로써 거기에서 얻어지는 이익이 국가와 농민층에게 돌아가게 하려는 것이었다.

그런데 1820년 양전은 준비를 진행하는 과정에서 중단되고 말았다.[34] 당시 표면적으로 볼 때 饑民 문제와 財源 부족 문제가 제기되면서 양전이 중지되었지만, 실제 양전을 둘러싼 사회적 갈등, 경제적 이해관계의 대립이 작용하였을 것으로 보인다.[35] 그렇지만 순조 대에 이르러 앞선 영조, 정조 대에도 시행할 엄두를 내지 못하던 전국적인 量田을 구상하고 시행하려 한 점을 커다란 의의가 있다고 할 수 있다. 특히 경상감사 金履載가 田品의 공정한 等第와 隱漏結의 색출에 중점을 둔 것은 당시 통용되던 量案의 문제, 田政의 문제를 잘 헤아린 것이었다고 평가할 수 있다.

2. 國王 주도의 勸農策과 監農

조선후기 국왕이 주도한 권농책 가운데 18세기 초반 무렵에 정례화하여 이후 계속 계승된 것이 바로 매년 정월 초, 즉 歲首에 勸農敎 또는 勸農綸音을 반포하는 것이었다. 권농교(윤음)에는 국왕이 주의 깊게 제기하는 권농, 또는 농정의 강조점이 담겨 있었다.[36] 대개 지난

---

34 전라 감사 李書九의 건의를 받아 廟堂에서 양전 중단을 요청하였다. 『純祖實錄』 卷23, 純祖 20年 8月 2日 乙酉 (48-164): "乙酉全羅監司李書九上疏論量田事曰; (……) 必欲待三五年之間 勸農力稽 使田功完擧而後經界乃可論也 (……) 廟堂啓言 道臣所論 躬莅其地 目見其勢 故其言如此 此非以量田爲不可行也 必欲待歲事之連登 田功之克擧 始可議於定界也 請本道量田一款 依所請許令姑徐 從之."

35 김용섭은 量田 시행을 반대하고, 양전을 시행하더라도 공정하게 量案이 작성되는 것을 두려워하고 막으려는 세력으로 豪右, 富戶, 强戶 등을 제시하고 있다(김용섭, 『增補版韓國近代農業史研究』上(일조각, 1984), 323면].

해의 농사현황을 회고하면서, 올해 수령에게 권농을 실행할 때 유의
해야 할 부분을 제시하는 내용이었다. 조선후기 특히 18세기에서 19
세기 중후반에 이르기까지 국왕의 권농책 가운데 일관되게 실행에 옮
겨진 것이 바로 국왕 勸農教, 勸農綸音의 반포였다.

정조를 뒤이어 왕위에 오른 순조는 즉위 당시 나이가 11세에 불과
하였지만, 재위하는 동안 국왕의 권농행사로 자리 잡은 권농윤음의
반포를 빠뜨리지 않았다. 순조는 즉위하고 맞이한 첫 번째 歲首부터
권농윤음을 반포하였다.[37] 左承旨 申獻朝가 製進한[38] 것인데, 순조의
권농윤음은 앞서 정조 대에 강조하였던 것을 계승하고 있었다. 정조
가 매번 綸音을 내렸던 것을 본받아 농업을 장려하고, 또한 수령이
맡은 책무를 다할 것을 당부하는 내용이었다.

1801년 이후 순조는 매년 정월에 권농윤음을 반포하였는데 그 가운
데 1804년 정월에 반포한 권농윤음을 보면 분량 자체는 아주 짤막하
지만, 長吏들이 民時를 빼앗지 않고 백성들이 깊이 갈고 김매기를 잘
해야 한다는 것을 당부하는 내용으로 농사의 요체를 제대로 집어내고
있었다.[39] 순조 대에 매년 정월에 내린 권농윤음은 대개 신하들이 製
進한 것이다. 그런데 순조는 御製 권농교를 자주 내렸던 정조를 본받

---

36 18세기 후반 정조의 農政策에 대해서는 다음 논문 참고. 염정섭, 「18세기 후반
正祖代 農政策의 전개」, 『韓國文化』 32(서울대학교 한국문화연구소, 2003), 217~250면.

37 『備邊司謄錄』 純祖 1年 辛酉正月初四日: "矧惟我先大王 每當三元之日 特降十行
之綸 董飭我臣工 軫恤我黎庶 (……) 蓋聞國以民爲本 民以食爲天 如欲保民而裕國 莫先
於稼穡之知務矣 (……) 咨爾方伯居留之臣 州府郡縣之長 須體敷心之諭."

38 『日省錄』 純祖 1年 1月 2日: "下勸農綸音于八道四都 ; 教曰 春者 一歲之首也 王政
於是乎始 而民事有不可緩矣 (……) 左承旨 申獻朝製進."

39 『純祖實錄』 卷6, 純祖 4年 1月 1日 辛卯 (47-473): "辛卯朔 頒勸農綸音 教曰 國以
民爲本 民以農爲本 農之本在勤 未聞不致人力而能致豐年也 省耕補不足 不奪民時 長吏
之勤也 俶載南畝 深耕易耨 民之勤也 人力之勤如此 然後惟天降康 貽我穰穰 咨爾方伯居
留守土之臣 欽哉各盡乃心 食哉惟時事 下諭于八道四都."

아 직접 권농윤음을 親製하기도 하였다.

순조가 1806년 정월에 勸農敎를 내리자 政院에서 "지금 내린 傳敎의 내용을 신들이 조금도 더할 만한 것이 없으니 이대로 下諭할 것"[40]이라고 보고하였다. 이에 따라 순조가 내린 전교가 그대로 권농윤음으로 八道四都에 반포되었다. 한편 1831년 1월에 반포한 권농윤음의 경우 순조가 직접 지은 것이었음에도 불구하고 承宣이 製進한 것으로 잘못 처리되었다. 그리하여 잘못을 저지른 승지를 처벌해야 한다는 주장이 제기되기도 하였다.[41]

국왕의 권농윤음 반포는 순조 대 이후 헌종, 철종, 고종 대까지 거의 매해 歲首마다 반복적으로 거행되었다. 『고종실록』에서 권농윤음이 마지막으로 내려진 것은 1894년의 일이었다.[42] 헌종과 철종도 해마다 勸農敎를 내리는 것을 계속 수행하고 있었다.

순조는 권농교를 내리는 이외에 관리들과 접견하는 자리에서도 農本을 강조하는 勸農을 수행하였다. 經筵과 召對에서도 관리들과 問答을 나눌 때 권농을 강조하였다. 즉위한 지 얼마 지나지 않은 1807년 순조는 『國朝寶鑑』을 講讀하는 자리에서 農本을 강조하였다. 순조는 先王들이 務本에 힘써 勤儉하도록 이끄는 데 진력할 것을 지적하면서 지금 末流의 폐단을 사그러뜨려야 한다고 강조하였다.[43] 이 자리에서

---

40 『純祖實錄』 卷8, 純祖 6年 1月 1日 己酉 (47-520): "下勸農綸音于八道四都 (……) 喉院以此意 撰出下諭于八道道臣四都留守 政院啓言 今下傳敎 臣等無容贊一辭 請以此 傳敎 下諭 允之."

41 『純祖實錄』 卷32, 純祖 31年 1月 4日 戊午 (48-366): "戊午 副修撰金徹根疏略曰 親撰勸農綸音之以承宣製進誤頒者 已是無前之事 及夫釐正也 只以製進字抹去 則親撰固 自在也 而乃以親撰以下四字書出 由前而有錯誤之失 由後而有彌縫之罪 請在院諸承旨 並施譴削之典 優批從之."

42 『高宗實錄』 卷31, 高宗 31年 1月 1日 己卯 (2-476): "下勸農綸音于八道五都."; 『日省錄』 高宗 31年 1月 1日 己卯: "下綸音于八道五都."

43 『純祖實錄』 권10, 純祖 7年 2月 22日 甲午 〈47-574〉; 召對 講國朝寶鑑 上曰 聖祖

순조는 務本하고 勤儉하는 방법을 결국 위에서 먼저 모범으로 民人에게 보여야 한다고 강조하였다. 이를 君子의 德은 바람이고 小人의 德은 풀이어서 바람이 불면 이에 따라 풀이 눕는 것과 같은 것이라고 정리하였다.

순조는 때때로 勸農敎에 특별한 강조점을 두어 극력으로 勸農에 나설 것을 監司와 守令에게 지시하였다. 1811년 1월 순조는 감사와 수령이 제대로 진력을 다해 백성들이 農務에 힘쓰도록 이끌지 않는다면 엄히 처벌할 것임을 피력하였다.[44] 또한 순조는 近年에 犯官, 好訟이 비일비재한 상황이라고 전제하면서 이러한 상황을 타파할 수 있는 방법을 農務와 禮義로 제시하기도 하였다. 어리석은 백성들에게 禮義를 가르치면 犯官, 好訟 등이 사라질 것이고, 農務에 힘써서 食衣를 飽暖하게 해주면 나라가 평안할 것이라는 논리에서 나온 것이었다.[45]

또한 순조는 권농과 더불어 酒禁, 牛禁에 대해서도 관심을 기울이고 있었다. 1832년에 내린 순조의 酒禁, 牛禁 下敎를 보면 이 두 가지 일이 모두 農政과 깊이 관련된 것이기 때문에 各道와 四都에서 힘을

有 勸之務本 而趨末者衆 導之勤儉 而奢靡不息之敎 顧今末流之弊 必當比此時爲甚 而論語曰 君子之德風 小人之德草 草尙之風必偃 古語曰 宮中好高髻 四方高一尺 宮中好廣袖 四方全匹帛 蓋上有好者 下必有甚焉 惟在導率之如何耳 何以則使民務本而勤儉耶.

44 『純祖實錄』 권14, 純祖 11年 1月 8日 戊午 (47-673) ; 戊午飭農政 敎曰 歲律已改 靑陽載屆 民事不可緩也 各道監司 申飭守宰 使民極力新春農務之資 務得不怠不惰 而凡百守令 如有不遵令甲 恣於怠忽者 監司摘發論勘 馳聞朝廷 予當斷不容貸 嚴加警罰.

45 『純祖實錄』 권14, 純祖 11年 3月 16日 甲子 (47-677) ; 敎曰 農者 天下之大本也 民無衣食 其何以生 然耕之家一而食之家十 種之家一而衣之家十 無食無衣 少老者亦無以依賴 是故聖帝明王之所常憧憧 而民之由此而生者 豈不信哉 孟子曰 民之有道也 飽食煖衣 逸居而無敎 則近於禽獸 事親敬長 禮之大也 睦隣親友 禮之中也 服事勞力 禮之末也 知斯三義 國寧民安 苟究其由 實是食衣之裕 而亦不可以專飽專煖 而忽於三義者明矣 自從近年 民之有忽於三義 像牌犯官 斷鄉好訟之亂 比比有之 言念及此 實極寒心 矯滌掃革之道 尤在農務之惓惓勉勵 而禮義之所以大布於衆民之至愚至蠢者 正當今日之急務也 咨 爾諸道方伯留臣 體此意 亟思惕念奉行之意事 喉院下諭于八道四都.

기울어 嚴禁해야 할 것이라고 강조하였다.[46]

이상에서 살펴본 바와 같이 순조는 매년 권농윤음을 반포하면서 지방 수령에게 농사의 중요성을 강조하고 농사 권장, 농업 장려의 의지를 북돋았다. 국왕이 실행에 옮긴 권농책을 살펴볼 때 순조 대의 경우 정조 대의 그것을 형식적인 측면에서 그대로 계승되고 있었다고 할 것이다.

19세기 순조 대 이후의 監農은 의례적인 것으로 수행되고 있었다. 각지의 수령들은 農形 狀啓, 우택 狀啓를 작성하여 올리는 책무를 수행하고 있었다. 순조 대 監農의 실행과 관련해서 1827년 4월 당시 순조를 대신하여 王世子로서 聽政하던 孝明世子가 내린 下令이 주목된다. 효명세자는 春耕에 도와주는 것이 王政이 먼저 해야 할 일이라는 점을 강조하고, 貧民들이 農糧이 떨어져 耕作에 나서지 못하는 것을 안타깝게 여기고 있었다.

효명세자는 도신과 수령에게 "식량이 곤란하여 농사를 짓지 못하는 경우 양식을 더해주어 勸農하고, 게을러 농사짓지 않는 경우 살펴 신칙하여 농사를 짓게 하여 농사일에 失時하지 않게 할 것"[47]을 지시하였다. 이와 더불어 신속하게 農形과 雨澤 형편을 보고하게 하였다. 이

---

46 『純祖實錄』 권32, 純祖 32年 12月 1日 癸卯 (48-388) ; 癸卯朔 教曰 前後申飭何如 而近聞酒禁 漸至懈弛云 此專由於法司堂上玩愒所致 爲法堂者 苟能體朝家憂民之至意 則豈至於此乎 諸法堂 爲先從重推考 令廟堂 連加嚴飭 因此思之 牛禁一事 最關於嗣歲農政之大者 常年雖或臨時藏牌 此卽樂歲豊豫之政 決非歉年所可擬議之事 廟堂先期知委於各道四都 倍前嚴禁 而刑漢兩司 亦爲預先團束 申明曉諭於都城內外 俾無犯科抵罪之地 而左右捕將 亦爲一體知悉.

47 『純祖實錄』 권29, 純祖 27年 4月 3日 戊申 (48-283) ; 令曰 日昨之雨 可謂及時甘霈 注秧無愆期 兩麥又當茁茂 言念民事 極爲喜幸 而蔀屋貧氓 當此窮春 農糧想已乏絶 耕作必無其望 念之及此 寢食靡安 惟我八道道臣四都留守 以至列邑守宰 各盡對揚之意 必有接濟之策 而春耕助給 王政所先 道守臣則關問列邑 邑宰則躬自省審 艱食廢農者 添糧而勸農 懶惰不耕者 察飭而歸農 使之民皆在野 農不失時 然後民生可無餒餓 穡事可期有秋 以此下令 自廟堂 卽速知委於八道及四都 雨澤與農形 幷使陸續馳達.

미 농사철에 들어선 시점에서 耕種의 신속한 거행을 강조하는 것이었다. 이와 같이 監農의 실행이 일상적으로 이루어지고 있었다.

監農의 사례를 19세기 초반 徐有榘가 수원유수로 지낼 때 작성한 『華營日錄』에 보이는 기록에서 찾아볼 수 있다.[48] 서유구가 남긴 『화영일록』의 작성시기는 1836년 1월 1일에서 1837년 12월 12일까지 약 2년 정도이다. 서유구는 수원유수로 재직하면서 勸農과 監農 등을 충실하게 수행하였다. 서유구는 벼, 보리, 콩, 팥 등 주요작물의 재배단계, 성장상태 등을 파악하여 중앙에 보고하였다. 農形을 파악하고 농형장계를 올린 것이었다. 대개의 경우 各面과 判官의 보고를 정리하는 것이었지만, 경우에 따라서는 직접 자신이 견문한 바를 바탕으로 보충하기도 하였다.

서유구가 올린 농형보고의 경우 작물별로 일정한 생육단계마다 특정한 용어를 사용하여 보고하였다. 예를 들어 올벼의 경우 付種(종자 파종함) → 立苗(발아함) → 向靑(줄기 성장) → 初除草(첫 번째 제초) → 再除草 → 三除草 → 胚胎 → 發穗(이삭이 팸) → 向黃(이삭이 누렇게 익음) → 刈取(벼 수확) 등의 순서로 보고가 이루어졌다. 부종, 즉 직파가 아닌 이앙을 하는 경우에는 각 성장단계에 대한 표현이 조금 달라졌다. 또한 밭작물의 경우에도 재배방식에 따라 농형보고의 표현법에 차이가 있었다.

서유구는 작물의 성장상태를 보고하는 것과 더불어 雨澤, 즉 강우량에 대한 보고도 충실하게 수행하였다. 우택의 상황을 비가 내리기 시작한 시간과 마친 시간, 그리고 강우량의 정도 등으로 보고하였다. 강우량의 실제 크기는 測雨器를 이용한 水深의 尺寸으로 표현하였지

---

48 徐有榘, 『華營日錄』(이우성 편, 『栖碧外史海外蒐佚本』 23, 아세아문화사, 1987). 이하 『화영일록』에서 인용한 부분은 이 책에 의거하였다.

만, 湢塵(티끌 적실 정도), 鋤(호미날 깊이), 犁(쟁기날 깊이) 등으로 표현
하기도 하였다.

한편 서유구는 농형보고와 우택보고를 올린 것과 더불어 勸農을 구
체적으로 실행에 옮기기 위한 방법으로 수시로 各面에 권농을 당부하
는 내용의 公文書인 甘結이나 傳令과 같은 지시문을 내려보냈다. 그
리하여 洞里, 즉 마을에서 서로서로 도와주어 농사일을 수행하고, 내
버려지는 토지들이 없게 할 것을 당부하였다. 서유구는 또한 牛禁, 즉
소의 도살을 금지하는 것에도 깊이 관심을 기울였다. 그리하여 위의
권농전령을 보내면서 동시에 「牛酒松三禁傳令」을 같이 내려보냈다.
소를 도살하는 것, 술을 만들어먹는 것, 소나무를 함부로 베어내는 것
등 세 가지 금지하는 것을 모두 마음을 다하여 지키라는 요청이었다.

서유구는 농사장려를 위해 제방을 관리하는 것을 독려하였다. 수원
에는 정조의 관심 속에 萬石渠(현재 만석공원), 祝萬堤(농촌진흥청 내,
일명 西湖) 등의 제언이 축조되었다.[49] 그리고 華城 城役과 더불어 성
내를 남북으로 가로지르는 開川이 조성되었다. 따라서 수원 관내의
제언과 개천을 수시로 점검하고 준설하는 과업을 수원유수가 담당하
지 않을 수 없었다. 서유구는 때때로 수리시설의 보수, 정비작업을 지
시하였다.

이상 서유구의 『화영일록』을 통해 살펴본 수원부의 사례에서 알 수
있는 바와 같이 지방관들은 담당 지역의 농형을 파악하고 우택을 조
사하여 이를 조정에 보고하였다. 감사의 보고를 바탕으로 조정에서는
各道의 農形을 구체적으로 파악하였다. 수원유수 서유구는 곡물의 播

---

49 華城을 축조하면서 만석거 등 수리시설을 축조한 사정과 그에 대한 역사적 의의
는 다음 논저를 참고할 수 있다. 유봉학, 『꿈의 문화유산 : 화성』(신구문화사, 2000) ;
염정섭, 「正祖 後半 水利施設의 築造와 屯田經營 - 華城城役을 중심으로」, 『韓國學報』
82집(一志社, 1996).

種 與否부터 경작 상황에 이르기까지 세심한 農形 보고를 올리고 있었다. 또한 降雨量을 측정하여 정밀한 雨澤의 상황을 보고하였다. 이를 바탕으로 조정에서는 수원부의 1년 농사 형편을 파악하고 풍흉을 대비할 수 있었다.

3. 農政策 수행과 암행어사의 활용

순조가 즉위한 이후 시작되었던 정순왕후의 수렴청정이 4년여 만에 끝나고 1804년부터 순조(당시 15세)의 친정이 시작되었다. 순조는 친정에 나선 지 4년여가 지난 19세 되던 1808년 이후부터 國政을 주도하기 위한 노력을 보다 확연하게 기울이기 시작하였다. 親政에 나선 순조는 國政의 실제를 파악하고 변통책을 마련하여 실시하기 위해 분투하였다.[50]

순조의 國政 장악 노력은 農政策 시행의 측면에서도 이루어졌다. 순조가 주도한 농정책 가운데 특기할 만한 것이 1809년 3월에 내린 권농윤음의 내용과 이 시기를 전후한 조정의 움직임이다. 1809년 순조는 이례적으로 3월에 윤음을 내렸는데, 이는 수령들에게 백성들의 困苦와 지역의 艱難을 파악하게 하고 그 보고를 받으려는 것이었다. 1809년 3월 전국의 守令, 監司, 留守들에게 民弊의 내용과 바로잡아 해결할 수 있는 방안을 보고하라는 綸音을[51] 내렸다.

---

50 오수창, 「제2장 정국의 추이」, 『조선정치사 상 1800~1863』, 한국역사연구회 19세기정치사연구반(청년사, 1990), 80~85면.

51 『日省錄』純祖 9年(1809) 3月 2日 壬戌 ; 下綸音于八道四都俾各條陳民弊 (……) 玆爾京畿公忠咸鏡平安黃海全羅江原慶尙道臣 及夫四都留守三百六十有二州之守令 以民生之困苦 閭里之艱難 備陳其由 亦具救濟之道 上以道臣 道臣收聚遍看 拔其尤最善者 區別論理以聞 至於四都留守 親加裁定以聞 使小民之苦樂 無一遺於予之親覽焉.

순조는 綸音에서 "民은 王者의 天이고, 食은 民의 天이며, 國에 民이 없으면 國이 國이 될 수 없고, 人에 食이 없으면 人이 人이 될 수 없다"고 설명하면서 守令 등에게 民弊를 조목으로 진술하고 救濟하는 방도로 보고하라고 요구하였다.[52] 綸音 반포를 통해 순조가 의도한 것은 農本에 어그러지는 民弊의 실상을 파악하려는 것이었다. 그리고 민폐의 실상을 더욱 구체적으로 찾아내기 위해 수령에 대한 윤음 반포에 앞서서 암행어사도 각 도에 파견하였다.

순조가 수령에 綸音을 내려 民弊를 보고하게 한 것은 정조 대 후반인 1798년에 정조가 侍從 출신 수령에게 民隱을 조사하여 보고하게 하였던 전례를 따른 것이었다. 정조는 1798년(정조 22) 7월 23일의 次對에서 三南의 守令으로 하여금 民隱(백성들이 겪고 있는 폐단)에 관련되는 모든 사실을 낱낱이 보고하도록 하는 綸音을 내렸다.[53] 충청, 전라, 경상 등 삼남지방의 各邑 수령 중 侍從을 지낸 文班守令들에게 각기 자신이 다스리는 읍은 물론, 인근의 蔭官이나 武官 출신의 수령이 다스리는 고을의 제반 民隱을 함께 조사하여 이듬해 봄까지 상소문을 통해 보고하게 하였다.[54]

순조는 정조가 실행했던 전례를 영조의 치적과 더불어 윤음에서 지적하고 있었다. 순조는 영조가 재위한 50여 년 동안 愛民에서 나오지

---

52 『日省錄』純祖 9年(1809) 3月 2日 壬戌 ; 下綸音于八道四都俾各條陳民弊 ; 民也者 王者之天也 食也者 民之天也 國無民 國不爲國 人無食 人不爲人.

53 『承政院日記』 95冊 164면, 正祖 22년 7월 23일 ; 則予之誠意 使方伯守宰 縱未能 觀感 而彼日對民疏 日聞民隱者 自然有惻隱之本心 欲掩不得處 苟欲肥己剝民 寧不有愧 於屋漏乎 先自道伯 隨處節損 爲列邑標率 道內侍從文守令 各具該邑及蔭武諸邑民隱之 入聞者 許令後先疏陳 限以冬春 無敢一人不言 若欲再疏者 待春後更陳 終若含默 此等當 施以違令之罪 兩湖一體分付可也.

54 안병욱, 「19세기 鄕會와 民亂」, 서울대학교 대학원 국사학과 박사학위논문(2000), 11면.

않은 仁政이 없고, 德化에 힘써 八方에 두루 미치게 하였다는 점과 정조가 백성들의 괴로움을 즉시 해결해주고 수령에게 農務에 관련된 대책을 만들어 올리게 하였다는 점을 강조하였다. 순조는 이러한 선대의 행적을 본받아 京畿, 公忠, 咸鏡, 平安, 黃海, 全羅, 江原, 慶尙의 道臣과 四都의 留守에게 명을 내리고 있었다.

우선 362개 군현의 수령에게 명령을 내려 民의 困苦와 해당 지역의 艱難을 자세히 진술하고 또한 그 구제방안도 마련해서 도신에게 올리면 도신이 가장 우수한 것을 뽑아서 보고하도록 지시하였다. 그리고 四都 유수는 직접 보고서를 만들어 올릴 것을 지시하였다. 수령의 보고서를 통해 순조 자신이 직접 백성들의 苦樂을 살피려는 것이었다.[55] 이와 같이 순조가 조선 팔도의 각 지역마다 직면해 있는 실정을 파악하고 그에 대한 해결책을 모색하는 데 수령을 동원하는 것은 앞서 정조가 시도한 바 있는 방책이었다. 순조는 자신이 친정하는 시기에 이르러 보다 본격적으로 농정책의 측면에서 정조의 그것을 계승하는 데 힘써 나가고 있었다.

1809년에 내려진 綸音에 호응한 수령 등의 보고가 1809년 여름부터 이어졌다. 순조는 1809년 12월 25일에 各道에서 올린 弊瘼에 대한 보고를 크게 軍田糴, 즉 軍政, 田政, 糶糴(還穀)이라는 세 측면에서의 폐단이라고 정리하고 있었다. 그리고 묘당에서 강구하여 시행할 만한 것을 보고하고 긴요하지 않은 것은 그대로 두라는 왕명을 내렸다.[56]

---

55 『純祖實錄』卷12, 純祖 9年 3月 2日 壬戌 (47-624): "壬戌 下綸音于八道四都 (……) 玆爾京畿公忠咸鏡平安黃海全羅江原慶尙道臣 及夫四都留守三百六十有二州之 守令 以民生之困苦 閭里之艱難 備陳其由 亦具救濟之道 以上道臣 道臣收聚遍看 拔其 尤最善者 區別論理以聞 至於四都留守 親加裁定以聞 使小民之苦樂 無一遺於予之親覽 焉 嗚呼 今之此擧 非爲觀瞻 亦非一時文具之擧也 咨爾八道道伯 另加申飭 毋或近於塞 責 毋或近於例科 必使誠心對揚 盡意備陳 自此予亦可見守令之治 與不治誠與不藏 而 誠否黜陟 由是可明 言雖不中 亦無所失 若不盡誠 實爲辜負 並此知悉."

또한 廟堂에서 보고 내용을 토대로 實效를 거두게 하라고 명령하였다. 하지만 제대로 폐단이 고쳐져 백성들이 되살아나는 결과를 얻지 못하고 있었다.[57]

1811년 3월에 이르러서야 비변사는 諸道와 各都에서 올린 陳弊冊子를 검토하여 내린 判付에 대해서 回啓를 올리고 있었다.[58] 당시 경상도를 비롯하여 경기, 강화부, 공충도, 평안도, 황해도, 전라도, 제주, 함경도, 강원도 등에서 올린 陳弊冊子가 검토되고 있었다. 경상도에서 올린 陳弊冊子 등에서 각 지역의 주요한 폐단과 그에 대한 개선방안을 제시하였고, 이에 대해 비변사에서 시행 여부에 대한 판단을 내리고 있었다.

순조 대 이후 국왕이 추진한 농정책의 일환으로 주목할 수 있는 것이 暗行御史의 파견이다. 순조 대에 농정책과 암행어사 파견이 보다 본격적으로 연결되는 사례를 1808년에 찾아볼 수 있다. 순조는 1808년 전국에 암행어사를 파견하여 民弊를 보고하게 하였다.[59] 1808년 암행어사 파견에 뒤이어 앞서 살핀 바와 같이 1809년 3월 민폐를 파악하기 위한 권농윤음이 내려졌다. 이러한 점에서도 암행어사가 주로 민폐, 농정에 대한 점에 주안점을 두어 감찰하였을 것으로 볼 수 있다.

1808년에서 1811년에 이르는 시기의 조선 팔도 각 지역의 민폐를

---

56 『備邊司謄錄』純祖 9년 1809년 12월 25일 ; 己巳十二月二十五日 ; 備忘記 各道弊瘼條陳冊子取覽後 各有判下者 而大體不出於軍田糴三件之弊 其中亦或有細瑣不足煩聞者 令廟堂從容講究 可以採施者 或草記或登筵稟處 不緊者置之 而期有實效事分付.

57 『純祖實錄』권14, 純祖 11年 3月 1日 己酉 (47-676) ; 教曰 再昨年有各道擧民隱錄啓之命 而夏間次第登聞 下廟堂 使有實效 今已過歲 尚無一弊一瘼之稟處矯蘇 烏有當初本意乎 自上旣已提挈綱領 其小小微細者 廟堂自當從而草記變通 以此知悉.

58 『純祖實錄』권14, 純祖 11年 3月 30日 戊寅 (47-678) ; 備局 以前後諸道各都陳弊冊子.

59 1808년에 전국에 파견된 암행어사의 書啓, 別單과 이에 대한 비변사 등의 覆啓를 『純祖實錄』, 『承政院日記』, 『日省錄』 등에서 찾아볼 수 있다.

파악하고 그에 대한 변통책을 검토하는 과정에서 순조 대 이후 국왕 주도의 농정책 시행에 암행어사의 파견이 크게 활용되고 있었음을 알 수 있다. 암행어사는 국왕의 명령서인 封書에 담긴 임무를 수행하고, 보고서로 書啓와 別單을 작성하여 제출하였다. 암행어사는 官吏의 得 失과 生民의 疾苦를 살필 목적으로 왕이 직접 파견하였다.[60] 암행어사 의 파견 목적과 암행어사의 보고 내용 속에서 농정, 권농과 관련된 부분을 살필 수 있다. 이러한 점에서 국왕주도의 권농책의 일단에 포 함시킬 수 있다고 생각된다.

19세기 순조 대 이후에 암행어사의 보고서인 書啓와 別單이 당시에 편찬된『日省錄』에 수록되어 있다.[61] 암행어사의 보고서인 書啓와 別 單을 조사한 보고에 의거하여 순조 대, 헌종 대, 철종 대 암행어사 파 견 내역을 비교할 수 있는데, 순조 대에는 재위 34년여 동안 54회, 헌종 대에는 15년 동안 25회, 철종 대에는 14년 동안 41회 등으로 나 타난다고 한다. 한편 정조 대에는 24년 동안 40회의 암행어사가 파견 되었다. 정조 대와 순조 대가 비슷한 파견횟수를 보이는 것으로 볼 수 있는데 반해, 헌종 대에서 철종 대로 갈수록 암행어사 파견이 빈번 해지는 것으로 볼 수 있을 것이다. 후대로 갈수록 암행어사 파견이 빈번해지는 이유는 수령에 대한 감찰의 필요성이 증대하였기 때문이 라고 보인다.

암행어사 파견이 농정책의 일환이고, 농정책을 수행하는 데 암행어

---

60 고석규,『19세기 조선의 향촌사회연구 - 지배와 저항의 구조』(서울대학교 출판부, 1998), 15면.

61 한상권,「역사연구의 심화와 사료이용의 확대 - 암행어사 관련자료의 종류와 사 료적 가치」,『역사와 현실』6(한국역사연구회, 1991), 390~397면. 정조 대에 파견된 御史 중에는 民擾 발생지역에 보내는 按覈使 또는 宣撫使, 지혜를 당한 지역에 보내는 慰撫 使, 慰諭使, 監賑御史 등이 많은 비중을 차지하고 있다.

사를 활용하였음을 가장 충실하게 뒷받침해주는 자료가 암행어사들에게 내린 賚去事目이다. 賚去事目은 암행어사에게 내린 실무지침서, 과업지도서에 해당되는 것이었다. 파견지역에서 특히 유의해야 할 임무를 조목별로 정리한 것이 바로 賚去事目이었다.

따라서 각 지역에 파견되는 암행어사는 지역의 특색에 맞게 마련된 賚去事目을 받게 마련이었다. 암행어사는 賚去事目에 규정된 임무를 수행하기 위해 지역 실정, 수령의 치적 여부 등을 감찰하였다. 따라서 賚去事目의 규정이 어떻게 구성되었는지 살펴보면 농정책 수행에 암행어사를 활용하였다는 점을 확인할 수 있을 것이다.

여기에서 살필 암행어사 '賚去事目'은 한국학중앙연구원에 소장되어 있는 『八道御史賚去事目京畿』라는 자료이다.[62] 이 자료는 편자와 연대가 미상인데, 내용 중에 "欽恤典則을 지켜서 形具를 외람되게 하지 말아야 한다"는 규정이 있는 것을 단서로 대략 연대를 추정할 수 있다. 『欽恤典則』은 1778년(정조 2)에 刑具의 규격 등을 규정하여 濫刑을 막으려는 의미를 갖고 있는 책이다. 『八道御史賚去事目京畿』에 『欽恤典則』이 언급되어 있다는 점에서 정조 대 후반 이후의 자료일 것이다.

『八道御史賚去事目京畿』에서 농정책에 관련된 부분을 찾아볼 수 있다. 먼저 田政이 나라의 중요한 바이니 災實을 잘 헤아려야 하고, 隱漏結이나 虛卜 등이 나타나지 않게 해야 하는데 이를 守令이 잘 지키고 있는지 확인하라는 조목이 들어 있다.[63] 다음으로 養戶, 防結뿐만 아니라 堤堰 冒耕을 엄히 금지해야 하는데 守令이 이를 잘 살피지

---

62 『八道御史賚去事目京畿』(한국학중앙연구원 장서각 소장 청구기호 K2-3673).

63 『八道御史賚去事目京畿』;一 田政有國所重是白去乙 妄冒災實 而隱漏結卜 假作虛卜 而分送民結 雖在常年尙多此弊 至於荒歲俵灾 尤難如數及民 而正供有虛失之歎 小民多白徵之獘 守令之私用書員之儼竊 另加探察 準法論罪爲白齊.

못하고 있는지 여부를 확실하게 조사하라는 규정이 있다.[64]

또한 山火田에서 외람되게 많은 세금을 걷지 않아야 하는데 이를 어기는 수령이 있는지 각별히 살필 것을 규정하면서, 이와 더불어 좁은 땅을 갈아먹는 잔약한 백성들에게 무거운 세금을 매기는 수령이 있는지 같이 살필 것을 규정하였다.[65] 마지막 규정에서 특히 주목되는 것은 좁디 좁은 田畓을 경작하는 농민의 보호를 수령이 특별히 신경써야 할 임무로 제시하고 있다는 점이다. 당시 소농민의 농업경영에 대해 과도한 부세를 거두지 못하도록 국가적인 차원에서 보호하고 있었다. 계속해서 山火田의 執卜하는 방법을 제시하고 있는데 이는 量田과 관련된 조목이었다.[66] 그리고 陳田을 기경하였을 때 免稅하는 규정 등을 수록하고 있었다.[67]

『八道御史賫去事目京畿』의 내용에서 암행어사의 직무 가운데 상당부분은 각 지역의 農政을 수령이 제대로 수행하고 있었는지 따지는 것이었음을 알 수 있다. 그리고 그것은 구체적인 농업기술이나 농업경영의 차원에서 이루어지는 것은 아니었지만, 수령이 수행하는 賦稅 징수, 量田, 陳田 免稅 등이 정확히 국가의 규정에 맞는지 여부를 따지는 것이었다. 이러한 점에서 암행어사의 파견 자체도 수령이 농정

---

64 『八道御史賫去事目京畿』; 一 養戶防結堤堰冒耕 朝禁至嚴是白去乙 奸細之徒 恣意犯科 而守令矇不察禁 京司徒煩關飭 小者嚴勘懲勵 大者 啓聞論罪爲白齊.

65 『八道御史賫去事目京畿』; 一 山火田濫稅之弊 無處不然 稱以比摠惟意加括民 無以支堪乙仍于 犯科守令 以非理斂民律 施行事 特敎定式敎是如乎 繡行所到處 各別廉探 隨現論啓 至於鋤農挾起 不過溝塍間隙地 起耕者 而亦皆勒稅害及殘氓 此亦一體探察論勘爲白齊.

66 『八道御史賫去事目京畿』; 一 山火田 無論公私屯田 必趂登場後 從實執卜而一遵通編以二十五日 畊作一結情債謬規嚴加禁斷事 特敎定式敎是如乎 繡行所到處面任執卜 隨其情債有無惟意加減 不待黃熟先稅靑苗等弊 各別廉探爲白齊.

67 『八道御史賫去事目京畿』; 一 陳田 新起之三年後始稅 法典所載 而吏胥中間操縱 纔過一年 便卽執稅 今因農書回啓 特命修明舊典添入事目敎是如乎 各別廉探如有犯科隨現嚴勘爲白齊.

책을 적시에 적절하게 수행하도록 추동하는 의미를 갖고 있었다고 할 수 있다.

정조 대에 마련된 암행어사 賚去事目 가운데 서울대학교 규장각한국학연구원에 소장되어 있는 『八道御史賚去事目』[68]의 내용도 『八道御史賚去事目京畿』와 동질적인 것이었다. 정조 대 이후 암행어사가 가져가는 '賚去事目'은 내용상 동질적인 것이었다고 할 수 있을 것이다. 이런 점에서 볼 때 순조 대 암행어사의 주요한 책무의 상당 부분은 권농, 농정과 관련된 것이었다고 볼 수 있다.

한편 재거사목에 담긴 내용을 숙지하고 각 지역을 감찰한 암행어사의 보고 내용에서도 농정책, 권농과 관련된 부분이 많이 담겨져 있었는지 살펴볼 필요가 있다. 실제로 순조 대에 파견된 암행어사의 파견과 이들이 보고한 書啓, 別單의 내용 속에 당대 수행된 農政策과 연결되는 많은 내용을 찾아볼 수 있다.

순조 8년의 경우 거의 조선 팔도 전역으로 암행어사가 파견되었다. 각도에 파견된 암행어사가 올린 서계 별단을 구체적으로 살펴보면 어사 파견이 관리의 잘잘못을 파헤치는 임무 외에 농정과 관련된 임무도 수행하고 있었음을 확인할 수 있다.

1808년에 파견된 암행어사 가운데 金相休는 公忠右道 지역을 담당하여 해당 지역을 살펴보고 보고서를 올렸다.[69] 김상휴가 올린 書啓를

---

68 『八道御史賚去事目』(서울대 규장각한국학연구원 奎1127). 이 책은 各道에 파견된 암행어사가 기간중에 수행해야 할 所任을 규정한 책으로 깊이 살펴 처단하고 보고해야 할 각종 폐단의 실태가 제시되어 있다. 京畿 29조, 湖西34조, 湖南 36조, 嶺南 32조, 海西 41조, 關西 44조, 關東 29조, 北關 37조와 設賑時添入條件 11조로 이루어졌다.

69 『日省錄』純祖 8년 6월 11일, 公忠右道暗行御史 金相休進書啓別單 ; 前判官 尹致民 才華有餘 綜理足稱 苟存心於愛恤 必有濟於民邑 而奈忽內末之戒 罔念損上之義 居官屢年 無一蘇革之事 鎭日經營 都是浚剝之政 姑就其大者言之 則所謂火粟 加徵爲五十九結五負八束 每結三兩 合錢爲一百七十七兩一錢七分 白徵取用 所謂別新還起 加徵爲一百六十五結五十二負四束 每結或八兩五分或七兩二分 合錢爲一千二百四十六兩九錢六分.

보면 각 고을의 수령의 치적을 살피면서 還穀, 軍役 등의 문제점도 지적하고 있었지만, 또한 농지개간과 전답 황폐화 문제(前任判官 尹致民), 斛子 등 도량형 문제와 수세 관련 문제(大興郡守 徐有齡), 섬지역의 산림 보호 문제(海美縣監 韓大洪) 등 農政과 관련된 내용을 담고 있었다. 김상휴는 別單에서 安興 지역의 세금 수송 문제와 관련된 保障地 관리 문제, 안면도 지역의 개간 문제, 전염병 창궐과 농사 지연 문제 등을 거론하였다. 김상휴 자신이 농정을 직접 담당하는 임무를 수행하는 관리는 아니었지만, 암행어사로서 김상휴는 각 고을의 농정과 관련된 부분에도 주목하고 있었던 것이다. 그리하여 별단에서 각 지역의 농정과 관련된 개선방안을 제시하고 있었다.

김상휴와 같은 해에 湖南右道에 파견되었던 暗行御史 徐有望의 書啓와 別單을 살펴본다.[70] 서유망은 寶城에서 邑倉을 뒤집어 보면서 簸揚하였고 그리하여 벼 가운데 새로 받아들여놓은 것(新捧)의 경우는 1석이란 것이 실제로는 겨우 5, 6두일뿐이고, 예전부터 묵혀두었던 것(舊陳)의 경우는 1석이란 것이 실제로는, 3, 4두일뿐이라는 점을 확인하였다. 그리하여 寶城 군수 權師億의 비리를 지목하고 있었다. 그리고 茂長 현감 李允謙은 學士로서 정사를 수행하면서 하는 일마다 정성을 다하여 들판으로 다니면서 백성들에게 농사짓기를 권장하고 있다는 점을 특기하면서 좋은 평가를 내리고 있었다.

위에서 살펴본 바와 같이 순조 8년의 경우 거의 조선 팔도 전역으로 암행어사가 파견되었다. 각도에 파견된 암행어사의 서계 별단을

---

70 『日省錄』純祖 8년 6월 17일, 湖南右道暗行御史 徐有望進書啓別單 ; 寶城郡守 權師億 三載居官 無一善狀 惟事肥己之計 罔念分憂之責 奸鄕猾吏 從中用事 害及生民 不可彈擧 而纔入其境 怨聲載路 還穀之贏劣 尤甚於他邑 (……) 茂長縣監 李允謙 學士爲政 隨處殫竭 屛蓋行野 勸民稼穡 而差欠剛明 吏奸未察 穀多之弊 與高敞無異 而不受債之過濫 尤爲痼弊.

구체적으로 살펴보면 어사 파견이 관리의 잘잘못을 파헤치는 임무 외에 농정과 관련된 임무도 수행하고 있었음을 확인할 수 있다.

계속해서 1808년 이후에도 암행어사 파견과 농정책 시행은 긴밀하게 연결되어 있었다. 1826년에 忠淸右道에 암행어사로 파견된 金正喜가 올린 書啓와 別單을 살펴보면 農政과 연관된 부분을 지적할 수 있다.[71] 書啓에 따르면 大興郡守 洪義翼은 굶주린 백성을 선정하는 抄飢를 엄정하게 수행하였고, 自備穀도 많아서 救恤을 잘 수행하였다. 그리고 林川 前郡守 吳顯相은 賑資를 제대로 관리하고, 災政에서 俵分할 때는 정밀하고 상세하여 頌德碑가 세워진 경우였다. 別單은 첫머리에 田政의 문제 특히 陳田과 起耕田의 파악이 제대로 되지 않아 부세의 균등함이 이루어지지 않고 있는 점을 지적하였다. 또한 田政에서 중요한 俵災 문제를 강조하였다. 이와 같이 김정희는 특히 荒政의 수행과 관련하여 수령의 실적을 평가하는 암행어사 보고서를 올렸다. 抄飢, 自備穀, 俵分 등의 원활한 집행은 농민의 최소한의 재생산을 확보하는 데 중요한 요소였다.

또한 1829년 全羅右道 암행어사로 파견되었다가 書達과 別單을 올린 成守默의 경우[72] 각 지역의 문제점을 지적하는 것에서 한 발 앞으

---

71 『日省錄』純祖 26년 6월 24일, 忠淸右道暗行御史 金正喜進書啓別單 ; 大興郡守 洪義翼 廉謹之治 一心靡懈 抄飢旣精 自備居多 (……) 前郡守 吳顯相 莅任數月 已多成績 賑資之經紀 綽有條理 災政之俵分 咸稱精詳 民切去思 衆口成碑 (……) 別單 一 田政 有國所重 而近年以來 陳起虛冒 實爲民國之孟賊 都作貪猾之囊橐 田制之蕩然 寧欲無言 (……) 所謂雜頉名色 卽元續陳 降續陳 落仍陳 各年流來未蒙頉 還續陳 仍成川 仍浦落 名目多般 欺冒相仍 近自十年 遠至百年一 經減頉之後 更無還起之結 揆諸事理 斷無是處.

72 『純祖實錄』권30, 純祖 29년 11月 30日 庚申(48-337) ; 全羅右道暗行御史成逵默 書啓 論礪山府使安性淵 靈光前郡守徐有素 咸悅前縣監李宅鉉 沃溝前縣監許晟 茂長前 縣監徐有贊 全州判官朴齊顔 長城府使金履禛 靈巖郡守李健緖 珍山郡守朴春壽 海南前 縣監柳幼麟 咸平縣監李光龍等不治之狀 並令從輕重勘處 又陳萬頃縣令金晋淵善治狀 陞敍調用 別單 陳三政釐弊及珍島牧場 羅州統倉 羣山海防籌變通事 令廟堂從長探施.

로 나아가 보다 본격적인 農政策의 대안까지 제시하였다.[73] 당시 왕세자인 孝明世子가 代理聽政하던 시기였다. 성수묵은 田結 파악과 田結에 대한 부세수취를 둘러싸고 발생하는 여러 가지 문제에 대한 근본적인 해결책으로 田畓 改量을 제시하였다. 1819년과 1824년의 흉년을 겪은 뒤에 더욱 田政이 문란하게 되었는데, 그 원인 가운데 가장 중요한 것은 量案에 기재된 각양각색의 雜頉이 虛實이 구분할 수 없는 지경에 빠져 있다는 것이었다. 따라서 이러한 문제의 해결책은 현실의 田畓의 실제 형편을 파악하는 量田을 수행하는 것일 수밖에 없었다.

철종 대인 1854년 경상좌도 암행어사로 임무를 수행한 朴珪壽가 올린 書啓 別單에서도 농정과 관련된 부분을 찾아볼 수 있다.[74] 박규수가 올린 서계에 따르면 前 慶州 府尹 南性教의 경우 俵災를 제대로 하지 않아 백성들이 피해를 입었고, 前 玄風 縣監 柳宜貞은 반대로 災結을 너무 많이 운용하여 창곡에 곡식이 바닥나 버리고 말았다. 그리고 別單에서는 田政의 대표적인 문란 양상을 災結의 처리에서 찾으면서 금일의 최대의 급선무는 量田이라고 주장하고 있었다. 또한 박

---

73 『代聽時日錄』純祖 29年 11月 30日, 全羅右道暗行御史 成遂默進書達及別單 ; 別單 一 田結 國之大政 而艱到極處 迄未矯捄 國計日縮 民生日困 豈不大可寒心哉 量田之法 自有定例 而因循百年 不遑更擧 一野之句股 田形屢變 六等之沃瘠 地利隨畢 而欲以一定之簿 徵稅於屢年之後 字標何以免訛誤 把束安得無加減乎 (……) 臣謂到今捄弊之方 惟在改量一事 而列邑之田 一時竝量 則誠有擾民之慮 均田之使 備例差送 則誠有貽弊之端 苟以是役委任道臣 使之斟量田弊之淺深 權衡邑倅之能否 今年量得幾邑 明年量得幾邑 漸次而始積累而成 則初無繹騷之弊 供億之費 而一道田結庶可釐正.

74 『日省錄』哲宗 4年 11月 28日, 慶尙左道暗行御史 朴珪壽進書啓別單 ; 前府尹 南性教 本邑當俵災二千六百九十五結零內 俵給民間二千一百六十六結零 而其餘初不分俵 (……) 前縣監 柳宜貞 災結冒濫 倉穀偸竊 優於愛民 疏於處事 (……) 一 近來 田政紊亂 經界不明 執災之際 奸僞層生 眞假混淆 使斯民冤徵其無藝之稅者 往往有之 本道昨年 劃下災結 爲四萬四千餘結之多 實是曠絶之德意也 (……) 若夫舊災永無可耕之土地 而逐年租賦之徵無復蠲除之期 窮蔀煩冤之情 有足上干天和 目今最急之政 惟是改量一事也.

규수는 還穀의 폐단에 대해서 자세히 설명하고 있었다.

이상에서 살펴본 바와 같이 순조 대 이후 조정에서 추진한 농정책의 하나로 암행어사의 파견을 포함시킬 수 있다고 생각된다. 그러한 시책이 바로 1808년 전국에 암행어사를 파견하여 民弊를 보고하게 한 것이었다. 암행어사에게 내린 '賫去事目'에 농정책에 관련된 부분이 많이 포함되어 있었다. 암행어사의 직무 가운데 상당 부분은 각 지역의 農政을 수령이 제대로 수행하고 있었는지 따지는 것이었다. 실제로 암행어사들은 각 고을의 농정과 관련된 부분에도 주목하여 보고서를 작성하였다. 따라서 암행어사 파견이 관리의 잘잘못을 파헤치는 임무 외에 농정과 관련된 임무도 수행하고 있었음을 확인할 수 있다. 이와 관련해서 순조 이전 시기에도 많은 암행어사 파견이 이루어지고 있었던 점을 주목하여 추후에 세밀한 검토를 해나갈 필요가 있다.

4. 荒政의 시행과 救荒書 편찬

1) 救荒書 편찬과 救荒의 실행

조선시대에 조정에서 추진한 救荒政策은 農民의 재생산을 최소한도로 가능하게 하기 위한 조처였다. 조선시대의 구황정책은 '荒政'으로 표현되기도 하였는데, 흉년이 닥쳤을 때 조정에서 시행한 여러 가지 시책을 가리키는 것이었다.[75]

순조가 즉위한 이후에도 이전 시기와 마찬가지로 水災나 旱災 등으로 말미암아 農事가 흉년이 되었을 때 救恤하기 위한 방책을 실행에

---

75 荒政이라는 표현은 『周禮』의 '荒政十二條'에서 유래한다. 12개 조목은 散利·薄征·緩刑·弛力·舍禁·去幾·眚禮·殺哀·蕃樂·多婚·索鬼神·除盜賊이다(『周禮』地官司徒第二, 大司徒).

옮겼다. 1814년 8월 영남 지역에 水災가 극심하여 흉년이 걱정되던 시점에 순조는 救恤 방안을 미리 강구할 것을 지시하는 명령을 내렸다. 순조는 또한 영남 지역 32개 邑의 피해를 입은 民人을 慰諭하는 관리를 파견할 것을 지시하였다.[76]

흉년을 초래한 원인에 대한 논의를 진행하는 모습도 찾아볼 수 있다. 1815년 영의정 金載瓚은 次對에서 흉년의 원인으로 水根을 갖추지 않고 移秧을 관행으로 실행하는 당시의 水田 耕種法을 지목하였다. 이때 김재찬은 흉년이 들었을 때 도적을 잘 단속해야 한다는 점도 지적하고 있었다.[77] 김재찬의 지적은 이앙법 자체가 갖고 있는 이앙시기 가뭄의 위험성을 지적한 것이기는 하였다. 하지만 당시 이앙법이 관행이 된 전후 사정을 고려하지 않은 것이고 별다른 대안을 제시한 것도 아니었다.

19세기에 들어서 세도정치가 나타난 뒤로 荒政의 커다란 부분을 차지하고 있던 還穀이 커다란 문제를 일으키고 있었다. 세도정치의 문란상이 상품화폐경제의 발달과 맞물리면서 환곡의 부세화가 더욱 강화되었고, 이에 따라 환곡이 지닌 진휼 기능이 더욱 약화되었다. 여기에 관리들의 부패가 겹쳐 환곡은 혼란스럽게 운영되었다.[78] 서류상으로는 존재하나 실제는 관리들의 횡령으로 없어져버린 虛留穀이 증가해 臥還이 농민의 뜻과 관계 없이 일반화되고, 때로 허류곡을 채워놓

76『純祖實錄』권17, 純祖 14年 8月 1日 己未 (48-69) ; 己未朔/敎曰 嶺南年事 已判歉荒 而今番水災 尤爲驚心 來頭救恤賙賑之方 待年分自當講究 而至於朔膳物膳等停減 不必遲待 本道朔膳及節扇進上 一幷限明年停止 以示朝家軫恤 先從此始之意 令廟堂行會 仍命閣臣 代撰綸音 以承旨徐春輔 差慰諭使 慰諭嶺南三十二邑被災民人 旋因吏曹參判李好敏疏言 慰諭使名號體重 自前無武臣差下之例 上詢大臣 命只以承旨銜 奉綸宣布.

77『純祖實錄』권18, 純祖 15年 2月 20日 丙子 (48-77) ; 領議政金載瓚啓言 近年畓農之偏被旱災 卽移秧之故也 (……) 自古救荒之時 必先弭盜之政.

78 梁晋碩, 「18·19세기 還穀에 관한 硏究」,『韓國史論』21(서울대 국사학과, 1989).

으라는 지시가 내려오면 이를 채우기 위해 都結이라 하여 농민들에게 세금을 강제징수하였다.

1862년(철종 13) 전국적으로 일어났던 임술농민항쟁에서는 환곡의 문제가 농민들의 요구조건 가운데 가장 큰 비중을 차지했고, 농민항쟁의 수습책으로서 환곡제의 개혁이 요청되었다. 이에 三政釐整廳에서 마련한 삼정이정책에서 罷還歸結의 원칙이 채택되어 환곡을 폐지하기로 하였다. 창고에 남아 있던 환곡은 진휼에만 쓰도록 하고, 환곡이 맡았던 조세기능은 토지 1結당 結錢 2냥씩을 징수하도록 하였다. 그러나 파환귀결은 바로 취소되어 실행되지 못하였다.

고종 대에 들어 홍선대원군에 의해 환곡의 일부를 別備穀이라 하여 면리 단위로 운영하는 社倉制가 시행되었으나 고리대라는 원칙에는 별 변화가 없었다. 민씨정권하에서는 급격히 궁핍해진 재정 보완을 위해 환곡의 원곡을 돈으로 바꾸어 써버림으로써 환곡은 급격히 줄어들었다. 갑오개혁이 이루어지면서 1895년 社還條例가 발표되어 환곡의 부세적 기능을 제거해 결세 속에 포함시키고, 진휼기능은 社還米의 형태로 남겨졌다.

19세기 조정에서 추진한 荒政의 시행과 간접적으로 관련된 부분이지만, 민간의 자체적인 救荒의 노력을 찾아볼 수 있는 것이 바로 坊刻本으로 『新刊救荒撮要』가 간행되어 상업출판되고 있었다는 점이다. 1660년 신속이 편찬한 『신간구황촬요』는 특히 민간에 널리 보급되었다는 측면에서 커다란 의미를 지니고 있었다. 17세기 후반 坊刻本이 유행하면서 여러 책이 많이 출판되었는데, 거기에 『농가집성』과 더불어 『신간구황촬요』가 포함되었던 것이다.[79] 1806년 전라도 泰仁에서

---

79 李惠京, 「朝鮮朝 坊刻本의 書誌學的 硏究」, 전남대학교 대학원 문헌정보학과 석사논문(1999).

田以采와 朴致維가 방각본으로 『新刊救荒撮要』를 간행하여 세상에 널리 보급시켰다.[80] 18세기 후반 방각본의 유행이라는 출판 환경의 변화 속에서 『신간구황촬요』가 坊刻 대상 書冊으로 선정되어 유통되었다는 점은 당시 구황방의 보급이라는 측면에서 중요한 기여를 하였다고 볼 수 있을 것이다.[81]

19세기에 들어와서도 계속 救荒書가 편찬되었다. 여러 연구자들의 연구성과에 보이는 것을 정리하면 다음과 같다. 1800년 초반 또는 중반에 李正履가 『救荒草略』이라는 구황서를 편찬하였다고 전해진다. 현재 실물은 남아 있지 않는데, 洪直弼이 지은 이정리의 墓誌銘에서 이 책의 편찬 사실을 알 수 있다. 그 외에 『救荒必知』, 『救荒法』이라는 구황서 책명도 전해지고 있다.[82] 또한 고려대학교에 『救荒合編』이라는 구황서가 소장되어 있다고 전해지고 있다.[83] 19세기에 편찬된 구황서의 경우 책명만 전해지고 있는데, 이는 특별한 간행과정을 거치지 않았기 때문이라고 생각된다. 목판본이나 활자본으로 간행되지 못하고, 필사된 정본 상태로 전해진 것이 아닌가 생각된다.

계속해서 20세기 초반에 이르러서도 구황서 편찬이 이어졌다. 대표적인 구황서가 『朝鮮增補救荒撮要』이다.[84] 1939년에 朴鶴鍾이 편찬한 책인데, 救荒方, 生食方, 辟穀方, 升僊方으로 구성되어 있다. 이 책은 국립중앙도서관[85] 등에 소장되어 있다. 박학종은 1861년에 태어났

---

80 田以采와 朴致維가 함께 전라도 泰仁에서 같이 坊刻本으로 간행한 책은 『新刊救荒撮要』외에도 『農家集成』등 다수였다고 한다(李惠京, 위의 논문, 1999).

81 조선후기에 활용된 구황방은 구황서 외에 洪萬選의 『山林經濟』를 비롯한 여러 農書에도 실려 있는데, 이에 대해서는 여기에서 다루지 못하였다.

82 李盛雨, 『韓國食經大典』(鄕文社, 1981).

83 이덕봉·김연창, 「이조구황서고」, 『고려대 생물학교실 연구보고』3-1(1961).

84 김영진, 『農林水産古文獻備要』(한국농촌경제연구원, 1982), 267면.

85 국립중앙도서관 소장본(청구기호 古朝28-34).

는데, 본관은 密陽이고, 中樞院 議官을 거쳤고, 祕書監丞을 지냈으며, 全羅北道 興德郡 縣內面 등지에서 거주하였다.[86]

19세기 초반 荒政과 관련된 구황서 편찬에서 특히 주목할 것은 徐有榘가 편찬한 『林園經濟志』에 실려 있는 구황 항목이다. 「仁濟志」 권28, 附餘에 들어 있는 救荒 항목이 그것이다. 「인제지」의 구황 항목은 備豫總論, 賑濟均價糶糴, 辟穀總論, 濟饑總論 등으로 구성되어 있다.[87] 서유구가 정리한 구황 항목 속에는 救荒方만 들어 있지 않다는 점에 특징이 있었다. 備豫總論에서는 社倉, 義倉, 義穀 등을 설명하였는데 중국과 조선의 사정을 중심으로 서술하였다.

그리고 賑濟均價糶糴에서는 雇傭興修, 施粥 등을 설명하였다. 이어지는 辟穀總論, 濟饑總論이 본격적인 구황방을 정리한 부분이었다. 濟饑總論에는 葉, 根, 實, 花, 莖 등을 먹을 수 있는 식물을 모두 소개하고 있었다. 서유구는 중국과 조선의 여러 서적을 참고하여 구황방뿐만 아니라 구황책에 해당되는 내용도 구황항목에 포함시키고 있었다.

조선시대에 흉년이 들어 식량사정이 원활치 않게 되면 농민들은 극심한 식량부족을 겪어야 했었다. 또 이러한 때가 아니더라도 매년 쌀 부족의 고비가 있었다. 초여름 밭의 보리가 아직 여물기 전에 묵은 곡식은 동이 나서 농가에서는 어려운 시기를 맞는다. 보리의 '풋바심(채 익기 전의 벼나 보리를 미리 베어 떨거나 훑는 일)'을 할 수 있을 때까지 견디어야 하는 이 시기를 보릿고개, 즉 麥嶺이라 하였다. 이러한 늦은 봄에서 초여름에 걸쳐 생기는 농가의 궁핍을 春窮이라고 한다. 이러한 때에 국가에서 시행하는 것이 바로 救荒이었다. 국가에서는

---

86 국사편찬위원회 한국사데이터베이스(http://db.history.go.kr/) 근현대인물자료 검색 결과.

87 徐有榘, 『林園經濟志』, 「仁濟志」 卷28, 附餘, 救荒.

이러한 때를 대비하여 물자와 식량을 비축하도록 전국의 관아에 적극 지시하기도 하였으며, 국민의 기아가 심하면 의창, 상평창에 비축되어 있던 미곡을 풀어 난민에게 쌀과 죽을 나누어 주는 구호소를 운영하기도 하였다.

19세기 순조 대 농정책의 시행 가운데 황정 부분에 깊이 관련된 것이 앞서 서술한 바와 같이 구황서의 편찬이라고 할 수 있다. 그런데 조선시대에 편찬된 구황서에 실려 있는 구황방은 여러 가지 구황식물을 구황식품으로 활용하는 방법을 담고 있었다. 구황서에 수록된 구황방은 결국 구황식품을 이용하는 방법이었는데, 구황식품에 활용된 재료가 救荒植物과 救荒作物이었다. 야생에서 채취할 수 있는 식물이거나 사람의 손으로 경작한 작물을 활용하여 구황식품으로 삼았다.[88] 이러한 측면에서 구황식물을 활용하는 전후사정을 농정책을 정리하는 장절의 마지막에 소개하고자 한다.

구황식물이란 우선 흉년이 들어 기근이 발생하였을 때 농작물 대용으로 이용하여 식품으로 먹을 수 있는 야생 식용식물 등을 가리킨다. 그리고 구황작물이란 흉년이 들었을 때 대신 경작하여 조기에 수확할 수 있는 작물을 가리킨다. 구황식물과 구황작물 등을 주로 이용하여 조리한 식품을 구황식품이라고 부를 수 있다. 草根木皮를 기본적으로 이용했지만, 일부 곡물, 채소 등을 구황식물로 활용하여 구황식품을 조리하였다.[89] 구황식품으로 조리하는 방법은 가루를 만들어 죽을 쑤어먹는 방법을 비롯하여 다양한 방법을 동원하였다.

---

88 金希鮮・金淑喜, 「朝鮮後期 飢饉 慢性化와 救荒食品 開發의 社會・經濟的 考察」, 『韓國食文化學會誌』 2권 1호(한국식문화학회, 1987) ; 金聖美・李盛雨, 「朝鮮時代 救荒食品의 문헌적 고찰」, 『東아시아食生活學會誌』 2권 1호(동아시아 식생활학회, 1992).

89 金泰完, 「朝鮮後期 救荒食品의 활용에 대한 研究」, 서울시립대 국사학과 석사학위논문(2000).

구황식물은 앞서 설명한 바와 같이 농작물 대용으로 饑餓에서 救出할 수 있는 야생 식용식물이다. 1950년대에 임업시험장에서 조사한 바에 의하면 전국적으로 보통 이용하는 구황식물의 전체 種數는 850여 종인데 그중 대표적 기본종이 304종이라고 한다.[90] 한편 구황작물은 備荒作物이라고도 할 수 있는데, 우선 작물의 생육기간이 짧은 것이 필요조건이다. 이에 해당하는 것으로 조선시대에 代播作物로 불린 메밀을 우선 꼽을 수 있다. 이들 구황작물은 가뭄이나 장마에 영향을 받지 않고 걸지 않은 땅에서도 가꿀 수 있어 흉년으로 기근이 심할 때 임시변통으로 주식으로 삼을 수 있었다.

그런데 구황이 실제 거행될 때 일차적으로 여러 가지 곡물이 동원된다는 점에서 구황식물의 개념을 좀 더 살펴볼 필요가 있다. 우선 조선의 중앙정부는 구황을 실행하기 위해 먼저 곡물을 활용하였다. 米穀, 雜穀 등을 구황을 위해 개설한 賑濟場에서 죽을 끓여주면서 활용하였다. 하지만 구황에 사용한 곡물과 구황식품은 구별해서 파악해야 할 것으로 보인다. 왜냐하면 구황용 곡물을 대개 환곡 형태로 이미 관아에 보관되고 있었던 반면, 구황식품은 그때의 흉황으로 말미암아 채취한 것으로 볼 수 있기 때문이다.

위에서 살펴본 바와 같이 구황이라는 특수한 목적을 위해 경작한 구황작물이거나 야생에서 채취한 구황식물에 해당되는 것을 구황식품이라고 규정해야 할 것이다. 이에 반하여 환곡으로 창고에 보관중인 곡물은 구황을 대비하기 위해 저축된 곡물이라는 점에서 구황식품으로 보기는 적절하지 않다. 따라서 곡물을 제외한 구황에 활용하는 구황식물과 구황작물을 구황식품이라고 개념 규정할 수 있다.

구황식품은 饑饉이 들어 그때에만 필요에 의해 이용되었던 식품이

---

90 洪基昶, 「救荒對策에 關한 小考」, 『지방행정』 Vol.4, No.2(1955), 73면.

라는 범주를 벗어나 가난한 농민들이 균형 잡힌 식품섭취는커녕 생존조차 위협받는 극빈한 상황 속에서 살아남기 위해 산과 들에서 自然食品을 찾아 나서게 되어 개발되었다고 보기도 한다.[91] 이러한 견해에 기본적으로 동조하지만, 극빈한 상황에서 살아남기 위해 자연식품을 개발한 것이라기보다 그동안의 식생활에서 익숙하게 자리잡고 있던 자연식품을 흉황이 닥쳤을 때 적극 개발하여 구황식품으로 활용한 것으로 보는 것이 좋을 것으로 생각된다.

시간적인 측면에서 살펴보자면 흉황이 전년도 가을에 이미 발생한 상황이고, 대표적인 구황식품은 봄철에 채취할 수 있는 식물들이 대부분이었다. 따라서 이미 봄철에 식품화할 수 있는 자연물에 대한 정보가 축적되어 있었고 흉년이 들었을 때 쉽게 구황식품으로 채취하였을 것으로 보는 것이 자연스럽다고 생각된다. 또한 풍년이 든 해라도 하더라도 제철에 생기는 식물체를 식용으로 활용하는 사정을 감안한다면 극빈한 상황에서 살아남기 위한 방안으로 구황식품을 개발한 것으로 보지 않는 것이 좋을 것이다.

구황식품의 종류로는 산과 들에 자생하고 있는 식물의 잎, 줄기, 뿌리, 꽃 그리고 나무의 열매나 껍질 등이 주종을 이루었다. 또한 곡식을 가공하고 남은 찌꺼기나 곤충, 개구리, 해초 등도 이에 포함되었다. 예를 들어 돌나물, 원추리, 취나물, 두릅, 참나물, 더덕, 당귀, 씀바귀, 참가죽, 냉이, 애쑥, 돌미나리 등이 그것이었다. 비상시에 식량대용으로 쓰인 식물과 열매 등은 뿌리를 먹는 것, 과육을 먹는 것, 종실을 먹는 것, 꽃가루와 꽃잎을 먹는 것, 나무껍질을 먹는 것 등으로 나누어진다. 식물에 따라 먹을 수 있는 식물을 보면 소나무, 도라지, 칡뿌

---

91 金希鮮·金淑喜,「朝鮮後期 飢饉 慢性化와 救荒食品 開發의 社會·經濟的 考察」,『韓國食文化學會誌』2권 1호(한국식문화학회, 1987), 85면.

리, 도토리, 토란, 느릅나무, 고사리, 뽕나무, 복령, 마, 대나무 열매, 더덕, 둥굴레, 쑥, 가무태나무, 찰밥나무 등과 산열매를 들 수 있다. 이러한 산야초는 곡물과 섞어서 죽을 쑤어 먹던지, 나물을 무쳐 먹기도 하며 자체를 조리해 먹기도 하였다.

이상에서 살핀 바와 같이 구황식품은 山野에 자생하는 구황식물을 비롯하여 구황작물, 그리고 채소류, 일부 곡류 등을 활용하여 조리하는데, 평소에는 먹지 않는 생선, 곤충, 동물 등을 포함하기도 한다. 시기와 지역에 따라서 차이가 있지만, 山菜, 果實 등이 주로 이용되었다. 앞서 살핀 구황서의 구황방도 대부분 구황식품 조리법에 해당한다고 볼 수 있다. 구황식물의 몸체 가운데 새순, 줄기, 잎, 뿌리, 果肉, 種實, 꽃, 껍질 등을 식용으로 이용하였다. 특히 松葉과 楡皮는 조선시대 구황서에 등장하는 유력한 이용대상물이었다.

구황식품을 주식으로 이용하는 가장 보편적인 방법은 죽을 쑤는 것이었다. 구황식물에서 획득한 구황재료를 구황식품으로 조리하는 가장 보편적인 방법은 가루를 내어 粥을 쑤는 것이었다. 죽으로 끓이면 먹을 수 있는 음식의 부피가 크게 늘어날 뿐만 아니라 식물의 거친 섬유질을 연화시킬 수 있었다. 소화시키는 데에도 죽으로 만들어 먹는 것이 용이하였다고 한다.[92]

또한 醬類로 제조하는 방식도 구황식품을 만드는 데 많이 이용되었다. 생소한 식품들을 먹기 위한 방법으로 장이 가진 익숙한 맛과 풍미를 가미한 것이었다. 이외에 무쳐먹는 방법, 버무리를 만드는 방법, 끓여먹는 방법 등이 동원되었다. 구황식품 조리법을 1차적인 가공만 해서 먹는 방법과 불을 사용해 조리하는 방법으로 나누어 살펴볼 수

---

92 金希鮮·金淑喜, 「朝鮮後期 飢饉 慢性化와 救荒食品 開發의 社會·經濟的 考察」, 『韓國食文化學會誌』 2권 1호(한국식문화학회, 1987).

도 있다.[93]

　조선전기 이래로 시행된 荒政 관련 조치에서도 구황식품에 관련된
것을 찾아볼 수 있다. 특히 조정에서 구황식품으로 활용하도록 조처
한 구황식물 가운데 대표적인 것이 橡實, 즉 도토리였다. 조선전기인
1419년 호조의 건의를 받아 세종은 失農한 戶로 하여금 흉년에 대비
하여 풀, 나무, 뿌리 등을 축적하게 하였는데, 이때 주된 것이 도토리
였다.[94] 그리고 1424년에는 大戶, 中戶, 小戶, 殘戶로 나누어 각각 구
황에 쓸 草食을 60석, 40석, 20석, 10석씩 미리 축적하게 하였는데,
이때에도 橡實을 우선 예비해야 할 것이라고 지적하였다.[95]

　상실이 구황에 요긴한 구황식물로 조정에서 간주하고 착실하게 비
축할 것을 荒政의 하나로 조정에서 명령을 내리는 일은 조선후기에도
마찬가지였다. 숙종은 1695년 흉년을 만나 구급을 지시하는 教書에서
"흉년이 든 해의 救急에 橡實보다 좋은 것이 없어 내가 이미 뜻을 두
고 闕內의 여러 곳에 分付하여 착실하게 모아두게 하였는데 크게 모
으지 못하였다"라는 상황을 설명하고 있었다.[96] 원시시대부터 식용에
이용된 도토리가 조선시대에 이르도록 구황에 적당한 구황식품으로
이용되었다. 한국 선사시대의 식생활을 살핀 연구에 따르면 신석기인
들이 도토리의 떫은 맛을 제거하기 위해 가루를 만들어 여러 번 물에

---

　93 金泰完, 위의 논문, 30면.
　94 『世宗實錄』 권5, 세종 1년 8월 癸未(2-331) ; 戶曹啓 救荒之物 須趁節預備 其橡實
黃角豆藿等 凡可食草木根莖花葉 令損實敬差官 失農各戶分揀 使之收蓄 以備明年救荒.
　95 『世宗實錄』 권25, 세종 6년 8월 壬戌(2-618) ; 戶曹啓 失農各官救荒草食 因無定數
多或至於廢事 小或失於荒政 自今大戶六十石 中戶四十石 小戶二十石 殘戶十石 定爲恒
數 以橡實爲先考察預備 其農事稍稔各官 不必拘數 隨宜儲備 從之.
　96 『肅宗實錄』 권29, 숙종 21년 9월 戊寅(39-395) ; 上下教曰 今年大侵 振古所無 節
屆收穫 已有餓莩 則來春塡壑之慘 不言可想 念及於此 不覺心斷也 予惟凶歲救急 莫如橡
實 故曾已留意 分付闕內諸處 使之着實拾取 而此亦不實 所得僅二十斗矣.

우려내는 방법을 취하였다고 하는데,[97] 조선시대의 도토리 식용방법도 같은 연장선상에서 이해할 수 있을 것이다.

구황식물 가운데 소나무는 사람의 수명을 연장시키는 효험이 오곡보다 낫다고 했을 만큼 우리나라의 대표적인 구황식물로 꼽힌다. 함경북도의 오지나 고산지대를 제외하고는 한국의 모든 지대에 널리 분포되어 있는 수종인 소나무는 특히 식량사정이 극도의 상황에 있었던 일제 강점기에도 많이 애용되었다. 소나무는 솔잎, 꽃가루, 속껍질을 먹을 수 있었다.

조선시대의 구황서에 소개되어 있는 구황식품 가운데 松葉과 楡皮, 즉 솔잎과 느릅나무 껍질을 이용하는 방법이 가장 널리 이용되었다. 『구황촬요』에 소개된 구황식품 조리법은 여러 가지 구황식물, 채소 등을 이용하여 경우에 따라서 곡물 가루를 일부 활용하는 것이었다. 그런데 『구황촬요』에 따르면 특히 솔잎은 구황 효과가 최상이라고 평가받았다.[98] 그리고 사람의 수명을 연장시키는 효험이 오곡보다 낫고, 辟穀의 효과를 거둘 수 있게 해준다고 간주되기도 하였다.[99]

솔잎을 이용한 가장 간단한 구황식품 제조 방법이 솔잎가루를 만드는 것이었다. 솔잎가루를 만들어 쌀가루, 느릅나무 껍질 즙을 섞어 죽을 만들면 凶荒을 버텨나갈 수 있었다.[100] 솔잎은 그 성질이 깔깔하고 느릅나무 껍질은 성질이 부드러워 곡식가루에 섞어 먹으면 위와 장을 튼튼하게 하는 효험도 있다고 하였다. 그리고 솔잎을 따다가 방아에

---

97 安承模, 『東아시아 先史時代의 農耕과 生業』(學研文化社, 1998), 307면.

98 『救荒撮要』(申洬, 『新刊救荒撮要』 수록) ; 救荒松葉最上 必須兼用楡皮汁 無大便秘澁之患.

99 『救荒撮要』(申洬, 『新刊救荒撮要』 수록) ; 松葉安五臟不飢 實與脂膏根皮 皆云辟穀 惟葉正是斷穀.

100 『救荒撮要』(申洬, 『新刊救荒撮要』 수록), 取松葉末法, 取楡皮汁法, 作松葉粥法.

으깨어 찧어서 찰흙같이 끈적끈적하게 한 다음, 쌀이나 곡식의 가루로 묽게 끓이다가 솔잎 찧은 것을 풀어 죽을 쑤어 먹는 방법도 동원할 수 있었다.[101]

구체적으로 솔잎 죽 조리법을 보면, 솔잎가루 3홉에 쌀가루 1홉, 느릅나무 껍질 즙 1되를 섞으면 주식대용이 된다고 하였다. 그런데 이 솔잎 죽을 먹으면 질병을 이겨내는 힘이 생기므로 황년을 견디어 낼 수 있었다. 솔잎은 그 성질이 깔깔하고 느릅나무 껍질은 성질이 부드러워 곡식가루에 섞어 먹으면 위와 장을 튼튼하게 하는 효험도 있었다. 구황식품으로서만 아니라 상비약용식품으로 준비해 두고 먹는 것이 권장되기도 하였다. 『구황보유방』의 雜物食法에 보면 솔잎을 따다가 방아에 으깨어 찧어서 찰흙같이 끈적끈적하게 한 다음, 쌀이나 곡식의 가루로 묽게 끓이다가 솔잎 찧은 것을 풀어 죽을 쑤어 먹는다고 하였다.

솔잎을 구황에 이용하는 방법은 현종, 숙종 대에 활동하면서 社會法 시행 등을 주창하였던 李端夏의 상소에서도 제시되었다.[102] 이단하는 숙종 대에 대사헌을 사직하는 상소를 올리고, 榻前에서 진달할 때 "京外 設賑하는 곳에서 모두 松葉을 활용하게 하면 賑米를 절약할 수 있고, 진휼이 끝난 다음에 饑民이 스스로 그 방도를 알게 되어 또한 餓死할 근심이 없을 것이다"라고 청하기도 하였다.[103]

『신간구황촬요』는『구황촬요』를 증보하여 채소, 곡물 등을 구황식품에 활용하는 방법을 「救荒補遺方」이라고 첨부하여 놓았다.[104] 「구

---

101 申洬, 『新刊救荒撮要』, 「救荒補遺方」雜物食法.

102 『顯宗改修實錄』권24, 현종 12년 6월 庚寅(38-66) ; 李端夏疏中 以松葉救荒事 所當急急分付.

103 『肅宗實錄』권11, 숙종 7년 5월 甲寅 (38-527).

104 申洬, 『新刊救荒撮要』, 「救荒補遺方」.

황보유방」에 따르면 콩을 비롯한 곡물, 芋(토란)를 비롯한 여러 가지
채소 등이 구황식품을 조리하는 데 활용할 수 있었다.

『千一錄』을 지은 禹夏永은『農家總覽』에서 구황에 소용되는 채소
로 蔓菁, 즉 순무를 추천하기도 하였다. 그에 따르면 집에서 재배할
수 있는 채소는 모두 여러 가지로 쓰임새가 있어 농가에 마땅하지 않
은 것이 없는데, 그 중에서도 구황에는 만청보다 뛰어난 것이 없다는
것이다. 순무를 많이 심으면 흉년이 들었을 때 양식이 부족한 것을
보충할 수 있다는 것이었다.[105] 荒年에 乏粮일 때 매 1인이 각각 1슴의
米와 자른 만청의 大根을 같이 烹하여 濃煎하여 죽을 만든다. 각각
1器를 먹으면 굶주림을 모면할 수 있다. 2슴米의 죽으로 비록 3인이
分食하여도 또한 浮黃에 이르지는 않는다고 하였다.[106]

2) 고구마의 보급과 재배법의 정리

19세기에 실시된 荒政과 관련해서 살펴볼 구황식품 가운데 고구마
를 따로 정리할 필요가 있다. 고구마는 1765년에 조선에 전래되었는
데 구황작물로 크게 주목받았다. 따라서 흉황의 구제라는 荒政의 주
요한 정책 대상 작물이었다. 18세기 후반 이후 19세기 초반에 걸쳐
救荒作物로서 고구마가 조선에 자리잡아 나갔다. 중앙정부와 몇몇 인
물을 중심으로 고구마가 지닌 구황 효용성에 주목하여 고구마 보급에
노력하였다. 고구마 보급에 힘을 쏟는 과정은 다른 측면에서 보면 고
구마의 재배법, 경작법이 정리되는 과정과 대략 일치한다고 볼 수 있
다. 고구마의 경작법은 日本에서 고구마가 도입되면서 같이 곁들여온
日本의 種植方에 의거하여 경작하다가 점차 조선의 토질과 기후 특성

---

105 禹夏永, 『千一錄』 農家總覽.
106 禹夏永, 『千一錄』 農家總覽.

에 맞는 栽培法을 개발해나가는 것이었다. 여기에 중국에서 활용되던 고구마재배법을 참고하면서 조선의 토착적인 고구마 재배법을 고안 하였다.

19세기 초반 徐有榘가 지은『種藷譜』단계에 이르게 되면 보다 심화된 甘藷 栽培法을 정리하는 단계에 들어서게 되었다.『種藷譜』가 편찬되기 이전에 고구마 재배에 관련된 農書들이 다양하게 편찬되었다. 사실 단일한 작물의 재배법을 정리한 농서가 아래에서 살필 바와 같이 다양하게 많이 편찬된 것은 특기할 만한 점이라고 할 수 있다. 고구마가 救荒에 적절하게 활용할 수 있는 작물이었기 때문에 많은 농서 편찬자들이 관심을 기울였던 것으로 생각된다.

湖南 巡察使로 호남지역을 돌아다니면서 甘藷 종자를 구해 보급시키려는 노력을 기울였던 徐有榘가 1835년에 지은『種藷譜』(규장각 奎 5600)는 당시까지 정리된 고구마 재배법을 종합한 책이다. 총 28장 분량으로 한 작물의 재배법을 정리한 책으로는 상당히 분량이 많은 편이다. 서유구는 1834년(순조 34) 湖南巡察使로 蘆嶺 南北을 돌아보면서 甘藷, 즉 고구마 재배를 통한 救荒의 달성을 목표로 그 때까지 알려진 甘藷栽培法을 종합 정리하여『種藷譜』를 저술하였다.『종저보』는 敍源第一부터 시작하여 傳種, 種候, 土宜, 耕治(附淤蔭), 種栽, 壅節, 移挿, 剪藤, 收採, 製造, 功用, 救荒, 麗藻 등에 이르기까지 14항목으로 구성되어 있다.

서유구는 中國 明나라 徐光啓(본문에 기록된 玄扈는 서광계의 號)가 지은『甘藷疏』, 조선 영조 대 인물인 姜必履의『甘藷譜』, 金長淳의『甘藷譜』(본래 책이름은『甘藷新譜』) 등을 참고하여『종저보』를 편찬하였다.『종저보』에 인용된 姜必履의『甘藷譜』, 金長淳의『甘藷新譜』등의 책이 바로 조선후기 고구마 재배법이 정리되는 과정, 경과를 보여주는 것이라고 할 수 있다.

서유구가 『種藷譜』을 편찬하여 고구마 재배법을 종합 정리하기 이전에 가장 먼저 고구마 재배법을 소개한 것은 趙曮의 『海槎日記』라고 할 수 있다. 趙曮은 통신사행에서 귀국하는 길에 대마도에서 일어난 사건, 보고들은 견문 등을 『해사일기』에 기록하면서 甘藷 '種法'을 소개하였다.[107] 간단하게 대마도에서 얻어 들은 고구마 재배법을 소개한 것이었다.

甘藷가 조선에 전파된 이후 감저재배법을 정리한 최초의 인물은 姜必履였다. 강필리는 감저의 전파에도 중요한 역할을 수행한 사람이었다. 그는 감저를 수차례 시험 재배하고 그 결과를 토대로 감저재배법을 정리하여 『甘藷譜』를 지었는데 이른바 '甘藷譜'로는 최초로 편찬된 책이었다.[108] 강필리의 『감저보』는 1765년에서 1766년 사이에 편찬된 것으로 추정된다.[109]

강필리의 동생인 姜必教가 형이 지은 『감저보』를 근간으로 몇 곳에 보충을 더하여 새로운 『甘藷譜』를 편찬하였다. 이외에도 徐浩修의 『海東農書』에 실려 있는 甘藷條(1798), 金長淳 · 宣宗漢의 『甘藷新譜』(1813), 徐慶昌의 『種藷方』(1813) 등이 편찬되었다.[110]

19세기 초반 徐有榘는 『種藷譜』를 편찬하면서 본격적으로 고구마 재배법을 정리하고 이를 당대의 牧民官에게 보급하려고 하였다.[111] 湖

---

107 趙曮 『海槎日記』 권5, 甲申年(1764) 6월 18일 무술(『國譯 海行摠載』 Ⅶ, 민족문화추진회, 311~312면).

108 규장각에 姜必履의 『甘藷種植法』이라는 책명으로 소장되어 있는 필사본(청구기호 가람古633.491-G155g)는 『增補山林經濟』 권2, 甘藷種植法을 그대로 필사한 것이다. 소장도서를 정리하면서 미상인 저자를 姜必履로 잘못 비정하였을 것으로 추정된다.

109 이하 이른바 '甘藷譜'로 편찬된 책에 대한 소개는 吳壽京의 논문 「朝鮮後期 利用厚生學의 展開와 『甘藷譜』의 編纂」(『安東文化』 16집, 안동대학교 안동문화연구소, 1995), 16~22면을 참고하였다.

110 吳壽京, 「朝鮮後期 利用厚生學의 展開와 『甘藷譜』의 編纂」, 『安東文化』 16집 (안동대학교 안동문화연구소, 1995).

南巡察使로 재임하던 그에게 고구마는 여러 과실이나 채소 가운데 가장 늦게 조선에 출현한 것이지만 기근을 모면하게 해주고, 수명을 이어주게 해준다는 점에서 기이한 효능을 지닌 것이었다. 다만 당시 沿海의 몇몇 邑에서만 겨우 고구마를 심어서 전승하고 있다는 점이 안타까운 상황이었다. 서유구는 고구마를 산골과 들판의 農民이 제대로 알지 못하는 이유를 고구마 재배법이 제대로 정리되지 못한 데서 찾았다. 그리하여 徐光啓의 『農政全書』, 姜氏와 金氏 '甘藷譜' 등을 참고하여 『種藷譜』를 지은 것이었다.

『種藷譜』에서 서유구는 고구마를 파종하는 적당한 시기로 嶺湖南 沿海 地方의 경우 淸明 이후, 漢南, 漢北, 近峽州郡의 경우 穀雨 이후로 나누어 정리하였다. 이러한 시기는 대략 서리 내리기가 그치고, 土脈이 融和되는 시기를 맞추어 설정한 것이었다.[112] 이와 같이 고구마 재배법에서 지역적인 농업환경의 특색을 고려하고 있다는 것은 다른 한편에서 당대의 고구마 보급 실정을 보여주는 측면이 있다고 생각된다. 왜냐하면 고구마 재배의 보급 과정에서 각지의 농업환경에 걸맞은 재배법의 정립, 즉 전래된 재배법의 적용, 보충, 보완, 수정의 단계를 거쳐나갔을 것으로 생각되기 때문이다.

고구마 재배법의 정리에 조선의 특색이 보다 분명하게 더해지면서, 고구마를 이용하는 식용법도 조선 농촌사회의 경험이 반영되었다. 고구마를 수확한 다음 가루를 만들어 식용으로 활용하는 방법은 조선 농민의 경험에 근거한 것이었다. 서유구가 김장순의 『감저보』를 인용한 부분이었다. 이에 따르면 고구마 가루를 오래도록 보관할 수 있는데, 고구마를 갈아서 가루를 얻거나 片으로 잘라서 말려서 가루를 얻

---

111 徐有榘, 『種藷譜』, 「種藷譜序」.
112 徐有榘, 『種藷譜』 種候第三.

는 방법을 쓰는 것이었다. 반면에 중국의 가루 제조법은 물을 섞으면서 갈아 물 위에 떠오르는 것을 제거하고 다시 말려서 가루를 얻고, 이를 丸으로 만들어 먹는 식이었다. 조선의 고구마 가루를 음용하는 방법은 찹쌀가루와 섞어서 떡을 만들거나 밀가루, 메밀가루와 섞어서 국수를 만들어 먹는 것이었다. 이와 같이 고구마 가루를 만들어 음용하는 방식은 확실히 조선의 식생활에 근거한 것이었다.[113]

서유구가 지은 『種藷譜』에 各地에서 고구마 재배법이 정립되는 과정을 일부 찾아볼 수 있다. 강씨 형제와 김장순 등이 정리한 고구마 재배법에 대해 서유구가 의문을 제기하면서 새로운 방식을 제시하는 대목들이 바로 조선의 고구마 재배법이 새롭게 정리되어 나가는 과정을 보여주는 것이었다. 고구마를 보관하는 방법(藏法)을 설명하면서 金氏甘藷譜에 '마르면 枯死한다'라는 지적에 대해 의문을 제기하고, "南人이 반드시 건조시켜서 보관하는 것은 습해서 부패하는 것을 두려워하기 때문이다"라고 설명하였다.[114] 이와 같은 고구마 저장법의 진전된 모습은 한편으로는 고구마의 성질과 특성을 파악하는 과정이었고, 다른 한편으로 지역적인 특색을 고구마 재배법에 반영하는 과정이었다. 또한 이는 고구마의 보급 과정을 보여주는 것으로 추정할 수 있을 것이다.

徐有榘의 『種藷譜』에 「日本種藷方」, 徐光啓의 『農政全書』 등이 인용되어 있다. 특히 『姜氏甘藷譜』에서 인용한 부분에는 徐光啓의 『農政全書』에서 언급한 파종 시기가 春分이후에 파종하는 것이 좋고, 또는 반드시 淸明 이후에 파종해야 한다고 지적한 것이 모두 南方의 파

---

113 徐有榘, 『種藷譜』, 「製造第十一」; 金氏甘藷譜 … 或切作片 晒乾搗作屑 亦可.
114 『種藷譜』傳種第二. 고구마를 물로 씻는 문제에 대해서도 金氏甘藷譜는 不可하다고 하였는데, 徐有榘는 世情한 다음에 다시 말려두면 해로움이 없을 것이라고 한 것도 고구마 보관법의 진전과 같은 맥락에서 이해할 수 있다.

종 적기여서 조선에 적합하지 않다고 지적하였다. 그리하여 조선에서
는 清明 절후에도 아직 서리가 차갑고 단단하므로, 반드시 곡우가 되
기를 기다려 下種해야 한다고 설명하였다. 그러자 서유구는 湖南 沿
海 州郡의 極高는 중국 江南의 極高과 단지 1, 2度를 다툴 뿐이라고
하면서 마땅히 江浙의 파종 적기를 채택해야 하고, 漢陽의 節候에 맞
추어서는 안될 것이라는 주장을 덧붙였다.[115] 파종 적기를 둘러싸고
『農政全書』, 『姜氏甘藷譜』, 『種藷譜』의 주장이 서로 상충하는 듯하
면서 제모습을 찾아가는 양상을 잘 보여준다.

이와 같이 고구마 재배법이 정리되는 과정에서 조선의 특유한 기후
조건과 또한 각 지역의 국지적인 기후여건을 감안하는 재배법으로 귀
결되는 양상이 나타나고 있었다. 이러한 경작법 정리양상은 달리 파
악하면 고구마의 보급이 진전되는 양상과 동일한 것이었다고 생각된
다. 고구마가 남해안 연안이라는 특정 지역에서 벗어나 三南 각지로
전파되면서, 또한 三南 지역을 넘어 漢南이나 漢北 지역으로 보급되
면서 각 지역의 기후 여건에 걸맞은 파종시기 등의 정리가 필요했을
것으로 보이기 때문이다.

---

115 徐有榘, 『種藷譜』, 種候第三 ; 案 我東湖南沿海州郡極高 與江南極高 只爭一二度
當用江浙種候 不可但以漢陽節候槩之也.

제2편

—

18~19세기 농업개혁론의 전개양상

제1장 18~19세기 농업구조 개선론의 전개

1. 量田 시행론의 전개

1) 量田 시행론의 성격

17세기 후반에서 19세기 초반에 걸치는 농업개혁론 가운데 먼저 농업구조 개선론의 추이를 살펴본다. 농업구조 개선론이란 農政 개선론의 성격으로 바라볼 수도 있다. 조선왕조의 농업정책의 시행과정에서 빚어지고 있던 여러 가지 현실적인 문제를 개혁하기 위한 주장, 논리를 묶어서 농업구조 개선론으로 정리할 수 있다. 量田시행론, 水利施設 변통론, 農器具와 農法 변통론 등을 찾아볼 수 있다.

농정책이 중앙정부 차원에서 현실 정책으로 시행되었던 것이라면 농업구조 개선론은 농정책의 미비되거나 부족한 부분을 보충해주는 논의에 해당되는 것이었다. 농정책이 농업생산의 안정과 농업 여건의 완비를 목표로 삼은 것과 마찬가지로 농업구조 개선론도 농업생산을 감싸고 있는 여러 요소의 개선, 개혁, 변화를 도모하는 것이었다. 구체적으로 보면 田政의 기초인 양전의 개혁을 요구하고 또한 오랫동안 실시하지 않았던 양전의 시행을 주장하는 논의가 많이 제기되었다. 또한 농업생산의 원활한 수행을 뒷받침할 근원적인 부분인 수리시설의 축조와 관리, 농업생산기술(농법)의 개량과 보급 등을 강조하는 주장이 많이 제출되었다. 이와 같은 주장들을 농업구조 개선론으로 묶어서 정리할 수 있다.

먼저 量田論, 양전시행론을 살펴보자. 量田이란 田土의 田品, 長廣 尺數 등을 파악하여 수세 단위인 結負를 산출하고, 起陳, 田主 그리고 전토의 위치 등을 국가의 공적인 통치체제로 조사하여 量案으로 정리 하는 작업이다.[1] 결국 실제의 토지 상황을 국가에서 파악하는 것이었 다. 양전을 시행하는 것이 어찌하여 농업개혁론의 성격을 지닐 수 있 을까 이 점을 살펴볼 필요가 있다.

먼저 양전시행론은 均田를 지향하는 주장이라는 점에서 농업구조 개선론의 일환으로 살펴볼 근거를 가지고 있다. 인조 대 量田에 대한 논의를 진행하면서,[2] 양전사업을 均田를 지향하는 방책으로 지목한 이래, 양전을 담당 관리를 均田使로 칭하였다.[3] 또한 정조가 즉위한 이후 신하들에게 제시한 更張 大誥에서도 양전과 균전을 병칭하면서 시급한 과제로 제시하고 있었다.[4] 이와 같이 조정에서 양전이란 토지 조사 사업을 均田을 이루어낼 수 있는 현실적인 방책으로 논의하고 있었다.

또한 현실의 토지 실정이 量案에 제대로 반영되지 않았을 경우, 부

---

1 金容燮, 「量案의 硏究」, 『朝鮮後期農業史硏究 I』(一潮閣, 1987) ; 「朝鮮後期 身分構成의 變動과 農地所有」, 『東方學志』 82(1993) ; 吳仁澤, 「17 · 18세기 量田事業硏究」, 부산대학교 대학원 사학과 박사학위논문(1996) ; 李榮薰, 「量案의 성격에 관한 재검토」, 『朝鮮後期社會經濟史』(한길사, 1988) ; 「韓國史에 있어서 近代로의 移行과 特質」, 『經濟史學』 21(1996).

2 『仁祖實錄』 권26, 仁祖 10년 2월 庚寅

3 『度支志』 外篇 권4, 版籍司 田制部 2, 量田, 節目 ; 顯宗三年 九月 京畿量田事目, 一 打量結數 必於當日內 皆報本官 而本官五日一次 監捧上送均田使 以爲扣計作結憑準 之地.

4 『正祖實錄』 권5, 정조 2년 6월 壬辰 ; 御仁政門 受朝參 宣大誥曰 (……) 目凡有四 曰民産也 曰人材也 曰戎政也 曰財用也 經曰 凡厥正人 旣富方穀 制民産 必自經界始 上 古井田之法 尚矣 惟是名田一事 寔爲近古 秦漢以來未嘗行之 至于我東 壤地褊小 而山谿 居多 井界難設 而豪右竝呑 自在祖宗盛際 均田量田之議 格而不行 蓋以習俗難更 群囂嘵 咨.

자들의 토지가 수세 대상에서 빠진 경우, 실제 내야 할 세금보다 많은 세금을 내도록 결부가 잘못되어 있을 경우, 특히 토지의 비옥도에 대한 파악이 잘못되어 있을 경우 등을 바로 잡는 국가적인 사업이 바로 量田이었다. 따라서 양전을 통해 토지소유와 부세부과의 불균등 문제 해소가 가능하였다. 이러한 점에서 양전의 시행은 부세 부담의 불균등을 해소하는 농정개혁론의 하나가 될 수 있었다. 물론 양전 자체가 원칙대로 수행되어야만 소기의 성과를 거둘 수 있음은 말할 나위도 없을 것이다.

量田 작업으로 획득할 수 있는 토지의 여러 가지 정보들이 바로 田政의 紊亂이나 賦稅의 不均을 가져오는 요인이었고, 또한 그러한 田政 문란 등을 해소할 수 있는 정보이기도 하였다. 起陳 여부, 田品 等第, 結負數, 田主 등의 요소를 하나하나 살펴볼 필요가 있다. 첫째로 田土의 起陳 여부를 잘못 파악하거나 또는 누락시키는 경우 전정의 문란과 부세의 불균을 가져올 수 있었다. 양전 시행 규정에 해당하는 量田 事目에서 양전 과정의 주요한 탈법행위로 지목하는 것이 바로 起陳을 문란하게 조사하는 것이었다.

둘째로 田品 등제가 현실의 실제 土品와 유리되었을 때, 田畓의 비옥도를 양안에 제대로 반영하지 못하여 결국 부세가 不均하게 될 수밖에 없었다. 전품 등제는 양전과정에서 전주가 가장 관심을 부여하는 요소였다. 실제의 절대적인 토지의 면적을 재는 작업보다는 전품이 매겨지고 이것을 통해서 결부수를 산정하는 것이 양안에서 파악하는 중요한 정보였기 때문에, 결부수 산정에 기준이 되는 전품은 매우 중요한 경제적 가치를 지닌 정보였다. 예를 들어 1720년 庚子量田이 수행되는 과정이나, 경자양전을 수행하기 위한 양전절목에서도 전품을 어떻게 매길 것인가의 문제는 대단히 중요한 것이었다.[5]

셋째 결부수는 실제의 부세수취에서 기준이 되는 수치인데, 전품의 허위뿐만 아니라 실제 측량한 長廣 尺數를 바탕으로 계산한 절대면적을 結負라는 상대면적으로 환산하는 解負과정에서의 착오로 인하여 실제 매겨져야 할 결부수와 괴리가 생기는 경우가 있었다. 이는 즉각 부세 수취에 부정적인 영향을 끼치는 요소로 작용하였다. 또한 네 번째로 전주를 정확하게 파악하는가의 여부도 부세의 불균과 연결된 문제였다.

이상에서 살펴본 바와 같이 기진, 전품등제, 결부수, 전주 등의 요소가 양전과 전정문란·부세불균과 서로 연결되는 부분이라고 할 수 있다.[6] 따라서 양전 시행과정에서 이러한 전정문란, 부세불균을 가져올 수 있는 위의 4가지 요소에 대하여 적절한 대책을 제시하고 또한 이를 실행에 옮길 수 있는 방안으로 제기되는 양전시행론은 農政 개혁론의 일환으로 검토할 수 있다.

양전을 통해 당대 田政, 賦稅의 모순을 해결할 수 있도록 위에서 지적한 4가지 요소를 제대로 변통하여 양전을 수행해야 한다는 주장이 바로 양전시행론이라고 할 수 있다. 그런데 전국적인 양전은 굉장한 물력과 인력이 투입되는 대규모의 사업이었다. 양전에 관련된 논의가 진행될 때 주요하게 제기되는 반대론의 논거는 바로 재원 마련의 문제와 양전을 적절하게 수행할 수령이 별로 없다는 점에서 찾고 있었다. 따라서 양전시행론이 가장 현실적인 農政 개혁을 위한 실행방안의 성격을 갖기 위해서는 여러 가지 해결해야 할 문제들이 남아 있었다.

5 吳仁澤, 「17·18세기 量田事業硏究」, 부산대학교 대학원 사학과 박사학위논문.

6 金容燮, 「量案의 硏究」, 『朝鮮後期農業史硏究 I』(一朝閣, 1987) ; 이영훈, 「제1장 양안 상의 주 규정과 주명 기재방식의 추이」, 『조선토지조사사업의 연구』(민음사, 1997) ; 오인택, 「경자양전의 시행 조직과 양안의 기재 형식」, 『역사와 현실』 38(한국역사연구회, 2000).

2) 18세기 초반 量田 시행론의 전개

18세기 초반 숙종 대 후반에 양전시행론이 제기되어 결국 1720년에 경자양전이 시행되기에 이르렀다. 경자양전 시행 이전에 제기된 양전시행론으로 주목할 수 있는 것이 方田法이라는 새로운 양전방식의 제안과 시행이었다.[7] 황해도 관찰사로 있던 俞集一이 황해도의 강령, 옹진, 은율 등 3읍에서 시험적으로 시행한 새로운 양전방법이 方田法이었다. 방전법은 井田法의 의의를 계승하는 것이었는데, 토지를 측량할 때 기준이 되는 墩臺를 쌓아 일정 지역을 정밀하게 측정해 내는 방법이었다.

방전법은 전토 측량을 마친 뒤에도 경계가 분명하고, 전결이 기록에서 누락될 우려가 없다는 장점이 높은 평가를 받았다.[8] 하지만 강력한 반대에 부딪쳐 제대로 시행되지 못하고 실패로 돌아가고 말았다. 황해도 3읍에서 방전법으로 양전을 마친 뒤 小民들은 모두 그 均平함을 칭송하였지만, 豪右들은 그 불편함을 말하며 비난하며 반대하였던 것이다.[9]

숙종 재위 후반인 1702년 무렵에 申琓도 方田法에 대한 논의에 참여하고 있었다. 신완은 更張과 變通의 여덟 가지 방도의 하나로 經界를 바로잡는 것(正經界)을 지적하고, 沃瘠이 잘못 기록되어 있어 賦稅가 균등하지 못하니, 田品 等第를 매기는 것과 田地의 크기를 측량하는 것을 충실하게 해야 하고, 俞集一이 시행한 方田法을 널리 보급해

---

7 최윤오, 「肅宗朝 方田法 시행의 역사적 성격」, 『國史館論叢』 38(국사편찬위원회, 1992).

8 『肅宗實錄』 권35, 숙종 27년 7월 庚子 (39-602) ; 時 黃海監司俞集一狀言方田事 領議政崔錫鼎白上曰 方田與量田異制 民皆創見 惟在參酌出賦 以鎭民情 左議政李世白曰 以集一狀觀之 方田之法 專無漏失 法固美矣 然民皆以爲不便 姑待秋成 相議未晚也

9 최윤오, 「肅宗朝 方田法 시행의 역사적 성격」, 『國史館論叢』 38(국사편찬위원회, 1992).

야 한다는 것을 주장하였다.[10] 이런 논의에서 유집일이 제안하여 시행하고 신완도 보급을 주장한 방전법은 양전시행론의 하나로 지적할 수 있고, 방전법의 시행은 小民들에게 부세의 균평을 가져다줄 수 있는 방안으로 볼 수 있다.

숙종말년인 1719년에서 1720년 三南에서 이른바 庚子量田이 실행되었다. 숙종 후반 1719년에서 1720년에 걸쳐 수행된 三南지방의 己亥·庚子量田은 결과적으로 量田施行論이 현실적으로 충분한 힘을 확보하였기 때문에 실행에 옮겨질 수 있었다. 하지만 보다 당대의 상황을 충실하게 고려할 때 이때 量田이 시행된 것은 양전시행론이 가진 우월한 논리적 체계에 기인한 것이라기보다는 양전시행론을 주장한 인물들이 가진 정치적, 경제적 배경에 근거한 것이었다. 따라서 量田論議를 검토하는 작업은 양전시행론의 논리적 체계뿐 아니라 양전시행론을 주장한 사람들의 정치적 사상적 배경도 검토의 대상으로 삼지 않을 수 없다. 달리 말해서 量田의 시행으로 결말이 맺어진 양전시행론의 논리적 구성요소와 더불어 양전시행론자의 구성을 살펴보아야 할 것이다.[11]

우선 양전시행론을 주도적으로 제기한 인물은 1715년 12월 차자를 올려 量田論의 불씨를 제공한 金昌集이었다. 金昌集은 이후에도 均田使 파견 문제 등의 논의과정에서 주도적으로 양전시행론을 주장하였다. 그리고 김창집과 더불어 후에 老論四大臣으로 불린 李頤命, 李健命, 趙泰采 등이 모두 당시의 양전논의에서 주요한 시행론의 입장에 서 있었다. 그런데 이들 가운데 李頤命은 1718년 가을 量田保留論이 제기되었을 때 李濡와 더불어 量役 중단을 요청한 인물이었다. 따라

---

10 申琓, 『絅菴草稿』(奎 4113), 권3, 八條萬言封事(1702)

11 이세영 외, 『조선후기 경자양전 연구』(도서출판 혜안, 2008).

서 老論四大臣을 모두 양전시행론의 주요한 인물로 보는 것은 어렵다. 하지만 老論 일파인 洪禹傳은 1719년에 양전 실시보다 양역변통을 먼저 시행하자는 양역변통 우선론을 제기한 점을 같이 고려해야 할 것이다.

老論 집권세력 내부에서 量田을 최우선으로 밀어붙여야 할 것인가의 문제에 대해 논란의 여지가 있었을 가능성이 있지만, 이들의 기본적인 입장은 역시 量田을 수행하지 않을 수 없다는 것이었다. 아직까지는 불분명하지만, 노론 정파의 사회경제적 정책의 지향을 좀 더 확인할 필요가 있을 것으로 생각한다. 특히 洪禹傳이 제기한 양역변통 우선론의 실질적인 역사적 의미를 좀 더 천착하여 量田施行論과의 상관관계가 무엇인지 검토해야 할 것이다. 양전시행론을 주장한 이들은 良役變通 문제에 대해서도 일정한 견해를 표명하고 있었다. 앞서 金昌集은 소극적인 방식의 양역변통론을 제기하였다.[12]

1710년 이후 숙종 재위 후반기에 들어서면 양역변통에 대한 숙종의 적극적인 태도로 대변통론에 대한 논의가 무성하게 전개되고 특히 老論측의 의견제시가 많았지만, 戶布 등 新法을 갑자기 시행하기 어렵다는 결론을 도출하였다.[13] 逃故里定과 軍丁民戶 均齊論과 같은 양역제 운영상의 문제점을 부분적으로 개선하는 소변통론을 취하는 선에서 마무리되었고, 老論은 少論과의 집권경쟁에서 士族의 후원을 받기 위해 士族에게 收布하는 것이 현실적으로 어렵다는 점을 잘 알고 있었다. 사실 숙종 후반기 良役變通 논의는 柳鳳輝가 減匹論을 제시하면서 이러한 방향의 소변통론으로 논의가 모아지던 시기라고 할 수

---

12 『肅宗實錄』 권56, 肅宗 41년 12월 丙寅 (40-562).

13 鄭萬祚, 「肅宗朝 良役變通論의 展開와 良役對策」, 『國史館論叢』 17(국사편찬위원회, 1990).

있다.[14] 이러한 점을 고려할 때 量田施行論을 노론측이 제기하고 강하게 실행에 옮긴 것은 양전 추진세력의 권력기반을 양전 수행과정에서 보다 공고하게 다져두려는 의도도 담겨 있다고 해석해볼 수 있다. 따라서 1720년의 양전 시행은 양전시행론이 가진 우월한 논리적 체계에 기인한 것이라기보다는, 양전시행론을 주장한 인물들이 가진 정치적, 경제적 배경에 근거한 것이었다고 볼 수 있다.

1720년 三南의 改量 작업이 끝마무리지게 된 것은 실제로 양전시행의 알맹이를 확보한 것이라고 할 수 있다. 그렇다면 量田을 줄기차게 주장하고 때에 따라, 즉 기근, 질병에 따른 변통책을 제시하면서도 결국 三南의 改量을 관철시킨 양전시행론의 논거는 무엇이었는지 살펴볼 필요가 있다. 量田施行論을 주장한 사람들이 量田을 해야만 한다고 주장하면서 내세운 근본적인 이유는 무엇인가를 살피려고 한다.

대다수 양전시행론자가 주장한 양전시행의 근본적인 이유는 田政의 紊亂과 賦役의 不均이었다.[15] 18세기 초반인 당시에 사용되던 量案은 수십 년 전에 작성된 1634년의 甲戌量案, 1663년의 癸卯量案, 또는 1669년의 己酉量案인 실정이었다. 비변사는 1717년 당시의 양안이 실제의 田形 등 전토의 사정을 반영하지 못하고 있다고 지적하였다. 양전이 거의 50년이나 시행되지 않아 양안에 기록된 原帳付 結數와 실제 賦稅 수취에 사용하는 結數가 서로 어긋난 상황을 맞이하고

---

14 鄭演植, 「조선후기 '役摠'의 운영과 良役 變通」, 서울대 대학원 국사학과 박사학위논문(1993).

15 田政 紊亂과 賦役 不均의 해소를 量田의 목적으로 지목하는 것은 量田 施行論者가 기본적인 논거이지만 量田 保留論을 주장한 사람들도 동의할 수밖에 없는 명분이었다. 한 예로 권업의 주장을 찾아볼 수 있다. 『肅宗實錄』권60, 肅宗 43년 11월 壬申 (40-684) ; 道內之因用舊量 殆近百年 田政之紊亂 賦役之不均 誠如大臣所達 而朝家之因循許久 尙未改檢者 豈以洊歲凶歉 爲慮擾民而莫之行也 八十餘年間 亦豈無一二稍稔之歲 而猶不能行者 無乃 以人心不古 奸寶難防 不能善變 而有未敢輕議也

있었다.[16] 이러한 사정이 양전시행론자들이 주장하는 당시의 양안의 모습이었다.

田政紊亂과 賦役不均 두 가지는 사실상 하나의 문제를 달리 표현한 것이라고 할 수 있다. 田政이란 토지에 대한 파악과 수취를 동시에 포함하는 개념이기 때문에, 田稅 大同 등에서 발생하는 賦役의 不均은 결국 田政의 문란에서 비롯되는 것이었다. 따라서 양전 시행의 근본적인 이유를 田政紊亂과 賦役不均으로 제시한 견해는 量田을 수행함으로써 田政의 문란을 극복해야 한다는 입장이었다. 그런데 실제로 量田을 하게 되면 田政의 紊亂을 극복할 수 있는 것인지 여부를 살펴볼 필요가 있다. 왜냐하면 量田을 해도 田政의 문란을 극복할 수 없는 것이 현실적인 상황이었다면 그리고 그러한 현실적인 상황을 고려하면서도 量田을 주장한 것이라면 양전시행을 주장한 논거가 무엇인지 시행론자가 주장한 속뜻을 살펴보아야 하기 때문이다.

量田 施行論과 量田 保留論을 접근하여 분석하는 태도는 약간 차이를 둘 수밖에 없다. 왜냐하면 양전 보류론자의 주장은 이미 양전 시행이 결정되어 있는 상황이었기 때문에 양전 시행을 중단시키고 보류시키기 위한 분명한 이유를 명시해야 했기 때문이다. 따라서 양전보류론을 주장한 언사 속에서 양전 보류론의 내용과 특색을 찾아볼 수 있었다. 하지만 量田 施行論의 내용과 목표는 그 주장에서만 찾기 어렵다. 즉 양전시행론자들이 내세우는 전정의 문란과 부세의 불균의 해소라는 주장만을 놓고 그들의 내용과 목표를 찾으려는 것은 표면적인 것을 근본적인 것으로 잘못 파악하게 될 위험성이 높다. 왜냐하면 양

---

16 『備邊司謄錄』 70冊, 肅宗 43년 6월 초3일 (6-943) ; 諸道 或用甲戌量案 或用癸卯己酉量案 最近者 四十九年 而田形累變 雜頉夥然 當年應稅結數 比原帳付 則幾減其半 蓋近來 不能遵行二十年一量田之法 帳付與行用實結 相左 以致如此

전시행론의 근본적인 동기를 검토하지 않고 양전 시행의 名分만 파악하는 것이 되기 때문이다. 즉 양전시행론의 주장 자체가 아니라 양전 시행 자체의 역사적 의의, 또는 양전 시행의 실제적 목적을 검토하는 방식으로 양전시행론의 내용과 목표를 찾아볼 수 있다. 양전 보류론의 경우에서도 암묵적인 양전 불응을 통해 양전 보류를 현실화시키고 있는 지방 수령의 처사에서 양전 보류의 목표를 살펴볼 수 있는 경우와 마찬가지라고 할 것이다.

量田으로 田政의 문란함을 극복할 수 있는지 여부를 검토하려면 먼저 量田을 통해 田土의 어떠한 정보를 파악할 수 있는지 살펴볼 필요가 있다. 量田 과정에서 파악할 수 있는 田土에 대한 여러 가지 세부적인 사항은 量案의 기재내용에서 찾아볼 수 있다.[17]

量田에서 조사하는 토지와 사람에 관한 정보 가운데 가장 주요한 사항은 토지의 起陳與否, 田品等第, 結負數, 田主 등 네 가지라고 할 수 있다. 字號, 地番 등은 토지의 위치를 분명하게 나타내려는 데에 주요한 의미가 있는 것이지, 그 자체가 토지를 파악하는 데 없어서는 안될 불변적 요소는 아니라고 할 수 있다. 그리고 四標도 마찬가지로 토지의 위치를 다른 전토와 관계 속에서 상대적으로 파악하는 데 필요한 요소이지 그 자체를 파악하는 것이 量田의 주요한 목적이라고 할 수는 없다. 따라서 위에서 지적한 起陳與否, 田品等第, 結負數, 田主가 양전작업의 결과로 파악할 수 있을 것으로 예측 가능한 주요한 요소일 것이다.

量田 작업으로 획득할 수 있는 토지의 여러 가지 정보들이 바로 田政의 紊亂이나 賦稅의 불균을 가져오는 요인이라는 앞서 내린 결론에

---

17 量案에 대한 기초적인 설명은 오래전에 金容燮선생님이 밝혀놓았다. 金容燮, 「量案의 硏究 – 朝鮮後期의 農家經濟」(上下), 『史學硏究』 7·8(1960).

의거하여 起陳與否, 田品等第, 結負數, 田主 등의 요소를 하나하나 살펴본다. 첫째로 田土의 起陳 與否를 잘못 파악하거나 또는 누락시키는 경우 田政의 문란과 부세의 불균을 가져올 수 있었다. 量田事目에서 量田 과정의 주요한 탈법행위로 지목하는 것이 바로 起陳을 문란하게 조사하는 것이었다.[18]

둘째로 田品等第가 현실의 土品과 유리되었을 때 비옥도를 제대로 반영하지 못하여 賦稅가 문란하게 될 수밖에 없었다. 전품 등제는 양전과정에서 田主가 가장 관심을 부여하는 요소였다. 실제의 절대적인 토지의 면적을 재는 작업보다는 田品이 매겨지고 이것을 통해서 결부수를 산정하는 것이기 때문에 田品이 매우 중요한 문제였다. 또한 庚子量田이 수행되는 과정이나, 庚子量田을 수행하기 위한 量田節目에서도 田品을 어떻게 매길 것인가의 문제는 대단히 중요한 것이었다.[19]

셋째 結負數는 실제의 부세수취에서 기준이 되는 數値인데, 田品의 虛僞뿐만 아니라 解負과정에서의 착오로 인하여 실제 매겨져야 할 結負數와 괴리가 생기는 경우가 있었다. 이는 즉시 부세 수취에 부정적인 영향을 끼치는 요소로 작용하였다.[20] 네 번째로 田主를 정확하게

---

18 1717년(肅宗 43)에 마련된 量田事目으로 『新補受教輯錄』에 실려 있는 다음 조항이 바로 起陳의 철저한 파악을 강조하고 있다. ○ 打量時 監官等 以起爲陳 以陳爲起 田形失實 循私落漏 用意妄冒者 每一負杖一十 至杖一百而止 通計滿一結者全家徙邊 佃夫之符同用奸者 亦爲一體定罪(「康熙丁酉量田事目」, 『新補受教輯錄』戶典 量田).

19 「康熙丁酉量田事目」(1717) 『新補受教輯錄』戶典 量田 ○ 諸道田畓 從前累經檢量 等數高下 旣已從實懸錄於量案中 此則前後宜無異同 今番改量時 則量後加起之處 等數高下 一從土品施行 而至於曾前量案所載 田畓等第 勿爲陞降 其中或有不得已釐正者 各邑一從里中公論 抄報監營 自監營別爲摘奸 詳知其實狀 然後 始許改正 而同改正庫員字號等第成冊 一件亦爲上送本曹 以前頭摘奸時憑考之地 土豪輩如有夤緣冒僞 有所現露則 都監官以下及佃夫 並繩以全家之律 該邑守令亦爲從重論罪 (依大明律 制違杖一百).

20 「康熙丁酉量田事目」(1717) 『新補受教輯錄』戶典 量田 ○ 各邑成冊末端 必書解負人姓名 更加叩筭 果有差錯 勿論用情無情 一依事目內 量田監官落漏妄冒者例每一負杖一十 至杖一百而止 通計滿一結者用全家徙邊之律.

파악하는 가의 여부도 부세의 불균과 연결된 문제였다.[21] 실제 해당 필지에서 田稅를 거둘 때 稅를 납부할 田主를 확정하는 정보라고 할 수 있다. 이상 起陳, 田品등제, 結負數, 田主의 요소가 量田과 田政紊亂·賦稅不均과 서로 연결되는 부분이라고 할 수 있다.

숙종 후반 量田을 시행해야 한다고 주장한 사람들의 주된 논거는 바로 田政의 문란과 賦稅의 불균이었다. 그렇다면 이들 시행론자들이 과연 양전논의 과정과 시행과정에서 위에서 네 가지 요소 가운데 어디에 자신의 입론을 두고 있었고, 실제로는 어떠한 요소에 관심이 집중되었는지 살펴보면 이들이 진정으로 量田을 주장한 의도와 목표를 파악할 수 있을 것으로 생각된다.

경자양전에 적용된 量田事目은 起陳 문제와 結負數 문제와 연관된 조목을 규정하고 있었다. 첫째로 갑술양전 당시에 陳田으로 양안에 등재되었지만 그 후에 起耕된 토지를 量案에 등재하는 방침이 세워져 있었다.[22] 둘째로 갑술양전 당시에 진황지였다가 새롭게 경작된 加耕地를 양안에 수록하는 것도 중요한 양전 방침이었다.[23] 이러한 규정은 양전시행론의 주요한 목적이 이러한 증가된 기경전, 그리고 진황지에서 발생한 加耕地를 양안에 등재시키려는 것이었다는 점을 확인시켜준다.

---

21 「康熙丁酉量田事目」(1717) 『新補受敎輯錄』 戶典 量田 ○ 結負欺隱之弊 多出於土豪 而畏其全家之律 例以奴名爲佃夫 而量田時 主戶知情欺隱者 則各其主戶 勿論朝官 斷以全家之律.

22 『新補受敎輯錄』 戶典 量田 康熙丁酉(1717) 量田事目 ○ (……) 今番改量時 則量後加起之處 等數高下 一從土品施行 而至於曾前量案所載 田畓等第 勿爲陞降 其中或有不得已釐正者 各邑一從里中公論 抄報監營 自監營別爲摘奸 詳知其實狀 然後 始許改正.

23 『量田謄錄』 庚子慶尙左道 均田使 量田私節目. 一 量不付 加耕田乙良 附近元第次下 降一字書俠 六等續某形田幾負幾束是如爲乎矣 如有二作·三作處是去等 一依元田二三作例 列錄爲旀 其中土品頗沃 與元田無甚異同者乙良 依事目 比四旁 減一等入錄爲齋.

起耕田이 증대하고 陳田이 줄어드는 것은 양안에서는 時起結의 증가로 나타나고, 새로운 加耕地가 늘어나는 것은 原帳付 結負數의 증가라는 현상으로 나타나게 된다. 즉 起陳의 정확한 파악을 통하여 누락되어 있던 起耕田을 양안에 수록하는 것과 加耕地를 있는 대로 찾아내어 量案에 올리는 것이 경자양전 당시의 구체적인 量田事目의 실행규정이었다. 그런데 기경전을 정확히 파악하고 가경지를 추가로 조사하여 양안에 등재하는 것이 어떠한 의미를 지닌 것이었는지 우선 양안과 부세수취의 관계를 검토할 필요가 있다.

量田을 통해서 加耕地로 새롭게 量案에 등재된 전토는 결국 부세수취의 대상이라는 점에서 양전 이전과 이후의 차이가 없었다. 즉 量田의 결과로 量案에 수록된 結負數가 증대되었다고 하더라도 증대된 結負數가 모두 加耕地이고 새롭게 수취대상으로 설정되기 시작하는 것이 아니라는 점에 주의해야 한다. 加耕地는 이미 戶曹의 收租案에 파악되어 수취대상으로 설정되어 있었다.

1711년 宗親府의 郎廳이 量外加耕을 折受해 달라는 입장에서 올린 啓辭에서 加耕地가 수취대상에서 벗어난 田土가 아니라는 점을 알 수 있다.[24] 宗親府 낭청은 折受의 허락을 이미 받았는데 各邑에서 出給하지 않으려고 애써서 本邑으로 환속된 것이 더 큰 폐단을 일으키고 있다는 점을 강조하였다. 郎廳의 啓辭를 보면 各邑에서 절수를 반대하는 이유로 제시한 것 가운데 하나가 "量案에 비록 無主라고 懸錄되어 있지만, 지금은 모두 起墾되어 또 舊陳이 없고, 加耕 火粟이 모두 戶曹에 入錄되어 있다"라는 것이었다.

이러한 점에서 종친부 낭청은 收租案에 入錄되지 않은 舊陳 황폐지를 折受하는 것은 전혀 종친부의 物力을 補用하는 데 도움이 되지 않

---

24 『備邊司謄錄』 63책, 肅宗 37년 7월 3일 (6-221).

는다고 호소하였다. 즉 당시 호조의 收租案에는 민인의 開墾에 의한 加耕地가 이미 등재되어 있었던 것이다. 따라서 起陳與否를 판별하는 것이 주된 量田사업의 목적은 아니었다. 물론 量田을 수행하게 되면 加耕地가 收税案보다 上級의 국가장부인 量案에 등재된다는 의미를 지니고 있지만, 절대적으로 量案에 등재되야만 收税가 가능한 것은 아니었다. 따라서 庚子量田을 주장한 인물들이 내세운 量田施行論은 結負數의 측면에서 戶曹의 收税案에 잡혀 있지 않은 田結을 확보하려는 것이었다.

加耕田이 이미 수세대상이었다면 양전을 통해서 새로운 가경지를 파악하여 原帳付 결수를 증대시키는 것이 부세수취의 당시 실상을 크게 바꾸는 의미를 가질 수 없었다고 할 수 있다. 이전의 진황지였던 전토가 점차 가경지로 변해 가는 과정이 이미 17세기 이후 광범위하게 발생하고 있었다. 그러한 개간의 진전에 따라서 호조는 매해마다 수조안을 새롭게 작성하면서 새로운 수세대상지로 加耕地를 파악하고 있었던 것이다.

時起結도 부세수취 관계에서 가경지와 마찬가지로 田政의 폐단이 일반적인 경우가 아니라면 당해년도의 부세납부 대상 전토로 설정되어 있었다. 당해년도의 時起結은 농간이 벌어지지 않는 상황이라면 農形에 의거하여 실제 납세의 의무를 지는 것에서 벗어날 수 없었다. 또한 量案에 기록된 起陳 여부는 실상 量田이 수행된 해당 연도에만 유의미한 것이었다. 田政의 문란을 도외시한다면 양안에 陳田이라고 등재되어 있다는 것으로 전세의 부담에서 벗어날 수 없었다. 왜냐하면 해마다 農形이 달라지면서 起陳 여부도 새롭게 조사되어 호조의 수조안이 작성되기 때문이었다.

起陳 여부의 판별 문제는 사실 田土의 소유자인 田主에게 보다 커다란 관심사였다. 陳田으로 파악되어 舊陳이나 今陳으로 설정되면,

즉 陳田이라는 명찰이 붙으면 賦稅 수취대상에서 벗어나는 것이 조선의 수취제도에서도 지극히 정상적인 결과라고 할 수 있다. 그러나 실제에서 陳田이라고 賦稅를 면제받는 것은 농민의 희망이 실린 당연함일 뿐이었다. 애초에 陳田이라고 인정받는 것 자체가 지난한 과정을 겪어야 가능한 것이었다. 그리고 陳田이 되었다고 해서 불법적인 守令, 吏胥의 白地徵稅를 모면하기는 어려웠다. 그렇지만 量案에 陳田이라고 등재되는 것은 백지징세가 불법인 한 면세를 주장할 수 있는 근거가 되는 것이었다. 따라서 양전을 통해서 陳起를 분별하여 정확하게 파악하는 것이 중요하였다. 이 점이 바로 법전 상으로 20년에 한번 양전을 수행해야 한다는 규정이 마련된 배경이었다. 즉 田形의 변천 뿐 아니라 肥瘠의 변동을 계속 양전을 통해서 量案에 기록하는 것이 원활한 收租를 위한 관건이라고 보았던 것이다.

量田 과정에서 파악되는 加耕田 結數 그리고 時起結數 등은 그 자체로 부세 수취과정에서 중요한 요소이기는 하지만, 양전 시행이 없다고 해서 파악하는 것이 불가능한 그러한 수치는 아니었다. 양전과정의 주요한 파악 요소 가운데 하나인 結負數의 측면에서 己亥 · 庚子量田의 결과가 어떠하였는지 살펴본다. 즉 이전의 量案 등재 結負數에 비해서 어느 정도나 田結數, 즉 結負數가 증대하였는지 검토할 필요가 있다. 경자양전의 결과 결부수가 증대하였다면 이러한 결부수의 증대가 결국 量田施行論을 주장한 사람들의 실제적인 목표, 또는 달성한 목표로 파악할 수 있을 것이다.

庚子量田 당시 기록인 『量田謄錄』에 기록된 三南 지역의 己亥 · 庚子量田 結負數를 살펴본다.[25] 『量田謄錄』에는 三南 가운데 몇 지역의 증대된 結負數가 均田使의 보고 형식으로 수록되어 있다. 먼저 新量,

25 『量田謄錄』(규장각 소장 : 經古 333.335-Y17).

즉 己亥 · 庚子量田의 結數가 舊量, 즉 甲戌量田의 結數보다 증대된 상황을 분명하게 기록한 慶尙道 左右道와 全羅右道의 경우를 정리하면 다음 표 1과 같다. 전라우도와 경상도 지역이 여기에 해당되는데 다른 지역의 元田畓 結數가 보고되고 있기 때문에 좀 더 확인 작업을 거치면 이외의 지역에서 甲戌量田으로 증대한 결수가 어느 정도인지 찾을 수 있을 것으로 보인다.[26]

표 1 慶尙道, 全羅右道의 甲戌年 · 庚子年 結負數 현황 비교

지역	甲戌 元田畓	庚子 元田畓	增加 結負	증가율
慶尙道(A)	299,706결 32부	336,749결 67부	37,043결	12%
慶尙右道(31읍)	125,088결 83부	156,224결 25부	18,880결 14부 2속	15%
慶尙左道(40읍)	162,300여 결	180,529결 52부 2속	18,200여 결	11%
全羅右道(B)	210,610여 결	242,740여 결	32,130여 결	15%
소계 (A+B)	510,316여 결	579,489여 결	69,173여 결	13.55%

먼저 경상 좌도 40읍의 경우 均田使 沈壽賢의 보고에 따르면 元田畓 180,529결 52부 2속이어서 甲戌量田에 비해서 18,200여 결 증가하였다.[27] 경상 우도는 31읍이었는데, 경상 감사 吳命恒이 甲戌量田에 비해서 18,880결 정도가 증대하였다고 보고하였다.[28] 나중의 보고에서

---

26 (충청 우도, 충청 감사 權업 보고) 總計 都數 137,625결 3부 6속 民時起田畓 90,001 결 6부 4속(『量田謄錄』, 150면) ; (전라 좌도, 均田使 金在魯 보고) 新量 元帳付 田畓 합 136,914결 7부 9속, 民起田畓 급 出稅 雜位起田畓 102,310결 44부 3속(『量田謄錄』, 238) ; (충청 좌도, 均田使 金雲澤 보고) 都已上 田畓 幷 118,759결 37부 4속, 各位陳田畓 幷 987결 93부, 起田畓 幷 6,732결 5부, 民陳田畓 幷 38,638결 78부 1속, 起田 41,165결 63부, 畓 31,234결 98부 3속(『量田謄錄』, 203면).

27 이밖에 免賦稅田畓 8,163결 81부 4속, 免稅出賦 전畓 2,914결 23부 5속, 陳雜頉 32,709결 54부 6속, 出賦稅實田畓 136,741결 92부 7속이었다(『量田謄錄』庚子 9월 일 慶 尙左道均田使 臣 沈壽賢 謹啓, 236면).

28 오명항은 甲戌 舊量 元田畓 125,088결 83부, 己亥元田畓 各年 加耕 幷 142,220결

는 경상 좌우도를 합하면 甲戌量田에 비해서 37,043결이 증대하였다.[29] 위의 두 수치를 합한 것이 나중의 것에 대략 일치하고 있다. 그런데 37,043결이라는 증대된 結數는 甲戌量田의 元結 299,706결 32부의 12% 정도에 달하는 양이었다.

무엇보다 중요한 것은 慶尙右道의 경우 庚子年 1년 전인 己亥年의 元田畓 結數에 비해서 14,003결 73부 3속가 증가한 것이어서 量田의 결과 대폭 結數가 증대한 것이 어디에서 연유하였는지를 여실히 보여주는 부분이다. 己亥年의 元田畓보다 증대된 結負數는 이전에 戶曹의 收稅案이나 여타의 다른 부세수취체계에 파악된 적이 없는 漏結인 상태로 존재하던 것이라고 할 수 있다. 이러한 결부수가 14,003결 73부 3속에 달하고 있었고, 이 수치는 庚子量田으로 증대된 結負數 18,880 결 14부 2속의 74.2%를 차지하고 있었다. 庚子量田으로 증대된 결부수가 甲戌量田에 비해서 15%가 증대한 것이었지만, 己亥年 元田畓에 비해서 증대된 결부수를 갑술양전과 비교해도 11.2%나 증대한 것이어서, 앞서 설명한 부분을 그대로 반영하고 있었다. 이와 같이 量案에 누락되어 있을 뿐만 아니라 호조의 收租案에도 빠져 있던 새로운 結負數를 새롭게 파악한 것이 바로 경상우도 庚子量田의 성과라고 할 수 있을 것이다. 이것은 달리 말해서 새로운 應稅結의 확보와 다른 것이 아니었다.

전라 우도의 경우 감사 申思喆이 갑술양전에 비해서 庚子量田으로 확보된 결수가 얼마나 증대하였는지 보고하였는데, 전체 242,740결

51부 5속, 庚子新量元田畓 156,224결 25부(甲戌에 비해서 18,880결 14부 2속 증가, 己亥에 비해서 14,003결 73부 3속 증가)이라고 보고하였다(『量田謄錄』 庚子 8일 초9일 慶尙監司 吳命恒 狀啓, 159면).

29 『量田謄錄』 庚子 12월 22일 慶尙道觀察使兼巡察使爲相考事, 253면 ; (경상좌우도) 甲量 元結 299,706결 32부, 新元結 336,749결 67부.

가운데 32,130결 정도가 증대한 結數라고 적시하였다.[30] 이것은 갑술 양전에서 확보된 結數가 210,610결 정도임을 나타내는 것이고, 증가 비율이 15%를 넘어서고 있다.

結負數의 측면에서 庚子量田의 결과를 살펴보면 결부수의 상당한 증대를 찾아볼 수 있다. 경상도와 전라우도의 경우 庚子量田의 결과 결부수의 증대는 대략 13.5%에 달하는 높은 증가율을 기록한 것이었다. 게다가 경상우도 庚子量田의 결과에서 볼 수 있듯이 己亥年 元田畓에 포함되지 않고 있는 부분이 증대 결부수의 대부분을 차지하고 있었다. 또한 이렇게 전년도보다 증대된 결부수는 새롭게 應稅結로 전화된 田土로 파악할 수 있다.

庚子量田의 結負數를 살펴보는 데 중요한 관건을 慶尙 右道의 경우에서 찾아볼 수 있다. 경상우도는 경자양전 결과 庚子年(1720) 1년전인 己亥年(1719)의 元田畓에 비해서 14,003결 73부 3속가 증가한 결수를 조사하였다.[31] 이러한 점은 경자양전의 결과 13% 정도로 대폭 결수가 증대한 것이 어디에서 연유하였는지를 잘 보여주고 있다. 기해년의 원전답보다 증대된 결부수는 이전에 호조의 수조안이나 여타의 다른 부세수취체계에 파악된 적이 없는 漏結, 隱餘結 상태로 존재하던 것이라고 할 수 있다. 이러한 결부수가 14,003결 73부 3속에 달하고 있었고, 이 수치는 경자양전으로 증대된 결부수 18,880결 14부 2속의 74.2%를 차지하고 있었다. 경자양전으로 증대된 결부수가 갑술양전에 비해서 15%가 증대한 것이었지만, 기해년 원전답에 비해서

---

30 申思喆의 보고에 따르면 今量 田畓 雜位陳起 幷 242,740결영(甲量에 비해서 32,130 결영이 증가) 己亥 時起(궁가 아문 免稅 起田畓 제외한) 田畓이 124,349결영인데 今量 起田畓은 145,180결영(20,730결영 증가)이라고 한다(『量田謄錄』 庚子 8월 초7일 全羅監司 申思喆 狀啓, 177면).

31 『量田謄錄』 庚子 8월 초9일 慶尙監司 吳命恒 狀啓, 159면.

증대된 비율은 9.8%나 증대한 것이었다.

경상 우도의 사례에서 알 수 있는 바와 같이 양안에 누락되어 있을 뿐만 아니라 호조의 수조안에도 빠져 있던 새로운 결부수를 새롭게 파악한 것이 바로 경자양전의 성과라고 할 수 있다. 이것은 달리 말해서 새로운 원장부 결수의 확보, 새로운 應稅結의 증대였다. 양전의 결과로 양안에 수록된 결부수의 성격이 이러한 것이었기 때문에 양전시행론을 주장한 인물들이 근본적으로 갖고 있던 양전 시행의 동기가 바로 이러한 것이었다고 할 수 있다. 경자양전 당시의 양전시행론은 결부수의 측면에서 호조의 수조안에서 누락되어 있던 漏結, 隱餘結을 파악하려는 것이었다.

이상에서 18세기 초반 量田施行論의 주요한 논거를 庚子 量田을 통해서 파악할 수 있는 田土의 정보라는 측면에서 찾아보았다. 그 결과 起陳이나 田品等第의 측면보다는 結負數의 증대 또는 실질적인 應稅結의 확보가 주요한 量田의 결과였고, 이점을 量田의 목표로 설정하고 있다는 결론을 내릴 수 있었다.

3) 18세기 후반의 量田 시행론

18세기 초반에 시행된 경자양전 이후 조선왕조의 양전사업은 대규모 道別 양전이 이루어지지 않고 郡縣別 양전, 그리고 査陳, 즉 陳田 改量 사업만 실행되었다. 이와 같이 팔도 또는 하삼도에 대한 전면적인 양전이 실행되지 않았기 때문에 양전을 통해 농정의 잘못된 부분을 개혁해야 한다는 양전시행론이 줄기차게 제기되었다. 이런 측면에서 1720년 이후 제기된 양전시행론은 농정개혁론으로서의 의미를 지니고 있었다. 특히 1720년 경자양전 시행 이후에 제기되는 양전시행론의 대표적인 모습을 18세기 후반 정조 대 여러 인사들이 정조에게 올린 丙午所懷, 應旨農書 등에서 찾아볼 수 있다.

18세기 후반 양전시행론을 주장한 사람들의 면면을 보면 결론적으로 특히 조정의 관직을 역임한 관리출신이 많았다. 1786년에 정조의 구언에 호응한 陳言인 '丙午所懷'에 많은 관리들이 자신의 의견을 올렸다. 병오소회를 올린 사람들은 주로 조정의 관리들이었지만 中人, 軍人까지 포함되어 있었다. 정조의 求言下敎에 호응하여 大臣 이하 中人 軍士에 이르기까지 무려 300여 인이 陳言하였다.[32] 이들의 진언을 묶어서 '丙午所懷'라 부를 수 있다.

당시 정조의 구언하교에 호응하여 자신의 時弊 개혁방안을 제시한 사람 가운데 行副司直 李在簡은 田政의 문제를 해결하는 방안으로 改量을 주장하였다.[33] 이재간의 주장에 따르면 經界를 바로잡아야 田政의 혼란을 막을 수 있는데, 지금까지 여러 사람이 改量을 요청하였지만 이루어지지 않은 상황이었다. 그는 이러한 사정을 해결하기 위해 各道마다 1년에 몇 개 邑씩 배정하여 개량을 해나가면 될 것이라는 방안을 제시하였다. 이재간의 방안은 양전의 필요성을 지적하면서 현실적인 시행방안을 제시하는 것이었지만, 결국 감사와 수령, 그리고 改量을 실제 담당하는 胥吏들에 대한 고려를 하지 못한 불완전한 것이었다.

이재간의 啓言에 대해서 비변사는 1년에 6, 7읍 또는 3, 4읍을 차례대로 改量하면 좋을 것이고, 실제 개량을 수행할 守令이나 監官, 色吏의 차출은 감사가 맡아서 수행하게 하면 좋을 것이라고 보고하였다.

---

32 한우근, 「正祖丙午所懷謄錄 解題」, 『正祖丙午所懷謄錄』 영인본(서울대학교 고전간행회, 1970), 1면. 본문에서 '丙午所懷'를 인용하는 경우 이 책을 활용하였다.

33 서울대학교 고전간행회, 『正祖丙午所懷謄錄』, 26면 ; 行副司直 李在簡 啓言 (……) 又啓言 仁政 必自經界始 田政淸亂 最爲病民之端 改量之議 屢登於章奏 未嘗不許 令施行 而尙無指一之成命 至今未免因循 今若以一年幾邑 酌定分排於各道 令道臣察其 緩急 擇其守令之可辦此事者 逐年準數擧行 不出十年 可了八路 請令廟堂稟處.

그런데 정조는 풍년을 기다려야만 개량에 나설 수 있을 것이라는 비답을 내렸다. 비변사가 개량을 전향적으로 파악하는 입장을 보인 것과 달리 정조는 소극적인 입장을 보여주고 있었다.[34]

병오소회를 올린 또 다른 인물 가운데 行副司直 李文源도 개량을 요청하고 있었다.[35] 그는 田畓의 虛實이 세월이 흐름에 따라서 변화하고 이에 따라 良田 美畓이 成川 浦落으로 변할 수 있다는 점을 감안하려면 개량하지 않을 수 없다고 주장하였다. 또한 개량을 하지 않기 때문에 이름뿐인 땅에서 세금을 거두어 백성들에게 피해를 주는 반면에 새로 개간한 땅은 모두 奸猾한 鄕吏들 수중에 귀착되고 있다고 파악하였다. 그리하여 1년에 1개 도씩 개량해 나가야 실제대로 세금을 거둘 수 있다고 주장하였다.

또한 行副司直 鄭宇淳도 '丙午所懷'에서 改量을 극력 陳言하였다. 鄭宇淳은 황해도 安岳에 수령으로 재직할 때 民瘼 가운데 가장 시급한 것이 量田이라는 것을 알게 되었다고 주장하였다. 量田을 하지 않

---

34 서울대학교 고전간행회,『正祖丙午所懷謄錄』, 26면 ; 備邊司 啓言 二十年一改量 自是法典 而目今諸道改量處 湖西南若而邑外 多則過百年 近不下六十餘年 田政之紊亂 推此可知 其在正經界之道 不可一向抛置 而諸道之一時竝興 其勢誠難 若依重臣所奏 付 之各道 道臣察其緩急 隨其豐歉 每一年 限以六七邑 或三四邑 次第改量 毋如前因循 則十年前後 庶可了當 而若其改量邑 揀守令 擇監色等節 一委道臣 審察擧行 然後 亦可 責效 請竝以此意 行會八路 批 以擇邑倅然後 可議均量 而一番査驗 動費境內民 此則又 待豐歲然後 庶或容手 今豈可遽然行會 徒歸於無實之科乎 先以此意 申飭該道 若値邑倅 得人·年事稍豐之時 指陳某某邑經紀之由 仍卽着意擧行事 知委.

35 行副司直 李文源의 所懷는『正祖丙午所懷謄錄』에 빠져 있고『日省錄』에만 실려 있다.『日省錄』10책, 정조 10년 1월 22일 ; 行副司直 李文源 啓言 年來遍處峽野稍解 民情之切迫矣 大抵 所耕之虛實無常 而所賦之低仰無變 昔之良田美畓 今多爲成川浦落 甚至樹木成林 昔之療壞薄土 或爲膏沃上品 以今比前 所出判異 而虛名無實者 徵稅自如 新懇可食處 則專歸於奸鄕猾吏之舞弄 小民之白地呼冤 朝家之徒然見失 豈非萬萬可痛者 乎 一邑如此 他邑可知 他邑如此 他道可知 臣謂宜令廟堂另飭各道 隨其豐歉 今年行一道 明年行一道 次次改量 一一查出浦落成林者 幷許蕩除 新懇可食者 從實徵稅 則朝家供賦 自無見縮之嘆 而小民之蒙被實惠 大矣 敎 以令廟堂申飭.

아 田案이 오래되어 여러 가지 田稅를 둘러싼 문제가 발생하고 있다고 하였다. 또한 이러한 문제가 安岳만의 것이 아니라 다른 곳도 마찬가지이기 때문에 나라에서 해야 할 가장 커다란 일이 바로 改量이고 백성들도 이를 바라고 있다고 파악하였다. 정우순의 건의에 대해서 비변사는 이재간의 주장과 같은 내용이라고 啓言하였다.[36]

그리고 戶曹佐郞 李義逸도 量田이 국가가 수행할 大政이라고 전제하면서 반드시 적당한 사람으로 하여금 改量을 맡겨 田疇를 하나하나 釐正해야 한다고 주장하였다.[37] 그렇게 하는 것이 나라의 쓰임을 풍족하게 해주는 길이고 또한 小民을 위하는 근본이라고 정리하였다. 또한 羽林衛將 趙榮儉도 경자양전 이후 양전을 하지 못한 폐단을 지적하면서 量田 시행을 강조하고 있었다. 그에 따르면 田畓의 肥瘠이 서로 혼란되게 섞여 있어서 奸吏들이 농간을 부릴 여지가 많고 白地에서 징세를 당하는 상황도 자주 생기게 되었다는 것이다. 따라서 量田 시행을 하지 않으면 안된다는 주장을 올리고 있었다.[38]

---

36 서울대학교 고전간행회, 『正祖丙午所懷謄錄』, 34면 ; 行副司直 鄭宇淳 啓言 臣待罪安岳時 適見民瘼之切急者 海西量田已久 新起旣多 而陳廢亦不少 土地肥瘠 古今判異 溪澗阡陌 變改亦多 而田案歲久 太半磨滅 莫辨字號次第卜數多少 從憑下吏之流來所錄 以爲田稅準額之方 其幻弄欺僞之弊 有不可勝言 而爲官長者 無以詳覈禁戢 非特安岳一郡若此 他邑同然 田政乃是爲國之第一急先務 而淸亂若此 事旣寒心 民情咸願改量 而量田事極重難 若不得宜 則民國俱受其害 而所急旣難於因循任他 故敢達矣 敎 以令 廟堂稟處 備邊司啓言 改量一事 方因重臣李在簡所啓 以年限改量之意 論理覆奏 旣蒙允兪 行會諸道 則海西一路 自在其中 更事論列 反涉架疊 今不爲稟處 批 以依草記施行.

37 서울대학교 고전간행회, 『正祖丙午所懷謄錄』, 78면 ; 戶曹佐郞 李義逸 所懷 量田 國之大政 而近年以來 曠不修擧 小民之困 租稅之縮 未必不由於此 今若擇人任改量 田疇一切釐正 則此不但裕國用之道 抑亦爲小民之本矣.

38 서울대학교 고전간행회, 『正祖丙午所懷謄錄』, 198면 ; 羽林衛將 趙榮儉 所懷 田結者 國家之大政 而近來大江覆沙 沿川浦落 無處無之 昔日良田 今作漸洳 去年斥鹵 還爲美畓 陳墾混雜 得失無常 故各邑奸吏 因緣弄法 私其所親 遲土愚氓 隱匿情實 循其所利 白地徵稅之弊 良田無卜之患 諸道諸邑 一科同套 此弊之流 恐在於久不量田之致 經國大典 旣有間二十年改量之式 而前庚子以後 因循未行 今至爲六十餘年之多 烏得無田政

정조는 1798년에 이르러 侍從 출신 수령들에게 民隱, 즉 민간의 폐
단을 조사하여 보고하라는 왕명을 내렸다. 이에 많은 수령들이 상소를
올렸는데 이를 民隱疏라고 부를 수 있다. 1798년 민은소를 올린 수령
들 중에도 量田의 필요성을 강조하면서 이를 주장한 사람들이 있었다.
林川郡守 尹持範에 의하면 지난 80년간 三南에서 量田이 시행된 지역
이 1/10도 안된다고 하였다.[39] 그리고 安東의 경우 양안이 80년 전에
만들어진 것으로 그동안 陳起가 무상하고 疆界가 불명하여서 전지가
어디 있는지도 모르면서 전세를 바치는 경우도 있다고 하였다.[40]

수령들이 양전의 문제를 제기한 것은 다름이 아니라 부세를 수취하
는 것과 밀접하게 관련된 것이었다. 부세수취에서 문제가 되는 白徵
의 경우 신기전이 철저히 파악된다면 田政에서 白徵의 폐단이 생기지
않을 수 있다고 본 것이었다. 그리고 신기전은 田摠에 오르게 되지만
진전은 頉給해 주지도 않았고 양전이 행해지지 않는 상황에서 陳起의
구분이 분명할 수도 없었다. 그러므로 수령들이 한결같이 양전을 규
정대로 20년에 한 번씩 시행할 것을 주장하였는데 이렇게 함으로써
田簿를 명확히 하여 전세징수의 공정을 기하려고 했던 것이다.

1798년 11월 30일(정조 22, 무오) 정조가 내린 「勸農政求農書綸音」
에 호응하여 전국 각지의 관원을 비롯한 士庶人들이 농서를 올렸다.
이를 應旨農書라고 부를 수 있는데 그 가운데 양전시행론을 많이 찾
아볼 수 있다.

之紊亂乎.

39 『承政院日記』95冊 514면, 正祖 22년 12월 7일.

40 『承政院日記』95冊 560면, 正祖 22년 12월 20일 安東府使 朴宗來 疏 ; 本府量案
之成 在於二去庚子 中間八十餘年之間 川徙谷夷 田形屢變 舊沃今燕 陳起無常 疆界不正
賦役不均 或有不知田庫而納稅者 或有依舊起耕而漏稅者 每當春農之前 民訴還至 雖令
隨訴量給 而案旣不詳 量亦難遍 只從目前而彌縫.

정조에게 응지농서를 올린 응지인 가운데 양전의 문제를 지적한 경우를 살펴보면 첫 번째로 1798년 농서윤음이 내려졌을 때 靑陽 군수로 있던 柳尋春의 주장을 검토할 수 있다.[41] 유심춘은 均田하는 법을 후세에 다시 시행할 수 있는 가능성이 없다는 점을 곧바로 지적하였다. 전토를 균등하게 나누어 주는 均田制라는 것은 실현 가능한 개혁론이 아니라는 점을 전제로 깔고 있었다. 그렇기 때문에 量田하고 均賦하는 사업이 先王이 남긴 뜻이라는 점에서 민간에 막대한 이득이 있다는 주장을 펴고 있었다.

유심춘은 양전의 필요성을 1차적으로 水旱의 피해에 따른 전답의 변동, 田形의 변모, 田品의 변화 등에서 찾았다. 경작지가 변함에 따라 강계에 분별이 없어지고, 肥瘠과 闊狹이 마땅하지 않아, 결국 稅賦의 輕重이 잘못되어 있는 현상이 나타났다고 설명하였다. 뿐만 아니라 姦民와 猾胥가 조종하여 隱漏가 많고 詞訟가 같이 일어나고 있는 상황을 지적하면서 이러한 폐단을 없애기 위해서는 양전을 해야 한다고 주장하였다. 결국 부세의 문제와 향촌에서 奸民, 奸吏 들이 발호하는 배경을 양전이 제대로 시행되지 않은 점에서 찾는 것이었다.

다음으로 응지농서로 올라온 農書 가운데 李鎭宅의 상소도 양전시행론을 담고 있었다. 이진택은 1799년에 「應旨進農務冊子五條」를 올렸다.[42] 이진택은 당시 개성부의 經歷로 재직하고 있었다. 이진택의 농무책자, 즉 농서에서 지적한 다섯 가지 조목은 財成輔相, 不違農時, 薄稅斂, 田野闢, 重農民 등이었다. 이 가운데 세 번째 조목인 세렴을 가볍게 하는 것에 대하여 논하면서 양전에 대한 의견을 피력하고 있었

---

41 正廟가 勸農綸音을 親製하여 頒賜하고 農書를 구한 것에 대하여 柳尋春이 올린 글은 '上農書'라는 제목으로 『江皐先生文集』 권2(규장각 고3428-520)에 실려 있다. 아세아문화사 『農書 7』에 수록.

42 『德峯集』(규장각 奎1428), 권2, 「應旨進農務冊子五條」.

다. 부세와 양전의 문제를 동시에 파악하는 관점을 드러내는 것이었다.

이진택은 우리나라의 稅法는 결국 전체적으로 말하면 什二稅, 즉 10분의 2를 거두어가는 방식이라고 할 수 있는데, 이외에 이른바 柴炭, 雞雉, 紙地 등의 雜役로 징수하는 것이 있어서 실질적으로는 10에 5를 세금으로 거둔다고 말할 수 있다고 정리하였다. 게다가 元稅와 雜役 등의 규칙이 邑마다 각각 같지 않아, 吏胥들이 이를 기화로 간악한 짓을 저지르고, 官長들도 加徵 濫捧하는 실정이라는 것이다. 그의 양전론은 바로 이러한 상황파악에서 제기되는 것이었다.

이진택이 보는 稅法의 황폐는 양전 이외에 다른 방법으로는 회복이 불가능한 상태였다. 양전을 실행한 뒤에 많은 세월이 지나면서 산천이 변천하여, 혹은 전토가 있는데 세금이 없고, 혹은 전토가 없는데 세금이 있는 경우가 있다는 점, 成川된 곳과 쑥대밭이 된 곳이 모두 常稅를 납부하고 있다는 점 등 이렇게 세법이 무너진 것을 회복하기 위해서는 개량을 해야 한다는 것이었다.

이진택은 개량을 해도 불균한 것이 해소되지는 않을 것이기 때문에 수령을 得人한 이후에 시행할 수 있다는 반론이[43] 제기될 수 있다는 것을 알고 있었다. 하지만 그는 지금 사람(今人)이 옛날 사람(古人)에 미치지 않는다고 해서 어느 시절에 別人를 얻을 것을 기대할 것인가라는 점을 지적하면서 지금 改量을 하지 않을 수 없다는 주장을 굽히지 않고 있었다. 간단하게 설명하자면 부세의 불균이라는 상황을 해소하기 위하여 반드시 改量을 해야 한다는 입장이었다. 이진택의 주장은 당시 부세의 不均를 해소하기 위한 방안으로 양전을 내세운, 이른바 농정개선을 위한 양전시행론을 주장한 전형적인 사례라고 할 수

---

43 『德峯集』(규장각 奎1428) 권2, 「應旨進農務冊子五條」; 議者 皆以爲 改量而不均 不如不爲之爲愈也 必待守令得人然後 可以行之也.

있다.

세 번째로 응지농서를 올린 사람들 가운데 量田 시행을 주장한 사람으로 鄭文升을 들 수 있다. 그는 安城 군수인 자신의 伯氏를 대신해서 응지농서를 올렸는데, 십여 가지 조목 중에서 양전 시행에 대한 주장을 피력하고 있었다.[44] 정문승이 주장하는 내용을 보면 양전에 대해서 토지 등급을 매기고 賦斂를 공평하게 하는 것으로 규정하고 있었다. 그리고 새로운 양전, 즉 改量이 필요한 배경을 먼저 土性와 地理에서 찾고 있었다. 전토라는 것은 혹은 한 두둑(塍)이 떨어져 있어도 등급이 상하로 현격하게 나뉘고, 혹 한 도랑(溝)을 넘어도 전품이 비척으로 나뉜다는 것을 지적하였다.

따라서 1字 5結을 같은 等第로 하거나, 대강 붙어 있는 전토라고 해서 비옥도가 동등한 것으로 평가할 수는 없다는 것이었다. 그리고 등제가 제대로 되지 않으면 부세도 공평하게 매길 수 없게 된다는 지적이었다. 그는 또 다른 개량이 필요한 배경으로 지금 각 읍의 전토가 오래도록 개량되지 않은 상태에 있다는 점을 지적하였다. 원래 불균하였고, 양전한 뒤의 陳起가 또한 서로 뒤섞인 것이 많아, 陳田임에도 불구하고 白徵되는 억울함이 절실하다는 것이었다.

정문승은 이러한 배경인식을 통해서 개량이 금일의 급무라는 점을 강조하고 있었다. 그리고 개량을 통해서 얻을 수 있는 성과가 진기를 바로잡는 것, 민이 백징을 면하게 되는 것, 서리들이 사사롭게 농간을 부리는 폐단을 근절하는 것 등으로 제시하였다. 이러한 개량의 성과는 결국 부세의 불균등한 수취를 바로잡는 것으로 귀결되는 것이었다.

다음으로 李仁榮은 자신의 應旨農書에서 토지소유관계를 둘러싼 소송이 많이 발생하고 있다는 문제를 제기하면서 양전을 주장하였다.

---

44 『蕉泉遺稿』 권6(규장각 고3428-79) : 『農書 7』.

당시에 농민의 冒耕, 산지 개간 등의 진전과 전토의 위치·등제의 커다란 변화로 오래도록 양전을 하지 않은 지역에서 토지 소유를 둘러싼 소송이 일어나고 있었다. 경계가 불분명하게 변했는데 양전이 수행되지 않았기 때문에 농부들이 서로 소유권을 주장하기도 하고, 官이나 宮房과 소유권 분쟁이 발생하기도 하였다. 또한 토지 비옥도의 변화, 즉 전품 등제가 자연적인 요인으로 변동하였기 때문에 결부수도 이에 따라 변해야 하는데 양전을 수행해야 결부수가 새로 제정될수 있었다. 따라서 이인영은 경계를 바로잡고, 결부수를 정확하게 산정하기 위한 양전의 시행을 촉구하였던 것이다.[45]

이상에서 살펴본 바와 같이 18세기 후반 양전시행론은 양전이 실시된 지 오래되어 田畓의 실제가 변했다는 점을 내세우면서 부세의 문란을 해소하려면 양전을 해야만 한다는 것이었다. 정조에게 올린 수령의 민은소와 응지농서에서 당대의 양안 실상에 근거한 절실한 양전시행 주장을 찾아볼 수 있다.

4) 19세기의 量田 시행론

19세기 이후 양전시행론을 찾아보면 여러 인물이 주장한 것을 찾아볼 수 있다. 그 중에 가장 대표적인 양전시행론으로 丁若鏞과 徐有榘의 그것을 지적할 수 있다. 丁若鏞과 徐有榘는 結負制의 개혁과 量田法의 改正를 주장하였다.[46]

먼저 정약용은 『牧民心書』에서 양전론을 제기하고 있었다. 그는 『목민심서』 戸典의 田政 부분에 量田와 관련된 내용을 상당한 분량으로 수록하였다. 정약용은 먼저 처음에 우리나라 量田法이 본래 좋지

---

45 『承政院日記』 1802책, 正祖 22년 12월 25일 갑인 95-595나 副司勇 李仁榮 上疏.
46 김용섭, 「茶山과 楓石의 量田論」, 『증보판 한국근대농업사연구 상』(일조각, 1984).

않다는 결론을 내려놓고 있었다.[47] 그는 이러한 결론을 내린 이유로 중국은 頃畝로 田을 풀이하는 데 반하여 우리나라는 結負로 田을 풀이한다는 점을 지적하고 있었다. 따라서 이러한 근본적으로 어찌할 수 없는 조건 때문에 양전법이 애초에 좋지 않다는 결론을 먼저 내리고 있었다.

정약용은 특히 현재 사용하고 있는 田算하는 법, 즉 田積를 산출해 내는 방법이 死法, 즉 다른 것으로는 융통되지 않는 방법이라는 점이 주목하였다.[48] 지금 나라의 토지가 작게는 한 稜로부터 크게는 1成, 사방 10里의 토지에 이르기까지 남김없이 無法四邊形이 아닌 것이 없는데 경우 일곱 가지의 계산법으로는 다양한 현실 속의 田形을 당해 낼 수 없다는 것이었다.

정약용은 조선에서 실행하고 있는 양전법에 대한 근본적인 문제제기를 하면서 改量의 실행을 주장하였다. 그가 제시한 양전론은 개량을 하되 그 본질적인 작업은 査陳과 覈隱이라는 두 가지 작업, 즉 陳田의 조사와 隱結의 확인에 있으며, 옛것이 아주 잘못된 것이 아니면 함부로 고치지 말라는 것이었다.[49] 그는 지금 남방의 농토가 숙종 경자년에 양전한 그대로이기 때문에 더욱 개량이 필요하다고 하였다.

정약용이 주장한 개량은 결국 査陳, 즉 진전 현황 조사나 마찬가지였다. 사진은 진전을 조사하는 것인데 현재 진짜 진전인데 장부상으로는 진전으로 인정받지 못하고 있는 것과 현재 진전이 아닌데 장부상으로는 진전으로 인정받고 있는 것을 사실대로 조사하는 작업이 주

---

47 『牧民心書』 戶典 田政 ; 牧之職五十四條 田政最難 以吾東田法 本自未善也.

48 『牧民心書』 戶典 田政 ; 時行田算之法 乃有方田直田勾田梯田圭田梭田腰鼓田諸名 其推算打量之式 仍是死法 不可通用於他田.

49 『牧民心書』 戶典 田政 ; 改量者 田政之大擧也 査陳覈隱 以圖苟安, 如不獲已 亶勉改量 其無大害者 悉因其舊 釐其太甚 以充原額.

된 것이었다. 그리고 覈隱, 즉 은결을 확인하는 것은 실제로는 여러 가지를 고려해야 하는 작업이었다.[50] 은결이 이서들의 재원 공급원이 라는 현실을 인정하지 않을 수 없기 때문에 은결을 정당한 王稅를 내 는 위치로 끌어올리는 것이 주된 주장이었다.

다음으로 서유구는 농업경영의 문제를 해결하는 방안으로 量田論 을 제기하였다. 量田이란 국가의 공식적인 통치체제를 통하여 각 지 역의 농경지를 筆地별로, 田畓의 田品, 長廣尺數 등을 파악하여 수세 단위인 結負를 산출하고, 起陳, 田主, 전토의 위치 등을 실제와 들어 맞게 조사하여 量案이라는 장부를 작성하는 작업이었다.[51]

서유구는 『林園經濟志』 「本利志」 권1 田制 부분에서 量田이 제대 로 이루어지지 않아 田籍이 아예 없는 邑이 있고, 서리들의 손에 맡겨 놓아 마음대로 자유롭게 隱冒하고 있다고 당시의 量田실태를 지적하 였다. 그리고 아예 "我東의 田制는 地上의 田制가 아니라 紙上의 田 制"라고 규정하는 데까지 이르렀다. 서유구는 結負로 산정하는 我國 의 公法은 토지의 肥瘠을 반영하는 방식인데, 이는 地面의 闊狹이라 는 눈으로 확인할 수 있는 有形者를 기준으로 삼는 것이 아니기 때문 에 잘못이 일어날 수밖에 없다고 본 것이다. 여기에다가 民間에서 사

---

50 『牧民心書』 戶典 田政 ; 將改量 召首吏都吏論之曰 改量者 何也 不過乎査陳覈隱 以隱充陳而已 充陳有術 何必覈隱 汝其惕念 凡丈量有誤者 査其實積 凡新起未報者 定其 實數 以完此事 隱結之數 余已有聞 都吏幾結 東鄉幾結 西鄉幾結 其各首實 以聽裁處將 改量 召首吏都吏論之曰 改量者 何也 不過乎査陳覈隱 以隱充陳而已 充陳有術 何必覈隱 汝其惕念 凡丈量有誤者 査其實積 凡新起未報者 定其實數 以完此事 隱結之數 余已有聞 都吏幾結 東鄉幾結 西鄉幾結 其各首實 以聽裁處.

51 김용섭, 「量案의 研究」, 『增補版 朝鮮後期農業史研究Ⅰ』, 1987 ; 김용섭, 「朝鮮後 期 身分構成의 變動과 農地所有」, 『東方學志』 82(1993) ; 오인택, 「17 · 18세기 量田事業 研究」, 부산대학교 대학원 사학과 박사학위논문(1996) ; 이영훈, 「量案의 성격에 관한 재검토」, 『朝鮮後期社會經濟史』(1988) ; 이영훈, 「韓國史에 있어서 近代로의 移行과 特 質」, 『經濟史學』 21(1996).

용하는 수전의 斗落 단위와 旱田의 日耕 단위도 또한 실상과 부합하지 않는다고 강력하게 주장하였다.[52]

조선의 결부법은 토지의 비척을 기준으로 등급을 매기기 때문에 같은 크기의 田畓이라도 1負가 될 수도 있고, 2負 또는 그 이상이 될 수 있는 상황이었다. 이 때문에 조선의 結負法이 중국의 頃畝法과 서로 비교할 수 없는 상황이었다.[53] 서유구는 結負法에 대한 비판과 더불어 尺法과 步法이 제대로 실상을 반영하지 못하고 있다고 비판하고 있었다.[54] 서유구는 조선의 量田法에 대하여 비판적인 검토하면서 이를 바탕으로 結負法을 頃畝法으로 바꾸어 양전을 시행하자고 주장하는 것이었다.[55]

서유구는 『林園經濟志』 「本利志」에 제시한 양전론 외에 「擬上經界策」에서 자신의 量田論을 제시하였다. 이 글은 1820년에 서유구가 순조에게 올리기 위해 지은 것이었다.[56] 당시 조정에서 양전 시행을 결정하였다는 소식을 듣고 양전을 시행해야 할 때 고려할 점을 체계적으로 정리하여 지은 글이 「의상경계책」이었다. 經界를 바로잡는 일이

---

52 『林園經濟志』 本利志 권1, 田制, 論東國結負法 ; 國初以來 不曾通國量田 其或僅量數道數邑而止者 又皆鹵莽無法 低仰徒憑里甲之口 贏縮一任皂胥之手 豪猾隱冒 則國失已墾之土 暗補是急 則民供不佃之稅 執圖籍而考驗田面 其牴牾違舛 殆若莛之與楹 是我東之田制 卽紙上之田制 而非地上之田制也 若西北三道 往往有邑無田籍 硬定賦額 均攤於租戶者 則並無紙上之田制 而不可問矣(杏蒲志).

53 『林園經濟志』 本利志 권1, 田制, 論華東田畮相準 ; 故以我東之法 準於中國 不可得其要也 磻溪謂古之百畝 當我四十斗地者 亦懸度之耳(金華耕讀記).

54 『林園經濟志』 本利志 권1, 田制, 論東國尺法 ; 旣不成尺法 又不成步法 蓋與勝國之農夫指尺所爭 無幾何矣(杏蒲志).

55 염정섭, 「『林園經濟志』 『本利志』의 農政改善論」, 『震檀學報』 108(진단학회, 2009), 91~92면.

56 『金華知非集』 第十一, 策, 擬上經界策 上 ; 近者伏聞臣僚上言 量田有命 今而不言 言亦無及 輒敢條其說 爲經界策一道 齋沐繕寫 干瀆崇嚴 傳曰狂夫之言 明主擇焉 惟殿下寬其僭而察其愚焉 臣無任隕越戰恐之至.

바로 量田을 시행하는 일이라고 할 수 있다는 점에서 서유구의 「의상경계책」은 양전시행을 주장하는 내용을 담고 있었다.

「의상경계책」 내용은 3綱 11目이라고 부를 수 있는 구조를 갖고 있었다. 그것을 정리하면 다음과 같다.

> 田制之亟宜更張者二 : 改結負爲頃畝法, 正尺步以遵古制
> 量法之亟宜講磨者三 : 用方田以括隱漏, 頒數法以豫肄習, 設專司以考
> 勤慢
> 農政之亟宜施措者六 : 測極高以授人時, 教樹藝以盡地力, 購嘉種以備
> 災傷, 興水利以虞旱澇, 禁反田以覈名實, 廣屯
> 田以富儲蓄[57]

이 綱目 가운데 첫 번째 2개의 綱目이 바로 量田과 직접 연관된 것이었다. 첫 번째 田制에서 시급히 고쳐야 하는 것은 그 대상이 두 가지인데, 하나는 結負法을 頃畝法으로 바꾸는 것이고, 다른 하나는 尺步를 바로잡아 古制를 따르는 것이었다.

서유구는 이어서 量法으로 시급히 강구해야 하는 것을 세 가지로 제시하였다. 첫 번째는 方田法을 사용하여 隱漏結을 찾는 것이고, 두 번째는 양전 관련 數法을 반포하여 미리 익숙하게 연습시켜야 한다는 것이고, 세 번째는 양전을 專管하는 기관을 설치하여 제대로 일을 하는지 여부를 평가해야 한다는 것이었다.

이상에서 살펴본 18세기와 19세기 초반 양전시행론의 성격을 전체적으로 살펴보면 조선 왕조 農政의 가장 커다란 부분인 量田을 제대

---

57 『楓石全集』 권11, 「金華知非集」, 「擬上經界策上」; 楓石全集』 권12, 『金華知非集』, 『擬上經界策下』.

로 시행하여 토지 파악의 문제, 부세 불균등의 문제를 해결해야 한다는 주장이었다. 사실 양전이라도 제대로 실행되어 정확한 量案을 확보하는 것이라도 가능하다면 조선 농민의 어려움은 크게 감소될 수 있었다. 하지만 量田 시행론은 언제나 비용의 문제, 인력의 문제 때문에 실제로 실행되기에 난관이 너무 많았다. 결국 19세기 최말기에 이르러서야 光武 量田이 시행될 수 있었다.

2. 水利施設 변통론

농업구조 개선론의 또 다른 부문으로 水利施設에 대한 變通論을 찾아볼 수 있다. 당시 조선사회의 농업이 맞이하고 있었던 여러 가지 농업 여건 가운데 수리시설의 문제를 農政 실행의 주요한 요소로 파악하고 이의 변통을 주장하는 것이었다. 수리시설에 대한 변통 주장은 18세기 말 응지농서를 올린 응지인들의 주장에서 상세히 살필 수 있다. 수리시설 변통론은 당대 수리시설의 현황을 진단하고 중국과 조선의 수리법에 의거하여 수리시설에 관련된 여러 부문을 크게 변통시켜야 한다는 주장이었다.

1) 18세기 후반 수리시설 변통론

조선후기의 수리시설은 앞 시기와 마찬가지로 堤·洑·堰로 구성되어 있었다.[58] 18세기 말 정조에게 應旨農書를 올린 申在亨은 대체로 "山에 가까운 곳에서는 堤가 있고 堤는 貯水하는 것이다. 野에 가까운 곳에는 洑가 있고 洑는 引水하는 것이다. 海에 가까운 곳에는 堰이 있고 堰은 防水하는 것이다. 堤洑堰 세 가지는 興水功하여 備旱災하

---

58 李光麟, 『李朝水利史研究』, 韓國文化叢書 8(韓國研究院, 1961).

는 것이다"[59]라고 당시 수리시설의 대강을 정확하게 설명하였다.

堤堰과 洑를 주축으로 하는 조선시대 수리시설은 본래 국가 관리를 원칙으로 국가와 지방 사회가 공동으로 운영하는 형태였다. 그러나 18세기 이래 수리시설의 私占이 점차 진행되었으며, 19세기에 들어 이러한 현상은 더욱 심화되었다. 사점된 수리시설에서 물을 사용하는 대가로 水稅를 징수하는 경향이 본격적으로 나타난 것은 19세기에 들어서였고, 이후에는 처음부터 수세를 목적으로 수리시설을 설치하거나 기존의 시설을 구입하는 경향이 계속 늘어났다.

수리시설의 사점과 수세 징수를 주도한 것은 정치적 권세와 경제적 능력을 갖춘 宮房·衙門이었으며, 양반 권세가들도 여기에 참여하고 있었다.[60] 이와 같이 18세기 말에서 19세기 초반에 이르는 조선사회 수리시설의 현황은 축조와 관리라는 수리시설 이용의 문제뿐만 아니라 소유와 관리를 어떠한 방식으로 할 것인가도 고려해야 해답을 찾을 수 있었다.

18세기 후반 정조 대 무렵에 여러 인물들이 다양한 수리시설 변통론을 제시하였다. 이러한 논의에서 조선후기 수리시설의 양상을 찾아볼 수 있고 또한 어떠한 방향으로 나아갈 것인지를 짐작할 수 있다. 18세기 후반 조선의 수리시설 실태에 대해서는 관료들과 재야의 학자들이 모두 같은 인식 기반을 갖고 있었다. 조선의 수리시설이 堤堰, 川防(洑), 그리고 海堰으로 구성되어 있다는 점에 대해 이견이 없었다. 문제는 그러한 수리시설을 어떻게 개선, 개량, 변혁시키는 방안을

---

59 『承政院日記』 1802책, 正祖 22년 12월 16일 乙巳 (95-540다) 洪州 幼學 申在亨 上疏 ; 其云近於山有堤 堤所以貯水 近於野有洑 洑所以引水 近於海有堰 堰所以防水.

60 崔元奎, 「朝鮮後期 水利기구와 經營문제」, 『國史館論叢』 39(국사편찬위원회, 1992) ; 李民友, 「19세기 水利시설의 私占과 水稅 갈등」, 서울대학교 대학원 국사학과 석사학위 논문(2008).

마련할 것인가에 달려 있었다.

먼저 1786년에 병오소회를 올린 戶曹正郎 具膺은 나라의 재원을 늘리고 백성들의 생업을 번성시키기 위해서 두 가지가 필요하다고 설명하였다. 하나는 堤堰과 洑를 축조하는 것이고 다른 하나는 開墾을 활발하게 진행하는 것이었다. 그는 조정에서 堤堰에 대해서 신칙하지만 실제 효과를 거두지 못하는 실정임을 지적하면서 제언으로 蒙利되는 지역을 버려두지 말고 착실히 활용할 것을 주장하였다. 구응의 주장은 일반론에 해당하는 것이었지만 수리시설의 중요성을 강조하는 논의에 해당되는 것이었다.[61]

또한 武兼 徐潤載는 1786년에 자신이 올린 所懷에서 堤堰 가운데 各邑에서 활용하지 않고 방치하는 것이 많다는 것을 지적하였다. 그리고 3년마다 摘奸하는 규정이 있는데 이를 제대로 지켜야 할 것을 강조하였다. 그는 兩湖 지역에서 10곳 가운데 5, 6곳이 폐기된 상황이라고 설명하면서 힘을 합쳐 수축하면 몽리하는 이득이 많을 것이라고 주장하였다.[62]

18세기 후반 수리시설 변통론의 흐름을 살필 때 가장 주목되는 인물 가운데 한 사람이 前 監察 李宇炯이다. 그는 수리기술을 상세하게 강구한 인물로 평가할 수 있는데, 1795년에 이미 水車의 도입을 요청

---

61 서울대학교 고전간행회, 『正祖丙午所懷謄錄』, 77면 ; 戶曹正郎 具膺 所懷 國計之盈縮 民業之殘盛 專係於田政 而堤堰築洑 開荒起陳 又是田政中最緊者也 朝家設法董飭 非不勤懇 而近年以來 便成文具 未免爲有名無實之歸 堤堰之可以蒙利者 未嘗修築 土地之本自膏腴者 間多荒廢 致使田結有減而無增 稅入隨此而漸縮 寧不大可寒心哉.

62 서울대학교 고전간행회, 『正祖丙午所懷謄錄』, 224면 ; 武兼 徐潤載 所懷 夫農民之所大賴者 莫如水利 各道各邑之堤堰灌漑 何莫非國家之急務 而在前堤堰與灌漑處之今荒廢不修治者 甚多 三年摘奸之規 闕而不行 逐歲隄防之道 略而不擧 水旣不貯 則旱易爲災 試以兩湖言之 陂隄之巨而昔之有大利於一方者 其所廢缺 十居五六 計其工役 不過費初築時萬分之一 就其合修築蒙利處 復爲千頃之陂 則可爲萬世之利 另飭營邑 審其形便量其工役 依法修築.

하는 상소를 올리기도 하였다.[63] 그러나 수차를 제작하는 데 비용이 너무 많이 든다면서 호조에서 반대했고 이에 따라 정조가 이우형의 출신지인 호남에서 도신이 시험해 본 후에 결과를 보고하라고 지시가 내려졌을 뿐이었다.[64]

이우형은 1798년 12월에 올린 응지농서에서 수차와 제언과 洑의 변통을 새롭게 주장하였다. 그리하여 水功을 '大全'시킬 수 있을 것이라는 넘치는 자신감에 나타냈다.[65] 이우형은 天地가 각각 雨露로 흠치름하게 적셔주거나 水泉으로 관개해 주는 것이 있지만, 각각 곤란한 점을 태생적으로 가지고 있다고 보았다. 즉 天은 가뭄이 드는 해에는 힘을 제대로 발휘하지 못하고, 地는 지세가 높은 高田에서는 공을 세우기 힘들다는 것이었다. 그렇기 때문에 洑堰과 水車를 기미를 잘 살펴서 시행하여 수리를 크게 일으키면 천지의 부족한 바를 輔相하게 될 것이라는 입장이었다. 天時, 地利, 人事의 상관관계를 수리의 측면에서 나름대로 자신의 논리적인 틀을 제시하면서 수리의 진흥이라는 인사의 중요성을 강조하여 설명하였다.[66]

그는 자신이 고안한 보를 축조하는 새로운 방법을 직접 시험해보기도 하면서 새로운 築洑 방식, 즉 수리시설의 신설축조에 보다 중점을 둔 수리 진흥책을 주장하였다. 1797년 가을부터 1798년 봄에 걸쳐 강원도 강릉의 芳林驛에서 洑 축조하는 것을 직접 실행에 옮겼던 것이다. 방림역은 강릉부의 서쪽으로 190리 떨어진 大和面에 위치하였는데 保安道의 屬驛이었다.[67]

---

63 『正祖實錄』권42, 정조 19년 2월 庚午 46-554.

64 正祖, 『弘齋全書』권44, 批/兵曹佐郎李宇炯請行水車疏批 - 乙卯.

65 『承政院日記』1802책, 正祖 22년 12월 20일 기유 95-562다 前 監察 李宇炯 上疏. 『日省錄』에 실린 기사는 너무 疏略되어 있어서 上疏의 실상을 왜곡시킬 정도이다.

66 『承政院日記』1802책, 正祖 22년 12월 20일 기유 95-562다 前 監察 李宇炯 上疏.

이우형의 작업으로 만들어진 洑는 나무와 돌을 이용하여 柵이 만들어진 상태였지만 여러 가지 이유로 水路, 즉 渠까지 개통된 것은 아니었다. 이후 1798년 6월에 홍수가 발생하여 계곡의 물이 크게 불어나 책보다 훨씬 높게 넘쳐흘렀지만 책 자체를 무너뜨리지는 못하였다고 한다.[68] 이우형은 이와 같이 단단하게 보의 기능을 수행하는 水柵를 만들어야 제대로 논에 물을 댈 수 있다고 하였다.

또한 그는 보가 제대로 운용되기 위한 구성 요소의 하나가 渠, 즉 수로라는 점을 잘 알고 있었다. 보를 쌓고 開渠가 뒤따라야 하는데 그렇지 못했다는 점을 아쉬워하는 점에서 잘 알 수 있다. 보는 단독으로서 의미를 지니는 것이 아니라 거라는 수로가 있어야 제대로 수리 시설로서의 역할과 기능을 다할 수 있는 것이었다.[69] 이우형이 제안한 새로운 築洑 방법은 보의 사용 연한을 늘려서 보다 안정적인 물관리를 가능하게 하려는 것이었다. 당시 보를 통한 수리관개의 효용성을 높이기 위해 여러 가지 노력이 기울여졌는데 그 중의 하나로 평가할 수 있다.

다음으로 전라도 靈巖 幼學 鄭始元이 제시한 새로운 수리방식은 瓦筒을 구워서 상류로부터 전답까지 물을 끌어들이는 것이었다. 정시원의 命名에 따르면 設筒引水法이라는 것이었다. 河川의 상류에서 계곡이나 구릉 등으로 멀찍이 떨어져 있는 논에 물을 댈 수 있는 방식이었다.[70] 정시원이 이러한 새로운 방식의 수리도구를 제안한 것은 長江의

---

67 『江陵郡誌』(규장각 經古915.16 G155) 驛院 芳林驛 규장각, 『江原道邑誌』 二, 1997, 417면. 『經國大典』에는 方林으로 되어 있다. 『經國大典』 吏典 外官職 江原道.

68 『承政院日記』1802책, 正祖 22년 12월 20일 기유 95-562다 前 監察 李宇炯 上疏.

69 王禎, 『農書』農器圖譜集 13, 灌漑門 浚渠 王毓瑚校 『王禎農書』 농업출판사, 341면 ; 凡川澤之水 必開渠引用 可及于田.

70 正祖의 命으로 정시원을 불러 조사한 戶曹 判書 趙鎭寬과 宣惠廳 堂上 鄭民始는 設筒引水法을 農書에 나오는 連筒法에서 유래한 것이라고 파악하였다. 連筒法은 王禎

상류지역과 巨流의 주변지역에서 수리가 제대로 수행되지 않고 또한 長川 大澤이 헛되이 바다로 흘러 들어갈 뿐이라는 점을 해소하기 위한 것이었다.[71]

정시원의 설통인수법은 우선 瓦筒을 구워내는 것이 중요한 작업이었다. 지금의 수도관과 같은 형태로 와통을 질그릇처럼 구워내는 데 중간에 막히는 것 없이 통하게 하고, 바깥 모양은 원형으로 하였다. 이렇게 만든 와통을 서로 이어서 土中에 묻어서 水源으로부터 전답까지 이어지게 하는 것이었다. 정시원은 와통을 연결시키면 골짜기나 높은 언덕배기를 넘어서 물을 끌어들일 수 있고, 결국 高低遠近를 가리지 않고 논을 만들 수 있어 洑堰을 쌓는 것보다 이득이 많다고 주장하였다.[72] 정시원은 앞서 竹筒을 제작하여 수리 효과를 거두는 데 성공을 거둔 경험에 기반하여 와통을 설치하는 방법을 고안한 것이었다.[73]

정조는 호조와 선혜청 당상으로 하여금 정시원이 제안한 설통인수법에 대하여 시험하여 보고하게 지시하였다. 그러자 정조의 명령을 받은 호조 판서 趙鎭寬와 선혜청 당상 鄭民始는 와통이 여름과 겨울에 막힐 우려가 있다는 점, 비용의 과다 등을 지적하면서 호남 도신에게 적당한 곳을 골라 시험하고 보고하도록 지시할 것을 방안으로 내세웠다. 이러한 방안을 정조가 받아들여 설통인수법의 가능성을 시험

의 『農書』에 보이는데 대나무통竹筒를 이용하여 澗谷을 뛰어넘어 引水할 수 있는 방법이었다(王禎 著 王毓瑚 校, 『農書』農器圖譜集 13 灌漑門 連筒, 農業出版社, 333면).

71 『承政院日記』1802책, 正祖 22년 12월 20일 己酉 (95-564나) 幼學 鄭始元 上疏 : 『日省錄』正祖 22년 12월 20일 기유 27권 222, 223면 靈巖幼學 鄭始元 疏陳 設筒引水 之法.

72 『承政院日記』1802책, 正祖 22년 12월 20일 己酉 (95-564나) 幼學 鄭始元 上疏 : 『日省錄』正祖 22년 12월 20일 기유 27권 222, 223면 靈巖幼學 鄭始元 疏陳 設筒引水 之法.

73 『承政院日記』1802책, 正祖 22년 12월 28일 丁巳 (95-601가) 備邊司啓 幼學 鄭始 元 上疏.

하게 되었다.[74] 설통인수법을 시험한 이후의 사정에 대해서는 전해지는 바가 없다. 하지만 정시원이 제안한 방법은 사실 수리시설의 커다란 변혁을 도모한 것이라기보다는 보완적인 수리법의 채택에 관련된 것이었다. 이와 같이 당시 조선의 水利 현실에 근거하여 새로운 방식의 수리기술을 개발하려는 노력이 벌어지고 있었다.

18세기 후반 화성 지역에 거주하고 있던 金養直는 화성 지역의 여러 가지 상황에 걸맞은 수리시설 개선 방안을 제출하였다. 그는 첫째로 개천에 築洑하기, 둘째로 수확한 다음에 洑를 철저하게 개축하기, 셋째로 화성의 여러 支川에 걸맞은 수리시설 축조하기 등을 제시하였다.[75] 그가 제안한 방식은 화성 지역사정에 걸맞은 맞춤형 수리시설 변통론이었다.

또한 경기 廣州 지역의 崔世澤은 보를 중심으로 하는 수리시설 개선론을 제기하였다. 그는 하천을 끌어들여 水路, 渠를 통해 물을 넣어주는 방식이 이른바 보의 본질적인 기능임을 주장하였다.[76] 최세택의 평가에 따르면 당시 축조되어 있던 보는 地脈이나 土性이라는 조건을 제대로 충족시키지 못하고 있는 상황이었다. 그래서 수로를 제대로 개착하지 못하고, 또한 개착한 수로라고 하더라도 관리를 잘 수행하지 못하여, 결국 시루로 물을 긷는 것과 같은 형편에 부딪히고 있었다. 따라서 지맥과 토성을 제대로 살피는 것이 보를 축조하기 위한 기본적인 전제로 설정하였다. 또한 적당한 사람이 보를 축조하고 관리 감독해야 한다는 점도 같이 제시하였다.[77]

---

74 『承政院日記』1802책, 正祖 22년 12월 28일 丁巳 (95-601가) 備邊司啓 幼學 鄭始元 上疏.

75 『承政院日記』1806책, 正祖 23년 3월 28일 丙戌 (95-793나) 司直 金養直 上疏.

76 『承政院日記』1807책, 正祖 23년 4월 1일 己未 (95-800다) 僉知 崔世澤 上疏. 최세택은 洑를 引川하여 開渠하는 방식이라고 설명하였다.

최세택은 제언의 기능을 회복시켜야 한다는 주장도 제기하였다. 그는 제언이 제대로 구실을 다하게 하기 위한 절대적인 전제조건을 내세우고 있었다. 그것은 최세택의 표현에 따르면 田政이라는 것이었다. 최세택의 田政은 田稅와 관련된 것이 아니라 독특한 의미를 갖고 있었는데 바로 토질에 따라서 수전 한전을 잘 분별하고, 경종법도 그에 따라 적당한 것을 채택하게 해야 한다는 것이었다.

그에 따르면 매우 높고 매우 마른 곳(深高深燥處)은 벼를 乾播하거나 혹은 稷를 代播하게 한다. 다만 약간 습하고 약간 낮은 곳(稍濕稍下處)에서는 付種하게 하고 혹은 이앙하게 한다. 이러한 주장을 펴면서 그는 전체 蒙利田의 크기에 따라서 둑의 깊이와 넓이를 적당하게 맞추어야 한다고 주장하였다.[78] 이와 같이 아주 구체적으로 지역적인 농업 현황에 걸맞은 수리진흥책이 제시되고 있었다.

수리 시설 개선론 중에서는 특히 보의 중요성을 강조하여 開洑를 독려해야 한다는 주장을 여러 사람이 제기하였다. 보의 축조를 강조하는 견해를 18세기 말에 응지농서를 올린 응지인 가운데 여러 사람이 제시하고 있었다. 또한 지역적으로도 여러 지역에서 거주하는 인물이 올린 응지농서에서 보를 강조하는 내용을 찾을 수 있다.

畿甸에 거주하던 李尙熙는 長湍의 芬池川, 陽城의 火山坪에 새로 축조한 大洑가 모두 舊洑 때문에 훼철되어 전체 들판이 陳荒된 사실을 거론하면서 두 곳의 民願에 따라 開洑하게 할 것을 주장하였다. 이상희는 장단과 양성 지역에 모범을 세워서 전국의 방방곡곡이 본받아 개보하게 하면 관개에 도움이 있을 것이라고 보았다.[79] 축보가 水

---

77 『承政院日記』 1807책, 正祖 23년 4월 1일 己未 (95-800다) 僉知 崔世澤 上疏.
78 『承政院日記』 1807책, 正祖 23년 4월 1일 己未 95-800다 僉知 崔世澤 上疏.
79 『承政院日記』 1802책, 正祖 22년 12월 23일 壬子 95-582가 前 參奉 李尙熙 上疏.

功에서 중요한 의미를 지녔다는 점을 분명하게 밝힌 견해였다.

보가 중요한 수리시설이 되는 것은 경상도 尙州 지역도 마찬가지였다. 상주 유학 李齊華는 많은 제언이 이름만 남아 있고, 폐기되어 제대로 기능하지 못하는 실정을 지적하면서 결국 築洑가 시급한 과제라고 주장하였다. 특히 이제화는 上洑와 下洑의 물싸움, 이른바 洑訟의 문제가 고질적인 폐단이라고 설명하였다.

보송이란 舊洑보다 하천의 상류 지역에 新洑를 축조하였을 때 두 洑의 몽리 지역 주민이 물의 사용권리를 놓고 다투는 것을 가리키는 것이었다. 이때 현실적인 수리 조건에서 당연히 후에 만들어진 보는 이전에 만들어진 舊洑의 수량에 영향을 주지 않는 거리 간격을 지켜야 할 것이 요구되는데 이러한 문제를 둘러싸고 다툼이 발생하고 있었다. 제대로 거리 간격을 지키지 않는 경우뿐만 아니라 영향관계의 범위에 포함되지 않는 간격이 있음에도 억지로 新洑를 무너뜨리는 사례가 나타나고 있었기 때문이다. 결국 보송은 수령의 판단에 의거하여 결판나게 되는데 대개의 경우 구보의 편을 들어주어 수리조건의 전반적인 개선이라는 측면은 현실화되기 일보직전에 무산되는 경우가 다반사였다.[80]

조선후기 수리시설 변통론 가운데에는 조선초기에 郭瑠가 제시한 수리방식과 비슷한 수리시설의 축조를 주장한 것도 있었다. 18세기 말 경상도 彦陽 지역의 유학 全萬誠의 주장이 그것이다.[81] 전만성은 하나의 촌락에 살고 있는 농민과 사방의 이웃의 힘으로도 만들 수 있는 자그마한 小堤의 축조를 권장하면서도 곽유와 마찬가지로 전답의

80 『承政院日記』 1807책, 正祖 23년 4월 9일 丁酉 95-822다 尙州 幼學 李齊華 上疏.
81 郭瑠가 제안한 수리시설에 대한 것은 다음 논문에 자세하다. 廉定燮, 「조선시대 農書 편찬과 農法의 발달」 서울대학교 대학원 국사학과 박사학위논문(2000), 46~47면.

두둑을 잘 갖추어 雨雪을 굳게 가두어 흘려버리지 않는 것을 훌륭한 방법의 하나로 제시하였다. 즉 가을부터 봄까지 우설로 흘러 내려가는 것을 모아두면 이른 가뭄을 만난다고 하더라도 부종이나 이앙을 제대로 수행할 수 있다고 파악하였다.[82]

소규모 수리시설을 축조하는 것이 수리 조건을 개선하는 데 커다란 도움을 줄 것이라는 주장은 화성에 거주하던 金養直도 제기하였다. 김양직은 1799년에 올린 응지농서에서 화성의 예를 들어 長谷의 지형적인 조건이 갖추어진 곳에서 50~60步 정도의 길이로 간간이 築堤하여 한 골짜기를 가로막아두고 겨울과 봄에 저수해 놓으면 농사짓는 데 물 걱정을 하지 않을 것이라고 주장하였다. 그리고 전만성과 마찬가지로 가을에 수확을 끝낸 다음에 전토의 田隄를 쌓아 물을 내버리지 않고 三冬의 우설과 같이 저수하면 이앙하는 데에도 이상이 없을 것이라고 지적하였다.[83]

이와 같이 소규모 제언의 축조와 전토의 두둑을 이용하여 저수를 도모하는 방식을 여러 논자들이 제기하고 있는 것은 당시의 현실 수리방식에서도 이러한 방식을 꾀하는 현상이 존재하고 있기 때문이었다고 생각된다. 사실 김양직은 자신이 제기하는 방식을 화성에서 이미 수행되고 있다고 주장하였다.

이상에서 살핀 바와 같이 18세기 후반 조선의 수리시설 현황에 의거하여 당시 응지농서를 올린 정조의 농정에 적극적으로 호응하던 응

---

82 『日省錄』 正祖 23년 3월 19일 丁丑 27권 530~533면, 彦陽 幼學 全萬 疏陳 農務諸條. 『承政院日記』에는 全萬이 아니라 全萬誠으로 되어 있는 이 이름이 보다 정확할 것으로 추정된다『承政院日記』 1806책, 正祖 23년 3월 19일 丁丑 95-768가 彦陽 幼學 全萬誠 上疏.

83 『承政院日記』 1807책, 正祖 23년 4월 7일 乙未 95-816다 備邊司 前 同知 金養直의 上疏를 啓함

지인들은 새로운 축보기술의 제시, 설통인수법, 소규모 수리시설의 축조 등 수리시설의 신설축조를 보다 강조하는 수리진흥책을 제시하고 있었다.[84]

2) 18세기 후반 朴趾源의 수리 변통론

박지원의 수리변통론은『課農小抄』에 잘 정리되어 있다. 박지원은 정조의 왕명에 호응하며 응지농서를 올렸는데 그것이 바로『과농소초』였다. 그는 중국 농서, 조선 농서, 조선의 농업 현실을 고려하여 농업개혁론을 제시하였다. 박지원이 제시한 농업개혁론 가운데 수리 변통론을 정리하면 다음과 같다.

박지원은 특시 수차를 도입하는 데 관심을 집중하였다. 농법의 여러 측면을 대상으로 박지원은 耕懇, 糞壤, 水利 등의 제 기술을 중국 농서와 조선 농서를 비교 인용하면서 상세히 설명하였다. 그중에서도 특히 수리기술에 대하여 徐光啓의『農政全書』에서 여러 가지 用水하는 방법을 인용하면서 자신의 의견을 덧붙이고 있었다.

박지원은 수리법의 대강을 서광계의『농정전서』에서 인용한 다음 翻車, 筒車 등의 수차를 소개하였다.[85] 박지원은 수차의 사용이 정당한 것임을 밝히면서 龍尾車, 龍骨車, 筒輪라는 세 가지 수차의 장단점을 논하였다. 그리고 전체적으로 재주있는 공장으로 하여금 제조하게 한다면 이득이 있을 것이라고 하여 중국의 수차를 도입하는 데 적극

---

84 應旨人 중에는 水車의 도입을 주장한 사람이 많이 있었다. 주요한 인물을 살펴보면 李宇炯『承政院日記』1802책, 正祖 22년 12월 20일 己酉 95-562다 前監察 李宇炯上疏, 金夏璉『承政院日記』1803책, 正祖 23년 1월 10일 己巳 95-626나 全羅都事 金夏璉上疏, 張炊『承政院日記』1803책, 正祖 23년 1월 8일 丁卯 95-619가 備邊司 南原幼學 張炊冊子 草記, 張志翰『承政院日記』1802책, 正祖 22년 12월 23일 壬子 95-583나 前忠義衛 張志翰上疏 등이다.

85 朴趾源,『課農小抄』水利.

적인 입장이었다.[86] 박지원은 수차를 소개하면서 "聖人는 이용후생하
는 데 있어서 다만 그 교묘함이 미진할 까 두려워하는 것이지 어찌
기계를 사용하지 않았겠는가"[87]라고 언급하였다. 이와 같이 박지원은
수차의 사용이 정당한 것임을 밝히려 하였다.

18세기 후반 조선의 수리 현실의 대강을 보면 堤堰과 川防, 洑를
기본적인 수리시설로 설정하고 이 밖에 해안지역 등에서 활용할 수
있는 堰을 보충한 체계로 수리시설의 골격을 짜놓고 있었다. 이러한
수리시설을 통하여 수전과 한전의 물관리 문제를 해결하려고 하였다.
특히 수전에 적시적소에 물을 대고 빼기 위한 방안의 하나로 조선전
기부터 후기에 이르기까지 수차를 도입하려는 논의와 그것을 우리 실
정에 맞게 개선하여 적용하려는 시도가 계속되었다.[88] 조선후기 수차
의 도입에 대한 논의는 대체로 중국 재래의 수차인 飜車, 龍骨車와
『泰西水法』에 소개된 龍尾車, 玉衡, 恒升 등의 서양식수차의 도입시
도에 대한 것이었다.[89]

조선후기 중국의 수차를 도입하여 제작 활용하려는 주장[90]이 이와
같이 활발히 제기되는 가운데 이에 대한 박지원의 입장은 적극적인
도입을 찬성하는 것이었다.[91] 적극적인 도입론을 주장하면서 다른 농
기구에서와 마찬가지로 우리나라의 수리 도구에 수차가 갖추어 있지

---

86 문중양은 朴趾源, 李喜經, 朴齊家 등이 西洋式 水車의 제작과 활용에 대하여 회
의적인 태도를 가진것으로 보고 있다(문중양, 「조선후기 水車의 제작과 보급논의」, 제37회
역사학대회발표요지, 1994).

87 『課農小抄』 水利.

88 조선시대 水車의 도입과 그 성과 및 경과에 대해서는 李泰鎭, 「朝鮮時代 水牛 ·
水車 보급시도의 農業史的 意義」, 『韓國社會史研究』(1986)에 잘 나타나 있다.

89 문중양, 「朝鮮後期의 水車」, 『韓國文化』 15(서울대 한국문화연구소, 1995).

90 18세기말 正祖의 「勸農政求農書綸音」에 호응한 農書, 農疏에서 水車에 대한 많
은 논의가 들어 있다.

91 朴趾源, 『熱河日記』, 「馹汛隨筆」 秋七月十五日 車制.

못한 것은 사대부들이 民事를 살피지 않았기 때문이라고 水車가 비비한 원인을 지적하였다. 그리고 용골차와 용미차, 통륜 각각의 문제점, 즉 단점을 지적한 다음 이러한 방법을 모두 도입하여 공장으로 하여금 공력을 다하여 제조하게 하여야 할 것을 주장하였다.[92]

박지원은 수리를 잘 실행하는 데에는 두 가지 해결해야 할 어려움이 있다고 하였다. 그것은 적절한 인재를 찾는 것의 어려움(得人)과 필요한 재물을 확보하는 데 따르는 어려움(費財)이었다. 박지원은 전자에 대하여 굳이 수리를 전담할 관리를 설치할 필요는 없지만 수령 가운데 수리에 능통한 자를 久任시키는 것으로 해결이 가능하다고 보았다. 그리고 후자에 대해서는 일단 한번 수리를 일으키게 되면 그에 따르는 비용이 들더라도 이득이 있게 될 것이고, 획득한 이득을 다시 자본으로 투자한다면 다시 비용을 들일 필요가 없게 될 것이라고 하였다. 또한 士民들 가운데 수리시설을 갖추어 재물을 획득하려고 하는 것을 막지 말아야 할 것이라고 하였다.[93] 이와 같이 박지원의 수리변통론은 조선의 수리에 대한 반성에서 출발하여 水車를 중심으로 수리시설을 개발, 도입, 활용할 것을 주장하는 것이었다.

3) 19세기 초반 徐有榘의 水利施設 변통론

서유구는 『임원경제지』, 「本利志」 권2와 권12, 권13을 水利시설과 관련된 내용으로 채워놓고 있었다.[94] 그 내용을 간략하게 살펴보면 먼저 권2는 水利, 즉 治水하여 농사짓는 데 필요한 물을 확보하는 방법을 다룬 부분이었다. 저수지를 만들어 貯水하는 방법, 洑를 축조하여

---

92 朴趾源, 『課農小抄』 水利.
93 朴趾源, 『課農小抄』 水利.
94 문중양, 『朝鮮後期의 水利學과 水利담론』(集文堂, 2000).

농토에 引水하는 방법, 海堰을 쌓아서 바닷물을 防水하는 방법 등이 소개되어 있다. 앞부분에서는 治水의 일반론이라고 할 수 있는 내용을 『王禎農書』, 『農政全書』 등을 인용하여 제시하고 이어서 河渠, 즉 물길을 만들어 물을 끌어들이는 방법을 소개하고 있다. 계속해서 陂塘, 즉 저수지를 축조하는 방법을 설명하고 있다. 또한 水門을 만들어 이용하는 설명도 들어 있다.

「본리지」 권12와 권13은 각각 灌漑圖譜上과 灌漑圖譜下이다. 田畓에 물을 대는 데 활용하는 여러 가지 도구, 시설 등을 그림과 더불어 설명하고 있다. 대부분의 그림이 중국 농서에 등장하는 그림이다. 권12에서 저수지, 水路, 水車, 架槽 등의 구조와 사용법 등을 소개하였고, 권13에서 龍尾車, 玉衡車, 恒升車 등을 소개하였다. 灌漑圖譜의 서술 내용은 대부분 王禎의 『農書』, 『奇器圖說』, 『諸器圖說』 등에 소개되어 있는 중국과 서양의 수리기술을 인용한 것인데, 그 가운데 몇 가지 수리시설에 대해서 朝鮮의 현실을 지적하고 그에 대한 평가와 대안 제시 방식으로 자신의 수리시설 개선론을 피력하고 있었다.

서유구는 「擬上經界策」에서도 수리시설에 대한 실태 파악과 개선론을 제시하고 있어 「본리지」와 함께 살펴볼 필요가 있다. 서유구는 「의상경계책」 '四曰興水利以虞旱澇'에서 조선에는 없고, 중국에는 있는 세 가지와 중국과 조선 모두 있지만 조선의 그것의 형편이 극히 부실한 것 한 가지를 거론하고 있었다. 세 가지는 江河를 引水하고, 수로를 준설하는 것, 크고 작은 둑을 세워 防水하는 것, 수위를 조절할 수 있는 水門을 설치하는 것 등이고, 한 가지는 저수지를 축조하여 貯水하는 것이었다.[95]

---

95 徐有榘, 『楓石全集』 3冊, 『金華知非集』 卷12, 擬上經界策 ; 四曰興水利以虞旱澇
臣聞水之在地 如人之有血氣津液也 壅閼則病 潰溢則病 枯涸則病 旣不可使一息不通 又

정조 대 순창군수 직무를 수행하던 시절 서유구가 정조의 「勸農政求農書綸音」에 호응하여 올린 「淳昌郡守應旨疏」에 수리시설 변통론에 대한 그의 기본 인식이 담겨 있다. 서유구는 "땅이 척박한 것은 비옥하게 만들고, 사람이 편안하게 일하면서도 수고하는 자와 대등하게 만드는 것은 오직 水利가 그러하다"라고 수리의 중요성을 강조하였다. 그리고 "墾田하면서 水利를 강구하지 않으면 개간하지 않은 것과 마찬가지이다"[96]라고 토지개간과 수리를 긴밀하게 결부시켰다. 이러한 언급을 사실 수리시설의 중요성을 새삼 강조한 것이라고 볼 수 있다.

서유구는 「순창군수응지소」에서 筵臣이 제안한 賑邑에서 饑民을 동원하여 堤堰을 수축하는 방안을 받아들이면서, 여기에 자신의 현실적인 새로운 방안을 덧붙이고 있었다. 邑治 왼편에 兩麓이 두루 빙돌아 있어 저절로 堤堰의 형태를 띤 것이 있어 여기가 제언을 축조할 적합한 지역이라고 지적하였다. 그리고 공사비용을 마련하는 것과 堤趾에서 세금을 덜어주어야 하는 방안을 제시하였다. 그에 따르면 경내의 富戶를 적극적으로 활용하여 제언을 수축하는 방안이었다.[97]

不可使一脉不滋 故治水之法 疏焉導焉防焉衛焉瀦焉蓄焉節焉宣焉 濬洫開河 所以疏導也 小圩大堨 所以防衛也 陂池湖蕩 所以瀦蓄也 壩牐車戽 所以節宣也 治水之宏綱大目 不越乎此四者 而我國有其一無其三.

96 徐有榘, 『楓石全集』 3冊, 『金華知非集』 卷1, 淳昌郡守應旨疏 ; 臣聞澇旱天也 沃瘠地也 勞逸人也 而旱則潴之 澇則疏之 地瘠而可使爲沃 人逸而可以敵勞者 惟水利爲然 是以周官遂人之職 十夫之畛 必有四尺之溝 百夫之涂 必有八尺之洫 以至千夫之澮 萬夫之川 縱橫經緯 達于都鄙 豈其地有遺利 空抛可墾之土 作此無用之制哉 誠以墾田而不講乎水利則與不墾等也.

97 徐有榘, 『楓石全集』 3冊, 『金華知非集』 卷1, 淳昌郡守應旨疏 ; 臣謂宜令列邑詢究興修的確之處 境內富戶聽其募丁赴役 日役百夫以上 差定監董牌 將事竣之後 道臣以其名聞 視其募丁之多寡 赴役之久近 疏鑿之廣狹 或單付樞衘 或量與資級 以倣漢家力田科之遺意 而其新設陂塘之犯鑿有稅之土者 亦許申狀該司 蠲免貢稅 則賑政堤政 一擧兩得 不僅止於一時之救荒 而可永賴於萬世之備荒 此聖教中興水功之一事也.

먼저 수리시설을 만들기에 적합한 곳을 선정하고, 境內의 富戶를 동원하여 수리시설을 축조하게 하며, 그 대가로 富戶들에게 資級을 내려주는 것이었다. 권세가, 부호, 양반 등이 수리시설 축조와 水稅 획득에 나서고 있는 상황을 바탕으로 富戶의 재력을 동원하되, 그들에게 신분적인 특혜를 내려주는 방안이었다. 그런데 서유구의 생각대로 富戶들이 資級의 획득을 水稅의 취득보다 높게 평가하여, 서유구의 방안이 실제로 현실적인 실행할 수 있는 것이었는지는 의문이다. 하지만 1798년 무렵 서유구가 생각하고 있던 수리시설 변통론은 조선의 수리시설 실태를 출발점으로 삼고 있는 것이었다.[98]

조선에서 실제로 활용하던 堤堰洑 세 가지 수리시설 가운데, 서유구는 조선의 수리현실에 적합한 것으로 堤堰을 꼽고 있었다. 서유구는 명나라 耿橘이 江보다 湖가 灌田하는 데 더욱 요긴하다는 주장을 인용하면서, 반드시 그러한 것은 아니라는 자신의 견해를 덧붙이고 있었다. 이러한 논의에 뒤이어 조선에서 江水를 관개에 이용하는 사정을 다음과 같이 언급하였다. 우리나라에서 江水를 농지에 대는 일은 지극히 드물고, 남쪽이든 북쪽이든 灌漑하는 水는 대개 모두 시내(川)와 도랑(渠)이라고 설명하였다. 그럼에도 불구하고 모래와 앙금에 부딪히고 씻겨나갈 걱정은 도리어 耿橘이 말한 江水의 피해보다 심하다고 하였다.

---

98 1838년에 올린 서유구의 구황관련 상소에서도 「淳昌郡守應旨疏」에 보이는 수리시설 변통론과 동일한 내용이 보인다. 『憲宗實錄』 권5, 憲宗 4년 6월 己卯 (48-458) ; 大司憲 徐有榘 疏略曰 (……) 臣又聞救荒之策 先事爲上 最是興水利 爲今日之急先務 挽近畿湖兩南之告歉 率多以春夏亢旱 而唯有引渠之塍 負陂之田 獨占豐熟 臣謂諸道堤堰 申嚴冒耕之禁 另施疏鑿之功 案付以外 如有可施濬閘之制者 亦令地方官 詢究興修 議賑諸邑 依朱子浙東之奏 募饑民修築 若其財力不敷處 境內饒戶 聽其募丁赴役 日役百夫以上 差定監官 事竣後道臣以其名聞 視募丁多寡 赴役遠近 疏鑿廣狹 或單付樞銜 或量與爵秩 以倣漢家力田科遺意 新設陂塘之占基於有稅之土者 亦許申狀蠲免 則賑政堰政 一擧兩得 策無便於此者也.

서유구의 주장에 따르면 우리나라의 수리를 논하자면 '도랑은 못보다 못하다'라고 말해야 한다(渠不如塘也)[99]는 것이었다. 渠는 도랑이고, 塘은 못을 가리킨다. 즉 流水 상태이냐, 아니면 停水 상태인가에 따라 관개하는 데 들어가는 비용이나 노동력에 차이가 있고, 또한 물이 크게 불어났을 때 생기는 만약의 피해가 초래한 손해에도 차이가 있는데, 이런 점에서 못을 활용하는 것이 도랑을 활용하는 것보다 조선의 수리현실에 적당하다는 지적이었다. 이와 같이 서유구는 조선의 수리 실태가 대하천의 江水를 논밭으로 끌어들여 관개하는 데까지 이르지는 못하였다고 보고 있었다.

제언 축조에서 주의할 개선사항을 지적하고 있는데, 바로 水門에 관한 것이었다. 서유구는 피당의 물을 모으고 흘려 내려 보내는 구조물을 斗門이라 이름붙이고 있었다. 물을 모으고, 흘려보내는 요긴한 곳이라고 하였다. 斗門은 開閉가 가능한 水門으로 水閘이라 부를 수 있었다.[100] 斗門을 만드는 방법은 양쪽에 돌을 쌓아 벽을 만들고, 벽에 홈을 내어 판목을 가로로 꽂을 수 있게 하는데, 차곡차곡 꽂아 높게 만들고, 또한 차례대로 啓閉할 수 있게 만들어진 것이었다.[101] 陂塘, 즉 크고 작은 저수지가 제 기능을 발휘하려면 斗門이 반드시 필요하다는 것이 서유구의 주장이었다.

조선의 경우 나무를 잘라서 만든 筒이라는 구조물이 水門 노릇을

---

99 『林園經濟志』, 「本利志」 권2, 水利, 論灌田江不如湖 ; 又按 我東用江水灌田者 絶罕 南北灌漑之水 大抵皆川渠耳 然其沙淤衝刷之患 反有甚於耿氏所言江水之害 苟論我東水利 當曰 渠不如塘也.

100 『林園經濟志』, 「本利志」 권12, 灌漑圖譜上, 水閘.

101 『林園經濟志』, 「本利志」 권2, 水利, 陂塘水門法 ; 弗論大陂小塘 緊要專在乎斗門 蓋所貴乎陂塘者 爲其可瀦可泄也 而斗門者 瀦泄之喉舌也 其制 兩傍甃石爲壁 槽其兩壁 而橫揷板木 層疊高壘 令可次第啓閉 假令一板之高一尺 則去一板 泄水一尺 閉一板 瀦水一尺 此所以時澇旱而節宣惟意也.

하고 있었다. 그런데 문제는 筒의 高下가 일정하게 고정되어 있고, 옮길 수 없어서 물을 가두어 두는 것과 물을 빼내는 데 제 기능을 하지 못하는 점이었다. 이는 곧 제언이 제언의 구실을 하지 못하는 것이고, 물을 모으고 빼내는 데에 법칙이 없는 것이어서 결국 陂塘이 없는 것이나 마찬가지로 평가할 수 있다고 지적하였다.[102] 조선의 水門인 筒을 중국의 斗門과 같은 구조로 개선해야 한다는 주장이라고 할 수 있다.

斗門의 도입과 관련된 내용을 수리기구를 설명한 부분에서도 찾을 수 있다. 바로 瓦竇를 이용하는 방식을 설명하는 부분이다. 瓦竇는 물을 빼내는 기구인데, 函管, 즉 지하에 매설하는 관이라고도 부르는 것이었다. 와두를 소개하면서 서유구는 『海東農書』를 인용하여 我國 陂塘의 水門筒에 채택해야 할 두 가지 개선 사항을 지적하였다. 하나는 筒의 재료로 나무 대신에 瓦石, 즉 기와와 돌을 사용해야 한다는 것이고, 둘째는 통을 보호할 돌무더기를 쌓아두어야 한다는 것이었다. 이렇게 瓦竇 방식을 도입해야 水門筒을 고치는 데에 커다란 어려움이나 비용이 들지 않을 것이라고 하였다.[103]

다음으로 서유구는 하천수를 관개에 이용하는 㳄에 대해서 세밀한 기술적인 개선을 지적하였다. 서유구는 㳄田에 물을 대는 방식을 설명하고 있었다. 그에 따르면 田이 높고 川이 낮은 경우 상류를 막아 물을 옆으로 돌아 흐르게 하고서 도랑을 파서 끌어 들이는 것이었다.

---

102 『林園經濟志』, 「本利志」 권2, 水利, 陂塘水門法 ; 東人不知此法 其所謂泄水者 只剗木爲筒 揷於堤岸之中 而高下一定 不可移易 已高則泄之無幾 已低則瀦之爲難 易窒而艱通 數敗而繁費 是瀦與泄 俱無法也 瀦與泄俱無法 則是無陂塘也(杏蒲志).

103 『林園經濟志』, 「本利志」 권12, 灌漑圖譜上, 瓦竇 ; 瓦竇 泄水器也 又名函管 以瓦筒兩端牙錯相接 置於塘堰之中 時放田水 須預於塘前堰內 疊作石檻 以護筒口 令可啓閉 不然 則水湊其處 非惟難於窒塞 抑亦衝激滲漏 不能久穩 必立此檻 其竇乃成 唐韋丹爲江南西道觀察使 築堤扞江 竇以疏漲 此雖竇之大者 亦其類也(王氏農書 海東農書 我國陂塘水門筒 卽此法 然不用瓦石而用木 又不設護檻 易致朽敗 修改之功費甚繁 宜亟從瓦竇之制).

田이 낮고 川이 높은 경우 시냇가를 따라 둑을 쌓아서 농지를 보호하고 둑에 구멍을 내어 농지에 물을 댄다는 것이었다. 이때 농지에 물을 대는 水路가 멀리 10리나 될 정도로 큰 규모의 沭田 운영도 가능하다고 하였다. 沭田이야말로 물을 끌어들이는 것과 물을 내보내는 것이 자유로워 가뭄과 홍수가 모두 걱정거리가 되지 않는 1등 水田이라고 평가하였다.[104]

중국에서 浚渠, 즉 큰 도랑을 개설하는 방식을 우리의 沭에 비정하였다. 그러면서 서유구는 우리나라 사람이 쌀밥을 먹게 된 것을 沭 덕분이라고 지적한 『課農小抄』를 인용하였다. 그리고 『北學議』를 인용하면서 大川을 막는 것이 잘못되어 물이 逆流하는 바람에 열 집의 토지가 모두 물에 잠기는 일이 벌어진다는 사정을 서술하였다. 서유구는 沭田에 필요한 것으로 중국의 水柵에 갖추어 놓고 있던 竪椿(세로로 박은 말뚝), 伏牛(水柵 지지 돌무더기), 石囤(대나무 소쿠리에 돌을 담은 것) 등을 지목하였다. 이러한 水柵을 지지해주는 구조물이 있어야 보가 쉽게 무너지지 않을 것이라는 설명이었다.[105] 沭를 활용하는 沭田이 제대로 농경지로 자리 잡으려면 개천을 막는 沭를 견고하게 만드는 부수적인 구조물을 잘 갖추어야 한다는 주장이었다.[106]

---

104 『林園經濟志』, 「本利志」 권1, 田制, 沭田 ; 引川而灌田 曰沭田 廣韻水洄流曰沭 是也 其制 田高川卑 則障塞上流 使水旁洄 開渠而引之 田卑川高 則沿邊築岸 以護田段 穿竇而灌之 遠者 引至十餘里 近者 數十百武 大則可漑數千頃 小則數十百畝 雖大小遠近 不同 要皆文翁白公之遺法也 可引可泄 可熇可漑 旱不能災 澇不能病 水田之中 此爲上乘 也(杏蒲志).

105 『林園經濟志』, 「本利志」 권2, 水利, 論障川 ; 溝洫廢而浚渠興 史起鄭國 皆此術也 我國之人得以飯稻秔 亦此術也 然洌水之間 不曰渠而曰沭(本音伏與復同 伏流也 今俗讀作保) 其亦畯爲負頃爲結之類乎(課農小抄) 東人昧於灌漑之法 水在一射之內 而不能激上於半尺之高 率壅大川 令水積而望其餘波之逆入焉 一遇衝擊 十家之産 盡沒於波濤之中矣(北學議) (○按 我東灌水 率多此法 往往開溝旁引 至十里之遠 俗稱沭田 卽王氏農書水柵之制 未可爲東人之所獨也 特東人觕齒 其所謂障川者 只用石礫高壘 不知用竪椿伏牛石囤等制 此所以 易於潰決也 苟非然者 未始不爲用水之一術也).

제언과 보 이외에 조선의 수리 사정을 도와주는 몇 가지 수리도구에 대해서 언급하고 있었다. 먼저 물과 멀리 떨어진 마을에서 활용하는 수리도구에 架槽라는 것을 제시하였다. 架槽는 물이 흐르는 홈통을 나무로 받쳐 이어나가 멀리 떨어진 곳까지 물을 끌어들일 수 있게 만든 것이었다. 王禎『農書』에 실린 架槽 그림이 「본리지」에도 그래도 실려 있다. 가조는 땅이 움푹 들어간 험한 곳을 만났을 때 그 효능이 배가되는 것이었다. 架槽에 대해서 서유구는 嶺南 지역에서 많이 사용되는 수리방식이라고 지목하고, 험한 곳과 구렁을 건너지르면 어디든 관개할 수 있다며, 산골 마을에서 水利 혜택을 입으려면 講究하지 않으면 안 되는 것이라고 하였다.[107]

다음으로 石籠이라는 수리도구, 수리방식을 소개하는 부분을 눈여겨 볼 수 있다. 석롱은 '臥牛(누운 소)'라고도 부르는데, 대나무 등으로 만든 큰 바구니를 말뚝으로 고정시키고, 바구니 안에 큰 돌을 담아서, 농지 머리에 설치하여 물살이 직접 농지에 부딪치는 것을 막아내는 방식으로 이용되었다. 이러한 방식에 사용하는 큰 돌이 들어간 바구니를 石籠이라 부르는데, 중국의 경우 石籠은 물살로부터 농지를 보호할 때 활용하는 것이었다.[108]

---

106 조선후기 大川에 堤防을 쌓아 관개에 이용하는 사례로 參禮의 경우를 찾아볼 수 있다. 『顯宗實錄』 권5, 현종 3年 5月 19日 辛卯 (36-331) ; 湖南賑恤御史李翻馳啓略曰 道內陂塘 自前荒廢者 監司李泰淵申飭修築 全州之沃野 益山之春浦 皆是高燥之地 而今 引參禮大川下流 堅築堤防 因以灌漑 則昔日斥鹵 變成膏腴 所得新結 至於一千三百餘結 漸次用力 疏鑿水道 則臨陂沃溝五六十里之地 亦可灌漑 前頭蒙利 不下萬石落種 兩邑居 民 無不懽欣 稅入亦將增益云.

107 『林園經濟志』, 「本利志」 권12, 灌漑圖譜上, 架槽 ; 架槽 木架水槽也 間有聚落 去水旣遠 各家共力 造木爲槽 遞相嵌接 不限高下 引水而至 如泉源頗高 水性趨下 則易 引也 或在窪下 則當車水上槽 亦可遠達 若遇高皐 不免避礙 或穿鑿而通 若遇坳險 則置 之叉木 駕空而過 若遇平地 則引渠相接 又左右可移 隣近之家 足得借用 非惟灌漑多便 抑可瀦蓄爲用(王氏農書) (按 我東嶺南人 多用此法 跨險駕塹 灌漑無方 亦山鄕水利之不可不講 者).

조선에서도 石籠과 유사한 방식의 수리시설로 '거섶'이 있다는 점을 서유구는 빼놓지 않고 지적하고 있었다. 물가에 가까운 농지에서는 버드나무 가지나 또는 가시나무 가지로 큰 바구니를 짜서 그 바구니에 돌과 자갈을 담아, 시내를 따라 쌓고 배열하여 세찬 홍수가 부딪혀 무너뜨리는 것을 막는 방식이 그것이었다. 이러한 방식을 민간에서는 距薪이라 부른다는 설명을 붙여 놓았다.[109] 그런데 距薪에서 薪은 섶나무를 뜻한다. 따라서 距薪은 "흐르는 물이 둑에 스쳐서 개개지 못하도록 둑 옆에 말뚝을 늘여 박고 가로로 결은 나뭇가지"라는 의미를 갖고 있는 거섶을 가리키는 것에 틀림없다. 개개다는 "자꾸 맞닿아 마찰이 일어나면서 표면이 닳거나 해어지거나 벗어지거나 하다"는 뜻이다.

서유구는 石籠을 朝鮮에서 거섶[距薪]이라고 부른다는 설명을 하고 있는데, 실제 이러한 방식의 수리이용과 유사한 방식을 만경강 중류 지역에서 찾아볼 수 있다. 서유구의 조사보고가 당대 조선의 수리현실을 제대로 파악하여 제출된 것임을 알 수 있다.

거섶이라는 수리방식은 만경강 중류 양안 충적 평야에서 찾을 수 있는 보창뻬미開墾과 유사한 것이었다. 남궁봉에 따르면 보창뻬미개간이란 하천 본류로 이어지는 細川에서 적당한 지점을 선택하여, 洑滄을 축조하고 새로운 경작지인 보창뻬미를 조성하고, 여기에 보창에 고인 물을 관개에 활용하던 것이었다.[110] 만경강 중류 이하 支流邊에서

---

108 『林園經濟志』, 「本利志」 권12, 灌漑圖譜上, 石籠 ; 石籠 又謂之臥牛 判竹或用藤蘿 或木條 編作圈眼大籠 長可三二丈 高約四五尺 以籤椿止之 就置田頭 內貯塊石 以擘暴水 或相接連延 遠至百步 若水勢稍高 則疊作重籠 亦可遏止 如遇隈岸盤曲 尤宜周折 以禦犇浪 併作洄流 不致衝蕩埂岸 農家瀕溪護田 多習此法 比於起疊堤障 甚省工力 又有石笓擗水 與此相類(王氏農書).

109 『林園經濟志』, 「本利志」 권12, 灌漑圖譜上, 石籠 ; (按 我東瀕川之田 往往有倣此法 禦浪者 或用柳枝 或用荊條 編作大籠 內貯石礫 沿溪堆列 以防暴潦衝嚙 其或用藁苫貯土者 殊不能耐久也 又或斫取松櫟枝斡作叉者 樹椿岸上 掛其叉斡於椿 使其枝葉倒浮水面 亦能一時距浪 使作洄流 俗謂之距薪).

행하던 천방수리의 일종인데, 細川·支流를 막는 방식이 바로 갈대다
발로 간이 제방을 축조하는 것이었다. 사실 하천 양안의 충적평야를
농경지로 활용하기 위해서 大江으로 이어지는 細川, 支流 인근 지역에
서 가능한 모든 방안을 동원한다고 할 때 중국의 石籠과 유사한 조선
의 거섶[距薪]이 개발된 것은 너무나 당연한 일이라고 할 것이다.

3. 농기구와 農法 변통론

1) 18세기 후반 應旨農書의 농기구 변통론

조선후기 18세기 후반 무렵에 여러 지식인들은 당시 농업생산에 사
용되고 있던 農器具의 현황에 근거하여 여러 가지 변통론을 제시하였
다. 또한 田制를 비롯한 農法의 변통도 주장하였다. 먼저 농기구 변통
론은 당대의 농업현실에서 기본적인 생산수단인 농기구를 변통시켜
한 단계 진전시키고 이를 계기로 농업생산력의 발전을 도모하려는 주
장이었다. 그리고 田制를 비롯한 農法 변통론은 조선의 農法 현실을
진단하고 이에 대한 개선안을 제시하는 것이었다.

농기구 변통론은 특히 정조가 내린 「구농서윤음」에 호응하여 진정
한 응지농서에서 상세히 찾아볼 수 있다. 몇몇 응지인은 새로운 농기
구의 개발, 즉 농기구의 개량을 주장하였고, 나아가 중국으로부터 새
로운 농기구의 수입을 제안하였다.

이 시기에 제시된 농기구 변통론은 두 가지 입장으로 나누어 살펴
볼 수 있다. 조선의 농업현실에서 사용되고 있던 농기구를 改良하자

---

110 남궁봉, 「川防과 보창베미開墾」, 『문화역사지리』 2(한국문화역사지리학회, 1990)
; 남궁봉, 「韓國의 農地開墾過程 – 金萬頃平野를 중심으로」, 『문화역사지리』 11호(한국
문화역사지리학회, 1999).

는 주장과 중국으로부터 농기구를 輸入하여 활용하자는 주장으로 크게 나누어 살펴볼 수 있다.

농기구 개량론은 조선의 지역적인 특성에 걸맞은 농기구를 확대 개발하여 이를 통한 농기구의 개혁, 나아가 농업생산력의 발달을 도모하는 것이었다. 반면 중국 농기구 수입론은 청대의 농기구 나아가 遼東, 江南 지역의 농기구를 수입하여 적극적으로 활용하자는 것이었다. 이러한 농기구 변통론은 농업생산 도구의 개혁을 통하여 농정의 혁신을 도모하는 주장이라는 점에서 농정개혁론으로 평가할 수 있다.

먼저 조선의 농촌현실에서 활용되고 있는 농기구를 개량하자는 주장, 즉 조선의 농기구를 개량해야 한다는 변통론은 이미 정조의 「농서윤음」에서 찾아볼 수 있다. 정조는 「농서윤음」에서 農器具의 개선을 통해서 현실의 경작법에서 통용되고 있는 농기구의 개량을 도모하고 이를 통한 생산성의 증대를 도모하였다.[111] 정조의 최종 목표는 농기구 개량, 수리 진흥, 지역 농법의 발달을 가져올 수 있는 종합 농서를 확보하려는 것이었다.[112] 이러한 최종 목표를 달성하기 위한 방안의 하나가 바로 농기구 개량이었던 것이다.

농기구 개량 주장은 응지인의 응지농서에서 다채롭게 제시되고 있었다. 먼저 강원도 洪川 儒生 李光漢은 각 지역의 호미(鋤)의 크기에 대하여 나름대로 특징을 설명하였다. 이광한은 나름대로 明農의 원리를 깨달았다고 자부하면서 스물여덟 가지에 달하는 조목으로 구성된

---

111 『日省錄』正祖 22년 11월 30일 己丑 (27권 99~101면) 「下勸農政求農書綸音」; 農之本在乎勤與勞 而其要則亦惟曰興水功也 相土宜也 利農器也.

112 『日省錄』正祖 22년 11월 30일 己丑 (27권 99~101면) 「下勸農政求農書綸音」; 至於農器之便利 東俗尤昧昧 無異於農義以前 乃寺趙固尚矣 只言其緊而要者 水車者所以備嘆也 役車者 所以兼人也 菁蔢者 所以貯穀也 碓確者 所以舂糧也 自古及今 行者無聞 顧不能修其事而盡其利.

농서를 올리고 있었다. 그는 鋤役이라고 이름붙인 호미질에 대하여
"沿野의 읍에서는 날은 길고 자루는 짧게(鋤長柄短) 하고, 山峽의 땅
에서는 날은 짧고 자루는 곧게(鋤短柄直) 해야 한다"는 원칙을 제시하
였다.[113] 즉 강가나 들에서는 短柄鋤, 앉아서 작업하는 호미를 이용하
도록 권장하고, 산골에서는 長柄鋤를 이용하도록 권유하고 있었다.
이러한 권장은 실제 해당 지역에서 적합한 호미를 제시하는 농기구
활용 방법에 대한 변통론에 해당하는 것이었다.

다음으로 新溪 生員 鄭錫猷는 조선의 농기구 개량론의 대표적인
주장을 펼치고 있었다. 정석유는 농기구가 때와 장소에 따라 적당함
을 얻어야 한다고 전제하고,[114] 우리나라의 地利, 田土와 연결시켜서
農器에 대한 변통을 주장하였다. 그리하여 그는 地理의 高下, 田土의
燥濕에 따라 적당한 農器를 채택해야 한다는 점을 강조하였다. 그런
다음 지리나 전토의 형편에 관계 없이 광범위하게 이용할 수 있는 농
기구로 田車를 제안하였다. 당시 조선에서 일부만 사용하고 있던 田
車를 널리 보급하자는 주장이라는 점에서 농기구 개량론으로 살펴볼
수 있다.

정석유는 전차가 다섯 가지의 이로움을 지니고 있다고 주장하였다.
봄에 糞車로 사용하면서 소와 사람의 힘을 느슨하고 관대하게 하는
점, 일을 민첩하게 처리하고 때를 정확하게 맞출 수 있게 하는 점, 가
을에 役車로 사용하면서 수확한 곡물을 속히 운반할 수 있는 점, 군현
에 환곡을 납부할 때 편리한 점, 마지막으로 牛馬의 병을 예방할 수
있는 점 등을 지적하고 있었다. 그는 나라 안에서 이미 車를 쓰고 있

---

113 『日省錄』 정조 23년 3월 22일 庚辰 (27권 547~561면) 洪川 儒生 李光漢 農書.
114 『承政院日記』 1802책, 正祖 22년 12월 29일 戊午 (95-605다) 新溪 生員 鄭錫猷
上疏 ; 錢鋤之制 犁耙之法 隨時而異其規, 隨地而變其用.

다는 점에서 중국과 마찬가지로 田車를 널리 조선에서 활용할 수 있을 것이라고 강조하였다.[115]

그는 특히 효종 대에 水車를 도입하려는 시도가 실패한 것과 자신의 전차 통용론을 비교하면서 전차를 널리 보급시킬 때가 바로 지금이라고 주장하였다.[116] 그는 田車 보급을 크게 높일 수 있는 방책으로 동전 유통을 활성화시키는 데 커다란 공헌을 한 站舍의 이용을 제시하였다. 站舍라고 하는 것은 사람들이 다니는 길목에 자리잡고 있는 곳이어서, 田車 보급을 참사에서 시작하면 반드시 점차 효과를 볼 수 있을 것이며 民들이 어지럽게 여기지 않을 것이라고 설명하였다.

다음으로 洪州 幼學 申在亨은 농기구의 이로움을 보다 날카롭게 하기 위해서는 村里에서 貧富 사이에 농기구를 빌리고 빌려주어 농사를 짓게 하는 체제가 갖추어져야 한다는 주장을 펼쳤다.[117] 그는 山野 沿海에 따라 각각 마련하여 쓰고 있는 農器의 구성을 크게 진전시킬 만한 여지가 없다고 보았다.[118] 신재형은 농기구가 지역적으로 차이가 있다는 점, 그리고 농사에 힘쓰는 농부가 농기구를 벼려서 사용한다는 점을 당연한 것으로 파악하고 있었다. 그리고 신재형은 농기구를 개량하는 주장에서 한 걸음 더 나아가 농기구를 마을 단위에서 주민들 사이에 공동으로 이용하는 체제를 갖추어야 한다는 사회조직의 측면에 주목한 주장을 제시하였다. 이러한 주장은 농정에 대한 변통론이 사회

---

115 『承政院日記』 1802책, 正祖 22년 12월 29일 戊午 (95-605다) 新溪 生員 鄭錫猷 上疏.

116 남원 유학 張烇도 役車를 수차와 더불어 사용할 것을 청하였다. 『承政院日記』 1803책, 正祖 23년 1월 8일 丁卯 (95-619가) 備邊司 南原 幼學 張烇의 冊子 草記함.

117 『承政院日記』 1802책, 正祖 22년 12월 16일 乙巳 (95-540다) 洪州 幼學 申在亨 上疏.

118 『承政院日記』 1802책, 正祖 22년 12월 16일 乙巳 (95-540다) 洪州 幼學 申在亨 上疏.

제도의 개혁을 지향하는 논의와 연결되는 것이라고 할 수 있다.

마지막으로 愍懷墓 守衛官 劉宗燮은 농기구를 개량하는 방도로 勸農司라는 권농을 담당하는 관청을 만들고 그 안에 土均之官, 均水之職과 더불어 농기구를 담당하는 簡器之吏를 두는 것을 제시하였다.[119] 위에 나온 신재형의 주장이 마을 단위에서 농기구를 잘 활용하는 사회조직에 주목한 것이라면 유종섭의 주장은 농기구 개량을 담당할 국가조직을 만들어야 한다는 점에 착안한 것이었다.

2) 北學派의 농기구 수입론

농기구 변통론의 두 번째 입장은 중국에서 농기구를 수입하여 조선의 농업현실에 적용하자는 주장이었다. 朴趾源와 朴齊家를 비롯한 이른바 북학파 학자들이 공통적으로 제기하는 농기구 변통론이 바로 농기구 수입론이었다.[120] 박지원은 대표적으로 농기구 수용론을 주장한 사람이었는데, 그가 청나라에서 도입해야 한다고 주장한 대표적인 농기구의 하나가 碓, 즉 방아였다. 그는 燕行할 때 상세히 살펴보았던 방아의 제작과 실용성에 주목하여 조선의 방아와 중국의 방아를 비교하였다. 그는 우리나라 방아의 아홉 가지 방아찧기 어려운 점과 중국의 방아가 가진 아홉 가지 방아찧기 쉬운 점을 상세하게 설명하였다.[121]

박지원은 다른 여러 가지 중국 농기구를 소개하는 데 주로 王禎의 『農書』의 내용을 이용하고 있지만 耒耜 등을 소개하는 부분에서는 연

---

119 『承政院日記』 1802책, 正祖 22년 12월 21일 庚戌 (95-571나) 愍懷墓 守衛官 劉宗燮 上疏.

120 朴趾源, 『課農小抄』 : 朴齊家, 『北學議』.

121 朴趾源, 『課農小抄』 農器, 碓 『農書』 6, 아세아문화사, 270~273면. 박지원은 1780년 북경에 다녀왔다.

행의 견문을 들어 부연 설명하고 있었다.[122] 박지원은 농업노동력을 보다 효과적으로 투하할 수 있도록 농기구의 개량과 개선을 추진하는 방법으로 북학의 입장에서 우수한 중국 농기구의 도입과 수용 제시하였다.[123] 그리고 使行로 인하여 중국의 농기구를 구입하여 뛰어난 것을 제도에 널리 보내야 한다고 주장하였다.

특히 박지원은 농기구 및 농법개혁론을 주장하면서 士, 즉 선비를 실행의 주체로 설정하고 있었다. 개혁의 주체를 선비로 설정하고 있다는 것은 박지원의 농민에 대한 태도에서도 나타나고 있다. 즉 실질적인 농업기술의 적용을 담당하여 조선시대에 선진적인 농업기술의 담지자로 간주되어 온 老農의 존재를 경시하고, 대신 보다 생산적이고 진보적인 기술적인 발전을 추동할 주체세력으로 선비를 상정하고 있었다.[124]

박지원은 농민에 대하여 두 가지 태도를 보이고 있었다. 첫 번째로 농민은 어리석은 백성이고 따라서 士의 實學이 더욱 중요하며 士가 농민들이 유망하고 실업하는 상황을 구할 책임을 가지고 있다는 '士의 責務'를 강조할 때 보이고 있는 태도이다.[125] 둘째로는 山峽에서 두 마리 소로 쟁기질하는 위태위태한 광경을 묘사하면서 백성들이 관리의 권면이나 금지에 대하여 이를 반드시 따르는 것이 아니라 자신들의

---

122 朴趾源, 『課農小抄』農器, 未耜『農書』6ㄴ, 아세아문화사, 251~253면 ; 臣 嘗出長城外時 方仲秋初旬 見塞上耕者.

123 朴趾源, 『課農小抄』農器 ; 中世以來 疆域有限 利用不通 則安知今日中國之所用 其便利更有倍勝於此者乎 故 如欲利其器械 則莫如學中國 學中國者 學古聖人之法也 將謂今日之中國 非古之中國 而恥學焉 則是并與古聖人之法而賤棄之也.

124 『農事直說』이나 『農家集成』의 서문 등에서 볼 수 있듯이 조선시대에 농서에 수록된 농업기술은 老農의 지혜가 모인 것이었다.

125 『課農小抄』諸家總論 ; 凡民之稍有智巧者 日趨於末業遊食之塗 而其屈首緣畝 皆天下之至愚至拙也 (……) 有在爲士者 有以救其流失而率之得其方者 (……) 無他貴實學也.

입장에서 적절한 것을 찾아내고 있다는 설명에서 보여 주는 태도이다.[126] 양자의 태도는 공통적으로 농민의 농법에 대한 지식과 경험을 전제로 하면서도 현재의 중국에 비해 낙후된 실상[127]이 土로서의 책임을 다하지 못한 것 때문이라고 강조하는 것으로 파악할 수 있다. 즉 현재 농업기술이 크게 발전하지 못한 책임을 '士의 實學'이 없는 데에서 찾고 있는 것이다.

박지원은 사의 실학을 강조하는 근거로, 선비의 학은 '農工賈'의 이치를 아울러 포괄하고 있으며 농민, 공장, 상인의 생업이 진작되는 것은 반드시 선비를 기다린 연후에 이루어진다는 점을 들었다. 특히 농사일을 밝히는 작업, 상업을 진흥시키고 공장들에게 은혜가 돌아갈 수 있게 하는 것은 선비가 아니면 할 수 없는 일이어서 지금 후세의 농민, 상인, 공장이 실업해 버린 것은 선비들의 잘못 때문이라고 하였다.[128] 이러한 근거에서 박지원은 士의 實學에 강조점을 둔 것이다.

士가 중심이 되어 농업기술을 개혁해야 한다는 박지원의 생각은 특히 후년에 갈수록 더욱 강화된 것으로 보인다. 그는 중세에 형세가 기울어 귀농할 뜻을 가지고 여러 농서를 초록하기도 하면서 교외에 나가 趙過의 代田法와 賈思勰의『齊民要術』을 깨우쳐 주려고 시도하였지만 오히려 웃음거리가 되어버린 경험을 가지고 있었다. 즉 대략 연암협으로 이거한 1778년 무렵부터 농학연구를 시작하여 이후『과농소초』를 올린 1799년 무렵까지 계속적인 농서 연구를 진행하였고 지방수령으로 재직하면서 실제로 연구한 바를 실행하는 경험을 가졌

---

126 『課農小抄』田制 ; 此不必勸而作之 民自勸矣 又不必禁而絶之 亦不從令矣.

127 『課農小抄』의 農器, 水利 등의 조목에 대한 기술에서 이러한 박지원의 현실인식을 볼 수 있다.

128 『課農小抄』朱子勸農文按說 ; 夫所謂明農也 通商而惠工也 其所以明之通之惠之者 非士而誰也 故臣竊以爲後世農工賈之失業 卽士無實學之過也.

던 것으로 보인다.

그것은 특히 「朱子勸農文」에 대한 그의 언급에서 전후시기의 차이를 엿볼 수 있다. 그의 언급 가운데 전시기의 저술로 생각되는 '臣趾源曰'로 시작하는 부분이 주로 주자에 대한 극찬으로 이루어져 있는데 반하여, 정조의 윤음에 응하여 『과농소초』를 올릴 때 작성한 것으로 보이는 '臣謹按'으로 시작하는 부분은 '士의 實學'에 초점을 두고 서술하고 있는 점에서 후기의 생각이 잘 들어나 있다.[129]

박지원은 耕墾에서는 趙過의 代田法처럼 畎種法를 우리나라의 농민이 체득하여야 할 것이라고 하였고, 糞壤에서는 연행길에 견문한 집집마다 牛馬의 糞을 수거하여 糞堆가 도처에 쌓여있는 광경을 들어 분양에 힘쓰는 중국의 현실을 본받아야 한다고 하였다.

북학파의 일원으로 北學論를 가장 강력하게 제기하였던 朴齊家는 농업기술의 측면에서도 적극적인 기술수용론을 제기하였다.[130] 박제가는 우리나라의 생활 수준이 뒤떨어져 있다는 것을 자각하고, 그 원인을 농업 및 공업 기술의 낙후와 물품 교역의 미발달에서 찾았다.[131] 그래서 그는 해외통상을 포함한 상업의 진흥에 큰 관심을 보였고 아울러 선진 기술의 수용에 남다른 관심을 쏟았던 것이다. 이 가운데서도 그는 우리나라 기술 수준의 후진성이 정밀하지 못함에 그 원인이 있다고 보았다. 백성들이 눈으로 반듯한 것을 보지 못했고 손으로 정교함을 익히지 못했기 때문에 여러 종류의 기술자라는 무리도 또한

---

129 『課農小抄』朱子勸農文按說.

130 박제가의 기술수용론에 대한 설명은 김용헌, 「朴齊家 기술수용론의 의의와 한계」, 『퇴계학』 9(1997)에 참고하였다.

131 김용덕, 「정유 박제가 연구 - 박제가의 생애」, 『중앙대 논문집』 5(1961) ; 김용덕, 「정유 박제가 연구 - 제2절 박제가의 사상」, 『사학연구』 10이상 『조선후기 사상사 연구』, 을유문화사에 재수록.

이 중에서 나온 사람이라 만사에 거칠고 조잡함이 서로 물들어 버렸
다는 것이다.[132]

박제가는 1799년에 지은 「應旨進北學議疏」에서 농정에 힘쓰고자
하면 농정을 해롭게 하는 것을 없애는 것이 급선무라고 하여 몇 가지
농정개혁안을 제시하였다. 선비가 너무 많으므로 그 숫자를 줄여야
한다든가, 수레를 통행시키는 것이 농사에 유익하다든가, 대장간을 개
설하고 중국으로부터 각종 농구를 사다가 그것을 본떠서 농기구를 만
들어야 한다든가, 서울 근교에 둔전을 만들어 농기구 및 농업 기술을
시험해 보아야 한다는 것 등이 그것이었다.[133] 그런데 박제가는 이미
1786년에 올린 丙午所懷에서 중국으로부터 서양의 문물뿐만 아니라
벽돌 제작, 관개법 등을 도입해야 한다는 주장을 펴고 있었다. 또한
서양인을 초빙하여 그 기술을 전수받아야 할 것이라고 건의하였다.[134]
그의 주장의 기저에는 새로운 기술, 효과적인 기술을 淸의 것이라고
해서 배척하지 않는다는 자세가 깔려 있었다.

박제가가 농업 문제에 대해 깊은 관심을 보인 것은 田制 측면이 아
니라 農法, 즉 농업기술의 측면이었다. 다시 말해 농업 생산량의 증가
를 가져올 수 있는 방법에 대한 것이었다. 그는 농업 기술의 중요성에
대해 "곡식 생산은 사람에게 달렸지 땅에 달린 것이 아닌 것이 분명하
다",[135] "농사하는 방법을 개량하지 않으면 비록 논이 萬頃이나 있어도

---

132 『北學議』, 「宮室」.

133 『北學議』, 「應旨進北學議疏」.

134 서울대학교 고전간행회, 『正祖丙午所懷謄錄』, 71면 ; 典設司 別提 朴齊家 所懷
(……) 臣聞中國欽天監 造曆西人等 皆明於幾何 精通利用厚生之方 國家誠能授之 而觀
象之一監之費 聘其人而處之 使國中之子弟 學其天文躔次鍾律儀器之度數 農蠶 醫藥 旱
澇 燥溼之宜 與夫造甀甓 築宮室 城郭 橋梁 掘抏 銅取 卯玉 燔燒琉璃 設守禦火礮 灌漑
水法 行車裝船 伐木運石 轉重致遠之工 不數年 蔚然爲經世適用之材矣.

135 『北學議』, 「地利」 ; 由是觀之 生穀之道 在人而不在地 明矣.

소용없다. 생산량이 늘지 않는 것이 어찌 땅이 적은 때문이랴"[136]라고 지적하였다.

이와 같이 수확량의 증대를 위해서는 무엇보다도 농업 기술의 개선이 중요하다고 보았던 박제가는 중국의 선진 농법 및 농기구를 소개하였다.[137] 거름을 만드는 법, 뽕나무를 재배하는 법, 누에를 치는 법, 씨감자를 저장하는 법 등에 대해서 언급하였다. 뿐만 아니라 농기구에 대해 큰 관심을 보이고 있었다. 곡식을 까부는 颺扇, 곡식을 찧는 돌방아, 물을 대고 빼는 수차, 씨앗을 뿌리는 도구, 서서 김매는 호미, 흙덩이를 깨뜨리는 고무래와 쇠스랑, 종자를 고르는 틀고무래, 관개를 하는 기구인 桔橰, 玉衡, 龍尾車, 筒車, 누에를 치는 데 필요한 잠박, 실을 켜는 베틀 등에 대한 소개가 그것이다. 박제가는 이 십여 가지의 도구들을 한 사람이 사용하면 그 이로움이 열 배이고 온 나라에서 사용하면 그 이로움이 백 배가 될 것이라고 확신하고 있다. 그리고 그는 중국의 서광계가 쓴『농정전서』의 圖式를 보고 골라 쓸 것을 권장하고 있다.[138]

또한 박제가는『북학의』곳곳에서 우리나라에서 만든 물건들의 조잡함에 대해서 언급하였다. 예를 들어 우리나라의 수레나 배는 중국의 것에 비해 조잡하기 그지없다는 점, 배의 경우를 보면 나무를 깎는 것이 정밀하지 못해 틈에서 새어드는 물이 배 안에 항상 가득하다는 점을 지적하였다.[139] 그리고 우리의 기와는 크기만 하고 제대로 규격에 맞지 않는다는 것도 말하였다.[140] 중국의 자기는 정밀하지 않

---

136 『北學議』,「水利」; 但不改農法 則雖有水田萬項 猶無用也 生穀之不殖 豈無地而然哉.

137 『北學議』,「田」.

138 『北學議』,「農器」; 農器 當考徐光啓農政全書圖式 擇用之.

139 『北學議』,「船」 今削木不精 隙水常滿.

은 것이 없는데, 우리의 것은 매우 거칠고, 심지어는 모래알이 그릇 밑에 붙은 것을 그냥 구워 만들었기 때문에 밥알이 말라붙은 것 같다는 말까지 하였다.[141] 바야흐로 이러한 때이니 비록 뛰어난 재주와 뚜렷한 지혜를 가진 사람이 있다 해도 이미 풍습이 이루어졌으니 타파할 길이 없으며, 중국의 기술을 배우는 길이 남아 있을 뿐이라고 말하였다.[142]

박제가는 뒤떨어진 기술 수준을 극복하기 위해서는 중국을 본받아야 할 것을 주장하였다. 그에게 중국을 본받는다는 것은 곧 선진 기술을 배운다는 것이었다. 박제가는 우리가 선진 기술을 배울 수 있는 구체적인 방법을 몇 가지 제시하였다. 첫째는 중국과의 통상을 통한 방법이었다. 박제가는 우리나라의 가난을 구하는 방법은 중국과 통상하는 길 뿐이라는 것이었다.[143] 여기서 중국과의 통상이라는 것은 일차적으로 물품의 교역을 의미하는 것이지만, 그것을 넘어 선진 기술의 수용이라는 보다 적극적인 의미를 담고 있었다. 박제가가 중국과의 교역을 강조하는 이유가 바로 여기에 있었다.

박제가에 따르면 물길에 익숙한 사람들을 모집하여 중국의 각 지역과 교역하도록 하면, 우리나라의 산물과 중국의 것이 교역될 뿐만 아니라 기술의 습득도 가능하다는 것이었다. 이것은 "배 수레 궁실 여러 가지 기물의 편리한 제도를 배울 수 있을 것이며, 천하의 서적도 들여올 수 있을 것이니 습속에 얽매인 선비들의 편벽되고 고루한 소견을 공격하지 않아도 저절로 타파될 것이다"[144]라는 말에 잘 나타나 있다.

---

140 『北學議』, 「瓦」 皆我瓦之所不及 無他 大而不中規之故也.

141 『北學議』, 「瓷」.

142 『北學議』, 「宮室」 ; 然則將若之何 不過曰 學中國而已.

143 『貞蕤集』, 「丙午典設署別提朴齊家所懷」 ; 當今國之大弊曰貧 何以救貧 曰通中國 而已矣.

박제가의 북학이라는 것은 결국 중국과의 교류와 그 교류를 통한 기술의 도입을 의도한 것이었다.

두 번째 방법은 중국에 사람을 파견하여 기술을 직접 배워 오게 하는 것이었다. 경륜이 있고 재주가 있는 사람을 뽑아서 해마다 열 사람씩 중국으로 가는 사신단의 통역관 중에 끼워 넣어 중국의 법을 배우게 하거나 기구를 사오게 하며, 그들에게 기술을 배우도록 한다는 것이었다. 다만 이때 배워 온 기술의 규모의 대소와 효용 가치의 허실을 시험하여 상벌을 주어야 한다는 단서를 붙였다. 세 차례나 파견했는데도 별 효과가 없는 사람은 물리치고 다른 사람을 뽑아야 한다는 것이었다. 그러면 10년 이내에 중국의 기술을 배울 수 있을 것이라고 확신하였다.[145]

세 번째로 선교사들을 초빙하는 방법을 제시하였다. 박제가는 중국의 흠천감에서 활약하고 있던 서양 선교사들이 높은 수준의 기술을 소유하고 있다는 사실을 알고 있었다. 그들은 모두 기하학에 밝으며 이용후생하는 방법에 정통하므로 국가에서 관상감에서 쓰는 비용으로써 그 사람들을 초빙하여 우리나라 자제들에게 과학기술을 가르치게 하면, 그 자제들이 두어 해가 못되어서 세상을 경륜하는 데에 알맞게 쓸 수 있는 인재로 성장할 것이라는 것이었다.[146]

네 번째 방안은 표류한 외국인들에게 기술을 배우는 것이었다. 바닷가 고을에 표류해 온 사람들이 있으면, 그 가운데는 반드시 배를 만드는 사람과 같은 기술자들이 있을 것이니 그들에게 자세히 물어서 우리의 기술자로 하여금 배를 만들게 해야 한다는 방법이었다. 표류

---

144 『貞蕤集』, 「丙午典設署別提朴齊家所懷」; 舟楫車輿宮室器什之利 可學矣 天下之圖書可致 而拘儒俗士 偏塞固滯 織瑣之見 可不攻而自破矣.

145 『北學議』, 「財富論」.

146 『貞蕤集』, 「丙午典設署別提朴齊家所懷」.

한 사람들이 가지고 있는 기술을 다 배운 후에 돌려보내는 것이 좋다는 것이었다. 아니면 배를 직접 본떠서 만드는 방법도 있다고 하였다. 그런데 당시의 상황은 그 배를 불태워버리고 마니 도대체 무슨 뜻인지 모르겠다고 박제가는 토로하고 있었다.[147]

박제가의 북학론은 중국의 문물을 배워야 한다는 것이었다. 이러한 주장에는 중국의 문물이 우리의 것보다 앞섰다는, 즉 우리의 생활 수준이 중국에 비해 형편없이 낮았다는 보다 근원적인 이유가 있었다. 박제가가 북학을 부르짖었을 때 그 北學의 대상은 정신의 영역이 아니라 물질의 영역이었다. 이것이 『북학의』와 이른바 북학파 학자들의 사유 속에 일관되게 관철되어 있던 흐름이었다.

법이 좋고 제도가 아름다우면 아무리 오랑캐라 할지라도 떳떳하게 스승으로 삼아야 한다고 주장한 박지원도 예외는 아니다. 박지원이 『북학의』에 붙인 서문에서 학문하는 자세에 대해서 "학문의 길은 따로 있는 것이 아니라 모르는 것이 있으면 길가는 사람이라도 잡고 묻는 것이 옳다. 비록 종일지라도 나보다 글자 하나라도 많이 알면 우선 그에게서 배워야 한다"[148]고 하였을 때 그가 주로 염두에 둔 것은 바로 물질 생활의 영역이었고 기술의 영역이었다.

박제가의 북학론은 달리 말해 중국 기술수용론이었다. 그의 기술수용론의 철저함은 "진실로 백성에 이로우면 그 법이 비록 오랑캐에게서 나왔다고 하더라도 성인이 장차 취할 것이다"[149]라는 언급에서 극명하게 드러나 있다.

전통유학자들의 중화의식이 유교문명에 바탕을 둔 것이라면, 박제

---

147 『北學議』, 「船」.

148 『北學議』, 「序」; 學問之道無他 有不識 執塗之人 而問之可也 僮僕多識我一字 姑學汝矣.

149 『北學議』, 「尊周論」; 苟利於民 雖其法之或出於夷 聖人將取之 而況中國之故哉.

가의 그것은 기술문물에 바탕을 둔 것이라는 것이었다. 하지만 양자는 우리가 추구해야 할 이상적인 삶의 형태를 외부의 문명, 문물에 설정하고 있다는 점에서 일치하는 것이었다. 이러한 점에서 조선의 주체적인 모습에 대한 태도와 인식의 측면에서 약화를 우려하게 된다. 그리고 박제가가 "우리 말을 못 버릴 것도 없고 버린 뒤에야 오랑캐라는 이름을 면할 수 있다"[150]는 방식으로 자신의 마음을 털어놓고 있다는 점에서 우려가 현실화되고 있음을 찾아볼 수 있다.

3) 禹夏永의『千一錄』편찬과 地域農法 정리

18세기 후반 수원 지역에서 활약한 禹夏永(1741~1812)은 자신의 학문적 성취를 바탕으로 조선의 농업현실을 분석하고 이에 대한 나름대로의 개혁론을 제시하였다. 禹夏永이 지은 『千一錄』은 향촌 유생의 시각에서 당시 조선사회가 부딪히고 있던 농업 현실의 문제를 분석 정리하고, 이를 토대로 자신의 改革論을 제시한 책이었다.

『천일록』의 내용은 농업에 한정된 것이 아니었다. 농업뿐만 아니라 상공업, 광업 등 생산활동에 대한 것, 그리고 과거제, 신분제, 軍制, 軍政, 關防, 田制, 田政, 還穀 등 정치·사회·경제·군사제도에 대한 것 등을 망라하고 있었다. 여기에 華城 경영, 지역사회발전에 대한 時務論으로 포함하고 있었다.

『千一錄』을 지은 우하영의 生涯는 몇몇 기록을 통해서 알 수 있는데 崔洪奎가 자세하게 정리한 것을 참고할 수 있다.[151] 최홍규는『천일록』권10에 수록되어 있는「醉石室主人翁自敍」,『丹陽禹氏族譜』

---

150 『北學議』,「漢語」; 我國地近中華 音聲略同 擧國人而盡棄本話 無不可之理 夫然後 夷之一字可免.

151 崔洪奎,『禹夏永의 實學思想 研究』(一志社, 1995), 37~60면. 우하영의 생애에 대한 설명은 이 책을 참고하였다.

등과 증언, 현지답사 등을 통해서 우하영의 생애를 정리하였다. 그에 따르면 禹夏永은 水原府 好梅折 於良川面(현재 華城郡 梅松面 漁川里) 外村에서 秋淵 禹性傳의 직계 7대손으로 1741년에 출생하였다. 자는 大猷, 호는 醉石室, 醒石堂이라 하고, 생부는 禹鼎瑞이고, 백부인 禹鼎台의 뒤를 이었다.

우하영은 1796년(정조 20) 「丙辰四月應旨疏」(『千一錄』 권10 수록)와 「水原儒生禹夏永經綸」을 정조에게 올렸다. 그리고 1804년(순조 4) 2월 9일 「甲子二月應旨疏」를 올리기도 하였다. 우하영이 올린 두 차례의 상소 가운데 1796년 올린 상소는 『승정원일기』에 수록되어 있고 『천일록』에도 수록되어 있다.

우하영이 편찬한 『千一錄』에 들어 있는 「農家總攬」은 특히 자신의 직접 경험한 농업기술을 토대로 이루어진 것이었다.[152] 그는 집안의 水田 13斗落에서 매년 경작하면서 掩耕, 飜耕, 治熟, 鋤種, 貯種, 播苗, 占候, 引漑之方 등 농사일의 여러 가지 측면을 봄부터 가을까지 성실하게 미리 준비하는 데 갖추지 않음이 없었다고 자부하였다. 그리하여 그는 勤, 豫, 備穀種, 辨穀性, 相土宜, 占時候, 聚糞灰, 治熟田土, 預貯水源, 鋤種及時 이 열 가지를 農作之方의 十目으로 제시하고 있었다.[153] 이와 같은 농사 경험이야말로 우하영이 『農家集成』을 보충하고, 나아가 대체하는 의미를 지닌 『농가총람』을 편찬할 수 있었던 배경이라고 할 수 있다.

---

152 朴花珍, 「『千一錄』에 나타난 禹夏永의 農業技術論」, 『釜大史學』 제5집(부대사학회, 1981), 127면.

153 『千一錄』 권8, 「農家總攬」; 管見 凡天下萬事 苟非目見而躬驗之 則故未可以質言 惟此作農之方 實是家間已驗者也 家有水田 可種十三斗 每年耕作 而凡所以掩耕‧飜耕‧治熟‧鋤種之功 貯種‧播苗‧占候‧引漑之方 自春至秋 自秋至春 無所不備其勤豫(⋯⋯) 大凡農作之方 其目有十 一曰勤 二曰豫 三曰備穀種 四曰辨穀性 五曰相土宜 六曰占時候 七曰聚糞灰 八曰治熟田土 九曰預貯水源 十曰鋤種及時.

우하영의 『千一錄』은 오래전부터 여러 연구자들의 관심대상이었다. 禹夏永의 『千一錄』을 면밀하게 검토한 여러 선학들의 연구성과들을 찾아볼 수 있는데, 먼저 朴花珍은 우하영의 농업기술론을 특히 『農家總攬』을 중심으로 정리하였다.[154] 그는 농업기술면에서 『山林經濟』보다 많은 진보를 보이고 있다고 평가하면서 地力 소모를 극복하기 위한 방법을 耕地, 施肥, 除草 등의 측면에서 강조하고 있는 점에 주목하였다. 小農의 입장에서 農地를 마련해주는 것에 중점을 둔 것이고, 노동력의 많은 투입을 중시하는 집약적 農法을 지향한 것으로 정리하였다. 그리하여 우하영을 당시의 대표적인 중농주의적 실학자로 자리매김하였다. 박화진의 정리는 특히 농업기술의 측면에 집중한 것으로 많은 시사점을 갖고 있다.

金容燮은 우하영의 『천일록』을 검토하여 農業慣行조사, 農業生産增進論, 農業政策 改善論 등으로 종합 정리하였다.[155] 김용섭은 『천일록』이 『農家集成』을 저본으로 하고 그것을 보설 보완함으로써 이 시기의 농업문제를 해결하려는 입장을 갖고 있다고 정리하였다. 그는 우하영이 新田開發과 懶農廣作하는 대농경영을 보다 집약적인 소농경영으로 전환시킴으로써 農地를 확보하려고 했다고 지적하였다. 우하영이 지주제를 인정하는 현실 속에서 佃作農民의 廣作經營을 소규모의 집약적 경영으로 유도하려고 했다고 평가하면서, 지주적 입장의 농촌경제 안정방안이었다고 평가하였다.

김용섭의 평가는 토지소유 개혁론 有無에 기준을 둔 것이었다. 하지만 그의 평가는 우하영의 농서 편찬, 농법 정리, 그리고 농업개혁론의 전반적인 성격이 小農, 窮民 중심인 것과 잘 들어맞지 않는 것으로

---

154 朴花珍, 앞의 논문, 121~151면.
155 金容燮, 『朝鮮後期農學史研究』(一潮閣, 1988), 331~364면.

생각된다. 즉 기준을 당대의 농민의 현실에 두지 않고 토지소유 개혁이 필요하다는 시대적 과제에 두고 있기 때문에 나타난 불일치로 보인다.

우하영의 『千一錄』을 물샐 틈 없이 정리한 연구성과로 崔洪奎의 『禹夏永의 實學思想 硏究』(一志社, 1995)를 들 수 있다. 그는 禹夏永의 농업개혁론, 사회개혁론 등을 『千一錄』을 중심으로 방대하게 분석 정리하면서 實學思想이라고 규정하였다.[156] 최홍규는 우하영의 생애와 저작, 農政觀, 農業改革論, 産業振興論, 政治社會制度 改革論, 地域社會開發 및 行政改編論 등을 정리하였다.

그는 우하영의 주장이 경험적이고 실천 가능한 현실론적인 농업개혁론이라고 평가하면서, 小農 중심의 농민경제를 안정시키고, 국가 收稅의 충실화를 목표로 하였다고 보았다. 또한 상업발전론을 제기한 것으로 재평가하였고, 당대의 화폐경제의 발전 양상을 바탕으로 李瀷의 화폐부정론을 극복한 견해로 평가하였다. 우하영에 관한 다른 연구 성과를 살펴보면 우하영의 『천일록』 가운데 등장하는 屯田論을 李瀷의 둔전론과 비교하여 살피기도 하였고,[157] 조선후기 농업의 지역적 특성을 『千一錄』을 통해 지리학적인 입장에서 정리하기도 하였다.[158]

우하영이 『千一錄』을 편찬할 수 있었던 것은 방대한 문헌자료 조사와 면밀한 현지조사의 성과 덕분이었다.[159] 우하영이 『천일록』을 편찬

---

[156] 崔洪奎, 앞의 책, 379~389면.

[157] 姜祥澤, 「朝鮮後期 有土屯田과 無土屯田의 擴大와 그 改革論議에 關하여」, 『釜大史學』 제10집(부대사학회, 1986), 79~87면.

[158] 정치영, 「『千一錄』을 통해 본 조선후기 농업의 지역적 특성」, 『한국지역지리학회지』 제9권 제2호(한국지역지리학회, 2003), 119~134면.

[159] 禹夏永이 팔도를 돌아다니면서 현지 조사한 결과물이 바로 『千一錄』 권1 建都에 실려 있는 「附山川風土關扼」이다. 조선 팔도를 몇 개의 세부 지역으로 나누어 民俗, 農業, 生利 등을 소상하게 설명하고 있다.

한 시기는 결론부터 언급하자면 18세기 말로 추정된다. 우하영은 『田制附農政』에서 田制를 개혁하는 과제 가운데 가장 最先務로 改量을 제시하였다. 그런데 우하영은 改量이 이루어졌던 시기에 대해서 자세하게 언급하면서 개량이 시급하다는 점을 강조하였다. 그는 "畿甸의 改量은 顯廟 癸卯(1663, 현종 4)이어서 지금으로부터 130여년이나 되었고, 三南의 改量은 肅廟 庚子(1720, 숙종 46)이어서 지금 거의 80年에 이르렀다"고 설명하였다. 이에 따르면 우하영은 1663년에서 130여년이 지났고, 1720년에서 80년에 약간 못 미치는 시기에 개량이 시급하다는 것을 주장한 것이다. 따라서 1793년에서 1800년 사이에 『千一錄』의 『田制附農政』을 집필한 것으로 볼 수 있다.

우하영이 1796년에 정조에게 올린 上疏에서 『千一錄』 편찬과 관련된 정보를 전해주고 있다. 그는 상소 첫머리에서 "먹고 쉬는 사이에 대략 분별없는 생각을 갖추어 두고 이를 千一錄으로 이름 지었다"고 설명하였다. 그리고 정조가 求言하는 왕명을 내리자 "평일에 輯錄해 두었던 것에서 대략 뽑아내고 간추려서 冊子를 만들어 올린다"라고 하였다.[160] 이에 따르면 1796년 무렵에 이미 『千一錄』의 체재에 맞는 자신의 견해를 갖추어놓고 있었던 것으로 보인다.

우하영은 『千一錄』의 내용을 이루는 하나하나의 방책, 방안 등을 고안하기 위해 몸을 사리지 않았다. 조선의 東西南北으로 끄트머리에 해당하는 지역들을 남김없이 답사한 것이었다.[161] 이러한 현지조사,

---

160 『承政院日記』 정조 20년 4월 25일 (庚子) ; 幼學禹夏永疏曰 伏以臣一介蜫蜽之微也 窮居草野 塡迫溝壑 而未暇魯緯之恤 妄懷杞天之憂 每想古人之獻芹 未嘗不撫躬自悼曰 一段忠愛 人所同得於彛性者 而吾何獨無所獻於吾君也 酒於食息之暇 略具狂瞽之見 名之曰千一錄 蓋謂千慮之或有一得也 抱廋彷徨 恒切耿結 今我殿下 遇災修省渙發詢蕘之聖教 警惕之誠 求助之旨 藹然於十行絲綸 爰咨宰輔 至于末之黎庶 俾各條陳其素蘊 恩綸所頒 跛躄咸聳 莫不欲効杪芒而贊日月 念臣一身 猶是聖朝陶甄中物 旣有平日之所輯錄 則終不敢泯默 略爲抄刪 裒成冊子 妄效應旨之具 惟聖明垂察焉.

현지답사를 통해서 우하영은 조선 각 지역의 농법의 특색을 파악하고, 또한 자신의 농사경험을 보태었다. 그리하여 우하영은 『천일록』에 자신 나름대로의 농법 정리를 제시하고, 또한 농업개혁론을 제기하였다.

다음으로 우하영이 『千一錄』을 편찬한 목적이 무엇인지 『千一錄』 글 속에서 찾아볼 수 있다. 그가 자신의 학문, 자신의 생애를 정리하면서 쓴 글인 「醉石室主人翁自敍」를 보면 그의 입론의 기초는 바로 '兼濟同胞'[162]라는 4글자로 요약할 수 있을 것으로 생각된다. 그가 同胞라고 부른 사람들은 民, 그리고 小農에 해당되는 부류로 생각된다. 一家를 이루고 農作을 통해서 살길을 도모하는 전혀 懶農과 거리가 먼 精農을 수행하는 계층이었다. 우하영은 이들 貧民이 資活해 나갈 수 있는 방도를 찾고, 鄕民들에게 커다란 피해를 주는 폐단을 없앨 단서를 구하기 위해 절치부심하였다.

우하영이 同胞라고 표현한 부류에 대해서 참고할 수 있는 부분이 兼幷과 廣作의 폐단을 설명하면서 耕作의 기회를 상실 당한 窮民을 지적한 대목이다.[163] 100호가 겸병을 하게 되면 窮民 300호가 失業하게 된다고 설명하였다. 이에 따르면 窮民이란 田主의 田土를 耕作하여 地代를 납부하고 남은 것으로 겨우 입에 풀칠할 수 있는 정도인 경작규모가 극히 작은 貧農을 가리키는 것이었다. 따라서 몇몇 사람이 廣作을 하면 당장 호구지책인 극소규모의 借耕地조차 얻지 못하는 존재가 바로 窮民이었다.

우하영에 따르면 廣作을 하면 治畦와 糞田에 힘을 다하지 못하기 때문에 요행을 바랄 수밖에 없게 되고, 특히 흉년들 당하게 되면 수확

---

161 정치영, 앞의 논문, 121면.
162 『千一錄』 권10, 「醉石室主人翁自敍」; 耿然一念 惟在於兼濟同胞之地.
163 『千一錄』 권10, 漁樵問答.

이 크게 떨어지며, 점차 沃土腴田이 瘠地로 변해가는 등의 문제점을 지적하였다. 우하영은 兼幷과 廣作으로 耕作할 땅을 잃어버린 窮民을 兼濟해야 할 同胞로 본 것이었다. 또한 兼幷과 廣作을 평계로 作農에 나서지 않고 있는 懶農을 배제하였다.

同胞는 특정한 계층이나 부류를 가리키는 말이 아니라 본래 胞胎, 즉 탯줄을 함께 하는 同生, 형제자매를 뜻하는 말이었다. 同胞를 다른 말로 同産이라고 하였다.[164] 張載의 『西銘』에 나오는 '民吾同胞'라는 구절은 同胞를 백성들을 가리키는 용어로 사용한 것이었다. 하지만 장재가 同胞라고 民을 지칭한 것은 백성들을 형제와 다름없이 여기고 남 보기를 나의 형제처럼 여기라는 뜻으로 사용한 것이었다.[165] 장재가 사용한 同胞라는 용어는 고려 말 李崇仁의 글에서도 발견되고 있다.[166]

이러한 용례로 볼 때 우하영이 '兼濟同胞'라고 표현하였을 때 등장하는 同胞는 우하영 자신과 동질감을 공유할 수 있는 부류, 그리고 형제같은 마음을 먹을 수 있는 대상으로 한정해야 할 것이다. 따라서 앞서 제시한 窮民을 兼濟의 대상인 同胞로 본 것으로 간주하는 것이 마땅하다.

또한 우하영은 수전 벼경작법 가운데 火耨法을 설명하는 부분에서 파종을 많이 하는 방식의 多營(넓은 토지의 경영), 즉 廣作을 현실에서

---

164 『大漢和辭典』 권2, 同胞.

165 張載의 『西銘』의 뜻을 풀이한 송시열은 "동포란 바로 동생(同生)이라는 뜻으로 내가 남 보기를 모두 나의 형제처럼 여긴다는 것"이라고 설명하였다(『國朝寶鑑』 제43권, 숙종조 3(한국고전종합DB(http://db.itkc.or.kr/) 검색일: 2010. 2. 23).

166 이석규 편, 『民』에서 『民族』으로』(선인, 2006), 39~41면. 이석규는 고려 말에서 조선 초 사이에 관인층과 민을 구분하지 않고 동일시하는 경향이 나타났는데 양자를 통칭하는 용어로 同胞가 사용되었다고 설명하였다. 그런데 관인층과 민을 일체적인 관계로 보는 것이 어떤 측면에서 중요한 인식의 변화인지 제시하지 않고 있다.

252 제2편 18~19세기 농업개혁론의 전개양상

수행할 수 없는 이유로 두 가지를 설명하고 있었다. 우하영이 지적한 廣作이 어려운 첫 번째 이유는 鋤功, 즉 김매는 노동력의 문제이고, 둘째는 糞田, 즉 비료를 넣어주는 문제였다. 김매는 작업과 비료를 만들어 논밭에 넣어주는 작업에 소용되는 노동력을 확보하기 전에는 넓은 토지의 경영이 불가능하다는 것이었다. 결국 광작은 노동력을 풍부하게 확보하고 있을 때 가능한 것이었다. 이에 대해서 우하영은 田家에서 多營하는 것 자체가 불가능하다는 쪽으로 결론을 내리고 있었다.[167] 따라서 우하영이 小農, 窮民에 초점을 맞춘 農法 정리에 치중하였다고 할 수 있다.

'兼濟同胞'라는 뚜렷한 목적의식을 가지고 편찬된 『千一錄』은 農書의 측면에서 몇 가지 특색을 갖고 있다. 먼저 『千一錄』에 포함되어 있는 『農家總攬』은 우하영이 편찬한 새로운 農書로 평가할 수 있다는 점이다. 당대의 農法을 우하영 나름대로의 입장에서 정리한 것으로 볼 수 있다. 그는 세종의 왕명으로 『農事直說』이 편찬된 것을 설명하면서 "古今 時候가 不同하고 民功이 혹 다르므로 그 中에서 參酌하고 損益할 것이 없지 않다. 그리하여 이에 감히 僭妄을 돌아보지 않고서 古方을 수집하고 己見을 兼附하여 一統을 만들었으니 혹이라도 鄕居하면서 務本하는 데 一助가 되었으면 한다"고 설명하였다.[168] 이러한 우하영의 입장은 古方과 자신의 의견을 종합하여 새로운 農書를 편찬하려는 것이었다고 생각된다.

『農家總攬』과 『農家集成』의 관계에 대해서 계승관계인지 아니면 한 단계 진보된 것인지를 살피는 것보다는 『農家總攬』이 갖고 있는

---

167 『千一錄』 권8, 「農家總攬」 ; 凡農家 所種或多則 鋤功 每患過時 糞壤亦難遍及 田家之不得多營者 良由此也 此意最妙(一說小灌水 焚之 無傷根之患).

168 『千一錄』 권8, 「農家總攬」 ; 然猶古今時候之不同 民功之或殊 自不無參酌損益於其中者 故自敢不顧僭妄 衷集古方 兼附己見 作爲一統 庶或爲鄕居務本之一助云爾.

독자적인 성격에 주목해야 할 것으로 보인다. 『農家總攬』의 목차 배열이 『農家集成』의 『農事直說』과 동일하다는 점에서 『農家集成』과 연관성이 많다는 점은 실제 농서의 서술 내용에 『농가총람』의 독자성이 훨씬 크다는 점으로 상쇄될 수 있을 것이다. 우하영은 '附管'이라 書頭에 적은 다음 자신의 의견을 서술하면서 『농가집성』의 내용을 크게 보충하였고, 또한 자신이 직접 경험하거나 채록한 새로운 방법을 제시하고 있었다.

예를 들어 『농가총람』의 이앙법 관련 부분에 외양간두엄 만드는 방법을 소개한 附管은 『農家集成』과 별로 연관되지 않는 것이었다.[169] 우하영은 외양간 두엄을 만드는 방법을 소개하면서 이를 '農家例方'이라고 설명하였다. 즉 농가에서 의례적으로(例) 사용하는 방법(方)이라는 점에서 이는 특별히 이앙법과 관련된 기술이라기보다 일반적인 糞田法, 施肥法에 해당된다고 할 수 있다.

또한 우하영은 『농사직설』에 소개되어 있는 다음해에 적당한 穀種 고르는 방법에 대해서 자신이 직접 경험한 내용을 제시하고 있다는 점을 주목할 수 있다. 우하영은 각종 곡종을 1升씩 주머니에 넣는 것이 어렵다면서 1合씩 넣는 것이 좋다고 지적하였고, 또한 土宇 대신 北墻의 陰處에 묻는 방법이 좋다고 설명하였다.[170] 이 대목에서 우하영이 직접 농사를 수행하면서 農法의 妙理를 터득하고 그것을 토대로

---

169 『千一錄』 권8, 「農家總攬」; 附管 凡物不朽 則不能成糞 若爛朽 則無物不成糞 故無論藁草柴雜草 并皆入廏中 使牛馬踐踏之 過四五日 易之以他草 以其踐踏者 作坎積置 浸之以廏尿與雜水 久久蒸熟 則自然成糞(宜作坎於廏外以承廏尿 ○ 此是農家例方 而但有勤懶之殊 勤則多聚 多聚則收穀 必多矣).

170 『千一錄』 권8, 「農家總攬」; 附管 此法 曾於家中 已驗之矣 各種之各盛一升於布囊 亦難 宜取各種一合 而盛之各囊 不必土宇 宜於北墻陰處埋之 且於冬至埋置 立春出之 爲妙 蓋各種 性理自有 逐年衰旺 故多息者旺 而小息者 衰也 埋之可驗其衰旺 冬至乃小春 故明年氣候 已屆於冬至 必宜於冬至埋置 而立春出之矣(必埋於北墻陰處者 取子夜陽生之義 而外陰 故陽氣在內 易於透濕穀種而生芽也).

농서를 지었다는 점을 알 수 있다. 따라서 우하영이 편찬한『농가총람』은『농가집성』과 별도로 편찬된 농서로 보아야 할 것이다.

『농사직설』과『농가총람』의 계승 관계와 관련해서 앞서 살펴본 우하영의 '農作之方十目'의 내용을 상세하게 검토할 필요가 있다. 勤과 豫는 農作에 나서는 농민의 근원적인 자세, 태도, 마음가짐을 가리킨다고 할 수 있다. 그리고 備穀種은 종자 준비, 종자 관리에 해당하고, 辨穀性는 곡물과 품종선택을 가리킨다. 또한 相土宜는 토질에 적합한 농법 파악이고, 占時候는 農時를 가늠하는 것이며, 聚糞灰는 시비재료의 마련과 시행을 지시하는 것이다. 마지막으로 治熟田土는 起耕과 熟田을 포함한 田土의 관리이고, 預貯水源은 수리시설을 포함한 수리 준비이며, 鋤穫及時는 제초와 수확을 제때 시행하라는 것이다. 이와 같이 '農作之方十目'의 내용은 농사의 준비에서 실행, 그리고 마무리까지 모두 포괄하는 것이었다.

우하영의 '農作之方十目'은 새로운 농서를 편찬하려고 할 때 충분히 목차로 활용할 수 있는 것이었다. 그럼에도 불구하고 우하영이『농가집성』의 목차를 따라『농가총람』을 편찬한 것은『農事直說』을 조선 農家類의 祖宗成憲으로 간주하고 있었기 때문으로 보인다.『農家集成』을 지은 申洬과『山林經濟』治農을 편찬한 洪萬選은 모두 자신이『農事直說』의 내용에 추가 보완한 부분을 '俗方'이라 밝히고 있었다. 洪萬選은『산림경제』치농의 내용을 조선농서와 중국농서에서 인용한 부분으로 채운 것과 별도로 자신의 見聞이나 傳聞에 의거하여 수합한 俗方을 추가하고 있었다. 이는 우하영이 자신의 주장을 '附管'이라 표기한 것과 대비된다. 홍만선의 '속방' 표기는 見聞과 傳聞에 의거한 것이기 때문이고, 우하영이 '부관'이라 한 것은 자신의 직접 경험에 바탕을 두었기 때문으로 보인다.

다음으로 우하영이『千一錄』을 편찬하면서 각 지역의 土性과 民俗

이 차이가 있을 수밖에 없다는 점을 바탕으로 삼고 있다는 점을 주목해야 한다고 생각된다. 그는 각 지역의 농업의 바탕을 이루는 土性의 중요성을 깊이 파악하고 있었다. 그리고 土性을 기준으로 각 지역을 구별하면서 이를 통한 지역농법을 정리하려고 시도하고 있었다. 주목할 만한 것은 우하영이 土性의 沃瘠뿐만 아니라 人力의 勤慢을 감안하여 각 지역을 구별하고 있다는 점이다. 즉 인력의 근만을 民俗이라는 기준으로 설정하여 지역구분에 감안하고 있었다.

우하영에 따르면 土性의 측면에서 각 지역은 호남 → 호서 → 영남·해서 → 西關 → 畿甸 → 관동·관북(嶺南·海西·西關은 堅으로 비슷, 그러나 沃에서 차이)의 순서라고 할 수 있다.[171] 여기에서 우하영은 土性의 비옥도를 비옥함[沃]과 굳셈[堅]이라는 특색 있는 기준으로 판별하고 있다. 굳셈이란 토양이 쉽게 堅硬해지는 정도를 가리키는 것으로 보인다.[172] 영남과 해서의 경우 굳셈과 비옥함이 서로 동등한 비중을 차지하고 있기 때문에 반드시 근실하게 인력을 동원해야 수확하는 것이 많게 된다고 지적하였다. 이것은 굳셈이라는 土性의 조건은 인력의 勤勉이라는 다른 조건과 결부될 때에만 훌륭한 농업생산을 이룩하는 바탕이 될 수 있다는 것을 표현한 것이다.

---

171 禹夏永, 『水原儒生禹夏永經綸』(규장각 奎3202) 務本 ; 農家所收之多寡 專由土性之沃瘠 而亦係人力之勤慢 蓋以我國土性 而統論 則腴沃者 湖南也 其次 湖西也 嶺南與海西之土 堅沃相等 而堅者 堅硬之謂也 必待人力之勤 而所獲能多 西關之土 堅與海西等 而沃則不及 關東關北 皆是窮峽 故其間 雖有開野處 數三邑之稍沃 統以言之 則俱是瘠薄也 畿甸 則比諸關東北 差可謂稍勝 而不堅不腴 最居六路之下.

172 土性을 설명할 때 나오는 굳셈[堅]에 대해서 『齊民要術』의 서술을 참고할 수 있다. 『齊民要術』에서 穀을 파종할 때 春種과 夏種을 구별하면서 撻이라는 진압용 농기구의 쓰임을 지적하고 있는데, 이때 토양의 습기에 따라 堅硬이 달라진다고 설명하고 있다. 이러한 설명은 토양의 성질 가운데 堅, 즉 굳셈의 정도라는 요소가 토양 구분의 기준의 하나로 보고 있기 때문에 나온 것이다. 『齊民要術』 種穀第三 ; 凡春種欲深 宜曳重撻 夏種欲淺 直置自生 春氣冷生遲 不曳撻則根虛 雖生輒死 夏氣熱而生速 曳撻遇雨必堅 其春澤多者 或亦不須撻 必欲撻者 宜須待白背 濕撻令地堅硬故也.

지역의 농업 특색을 土性만으로 한정하지 않고, 民俗, 즉 인력의 근
만이라는 기준을 본격적으로 활용하여 지역구분에 나서고 있었다. 人
力의 勤慢을 또 다른 기준으로 감안한 지역 구분은 土性의 沃瘠에 따
른 八道의 순서와 비교할 때 차이를 드러내고 있다. 즉 土性의 沃瘠으
로 기준으로 세우면 호남 → 호서 → 영남·해서 → 西關 → 畿甸 →
관동·관북의 순서가 되는데 人力의 勤慢을 가미하면 兩湖(湖南·湖
西) → 영남 → 西關 → 海西 → 관동의 순서가 되는 것이다.[173] 순서가
뒤바뀐 것이 바로 海西와 西關이다. 西關은 土性의 沃瘠이라는 측면
가운데 沃이라는 요소가 海西에 미치지 못하는 지역이지만, 인력의
勤慢을 감안할 때 力作하여 농사를 짓기 때문에, 勤力하는 것이 부족
하여 貧戶가 많은 海西에 비해서 富饒한 戶가 많은 지역이 되어 海西
보다 앞선 지역으로 파악되고 있다. 이러한 지역 구분은 자연적인 조
건뿐 아니라 인위적인 조건을 같이 감안하여 적절하게 농업지역(농업
지대)을 구분한 것으로 평가할 수 있을 것이다.

마지막으로 우하영의 『천일록』은 당시의 농업현실 속에서 가장 시
급하고 적절한 농정개선 방안으로 改量 실시와 農官 설치를 주장한
점을 주목할 수 있다.[174] 그가 農官의 설치를 주장한 것은 단순하게
勸農을 해야 한다는 당위적인 것이 아니었다. 그는 農官을 농사의 장
려에서 농사의 감독까지 도맡는 직임으로 파악하고 있었다. 그리고 여
기에서 한 발 더 나아가 農法의 정리와 보급까지 農官의 소임으로 파
악하고 있었다.

---

173 禹夏永, 『水原儒生禹夏永經綸』(규장각 奎3202) 務本 ; 蓋兩湖 以其腴沃 故所收自
多 而民物殷盛 嶺南 則堅沃 故力農之家 爲能多獲而殷富. 西關 則沃雖不及海西 而力作
故多富饒 海西 則沃雖勝於西關 而勤力不足 故多貧戶 關東 則地本磽确 惟務山耕 宜其
所獲之不多 此其土性與民俗之各自不同 而亦由乎勸課之能得其方 而後 庶無艱食之患.

174 『千一錄』 권2, 田制 附農政.

18세기 정조의 새로운 農書 편찬에 호응한 應旨人의 응지농서에서
도 지역마다 다른 농업환경의 특색에 주목하고, 또한 改量 등 여러
가지 농정개선방안의 제시양상을 찾아볼 수 있다. 응지인 가운데 우
하영과 같은 화성 지역에 거주하면서 지역농법의 특색을 지적하고 농
법의 개량을 주장한 인물로 金養直이라는 인물이 있었다. 김양직은
耕法의 측면에서 嶺東, 湖南, 畿甸의 차이를 지적하면서, 여기에 곁들
여 지역적 農法의 특색을 "村村마다 異種이고, 읍읍마다 殊農이다" 라
고 묘사하기도 하였다.[175] 김양직의 언급은 실제의 구체적인 농법 설
명으로 이어진 것이 아니고, 또한 일부 지역에 한정된 것이었다. 이에
반해 우하영이『천일록』에서 지역농법의 특색을 밝혀놓은 것은 그 체
제와 구성이 다른 應旨農書에 비해 훨씬 방대하고 정밀하다는 점을
지니고 있었다. 이상에서 살핀 바와 같이 우하영의『千一錄』은 방대
한 문헌조사와 면밀한 현지조사의 종합적 결과물이고, 小農에 대한 同
胞의식에서 나온 개혁방안이며, 농법의 정리, 개량 실시와 농관 설치
주장 등의 측면에서 특색을 지닌 것이었다.

우하영이『천일록』에서 정리한 農法의 구체적인 모습을 여러 부분
에서 찾아볼 수 있다. 우하영이 農法의 지역적 특색을 정리한 부분은
『千一錄』권1 建都 附山川風土關扼이고,『千一錄』권8 農家總攬에서
는 구체적인 穀種別 耕作法을 소개하였다. 「附山川風土關扼」에서 팔
도 각 지역의 농업실정을 정리한 것을 먼저 살펴보고 이어서 「農家總
攬」에서는 農法의 구체적인 기술을 다룬 것을 살펴볼 것이다.

먼저 18세기 후반에『千一錄』을 편찬한 우하영은 지역적인 농법의
특성을 전체적으로 분석하여, 파종 시기의 지역에 따른 차이, 논밭 구
성비율의 지역차, 水利 혜택의 유무, 牛耕의 특색 등을 지적하였다.[176]

---

175 『承政院日記』1806책, 正祖 23년 3월 28일 丙戌 (95-793나) 司直 金養直 上疏.

이와 같은 지역적인 농법의 특색은 앞서 지적한 바와 같이 우하영의 현지조사, 문헌분석, 자신의 농사 경험 등에 의거한 것이었다.

다음으로 우하영이 『농가총람』에서 정리한 구체적인 현실 농법의 내용을 검토하려고 한다. 먼저 穀種에 대해서 우하영은 穀品, 즉 품종의 소개에 별 다른 설명을 붙이지 않고 있었다. 이에 대해 박화진은 곡품의 증가가 일반적인 현상이어서 거론할 필요성을 느끼지 못했기 때문이라고 설명하였다.[177] 하지만 조선의 농서에서 품종을 처음으로 소개한 『衿陽雜錄』이 같은 경기 지역의 품종을 제시하고 있었기 때문에 품종에 대한 소개를 생략한 것이 아닌가 생각된다.

우하영은 漬種法, 즉 糞種法을 소개하고 있는데, 눈물[雪水]에다 담그는 방법과 牛馬池尿에 적시는 방법을 제시하였다.[178] 그런데 후자는 牛馬를 가지고 있는 농가에서만 활용할 수 있는 방법이었다. 따라서 이 조목을 놓고 『農事直說』 또는 『농가총람』의 편찬의도 속에 牛馬를 가진 농가, 즉 中農을 상정한 것으로 파악하는 해석이 나올 수도 있다. 하지만 漬種法 자체가 中國 農書에서 나온 것이기 때문에 이 조목만으로 『농사직설』 또는 『농가총람』의 특정 계층 편향을 지적하기는 어렵다고 생각된다.

또한 우하영은 穀種을 精乾해야 하기 때문에 雪汁이나 廏尿로 漬種하면 혹시라도 상해를 받을 수 있으니 雪汁이나 廏尿로는 糞田하는 것이 오히려 낫다는 자신의 의견을 제시하고 있었다.[179] 그리고 우하

---

176 염정섭, 『조선시대 농법 발달 연구』(태학사, 2002), 405~408면.

177 朴花珍, 앞의 논문, 143면.

178 禹夏永, 『農家總覽』穀種 ; 附管 直說曰 冬月以瓮或槽 埋置地中 要合不凍 至臘月 多收雪汁 盛貯 苫薦(鄕名 飛蓋) 厚蓋(古書曰 雪 五穀之精也) 至種時 漬種其中 漉出晒乾 如此三度 或用木槽 盛牛馬廏地尿 漬種其中 漉出晒乾 亦須三度 (如此三度 則禾稼 耐旱而肥 所收倍多).

179 禹夏永, 『農家總覽』穀種 ; 附管 此法 應是古人已驗之方 而恐非萬全 蓋穀種 必

영이 보다 전심전력을 기울여야 할 부분으로 지목한 것은 견실한 이삭(穗)를 택하여 종자를 잘 마련하는 방법이었다. 稂莠가 많이 생기는 것은 本地에 떨어져 있는 遺種 때문이기도 하지만 또한 파종하는 種子가 不精하기 때문에 나타나기도 한다는 점에 주의하라고 지시하고 있었다. 만약 幷作을 하여 땅주인이 종자를 주는 경우 충분히 精乾시켜 두었다가 부종할 때 키로 까불고 물에 담가 雜種을 모두 제거해야 한다고 설명하였다. 그는 종자가 완전해야만 제초할 때 힘이 훨씬 덜들고 또한 이삭과 종실이 튼튼하고 수확도 많다고 강조하였다.[180]

다음으로 水稻경작법에 관한 부분을 살펴보면 우하영은 『농가집성』에 수록되어 있는 경작법을 충실하게 소개하고 있었다. 그리고 몇몇 기술적인 부분에 대해서 農法전문가 입장에서 자신의 의견을 언급하고 있었다. 예를 들어 水田은 深耕이 무조건적으로 좋다고 지적하면서 특히 深耕하여 得水하게 되면 더욱 좋다고 지적하였다.[181] 그런데 禹夏永은 起耕의 淺深이 계절에 따라 달라야 하는 합리적인 근거를 제시할 정도로 耕法의 원리를 파악하고 있었다.[182] 그리하여 물을 얻을 수 있는 수전의 경우 深耕하는 것이 마땅한 방식으로 평가하고

貴精乾 故當秋 極擇其穀完・實充者 曝乾情儲 以爲嗣歲種子 此是農家萬全良方也 今若依右 或臘雪汁 或底地尿 漬種 漉出 旣晒且漬 限以三度 則漬晒之際 易致受傷 雪汁之漬 取雪之精也 底尿之漬 取尿之沃也 而一或受傷 則精與沃 俱無以責效 無寧移其雪尿漬晒之工 以圖作糞 糞田之爲愈也.

180 禹夏永, 『農家總覽』 穀種；附管 世人 全不致意於置種之方 殊非識農務者也 凡水田稂莠之多出 雖是本地遺種 亦多穀種不精之害 若於秋間 刈穫之時 極擇堅實之穗 精乾精儲 以爲種子 則上也 若無田土貧民 受人種子 爲其幷作 勢未由焉 宜以竹篩撤下 去其雜莠之種 十分精乾 及至付種之時 簸揚浸水 盡去雜種 及浮秕不完之粒(種不完 則穗不實) 非但鋤工之倍省 秋來穗實充完 所收必多 此是曾所已驗之方 可質無疑矣.

181 禹夏永, 『農家總覽』 稻種；附管 水田 宜深耕 以其生地出 而得水則沃.

182 禹夏永, 『農家總覽』 耕地；附管 春耕欲淺者 以其不淺 則趂時立苗之難也 秋耕欲深者 以其不深 則經冬凍死之易也 春耕之隨耕隨治者 以其春陽下曝 土性易乾也 秋耕之待土色乾白乃治者 以其土未乾曝而下種 則易致凍濕故也).

있었다.

우하영은 수전에서 벼를 재배하는 기술적인 측면 가운데 施肥를 가장 강조하였다.[183] 먼저 折草를 통한 生草를 시비하였을 때 나타나는 효과에 대해서 자신의 의견을 제시하였다. 그는 소가 밟고 다닌 腐草를 넣으면 苗가 速效를 얻어서 무성하게 되지만 久遠하게 이어지는 효과는 없기 때문에 낟알이 굳건해지지 않는 약점이 있다고 하였다. 따라서 久遠한 시비 효과를 갖고 있는 生草를 넣어주는 방식으로 腐草와 生草를 종합적으로 이용해야 한다고 설명하였다.[184] 결국 우하영은 生草와 腐草를 모두 水田施肥에 이용해야 할 것을 주장한 것이었다. 또한 秧基에 시비하는 방법도 강조하면서, 秧基에서 자라는 秧苗에 加糞, 즉 追肥를 넣어주어야 한다고 보았다.[185]

또한 우하영은 生草의 시비효과를 강조하면서 동시에『농사직설』등에 소개된 菉豆나 胡麻를 作物肥로 사용하는 방식에 대하여 의문을 제기하였다. 그가 제기한 의문의 중점은 바로 곡물을 시비재료로 낭비하는 것이 아닌가라는 것이었다. 菉豆나 胡麻가 모두 곡물인데다가 生草를 베어 糞田하는 것보다 시비효과가 뛰어나지 않는데, 이들을 시비재료로 사용해서는 안 될 것이라는 지적이었다.[186]

시비재료를 획득하여 시비하는 일반적인 방식 이외에 '埋陽法'을 소

---

183 閔成基,『朝鮮農業史研究』(一潮閣, 1988).

184 禹夏永,『農家總覽』種稻 ; 附管 水田 入牛後腐草 則苗得速效 而苗茂 但無力於秋來成實之際 入山野新刈之生草 則結顆完實 此盖生草之效力 能久遠 而腐草之效力 但速不能久也.

185 禹夏永,『農家總覽』種稻 ; 附管 凡秧基 (……) 凡於加糞時 皆決水暫曝 旋卽灌水 方可.

186 禹夏永,『農家總覽』種大小麥 ; 附管 直說 木麥種法 以爲 或於其田先種菉豆 或胡麻 五六月間 掩耕 待草爛後 耕種之云 此法於變瘠爲沃之方 誠好 而第菉豆胡麻 與木麥 俱是穀也 豈可爲此 而先掩方長之苗而耕之乎 不如刈草用糞之爲宜矣.

개하였다.[187] 박화진은 '埋陽法'을 耕地論에서 설명하고 있는데,[188] 埋陽法의 효과가 시비를 하지 않아도 땅이 비옥해지고 일찍 숙성하며 수확이 많다는 점을 지목하고 있는 것으로 보아 시비와 관련시켜 이해하는 것이 마땅할 것이다. 사실 乾耕을 무수히 반복하면서, 한번 갈고 말렸다가 다시 가는 '埋陽法'은 기경을 통한 시비로 볼 수 있다고 생각된다. 문제는 乾耕을 무수히 반복하는 것이 경제적인 측면에서 이로운 것으로 볼 수 있는가 이 점이다. 건경을 반복하는 만큼에 해당하는 노동력을 그대로 투하해야 하는데, 노동력 수급이 애초에 불가능한 농가가 있다는 점, 또한 수확의 증대가 노동력의 증대량을 상쇄시킬 수 있었는지 확인할 수 없다는 점이 의문으로 제기된다. 따라서 우하영은 가뭄이 들었을 때 그리고 노동력을 크게 동원할 수 있는 상황에서 고려해볼 수 있는 대처방안의 하나이자 시비의 효과도 갖고 있는 것으로 '埋陽法'을 제시한 것이었다.

이밖에도 우하영은 첫 번째 제초의 중요성을 강조하였고, 稗稷의 이삭을 종자가 떨어지기 전에 미리 뽑아서 명년에 가라지가 되지 않게 하는 것이 명년의 제초의 공력을 줄이는 묘방이라고 설명하기도 하였다. 또한 모래밭에 가까운 새로 개간한 수전을 비옥하게 만드는 방법도 소개하고 있었다. 이상에서 볼 때 우하영이 水田 벼경작법에서 특히 주의한 것은 施肥였다고 할 수 있다.[189]

다음으로 우하영은 農法을 정리하면서 특히 旱田작물의 경작법에 주의를 기울였다.[190] 그가 「農家總攬」에 소개하고 있는 한전 경작법은

---

187 禹夏永, 『農家總覽』 種稻 ; 附管 凡水田之遇旱無水處 及其未雨日 而乾耕 一曝一麟 無數反復 土解如灰粉 而徹底埋陽 則及其遇雨移秧 不糞而沃 早成倍穡.

188 朴花珍, 앞의 논문, 132면.

189 朴花珍은 『천일록』의 여러 가지 시비기술은 자세히 정리해 놓았다. 朴花珍, 앞의 논문, 133~136면.

특히 세밀한 경작기술체계를 갖춘 것이었다. 먼저 한전작물 가운데 小豆와 水荏(또는 黍 또는 粟)을 섞어서 경작하는 雜種法을 설명하였다. 잡종법은 旱田二毛作에 해당하는 경작방식인데 우하영은 雜種法을 良田에서는 일상적으로 사용하는 방식이라고 설명하였다.[191] 良田일 경우 원칙적인 측면에서 交種(雜種)을 실행하는 것이 전혀 문젯거리가 되지 않는 것으로 보았다. 良田이 아닐 경우에는 『農事直說』에 나오는 糞種法을 덧붙여 수행해야 한다고 설명하였다. 즉 熟糞이나 尿灰를 黍粟과 적당량의 비율로 섞어서 파종하는 방식이 병행되어야 交種이 성립할 수 있다고 하였다.

우하영은 熟糞과 尿灰를 黍粟의 종자와 배합하는 비율에 대하여 『農事直說』보다 시비량을 강화한 것을 제시하였다. 또한 우하영은 糞灰가 없을 때 生草를 베어 펴두고 불태우는 방식을 제시하면서 糞種을 필수적인 과정으로 설정하였다.[192] 이와 같이 雜種法의 세밀한 기술에 대해서 정리하면서 18세기 후반 1年 2作式 한전 작부체계의 고도화를 보여주고 있었다.

우하영은 間種法의 일종으로 代耰法의 기술내용을 소개하고 있었다. 牟麥田에 豆太를 間種으로 경작하는 방식을 代耰法이라고 칭하면서, 麰麥의 後作으로 豆太를 경작하는 根耕法보다 우수한 방식으로 평가하였다. 代耰法이란 "牟麥의 畝에 호미로 흙을 긁어서 豆太를 種하기 때문에 호미로 耰耕을 대신한다고 하여 부르는 것"이라고 소개

---

190 염정섭, 앞의 책, 259~261면.

191 禹夏永, 『農家總覽』種黍稷;附管 先用小豆 播撒而耕之 水荏黍粟交種者 卽平地良田耕種之例規 而田無盡良之理 若在瘠薄之遲田 則不可盡用是例.

192 禹夏永, 『農家總覽』種黍稷;故或出熟糞 及尿灰 而直說中 每黍粟二三升 熟糞或尿灰石爲度云者 恐非實穀之道 當看糞灰之多寡 或每升一石 或每升二石 方可 糞灰若無 則刈草布乾而焚之 以尿灰和粟 種之 以純粟 只就畝之左右 種以豆太.

하였다.[193] 이러한 豆太 경작방식은 根耕法의 원리를 따르는 것이 아니라 間種法의 방식에 의거하는 것이었다. 즉 代耰法은 間種法의 일종이었다.[194]

代耰法으로 牟麥田에 豆太를 間種하는 구체적인 설명을 보면, 3월 내지 4월에 牟麥이 한창 자라고 있는 시기에 畝間에 糞種한 豆太 종자를 下種해 둔다. 그리고 牟麥을 수확한 다음에 잡초를 제거하면서 後序法을 사용하여 麥根을 갈아엎어 豆太의 苗를 북돋아주는 것이었다. 결국 牟麥이 田土에서 자라고 있을 때 파종을 감행하여 같은 시기에 동일한 전토에서 자라게 하는 것이었다. 種麥法과 관련해서 後序法을 채택하고 있다는 점은 麥根이 고랑, 즉 畎에 있다는 증거이기도 하다. 여하튼 代耰法은 間種法의 일종으로 豆太의 苗根을 튼튼하게 하여 바람과 가뭄을 이겨내게 할 수 있는 방식이었다.[195]

우하영은 代耰法의 이점으로 두 가지를 소개하였는데, 첫 번째 이점은 앞서 설명한 苗根을 튼튼하게 해주어 風旱을 견뎌낼 수 있게 하는 것이고, 두 번째는 根耕하는 노력을 덜어 주는 점이었다.[196] 根耕하는 시기는 다른 작물의 除草작업을 병행하는 시기이기 때문에 麥根田을

---

193 禹夏永, 『農家總覽』 種大小麥 ; 附管 牟麥 根耕之法 自是通行之農方 而不如代耰之爲妙 所謂 代耰者 就牟麥之畝 而以鋤括土 種以豆太 故鋤以代耰耕之稱也.

194 식민지시기 경기남부 지역의 재래농법과 일본 근대농법 사이의 치열한 대립양상을 정리한 안승택에 따르면 그 지역 일대에서 간종법을 '대우', 또는 '대우치기'라고 부른다고 한다(안승택,『식민지 조선의 근대농법과 재래농법』(신구문화사, 2009), 236면). 일반적으로 間種法에서 쟁기를 이용하는 것과 代耰法에서 호미를 이용하는 것이 다르지만 특정 작물 사이에 다른 작물을 경작하는 원리가 동일하다는 점에서 간종법을 대우법, 대우치기로도 불렀던 것으로 보인다.

195 禹夏永, 『農家總覽』 種大小麥 ; 宜於三四月之間 當其牟麥胚胎之際 以豆太之種 和之於尿灰 而盛于柸器 就畝間 括土下種 而每一科 各下三四箇 及其牟麥刈取之後 鋤去雜草 又用後序之法 耕覆麥根 培其苗根 則根植自然堅固 可耐風旱.

196 禹夏永, 『農家總覽』 種大小麥 ; 且於三農極忙之時 除其根耕之功 又或値亢旱與長霖 耕種俱難之時 代耰立苗 則已至苗茂 此爲農家萬全之方矣.

起耕하여 파종하는 根耕法보다 牟麥이 자라고 있을 때 호미로 파종처를 만들어 間種하는 것이 훨씬 노동력을 줄일 수 있는 방법이었다. 우하영이 代耰法의 이점으로 지적한 부분이 바로 이것이었다. 그렇기 때문에 우하영은 代耰法이 根耕보다 우월한 경작방식이라고 강조하였다.[197] 이와 같이 18세기 후반 단계에 우하영의 농법정리에 보이는 旱田二毛作 耕作方式의 고도화는 種麥法을 중심으로 根耕法과 間種法이 세밀한 결합체계를 일반화시켜 나가면서 이룩된 것이었다.[198]

17세기 이후 농서 편찬의 흐름에 비추어 볼 때 우하영의 『千一錄』은 정조 대 '農書大全' 편찬 추진의 흐름을 계승하고 있는 농서라고 생각된다. 특히 『천일록』 편찬이 방대한 문헌조사와 면밀한 현지조사의 종합적 결과물이라는 점은 '농서대전' 편찬 추진에 많은 應旨農書를 활용한 것과 같은 흐름 속에서 자리매김할 수 있는 기반이 되고 있다. 또한 老農의 농법을 적극 반영하고 있다는 점, 지역농법의 상세한 부분이 자세하게 정리되어 있다는 점도 17세기 이후 농서 편찬의 흐름을 잘 반영하고 있다. 다만 穀物 이외에 채소, 수목 등의 경작법 등을 담아내는 綜合農書의 성격이 잘 보이지 않는 점은 지적하지 않을 수 없다. 그렇지만 小農에 대한 同胞의식이라는 뚜렷한 편찬목적을 갖고 있다는 점, 농법의 정리, 改量의 실시와 農官의 설치를 강력하게 주장하고 있다는 점 등은 다른 농서에서 찾아보기 힘든 『千一錄』이 지닌 특색이라고 할 수 있다.

---

197 禹夏永, 『農家總覽』 種大小麥 ; 然農俗各異 土性不同 或有宜於根耕 而不宜代耰之地 雖不得强令逐里行之 若論大體作農之方 則莫如此道之爲緊要 宜令漸次相宜 而通行之耳(若行此法 則雖早霜之年 成熟無慮).

198 金容燮, 『增補版朝鮮後期農業史研究』 Ⅱ(一潮閣, 1990) ; 閔成基, 『朝鮮農業史研究』(一潮閣, 1988).

4) 徐有榘의 農法 현실 파악과 변통론

19세기 초반에『임원경제지』를 편찬한 徐有榘는 조선 농법 현실에 대하여 충실히 파악하고, 이를 바탕으로 농법 변통론을 제시하였다. 서유구가 조선농법을 어떻게 파악하고 있었는지 그리고 그에 대한 변통론이 어떠한 것이었는지 살펴보는 것은 당대 실학자들의 문제의식과 해결방안의 하나를 검토하는 작업이기도 하다. 또한 이 문제는 특히『임원경제지』가 갖고 있는 농학사적인 측면의 가치를 평가하는 데 중요한 의미를 갖고 있다.

서유구를 비롯한 농서편찬자들은 農書를 편찬하는 과정에서 '農法 체계화', 또는 '農法 체계화의 방향'이라는 화두를 해결해 나가지 않을 수 없었다. 이러한 필요성은 19세기 초반 조선의 農學이 처해 있는 내부적, 외부적 환경에서 쉽게 찾아낼 수 있을 것으로 생각한다. 가장 커다란 외부의 충격은 서양의 水利기술, 농기구 등이었고, 이러한 충격을 어떻게 받아들일 것인지 농서 편찬자 나름의 태도와 입장이 정립될 필요가 있었다.

19세기 초반 또는 그 이전부터 조선의 農學은 크게 보아 동아시아 농법의 발전 방향과 깊게 연관된 숙제를 짊어지고 있었다. 그것은 중국 농법과 조선 농법의 관계에 대한 입장의 정립이 필요하다는 점이었다. 결론적으로 살펴보면 徐有榘는 中國 農法의 선진적인 부분을 적극적으로 수용하면서, 朝鮮 農法의 독특한 부분을 지속적으로 발전시키고, 또한 조선 팔도 지역농법의 독자성을 인정하고 활발한 개발을 주창하였다.

서유구의『임원경제지』가 달성 서씨 가문의 家學에서 커다란 영향을 받았다는 점은 많은 연구에서 언급되었다. 이 점은 3代가 편찬한 저서 속에서 확인할 수 있다. 祖父인 徐命膺(1716~1787)이 1771년(영조 47)에 藝文館 提學으로 있으면서『攷事撮要』를 대폭 개정, 증보한 책이 바로 『攷事新書』이다. 본래 3권이던 것을 15권으로 대폭 확대하였는데, 이 책의 서문을 서명응 자신이 짓고 있다. 서명응은 「攷事新書序」에서 "천하만사(事)는 반드시 상고함(攷)이 있어야 제자리에 설수 있다(事必待攷而立)"이라고 전제하면서 "세상만물(物)에는 반드시 천하만사(事)가 있고, 천하만사에는 반드시 사리법칙(法)이 있으니 그 그러함(故)을 상고해야만 이치가 어그러지지 않을 것이다(有物必有事有事必有法 苟攷其故 理自不僭)"[199]라고 지적하였다. 풀어서 설명하면 만물의 본래 움직임이 갖고 있는 이치를 잘 살펴야 한다는 것이고, 서명응은 이러한 논리에 따라 人事도 잘 그 이치를 따져야 한다고 주장하였다. 物 → 事 → 法으로 이어지는 세계를 설명하는 논리 구성을 세우고, 이 가운데 事를 잘 살펴 法을 찾아내고 그리하여 物에 대응하는 대비를 할 수 있다는 설명이다.

　서명응이 제시한 物 → 事로 이어지는 논리 구조를 서유구의 『杏蒲志』 앞에 붙인 「杏蒲志序」에서 같은 형태로 찾아볼 수 있다. 家學의 전승이 실제로 이루어지고 있었던 것이다. 서유구는 "천하의 만물(物) 가운데 宇宙와 古今을 다 들쑤어 헤집어 하루라도 없어서는 안되는 것을 찾을 때 가장 요긴한 것이 바로 穀이고, 천하의 만사(事) 가운데 宇宙와 古今을 다 들쑤어 헤집어 貴賤 智愚를 가리지 않고 하루라도 어두워서는 안되는 일 가운데 가장 중요한 것이 바로 農이다."[200]라고 하였다. 만물 가운데 穀이 가장 중요하고, 만사 가운데 農이 가장 필요하다는 설명이다. 조부인 서명응의 논리를 발전시켜 穀을 생산하는 農의 중요성을 웅변하고 있다고 보인다.

---

199 徐命膺, 『攷事新書』, 「攷事新書序」.

200 徐有榘, 『杏蒲志』, 「杏蒲志序」; 今夫天下之物 而求其通宇宙亘古今 不可一日缺者 孰爲最乎 曰穀 今夫天下之事 而求其通宇宙亘古今 無貴賤智愚 不可一日昧然者 孰爲最乎 曰農.

다음으로 생부인 徐浩修가 지은『海東農書』의 「凡例」와 서유구가 쓴『林園經濟志』에 붙은 「林園經濟志例言」 사이에 밀접한 연관 관계를 찾아볼 수 있다. 서호수는『해동농서』를 편찬하고 지은 「海東農書凡例」에서 여러 가지 원칙을 제시하였지만 그 중에서 가장 중요한 것으로 "土宜가 따로 있고 俗尙이 구애받고 있어 五穀의 名色과 田作의 器械에서 田制 水利에 이르기까지 또한 본래 東國의 所用이 있다. 中國의 農政으로 한결같이 檠論할 수 없다. 이 編은 東國農書를 本으로 삼고 中國 古方을 參하여 顔하기를 「海東農書」라고 이른다"[201]라고 언급한 부분을 지목할 수 있다.

서호수는 東國, 즉 조선의 특유한 농업기술의 존재를 지목하고 있다. 조선의 특유한 농업기술의 내용으로 五穀의 名色, 즉 특유한 곡종의 존재, 田作의 器械, 즉 농기구의 특색있는 발전, 田制와 水利에서의 특징 등을 지적하였다. 따라서 그는 東國農書를 기본으로 하고 中國古方을 참고하는 방식으로『해동농서』를 편찬하였다. 서호수의 입장은 조선 농학을 기본으로 삼고 중국의 농서에서 우리 실정에 적합하다고 생각되는 것만 선별적으로 수용하여『해동농서』의 체계를 세운 것이었다.

한편 서유구는『林園經濟志』의 앞에 붙어 있는 「林園經濟志例言」에서 "우리가 살아가는 데 있어 살고 있는 땅이 각기 다르고 관습과 풍속이 같지 않다. 그러므로 그때마다 필요에 따라 사용할 것을 조달하는 데에도 과거와 현재의 격차가 있고 안과 밖의 나뉨이 있게 된다. 그러하니 중국에서 필요한 것을 우리나라에서 시행하게 되면 어찌 지

---

201 徐浩修,『海東農書』,「海東農書凡例」；然 土宜所存 俗尙所囿 五穀之名色 田作之器械 以至田制水利 亦自有東國所用 不可以中國之農政 一檠論也 此編 以東國農書爲本 參之中國古方 顔曰海東農書云.

장이 없을 것인가(豈可以中國所需 措於我國 而無礙哉)"[202]라고 언급하
였다. 이와 같이 中國와 조선의 농업현실을 분명하게 구별하고, 그에
따라 필요한 것을 참작해야 한다는 태도를 보이고 있었다.

서호수와 서유구 두 父子가 각각 편찬한 농서를 집필하는 원칙으로
제시하는 것이 다름 아니라 현실, 즉 朝鮮農法에서 출발하여 이를 보
충할 中國農法을 고려하는 방향이었다. 그리고 중국의 농업기술을 도
입하는 경우에도 그 기준은 오직 조선의 농업현실에 적용 가능한가
아닌가에 놓여 있었다. 徐有榘는 조선의 농업현실이라는 판단기준을
보다 분명하게 제시하고 있었다.[203]

서유구가 농법 체계화에 대해서 나름대로 갖고 있던 입장의 배경에
는 그의 독특한 風土論이 자리하고 있었다. 그는 "風土에 맞지 않는다
(不宜)"라는 것을 배격하는 徐光啓의 주장에 전적으로 동의하고 있었
다. 이러한 서유구의 주장은 「本利志」 권8, 五害攷에 보인다. 서광계
는 여러 가지 재해가 어떻게 발생할지 알 수 없기 때문에 諸穀을 兼
種, 즉 雜種하는 것이 좋을 것이라는 邱濬의 주장에 대하여, 이는 게
으른 사람의 주장이라고 간주하면서 좋은 품종, 즉 美種을 널리 퍼뜨
려야 한다고 언급하였다. 서유구는 이러한 서광계의 주장에 동조하면
서 風土論을 깊이 배격하고, 나아가 (좋은 성질을 지닌) 諸種을 널리
구매하여 재배해야 한다고 설명하였다. 간략한 글이지만 서유구가 風
土論에 기반한 조선농법의 고유한 특성만 강조하는 입장에서 크게 벗
어나 있음을 알려주고 있다. 앞서 조선의 結負法 대신에 중국농법에

---

202 徐有榘, 『林園經濟志』, 「林園經濟志例言」 ; 一 吾人之生也 壤地各殊 習俗不同
故一應施爲需用 有古今之隔 有內外之分 則豈可以中國所需 措於我國 而無礙哉.

203 徐有榘, 『林園經濟志』, 「林園經濟志例言」 ; 此書 專爲我國而發 故所採伹取目下
適用之方 其不合宜者 在所不取 亦有良制 今可按行 而我人未及講究者 竝詳著焉 欲後人
之倣而行也.

서 채택하고 있던 全畝制度인 頃畝法을 채택해야 한다는 견해를 제시한 배경도 바로 여기에 있었다.

그런데 서유구가 무조건적으로 중국 농법을 수용하자고 주장하는 것은 아니었다. 조선 농법의 개성을 강조하고 또한 조선 팔도 지역농법의 독자성을 인정하였다. 조선 팔도 지역농법의 독자성을 잘 파악하고 인정하고 있는 사례를 관개 수리기술을 서술한 「本利志」 권12, 灌漑圖譜에서 볼 수 있다. 灌漑圖譜의 서술 내용은 대부분 王禎의 『農書』, 『奇器圖說』, 『諸器圖說』 등 중국과 서양의 수리기술을 인용한 것인데, 그 가운데 架槽에 대해서 설명하는 부분에 嶺南 지역에서 사용되는 수리방식으로 架槽를 지적하고 있었다.[204]

조선 농법의 고유한 측면을 지속적으로 유지, 강화해나가려는 서유구의 생각을 稻種을 정리한 부분에서 자세하게 살펴볼 수 있다. 「本利志」 권7, 穀名攷는 여러 작물의 품종에 대한 설명 부분인데 『杏蒲志』에서 인용한 것이다. 서유구의 農業技術에 대한 관심의 정도와 農法 체계화의 방향에 대한 그의 생각을 稻種 서술 부분에서 찾아볼 수 있다.

穀名攷에서 18세기 이후 진행된 稻種 분화의 대략적인 추세를 찾아내어 검토할 수 있다. 서유구는 당대까지 이어진 農書편찬의 흐름을 종합적으로 정리하는 작업을 수행하면서 당시까지 농업생산에 채택하고 있던 稻種을 정리하였다.[205] 徐有榘가 『杏蒲志』에서 정리한 稻種은 총 69(70)종에 달하여 양적으로 방대한 것이었다.[206] 그런데 서유구

---

204 『林園經濟志』, 「本利志」 권12, 灌漑圖譜上.

205 徐有榘, 『杏蒲志』 권4, 穀名攷(『農書』 36, 아세아문화사, 218~235면).

206 『杏蒲志』에 소개된 품종은 그대로 『林園經濟志』 本利志 第七 穀名攷에도 수록되어 있다[徐有榘, 『林園經濟志』 本利志 第七 穀名攷(『林園經濟志』 一, 보경문화사, 155~159면)]. 표제어로 올라 있는 것은 69종이지만 晩稻 雀稻의 서술 내용 속에 또하나의

가 수합하여 정리한 稻種들의 성격을 명확하게 규정할 필요가 있다. 19세기에 들어서서 갑자기 벼 품종의 분화가 진행되어 난 것이 아니었기 때문에 이때 서유구가 수합하여 정리한 稻種은 이미 16세기~18세기를 거치면서 진행되었던 품종의 분화, 지역적인 품종의 특화의 결과로 등장한 것이라고 할 수 있다.

서유구가 「穀名攷」를 지어 벼 품종을 정리하는 작업을 수행한 것은 전래되는 수십여 가지 품종의 이름이 당대에 이르기까지 여러 가지 명칭으로 불리고, 또한 지역에 따라 달리 일컬어지는 상황을 해소하기 위한 것이었다.[207] 또한 그는 조선의 稻種 品種이 수십, 수백 가지에 달한다는 점과 이러한 품종이 方言으로 전해져서 지역에 따라 시대에 따라 다른 이름으로 불리고 있다고 지적하였다. 그리하여 姜希孟의 『衿陽雜錄』에 실린 품종과 柳重臨의 『增補山林經濟』에 나열한 품종을 묶어서 기록하고, 여기에 자신이 老農으로부터 획득한 품종을 덧붙여 기록한 것이었다. 이렇게 볼 때 稻種을 정리 서술한 부분에는 당연히 조선의 독특한 품종들만 기록되었을 것으로 추측할 수 있다. 그런데 실제 서술 내용은 이러한 추측과 크게 다른 것이었다.

『杏蒲志』의 벼품종을 소개하기에 앞서 항목 이름을 붙여 놓았는데, '漑種類'라는 항목이름이 그것이다. 그리고 "稻는 漑種의 總名이다(稻者 漑種之總名)"이라는 설명을 앞머리에 올리고, 이어서 稻字의 字割 구성부분을 풀이하면서 象形字임을 설명하고 있다.[208] 稻를 漑種의 總

품종이 있음을 명시하고 있어 총 70종이다.

207 徐有榘, 『杏蒲志』 권4, 穀名攷(『農書』 36, 아세아문화사, 219면) ; 吾東稻品 無慮屢十百種 皆以方言相傳 一物也而古今殊號 一類也而南北異稱 哇俚淩雜 轉不可訓 今以姜希孟衿陽雜錄 柳重臨增補山林經濟 所列稻品 參攷證正 錄之如左 而間附以余之所訪得 於老農者焉

208 徐有榘, 『杏蒲志』 권4, 穀名攷(『農書』 36, 아세아문화사, 218면).

名이라고 풀이하는 것은『齊民要術』에 인용된 楊泉의『物理論』에 등장한다.[209] 漑種의 뜻은 灌漑하여 경작하는 禾穀이라고 풀이하거나, 芒種이라고도 말하는 稻와 麥을 가리키는 것으로 풀이하기도 한다.[210] 그런데『행포지』의 서술을 보면 '陸種類'라는 항목을 따로 설정하고 黍粟, 麥, 豆 등의 품종을 정리하고 있기 때문에 漑種의 뜻은 아무래도 '관개하여 경작하는 禾穀'이라고 풀이하는 것이 올바를 것이다. 이러한 서술 내용은 중국 農書에서 인용한 것인데, 稻種의 보편적, 일반적 접근방식을 서유구가 용인하고 있음을 잘 보여준다. 이제 앞 뒤 내용을 연결시켜 정리하면, 서유구는 조선 고유의 稻種을 확인하고, 게다가 지역적으로 方言이 따로 설정되어 있음을 바탕으로 삼고, 여기에 중국의 稻種을 자세히 소개하는 노력을 아끼지 않았다고 할 수 있다.

『杏蒲志』에서 벼 품종을 분류하는 방식은 이전에 비해 좀 더 세밀해졌다고 할 수 있다. 우선『杏蒲志』의 벼 품종 분류는 總論 부분에서 전체적인 것을 서술하고 있는데 各論으로 가면 약간 달리 서술하고 있다. 總論 부분에서의 분류는 早熟하는 것을 秈, 찰기가 있는 것을 稬 또는 糯, 찰지지 않은 것을 秔 또는 稉으로 나누는 것이었다.[211] 이러한 분류 방식은『山林經濟』에 등장하는 것을 수용한 것이었다.[212] 『금양잡록』은 早稻, 次早稻, 晚稻, 旱稻로 구분하는 것이 기본적인 틀이었다.[213]『산림경제』는『閑情補』에서 인용하여 南方 水稻를 대상으

209 賈思勰,『齊民要術』收種第二 ; 楊泉『物理論』曰 梁者 黍稷之總名 稻者 漑種之總名.

210 賈思勰 撰, 西山武一, 熊代幸雄 譯, 1957『校訂譯註 齊民要術』上, 東京大學出版會, 41면.

211 徐有榘,『杏蒲志』권4, 穀名攷(『農書』36, 아세아문화사, 218면).

212 洪萬選,『山林經濟』治農 種稻.

213 姜希孟,『衿陽雜錄』農家一.

로 벼 품종을 분류하였다. 早熟하고 緊細한 것은 秈, 晚熟하고 香潤한 것은 粳, 適中하고 米白하며 粘한 것은 糯로 분류하는 것이었다.[214]

各論 부분에서 서유구는 벼 품종을 早稻, 次早稻, 晚稻, 晚粳, 糯(찰벼), 旱稻 등 다섯 가지로 분류하였다.[215] 서유구는『금양잡록』,『증보산림경제』에서 전재한 것과 더불어 스스로 추가한 것을 '新增'이라고 표시하여 연이어 기록하였다.

『금양잡록』에서 전재한 것이 18(19)종이고,『증보산림경제』에서 옮겨놓은 것이 17종이며, 서유구가『행포지』를 편찬하면서 新增한 것이 34종이어서 총 69(70)종이다.『행포지』에 수록된 벼품종을 자세히 검토하면 몇몇 품종에서 조선후기 벼 품종 분화 발전의 양상이 잘 반영되어 있음을 알 수 있다. 그러한 품종을 중심으로『杏蒲志』에 나타난 조선후기 벼품종 분화 발전의 양상을 다음과 같이 지적할 수 있다.

첫 번째로 양적인 측면에서 많은 품종의 분화 개발이 확인된다는 점이다. 본래『금양잡록』에는 早稻 3종, 次早稻 4종, 晚稻 14종, 山稻 3종, 찰벼 3종이 수록되어 총 27종을 소개하고 있었다.『杏蒲志』는 27종 가운데 19종만 수록하고 있을 뿐이었다.『산림경제』는『금양잡록』에서 2종을 누락하고 새로 10개 품종을 增補한 정도였다.『증보산림경제』는『산림경제』에 소개한 품종을 그대로 수록하고,『금양잡록』에 들어 있는데『산림경제』에서 누락시켰던 2종을 추가하였을 뿐이었다.

이에 비하여『행포지』는 새로 추가한 것이 34종이나 된다는 점에서 비록 시기적인 차이는 있지만 양적으로 많은 품종을 추가 수록하였다고 설명할 수 있다. 이런 점에서『행포지』에 조선시대 품종의 정리의

---

214 洪萬選,『山林經濟』治農 種稻.

215 徐有榘,『杏蒲志』권4, 穀名攷(『農書』36, 아세아문화사, 219~225면).

기본적인 전제라는 지위를 그동안 온전하게 유지하였던 『금양잡록』을 밀어내고 새로운 품종 정리의 기반을 제시하였다는 의의를 부여할 수 있다. 또한 19세기 이전 멀리 16세기부터 진행된 벼품종의 분화 발전의 성과를 제대로 수용한 것이라는 의미도 찾을 수 있다.

두 번째로 지역적인 벼품종의 정착이 확연하게 반영되어 있다는 점을 지적할 수 있다. 早稻와 晚稻의 품종으로 徐有榘가 新增한 다음과 같은 품종들이 지역적인 벼품종의 특화 현상을 두드러지게 드러내고 있다.

> 玉糟稻(옥자강벼) : 漢北 州郡 多種之
>
> 禿稻(몽골벼) : 今湖南 早稻 皆此也
>
> 天上稻(텬상벼) : 湖南 多種之 (이상 早稻 新增)
>
> 海南稻(히남벼) : (전라도 海南 지역)
>
> 精根稻(정근벼) : 今 畿甸 農家 寂尙精根棗稻兩種(精根稻 棗稻)
>
> 泉橋稻(싀암다리벼) : (경기) 抱川人 喜種之 呼爲紅稻
>
> 茜紅稻(분홍벼: 又稱 慶尙稻) : (경상도 지역)
>
> 裒脫稻(비탈벼) : 湖南 州郡 所種晚稻 皆此 (이상 晚稻 新增)[216]

漢北 州郡에서 많이 선호하는 早稻인 玉糟稻(옥자강벼)부터 湖南 주군에서 많이 심는 晚稻인 裒脫稻(비탈벼)에 이르기까지 총 8품종을 설명하는 부분에 지역적인 선호도를 주요하게 기록하고 있다. 이들 품종은 모두 서유구가 新增한 것이라는 특징을 가지고 있다. 서유구가 신증한 품종이 총 34종인데 대부분 품종의 특성에 대한 설명이 『금양잡록』이나 『증보산림경제』에서 옮겨놓은 것보다 간략한 편이

---

216 徐有榘, 『杏蒲志』 권4, 穀名攷(『農書』 36, 아세아문화사, 219~225면).

다. 간략한 설명문에 품종을 선호하는 지역을 명기하고 있다는 점은 실제의 농업생산에서 지역적인 품종의 선호도가 확실하게 자리잡고 있음을 반영하는 것이라고 할 수 있다.

서유구가 『杏蒲志』를 정리할 당시 호남 지역에서 旱稻로 禿稻(몽골벼), 晩稻로 裵脫稻(빈탈벼)가 확실한 선호 품종으로 자리를 잡고 있었다. 그리고 漢江 이북 지역의 주군에서 많이 심는 조도로 玉糟稻(옥자강벼)가 우월한 선호도를 점유하고 있었다. 그리고 晩稻인 精根稻(정근벼)와 棗稻(디추벼)가 선호도가 높은 품종이었다. 경기 抱川지역의 농민은 泉橋稻(싀암다리벼)를 특히 많이 심었는데 紅稻라는 별칭을 따로 부르고 있을 정도였다.

晩稻 품종에 소개된 海南稻(히남도)와 茜紅稻(분홍벼: 又稱 慶尙稻)는 명칭 자체에 지역적인 특색이 반영된 품종이었다. 전라도 海南지역과 경상도 지역이 이 품종을 많이 경작하는 특정 지역이라는 점을 확연하게 보여주고 있다. 또한 『행포지』는 이러한 특정한 지역과 연관된 것은 아니지만 특정한 지형적 조건, 기후적 조건에 맞는 품종의 특성을 주목하고 있다. 晩稻로 서유구가 新增한 折背稻(등터지기)는 山谷, 즉 산골짜기의 바람을 많이 맞는 곳에서 많이 심고 있는 품종이었다.

세 번째로 이앙용 품종이 다수 개발되고 있는 벼품종의 분화 경향을 잘 드러내고 있다. 이러한 경향은 이미 『산림경제』단계에서도 등장한 것이었지만, 『행포지』에 수록된 벼품종의 특성에서 확실한 경향성을 다시 확인할 수 있다.

벼 품종의 개량에 대한 주장은 나아가 우량 벼 품종을 수입해야 한다는 주장으로 이어지기도 하였다. 徐有榘는 1838년(헌종 4)에 救荒策을 상소하면서 耐旱 耐水 內鹽性을 지닌 품종으로 중국으로부터 수입할 것을 제안하였다. 徐有榘는 50일 내지 60일 정도의 짧은 성장기간을 갖고 있는 품종(六十日稻 - 通州, 深水紅稻 - 上海·靑蒲, 香秄晩稻 -

德安府)을 수입하여 메밀이나 녹두 등을 代播하는 것과 같이 활용하면 좋을 것이라고 주장하였다.[217] 서유구는 宋나라 眞宗이 占城稻를 도입한 故事를 인용하면서 이를 본받아 中國의 종자를 수입하여 파종하게 하고 성과를 올리는 것이 중요하다고 강조하였다. 이러한 태도는 中國의 선진적인 農法을 적극적으로 수용하려는 것이라고 할 수 있다.

마지막으로 서유구가 조선 고유의 농법이 갖고 있는 특성을 지켜나가려는 입장을 보이고 있다는 점을 가장 분명하게 확인할 수 있는 「田家曆表」를 살펴보자. 「本利志」 권9에 실려 있는 것이 바로 「田家曆表」인데, 細註로 王禎의 授時圖와 徐光啓의 授時編을 참고하였다는 설명이 붙어 있다. 그런데 「田家曆表」의 十二月令이 마무리된 뒤에 「新定田家曆表」가 붙어 있다. 「新定田家曆表」에도 細註가 있는데, "王禎의 授時圖와 徐光啓의 授時編이 간혹 吾東의 農候와 맞지 않아 古今의 農書를 널리 살피고 漢陽 節氣에 맞추어 다음과 같이 저술하였다.[218]"라는 내용이다.

漢陽의 節氣에 맞추어 月令을 새롭게 정돈하는 태도에서 서유구가 갖고 있는 입장이 들어 있다고 볼 수 있다. 月令은 달마다 해야 할 농사일을 정리한 것으로 농서를 편찬하는 나름대로의 방식에 해당한다. 서유구는 月令의 달마다 해야 할 大小農事를 오로지 吾東의 農候를 기준으로 古今의 農書를 섭렵하여 채우고 있었다. 이러한 서유구의 입장은 중국농법, 조선농법의 관계에 대한 자신의 태도를 분명하

217『憲宗實錄』 권5, 헌종 4년 6월 己卯 (48-458) ; 大司憲 徐有榘 疏略曰 (……) 臣聞 中原通州等地 有六十日稻 初秋下種 初冬收穫 上海靑蒲等地 有深水紅稻 六月播種 九月 成熟 德安府有香秄晚稻 耕田下子 五六十日 可以食實 此皆晚蒔而可食者也 臣謂每歲節 使之行 多方訪求購來 頒之八方傳殖 則不過一二年 人享其利.

218『林園經濟志』, 「本利志」 권9, 新定田家曆表 ; 王禎授時圖 徐光啓授時編 往往較 吾東農候牴牾 今博攷古今農書 準漢陽節氣 撰者如左.

게 드러낸 것이라고 할 수 있다. 결국 결론적으로 서유구는 중국 농법의 선진적인 부분을 적극적으로 수용하면서, 조선 농법의 독특한 부분을 지속적으로 발전시키고, 또한 조선 팔도 지역농법의 독자성을 인정하고 활발한 개발을 주창하였다.

서유구는 水田과 旱田의 耕種法에 대해서 당시 농업기술의 특징에 대해서 평가하고, 이에 의거하여 자신의 변통론을 제시하였다. 벼농사 기술에 대해서는 서유구는 「의상경계책」의 京師屯田의 설치를 설명하는 부분에서 慶尙左道[219]에서 통용하는 것을 기준으로 삼으면 좋을 것으로 제시하였다. 그리고 嶺南에서 耕牛를 구해와서 활용할 것을 제안하였다.[220] 이와 더불어 稻田에서 벼를 재배하는 農夫도 慶尙左道人을 모집할 것을 제시하였다. 嶺南지역의 種稻法을 參用하고 여기에 古人이 세 번 기경하고 네 번 써레질하며, 김매고(揚稻), 논말리는 방법(熇稻)[221] 등 가운데 뺄 것을 빼고 넣을 것을 넣으면 좋을 것이라고 강조하였다.[222] 경상좌도 지역의 種稻法을 바탕으로 삼고 여기에 除草, 灌排水 기술 등을 보완하는 방식을 가장 적절한 것으로 파악하고 있었다.

서유구는 『農事直說』에 수록되어 있는 乾耕法을 소개하면서 乾付

---

219 慶尙左道에 慶州, 安東, 大邱鎭 등이 속해 있다.

220 徐有榘, 『楓石全集』, 「金華知非集」 卷第十一, 策, 擬上經界策 ; 農政之亟宜施措者六, 六日 廣屯田以富儲蓄 (……) 其耕牛當徵於嶺南. 嶺南産者耐暑善耕也. 其佃夫之治稻田者. 當募嶺南左道人. 是善治稻田也.

221 徐有榘, 『林園經濟志』, 「本利志」 권5, 種藝上 稻類 耘稻田法 ; 耘稻法 揚稻後 將灰糞或麻豆餠屑撒田內 用手耘去草盡淨 近秋放水 將田泥塗光 謂之熇稻 待土裂 車水浸灌之 謂之還水 穀成熟 方可去水 或遇天小雨 急鋤一遍 勿令開裂 侯天興雲 則澆肥糞 待雨勿令致缺水 則稻發不遏(群芳譜).

222 徐有榘, 『楓石全集』, 「金華知非集」 卷第十一, 策, 擬上經界策 ; 農政之亟宜施措者六, 六日 廣屯田以富儲蓄 (……) 凡治稻田 宜參用嶺南種稻法. 而以古人三犁四耰揚稻熇稻等法 消息之. 至於陸田 則宜一切改今法. 用趙過代田法. 此爲陸耕之規矩準繩. 斷斷不可易者也.

種 또는 乾播로 불리기도 한다는 점을 지적하였다. 이어서 乾播를 하
려면 세 가지 요건이 갖추어져야 하는데, 봄가뭄이 들어야 하고, 흙을
매우 곱게 만들어야 하며, 호미질하는 것을 주도면밀하게 해야 한다
고 제시하였다. 이 세 가지 가운데 하나라도 빠지면 볏모와 잡초가
같은 구멍에서 나와 다시는 다스리기 어렵다고 하였다. 그리하여 乾
播는 농사짓는 일 가운데 가장 어려운 일이라고 정리하였다. 하지만
봄여름 사이에 가뭄이 드는 경우가 많으니 力農하는 집에서는 3~5畝
정도를 다스려 예측할 수 없는 가뭄재해에 대비하라고 하였다.[223] 서
유구가 지적한 바대로 乾播는 매우 노동력이 많이 들어가는 경종법이
었다고 생각된다. 따라서 일반 농민들이 손쉽게 적용하기 어려운 경
종법이었다.

서유구가 농법의 변통론 가운데 가장 요긴하게 강조한 것은 바로
旱田農法이었다. 그리고 한전농법 가운데에서도 특히 種粟法이었다.
그는 「의상경계책」에서 해서와 관서 지역에서 粟田을 다스리는 데 능
숙한 농민을 모집하여 京師屯田에 배치할 것을 제안하고 있었다.[224]
그리고 해서관서인이 경사둔전 4곳에서 畿甸 지역의 농민들과 섞여
살면서 잘 가르치는 방안을 제안하였다.

서유구는 한전농법의 변통론으로 區田法과 代田法을 제시하였
다.[225] 區田法은 중국에서 오래전부터 전해지는 경종법이었다. 區田을

223 『杏蒲志』 卷2, 種植 種稻(『農書』 36, 126면) ; 農事直說 有乾耕種稻法 卽今俗所謂
之乾付種是也 亦稱乾播 乾播 第一要春旱 第二要 土極細 第三要鋤工周到 三者闕一 則
苗薉同孔而出 不可復治 農功之最艱難(고생살이 간)者也 然每歲春夏之交 例多惜乾 力農
之家 不妨另治三五畝 用備不測災旱也.

224 徐有榘, 『楓石全集』, 「金華知非集」 卷第十一, 策, 擬上經界策 ; 農政之亟宜施措
者六, 六曰 廣屯田以富儲蓄 (……) 治粟田者. 當募海西關西人. 是善治粟田也. 皆使與畿
人錯居而教習之.

225 徐有榘, 『楓石全集』, 「金華知非集」 卷第十一, 策, 擬上經界策 ; 農政之亟宜施措

만들어 경작하는 방식인데, 區田은 토지지목이면서 또한 區田法이라는 이름에 걸맞은 農法의 하나였다. 서유구는 區田이 가뭄이 들었을 때에도 쉽게 물을 댈 수 있다는 점, 거름성분을 뿌리에 온전히 전해줄 수 있다는 점 등을 강조하였다. 이와 같이 서유구는 가뭄을 극복하는 방법, 작은 토지에서 많은 수확을 올릴 수 있는 방법으로 區田法을 제시하고 있었다.

한전농법과 관련해서 서유구는 今法을 마땅히 모두 개정하여 趙過의 代田法을 쓸 것을 더불어 제시하고 있었다. 해서관서 지역의 농민들이 사용하는 농법은 今法이 틀림없음에도 불구하고 이와 같이 경사 둔전에 당시 海西關西의 種粟에 능숙한 사람을 모아야 한다는 제안을 하면서도 조과의 屯田法을 사용해야 한다고 주장한 데에는 나름의 이유가 있었다. 그것은 서유구가 關西·海西의 種粟法을 畎種法(즉 代田法)으로 파악하였기 때문이다.[226]

서유구는 陸田, 즉 旱田에서 두 번 수확하는 경작법인 근경법과 간종법이 잘못된 방식이라고 강조하였다. 먼저 그는 粟을 거둔 이후에 根耕으로 보리를 파종하는 것이 너무 급하게 이루어지고 있다는 점을 지적한다. 즉 粟豆를 거두고 곧바로 種麥하기 때문에 三耕六耰碾砘曳耮之法을 사용할 수 없고, 그리하여 보리싹이 麤土 위에 놓이게 된다는 것, 그리하여 10에 7, 8이 말라죽게 된다고 보았다.[227] 이와 같이

者六, 二曰教樹藝以盡地方 (……) 臣謂人居側近. 限狹傾阪宜用區田法. 平陂衍野宜用代田法.

226 徐有榘, 『楓石全集』, 「金華知非集」 卷第十一, 策, 擬上經界策 ; 農政之亟宜施措者六, 二曰教樹藝以盡地方 (……) 今關西海西之種粟. 往往有棄隴種畎者. 其收輒倍徙於種隴. 平壤外城之田. 亦用畎種法. 一曰耕得粟五十斛. 其畎伐尺寸. 未必盡如古法. 而得穀之多. 乃如是矣. 耳聞之目見之. 而猶且迷不知改舊從善者又何也.

227 徐有榘, 『楓石全集』, 「金華知非集」 卷第十一, 策, 擬上經界策 ; 農政之亟宜施措者六, 五曰禁反田以覈名實 (……) 今五月刈麥. 始種粟豆. 則是粟豆之晚熟者也. 收種必

根耕을 수행하는 것이 도리어 종자를 허비하고 밭을 상하게 하는 것이라고 정리하였다.

또한 서유구는 間種도 법을 제정하여 금지해야 할 것이라고 주장하였다. 마지막으로 1년에 두 번 수확한다는 것이 民을 속이는 것이라고 지적하면서 陸田에서의 給災를 水田과 동일하게 할 것, 그리하여 일년에 再種하는 것을 금지하는 것이 마땅하다고 주장하였다.[228] 이와 같이 서유구는 당대의 일반적인 한전농법에서 근경법과 간종법에 의거하여 1년 2작을 수행하고 있는 것을 오히려 생산성이 떨어지는 것으로 평가하고 1년 1작을 수행해야 한다고 주장한 것이었다.

서유구는 "廣種하여 조금 수확하는 것보다는 狹種하여 많이 수확하는 것이 낫다"[229]라고 강조한다. 이와 더불어 그는 경영규모를 줄이면서 많은 수확을 할 수 있는 '대전법'을 널리 보급해야 한다고 강조하고 있다.[230] 서유구는 중국 史書, 農書에 보이는 趙過의 代田法과 遼東 種粟法에 대하여 들은 바, 東人의 種粟法 등에 의거하여 '代田法'을 정리하였다. 물론 서유구 자신은 그가 보급시키기 위해 갖은 애를 쓰면서 利點을 다방면으로 제시한 대전법을 조과의 대전법이라고 간주하고 있었지만 몇 가지 점에서 '조과대전법'과 다른 서유구 나름대로 정리

在於九十月之間. 故刈粟種麥. 不勝其晚蒔薄收之懼. 更安問三耕六耰碾砋曳枲之法也. 忙迫忽猝. 才耕卽種. 立苗在矚土之中. 一遇春旱. 十枯七八.

228 徐有榘, 『楓石全集』, 「金華知非集」 卷第十一, 策, 擬上經界策 ; 農政之亟宜施措者六, 五曰禁反田以覈名實 (……) 今號於民曰 是一年再種者也. 雖失於粟. 尚得於麥. 可無稅乎. 不其幾於敎猱升木也乎. 臣謂陸田撿放之法. 一依水田之例. 然後嚴立峻令. 禁其一年再種之謬習乃可也.

229 『杏蒲志』卷2, 種植, 種粟(『農書』36, 136면) ; 古語曰 寧可少好 不可多惡 與其廣種而狹收 曷若狹種而廣收.

230 『杏蒲志』卷2, 種植, 種粟(『農書』36, 136면) ; 今年删田 明年删田 數年之後 地與人慣 法與手熟 器械便利 巧生于勤 則安知不今日治十畝而不足者也 他日治二十畝吏有餘也.

한 '대전법'이었다.

'조과대전법'은 『齊民要術』 등에 따르면 중국 漢의 관리인 趙過가 고안한 농법이다. 조과는 后稷이 만들었다는 畎田法을 다듬어 대전법을 만들어낸 것이다. 대전법은 1畝(이랑)에 3畎(고랑)을 만드는 방식인데, 고랑과 고랑 사이에 伐이라는 두둑이 자연히 조성되게 되었다. 대전법은 두둑이 아닌 고랑을 파종처로 삼는데, 해마다 1畝(이랑) 위에서 고랑과 두둑을 바꾸어 만들어 작물을 경작하는 방식이다. 그리고 耦犁에 소 두 마리를 매어 3인이 기경작업에 동원되었다. 이러한 기경작업은 너비와 깊이를 1척으로 만들어나가는 것이었다. 이와 같이 고랑을 바꾸어 가면서 매년 경작하는 것이기 때문에 경작지 자체를 놀리는 歲易과 다른 방식이었다. 대전법에서는 작물의 싹이 나게 되면 두둑에 발생한 잡초를 제거하는데, 이때 두둑을 무너뜨려 작물의 싹을 북돋아주었다. 이렇게 하면 싹이 튼튼해지고 뿌리가 깊어져서 바람과 가뭄을 모두 이겨낼 수 있다고 한다.[231]

서유구를 포함하여 조선후기에 代田法을 살핀 柳馨遠, 朴世堂, 朴齊家, 朴趾源 등은 파종처인 畎을 만들기 전에 쟁기에 의한 '一耕三耙'를 전제하고 있었다.[232] 대전법에서도 당시의 기경방식과 마찬가지로 起耕과 耙勞 작업을 수행하였을 것으로 간주하였다. 그러나 기경과 파로 작업과 같은 田土의 全面 反轉耕과 熟治 작업을 하게 되면, 대전법의 특징인 파종처를 '매년 바꾸는 곳(歲代處)'으로 설정하는 것이 불

---

231 徐有榘, 『楓石全集』, 「金華知非集」 卷第十一, 策, 擬上經界策 ; 農政之亟宜施措者六, 二曰敎樹藝以盡地方 (……) 代田之法. 遠自后稷之畎田. 至漢武帝時搜粟都尉趙過益修潤之. 謹按漢食貨志云過能爲代田. 一畮三畎. 歲處. 故曰代田. 古法也. 苗生葉以上. 稍耨隴草. 因隤其土以附苗根. 故其詩曰或芸或籽. 黍稷儗儗. 芸除草也. 籽附根也. 言苗稍壯. 每耨輒附根. 比盛暑隴盡而根深. 能風與旱. 故儗儗而盛也. 一歲之收. 常過縵田畮一斛以上. 善者倍之. 臣嘗因是說而試之家田. 積有年所.

232 민성기, 『朝鮮農業史研究』(一潮閣, 1988), 72면.

가능할 뿐만 아니라 아예 그럴 필요가 없어지는 것이었다.

서유구가 제시하는 새로운 '대전법'은『행포지』에 분명하게 제시되어 있다. 여기에서 그는 자신이 파악하고 있는 기경, 숙치법이 조과대전법에서도 당연히 실행되었을 것으로 생각하였다. 즉 조과대전법의 耕法이 분명하게 나와 있지는 않지만 대전법의 設施하는 뜻을 보건대 자신이 생각하는 기경 숙치법과 같지 않으면 안되는 것으로 확신하였다. 따라서 우리는 서유구가 조과대전법에서 당연히 실행되었을 것으로 간주하던 기경숙치법을 새로운 '대전법'의 내용으로 파악해야 할 것이다. 서유구가 제시한 새로운 '대전법'의 요체는 다음과 같다.

代田을 만들려면 반드시 먼저 커다란 쟁기로 深耕한다. 一耕三耙하여 지극히 (토양)입자가 자잘하게 만들고 윤기가 흐르게 해야 한다. 쇠날이 달린 가래로 6尺마다 1溝를 만들고 다시 작은 쟁기를 두 마리 소나 혹은 당나귀에 매어 畝上은 淺耕하여 3畎과 3伐을 만든다. (……) 만약 커다란 쟁기를 써서 深耕하지 않으면 畎바닥은 生土와 다름없을 것이니 어찌 뿌리가 나올 것인가. 그리고 만약 6尺을 띄워 1溝를 만들지 않으면 淺畎만 가득 차 있어서 어찌 물을 빼낼 수 있을 것인가.[233]

위 번역문에 보이는 바와 같이 서유구는 一耕三耙의 起耕 熟治방식, 畝上의 三畎三伐 작성, 六尺마다 一溝의 배수구 수축 등을 代田法의 필수불가결한 조건으로 파악하고 있었다. 그가 생각한 위와 같은 내용의 대전법은 실로 조과대전법으로 간주하기 어려운 것이었다.

---

233 『杏蒲志』卷1, 田制(『農書』36, 44~45면). 作代田, 必先用大鑱深耕之. 一耕三耙, 令極細膩, 用鐵刃枚. 隔六尺作一溝, 復以小鑱, 駕隻牛或驢馬, 淺耕于畝上, 作三畎三伐. 漢志趙過法, 雖不明言耕法, 然觀其設施之意, 要當如此. 苟不先用大鑱深耕, 則畎底無異生土, 何以行根 苟不隔六尺作一溝, 則瀰望都是淺畎, 何以洩水也.

제2장 18~19세기 농업체제 변혁론의 양상

18세기 후반과 19세기에 걸쳐 관리들과 재야 학자들이 제기한 농업체제 변혁론의 커다란 줄기는 몇 차례에 걸쳐 집중적인 논의가 이루어진 시기를 중심으로 찾아볼 수 있다. 먼저 첫 번째로 1786년에 정조의 구언에 호응한 陳言인 '丙午所懷'를 들 수 있다. 주로 조정의 관리 중심으로 진언이 이루어졌지만 중인, 군인까지 포함한 많은 인물이 나름대로 정리된 주장을 펼쳤다. 1786년 丙午年 연초에 정조의 求言 下敎에 호응하여 大臣 이하 中人 軍士에 이르기까지 무려 300여 인이 陳言하였다.[1] 정조는 이해 정월 元旦에 日蝕이 발생하자 이를 해소하기 위한 방법의 하나로 時弊에 대한 求言을 시행한 것이었다. 300여 인의 陳言은 淨書한 필사본 3책이 따로 마련되었다. 또한 이들의 陳言은 『일성록』 정조 10년 1월 22일자 기사에 수록되어 있다.[2] 이들 진언이 하나로 묶여 『正祖丙午所懷謄錄』이 편찬되었는데 이 책의 冊題를 따서 이들의 진언을 '병오소회'라 부를 수 있을 것이다.

다음으로 1798년 정조가 侍從 출신 수령에게 民隱을 조사하여 보고하게 하자 이에 호응하여 올린 '民隱疏'를 제시할 수 있다. 1798년(정조 22) 7월 23일의 次對에서 정조는 三南의 守令으로 하여금 民隱(백

---

1 한우근, 「正祖丙午所懷謄錄 解題」, 『正祖丙午所懷謄錄』 영인본(서울대학교 고전간행회, 1970), 1면. 본문에서 '丙午所懷'를 인용하는 경우 이 책을 활용하였다.

2 『日省錄』 10책, 正祖 10년 정월 22일 ; 命卿宰侍從以上進前奏事 百官以下書進所懷.

성들이 겪고 있는 폐단)에 관련되는 모든 사실을 낱낱이 보고하도록 하는 綸音을 내렸다.[3] 충청, 전라, 경상 등 삼남지방의 各邑 수령 중 侍從을 지낸 文班守令들에게 각기 자신이 다스리는 읍은 물론, 인근의 蔭官이나 武官 출신의 수령이 다스리는 고을의 제반 民隱을 함께 조사하여 이듬해 봄까지 상소문을 통해 보고하게 하였다.[4] 시종 출신 수령들이 올린 지역 현안에 관련된 상소문을 하나로 묶어서 '民隱疏'라 부를 수 있을 것이다. '민은소'의 내용을 검토함으로써 18세기 말 지역의 현안이 무엇이고 이에 대한 해결책으로 무엇이 제시되었는지 찾아볼 수 있을 것이다.

세 번째로 1798년 11월 30일 정조가 「勸農政求農書綸音(이하 「농서윤음」으로 略記함)」을 中外에 반포하였을 때,[5] 이에 호응하여 농서를 올린 '應旨農書'를 살펴볼 수 있다. 정조는 매년 연초에 勸農綸音을 반포하던 것과는 달리 11월 30일 「구농서윤음」을 반포한 것은 특히 다음해인 己未年(1799, 정조 23)이 先王인 영조가 親耕한 지 60주년 되는 해라는 점을 강조하기 위한 것이었다.[6] 정조의 綸音에 호응하여 100여 명이 넘는 사람이 '應旨農書'를 올렸다.[7] 100여 명이 넘는 사람

---

3 『承政院日記』 95冊 164면, 正祖 22년 7월 23일 ; 則予之誠意 使方伯守宰 縱未能觀感 而彼日對民疏 日聞民隱者 自然有惻隱之本心 欲掩不得處 苟欲肥己剝民 寧不有愧於屋漏乎 先自道伯 隨處節損 爲列邑標率 道內侍從文守令 各具該邑及蔭武諸邑民隱之入聞者 許令後先疏陳 限以冬春 無敢一人不言 若欲再疏者 待春後更陳 終若含默 此等當施以違令之罪 兩湖一體分付可也.

4 안병욱, 「19세기 鄕會와 民亂」 서울대학교 대학원 국사학과 박사학위논문(2000), 11면.

5 李書九, 『丙戌記事』(奎章閣 古4254-9) 戊午年 11월 30일

6 『承政院日記』 1801책, 정조 22년 12월 2일 辛卯 (95-495가). 次對하는 자리에서 正祖와 李秉模가 問答하는 부분에서 正祖가 「구농서윤음」에 부여한 의미가 잘 드러나고 있다.

7 金容燮, 「十八世紀 農村知識人의 農業觀-正祖末年의 應旨進農書의 分析」, 『朝鮮後期農業史研究』 I (一潮閣, 1968) ; 염정섭, 「正祖末年 應旨農書를 올린 應旨人의 구성

들은 조정의 관료에서 지방의 유생에 이르기까지 다양한 성격의 인물들이었다. 그리고 '응지농서'의 내용은 크게 보아 조선의 농업체제를 크게 바꾸자는 변혁론을 담고 있었다고 할 수 있다.

마지막으로 시간적으로 조금 차이가 있지만 19세기 중반 전국적으로 벌어진 농민항쟁의 원인을 찾고 그에 대한 해결책을 마련하기 위해 철종이 내린 구언하교에 호응한 '三政策'을 들 수 있다. 1862년 단성민란, 진주 민란 등을 시작으로 전국에서 70여 건의 민란 발생하였다. 철종은 6월 12일 三政시정을 위한 求言 下敎를 내렸다. 이에 대해 수많은 관리, 유생이 應旨上疏하였고, 이를 통틀어 '三政策'이라 부를 수 있다. 개인문집에 수록되거나, 單券책자 형태로 전해지고 있다. 그리고 아세아문화사에서 총 36건의 상소를 모아 『삼정책』1, 2로 영인본 간행되어 있다.[8] 이상에서 살핀 18세기에서 19세기에 걸친 농업체제 변혁론이 크게 제기된 몇몇 시기를 중심으로 부세제도 변혁론, 토지소유 개혁론, 농업경영 혁신론을 살필 것이다. 그리고 농업체제 변혁론을 제시한 주요 인물들의 주장도 같이 살펴볼 것이다.

18~19세기 농업체제 변혁론을 제기한 논자들은 조정의 관리 노릇을 하던 인물에서부터 在野의 학자들에 이르기까지 다양하였다. 賦稅수취를 통해서 조정에서 운영하는 財源을 확보하고 있었기 때문에 조정의 관리들이 부세제도를 온전히 운영하는 방안을 마련하고 제시하는 것은 일견 당연한 것이었다. 그리고 부세제도 이외에 토지소유관계, 농업경영 등의 문제에 대해서 나름대로의 문제제기와 해결방안을 제시하였다.

농업체제 변혁론이 제기되는 것 자체가 당대의 농업과 관련된 부세

과 성격」, 『18세기 연구』 5 · 6(한국18세기학회, 2002), 태학사.

8 金容燮, 「哲宗 壬戌年의 應旨三政疏와 그 農業論」, 『韓國史硏究』 10(1974).

제도 운영, 토지소유, 농업경영을 둘러싸고 다종다양한 폐단이 겉으로 드러나기도 하고 속에서 잠재하고 있는 것을 당시 관료, 학자들이 분명하게 인식하고 있음을 알려주는 것이었다. 조정에서 재직하던 관리들 가운데 일부는 부세제도의 골간을 차지하고 있는 三政의 운영에 문제가 있다는 것을 확인하고 이에 대한 개선안을 제시하였다. 한편 在野의 학자들은 보다 구체적인 측면에서 부세제도 개혁론을 제시하였다. 이들은 직접 목격한 三政의 문제 등 부세제도의 문제점을 지적하면서 개혁론을 제시하였다. 대표적인 경우로 유형원, 정약용의 저서에 나타난 부세제도 개혁론을 살펴볼 수 있을 것이다.

1. 賦稅制度 변혁론

19세기 조선사회는 부세수취로 인하여 많은 갈등이 야기되던 시기였다. 피지배층들은 새로운 변화를 시도하면서 다양한 요구들을 내놓았으며 지배층들은 여전히 그들의 지배욕구를 채우려 들었다. 이들 간의 대립과 갈등은 당시 사회문제의 큰 골격을 이루었고 이로 인해 조선의 지배구조가 제 기능을 효과적으로 발휘하기 어려웠다.

조선국가는 방대한 관료제, 군사조직의 운영, 외교 등 국가의 여러 기능을 수행하기 위한 재정을 田政, 軍政, 還穀을 중심으로 한 수취체제를 통해 마련했다. 조세는 국가가 일반농민의 잉여생산물을 취득하여 경제적 지배를 실현하고 있다는 표현일 뿐 아니라, 이를 통해 국가권력이 부세수취가 이루어지는 향촌사회 운영에 관여하는 근거가 되었다.[9]

---

9 金容燮, 『한국근대농업사연구(증보판)』 상·하(일조각, 1984) ; 고동환, 「19세기 부세운영의 변화와 그 성격」, 『1894년 농민전쟁연구 - 농민전쟁의 사회경제적배경』 1(역

이 시기 부세문제는 농민의 입장에서 볼 때 조세량의 격증현상으로 단순화시켜볼 수 있다. 여기에는 총액제로 운영되는 조세제도 자체의 구조적인 문제점이 내재되어 있었다. 총액제는 원활한 조세수취를 도모하는 관의 이해만이 반영된 것으로, 설혹 향촌 내에서 담세자의 避役, 虛結의 문제가 야기되더라도 국가수입에는 직접적인 결손이 없게 한 제도적 장치였다. 특히 중앙정부는 조세의 완납여부를 수령의 평가와도 결부시켰기 때문에 고을현장에서는 갖가지 납부방법이 모색되지 않을 수 없었다. 농민들은 관행적으로 면·이·동 단위의 共同納의 방법을 채택하여 대응하고 있었다.[10]

한편 관의 재정적 요인에 의해 조세 重課의 문제가 발생되었다. 대체로 조선후기 지방군현에서 수취되는 조세는 京司의 각 衙門 및 監營, 兵營의 상납분과 군현 자체의 경비분으로 구분되었다. 그런데 18세기 중엽부터 중앙재정의 규모가 확대됨에 따라 전세·대동세 등 田結稅의 상납분이 증가되었고, 이와 별도로 경사 각 아문은 군현 내에 자의적으로 軍保를 증설하거나 환곡을 분급하여 재정을 확보하였다. 한편 감·병영과 지방관청의 경우도 자체기구가 분할 증설되고 구성원인 관속의 수도 현저히 증가하여 소용재원이 부족한 실정이었다. 이처럼 각급 관청의 재정적 요인에 의해 전세·대동세·군역세와 같이 반드시 중앙에 상납해야 할 조세는 물론 상납분이나 총액제의 규정량을 초과한 경비분이 군현 농민에게 부과되어 결국 조세 중과의 주요 요인이 되었다.

군현 단위의 조세제도 운영상의 문제로서 수세담당자였던 수령과

사비평사, 1991).

10 김선경, 「1862년 농민항쟁의 도결혁파요구에 관한 요구」, 『이재룡환력기념논총』 (1990).

관속들의 중간 횡령이 커다란 폐단으로 지적되고 있었다. 전제국가 체제하에서 관리들의 부정은 통시대적인 것이었다. 당시 이들의 부정 행위는 단지 국가 기강의 문란이나 개인적인 貪虐性 차원의 현상적인 문제로만 간과할 수 없는 심각한 것이었다. 이들의 중간 횡령에 따라 결축된 부분은 조세의 再徵현상을 초래하거나 부가세·잡세의 명목 하에 농민의 부담으로 전가되었다.[11]

이러한 상황에서 새로운 형태의 부세제도가 피지배층들을 중심으로 모색되었다. 부세와 관련하여 여러 방면에서 다양하게 추진되던 논의들은 결국 토지를 매개로 賦稅가 포괄되는 것으로 귀착되었다. 이러한 결과로 나타난 현상이 19세기에서 都結이란 이름하에 시행되던 부세징수였다. 都結은 철종 대 農民抗爭의 중요한 원인으로 지목되었다. 진주의 농민들이 도결과 統還에 대한 불만 때문에 난을 일으킨 것으로 중앙정부에 보고되면서부터 본격적으로 드러난 문제였다.[12]

18~19세기 부세제도를 둘러싼 여러 가지 폐단을 해소하기 위한 부세제도 변혁론이 제기되었다. 먼저 18~19세기에 부세제도를 개선하자는 주장을 많이 찾을 수 있다. 그 이유는 무엇보다도 賦稅 문란이 농민의 생존과 밀접한 성격을 지니고 있어서 가장 실현 가능한 방안을 모색하는 것이 절실하였기 때문이다. 즉 부세를 둘러싸고 펼쳐지는 폐단의 일단을 시급하게 고치는 改善方案을 먼저 강구하는 것이 필요하다고 파악하였기 때문이다. 이에 비해 부세제도를 근원적으로 변혁하자는 주장은 상대적으로 그리 많지 않았다.

---

11 방기중, 「조선후기 수취제도 민란연구의 현황과 '국사'교과서의 서술」, 『역사교육』 39(1986).

12 1862년 2월 경상도 진주에서 농민란이 발생하였을 때 按覈使로 파견된 朴珪壽는 농민소요의 원인을 都結과 統還이라는 두 가지 사항으로 설명하였다(「晉州按覈使查啓跋辭」, 『壬戌錄』).

부세제도 변혁론의 큰 흐름은 17세기 말 이후로부터 찾아볼 수 있다. 柳馨遠은 公田制를 기반으로 삼은 토지소유 개혁론, 즉 전제 개혁론을 均賦均稅를 달성하기 위한 방책으로 제시하였다. 유형원은 公田制를 바탕으로 국가를 크게 변혁시키고자 하였고, 현실 개혁적인 토지제도를 체계화시켜 놓았다. 또한 공전제를 바탕으로 부세제도의 변혁도 주장하였다.

유형원은 公田을 행하려면 結負法을 고쳐 頃畝法으로 바꾸어야 한다고 단언하고 있다. 우리나라의 결부에 관한 규정은 本을 놓아두고 末을 취한 법이라는 것이다. 만약 공전제를 시행하려고 한다면 더욱이 結負法을 고쳐서 頃畝法을 써야 한다고 보았다. 이러한 가운데 均賦均稅를 통한 均民平政이 실현될 수 있을 것이라는 생각이었다. 결부법을 경묘법으로 고치는 것은 결코 불가능하지 않으며 실현 가능하다고 보았다.[13]

조세제도 개혁의 일환으로 제기된 유형원의 균민론은 균부균세를 지향하고 있었다. 그리고 유형원은 『반계수록』을 통해 국가체제의 전반적인 개혁방안을 제시하고자 하였다. 耕者有田의 원칙과 均田制의 논리를 표방하고 있었다. 토지는 국가가 공유하고 농민들에게 일정량의 경지만을 나누어주는 균전제를 실시하는 것이었다. 그리고 균전제는 토지국유제를 바탕으로 하여 당시의 신분질서를 인정하고 모든 농민에게 균일하게 토지배분을 하려는 것이었다.[14] 또한 이를 바탕으로

---

13 『磻溪隨錄』卷1 田制 上 分田定稅節目 ; 一 凡田改結負 定以頃畝 本國結負之規 本是擧末遺本之法 若行公田 尤不可不改用頃畝法 蓋頃法各等地廣皆同而稅有差等 此以地爲本者也 結法各等稅數皆同而地有闊狹 此以稅爲主者也 今田唯收稅 兵有搜丁 有田者不必有役 有役者不必有田 則田與人爲二途 猶可用結法 公田之法 均人以田 計田出兵 有田者必有役 有役者必有田 則田與人今一矣 必用頃法 以正經界而後乃爲均也

14 洪德基, 『茶山 丁若鏞의 土地改革思想 硏究 - 閭田論를 中心으로』, 전남대학교 博士學位論文(1990).

結負法을 頃畝法으로 변혁하는 것을 부세제도 변혁의 기본으로 삼고 있었다.

18세기 후반 '丙午所懷'에 자신의 주장을 펼친 인물들 중에도 부세제도의 변혁론을 제시한 사람을 찾을 수 있다. 禮曹佐郎 崔逵翰은 백성들이 나라의 근본이라는 위치에 걸맞은 대우를 받으려면 마땅히 糶糴이나 添丁 등에서 폐단이 사라져야 한다고 주장하였다. 최규한은 이어서 俵災를 비롯한 징세과정에서 백성들이 피해를 받게 되는 이유로 守令이 제대로 字牧으로서의 직무를 수행하지 못한 때문이라고 정리하였다. 貧民이 白地 徵稅를 당하지 않게 하려면 수령이 폐단의 근원을 막아야 한다고 주장하였다.[15]

1798년에 정조에게 民隱疏를 올린 수령들은 주로 田政의 폐단에 대해서 지적하면서 白地徵稅의 문제를 지적하였다.[16] 陳田이나 災結에서 免稅하는 것이 마땅하다는 점을 강조하였다. 梁山郡守 尹魯東은 그동안 발생한 陳廢田 160여 結을 과세 대상에서 제외시켜 달라고 주장하였다.[17] 만약 그의 주장대로라면 해가 갈수록 농토가 늘어나는 것이 아니라 줄어들게 되는 셈이다.[18] 물론 梁山郡의 특수한 사정에 기

---

15 『日省錄』正祖 10年 1月 22日 ; 禮曹佐郎 崔逵翰所懷 伏以民惟邦本 而民之休戚 係於字牧 字牧之任 非其人 則下吏弄奸 隨處弊生 當糶糴 則貿持愚民 左右徵索 故所受 則不過其半 所納則優入其倍 又有空殼換石 名以還穀 而分給於民間者 當簽丁 則倍數出牌 惟賂是頻 故充額者 貧而幼弱 定闕者 窮且疲癃 又有明知其死不爲代定 而至徵於不干者 至於俵災 則恣意幻弄 惟事肥已 故富民 則擧皆以實得災 貧民 則率多白地徵稅 外此之弊 不止一二 而原其所由 責在守令 任官惟人 俾祛生弊之源 時遣繡衣 以盡懲勵之道焉 批以爾言好矣.

16 民隱疏와 관련된 내용은 다음 논문을 참고하였다. 안병욱, 『19세기 鄕會와 民亂』, 서울대 국사학과 박사학위논문(2000), 23～26면.

17 『承政院日記』95冊 478면, 正祖 22년 11월 29일 ; 則戊戌之永頉 爲二百六十結矣 (……) 且伏念已卯査陳後 至於戊戌爲二十年 而所頉之災視諸未付 已加百結 戊戌之於今年 又爲二十一年 則其間災頉之又復如前 推此可知 臣伏望本邑所在仍未付一百六十餘結 依戊戌已例 特許永頉.

인하는 점도 있겠지만 호조로서는 곤란한 문제일 수밖에 없었다. 그
래서 좀처럼 頉給을 인정해 주지 않았다.[19] 호조에서 陳田에 관한 永
頉을 인정하지 않는 것 때문에 수령들은 난처한 입장을 벗어날 수 없
었다.

靈巖郡守 宋文述도 황폐해진 땅들을 면세시키지 않을 수 없기 때문
에 간혹 중앙정부로부터 陳田을 조사하라는 지시가 내려오기는 한다
고 했다. 그렇지만 만일 一把束이라도 舊總에 비해 감축하고자 하면
호조에서는 陳田과 新起田이 서로 같을 것이라고 하면서 일체 물리치
고 磨勘해 주지 않는다는 것이다. 그러므로 수령으로서는 궁핍한 백
성들이 호소해 와도 어찌할 수 없는 폐단이라고 말할 뿐 白徵을 그만
둘 수 없다고 했다.[20]

당시 陳田과 新起田의 사정을 살펴보면 신기전의 양이 상당한 경우
도 있었다. 靈巖郡의 경우를 살펴보면 현군수가 도임 이후 조사한 陳
廢田이 180결이었으며, 1776년 이후 20여 년간에 다시 농토로 개간한
것이 170결이나 되었다.[21] 昌原府에서는 그동안 인정되지 못했던 진
전들이 474결이고 조사해서 새로 파악해 낸 기경전은 211결이 되었
다.[22] 이런 예에서 미루어 본다면 新起田의 양도 상당했을 것이다.

---

18 『承政院日記』95冊 633면, 正祖 23년 1월 10일 沃川郡守 呂駿永 疏. 呂駿永은
國結의 감축은 농민들이 奸吏와 짜고 永頉받는 데서 일어난다고 했다.

19 『承政院日記』95冊 342면, 正祖 22년 10월 10일 備邊司啓 ; 改量前舊頉新起 無令
混同事 法意本自如此 舊頉非曰必無 新起自是應有 移東補西 把此充彼 無使新起減於舊
頉 此固物理之所灼然.

20 『承政院日記』95冊 539면, 正祖 22년 12월 16일 ; 荒廢之田 雖塚墓纍纍 樹木鬱鬱
而未經查陳之前 元無免稅之路 生民呼冤 莫甚於此 間嘗有陳田查頉之朝令 而地部之臣
必要陳起之相當 苟或有一把束減縮於舊總者 則一切退却 終不磨勘 故民情冤憫 有口皆
言 而爲守令者 擧不敢生意於查櫛 每當疲氓呼訴之至 輒曰此是無可奈何之弊 年年白徵
邑邑同然.

21 『承政院日記』95冊 539면, 正祖 22년 12월 16일.

흉년이 들 경우 정부에서는 救恤策으로 災結을 파악하여 세를 면하게 하지만 給災받은 수효로 流來陳結을 충당하고 나면 남는 것이 없어 매번 新災結은 혜택을 받지 못하게 되었다.[23] 설령 그렇지 않은 경우라도 吏胥들이 중간에서 給災해준 듯이 꾸미고 실제로는 농민들에게서 전세를 받아 가로채기도 하였다.[24] 결국 救恤하는 뜻은 없어지고 흉년이 들어도 세금만은 어김없이 물어야 하는 것이다.

당시의 田政을 수령들의 상소를 중심으로 논할 때는 이상과 같이 白徵의 문제를 해결하는 것이 중요한 과제였다. 그리고 이것은 부세제도의 측면에서 문제점을 안고 있었다. 즉 稅法에 큰 문제점이 있었던 것이다. 昌原府使 李尙度 등은 전세가 가벼운 것이 국가 재정상으로는 물론이고 백성들에게도 실질적인 이익이 되지 못한 것을 지적하였다.[25] 재정 수입의 가장 중요한 기반이었던 전세는 1/10세인 1結 20斗로 되어 있었지만 실제로는 1결에 4~6斗에 불과하다는 것이다. 그에 의하면 戶首나 良戶防結者들의 중간 수탈로 백성들의 出稅는 여전하였다고 했다. 또 비록 전세는 가벼울지 모르지만 백성들에게는 結錢으로 三手糧米와 기타 각종 公私 비용이 첨가되어[26] 結斂이 결코 가벼울 수는 없었다.

民隱疏에 나타난 지방 수령들의 부세제도에 대한 문제제기는 말 그

---

22 『承政院日記』 95冊 637면, 正祖 23년 1월 19일 昌原府使 李尙度 疏.

23 『承政院日記』 95冊 372면, 正祖 22년 10월 15일 靈光郡守 朴聖泰 疏.

24 『承政院日記』 95冊 510면, 正祖 22년 12월 7일 丹陽郡守 金土宏 疏.

25 『承政院日記』 95冊 641면, 正祖 23년 1월 19일.

延日縣監 鄭晚錫과 沃川郡守 呂駿永 등도 田稅가 상대적으로 가벼운 점을 言及하였는데, 呂駿永은 田稅는 가벼운 반면 貢案이 무겁다고 했다(『承政院日記』 95冊 623면, 正祖 23년 1월 10일).

26 『承政院日記』 95冊 364면, 正祖 22년 10월 13일 延日縣監 鄭晚錫 疏 : 我國賦法 頗輕 不及什一之稅 而旣有結錢三手糧之加捧 又自近年來各邑以其公私所需 種種加斂 始爲繁重而亦不均齊.

대로 현실에 밀착되어 나온 것이었다. 陳田, 新起田, 田稅 등의 문제에 대해서 수령들이 민은소를 통해서 제시한 변혁방책은 다른 것이 아니었다. 法外의 혜택이나 커다란 은혜를 바라는 것이 아니라 白徵을 하지 않는 것, 즉 法 그대로의 적용을 요구한 것이었다. 법을 그대로 적용한다면 白徵이란 존재할 수 없는 것이었다. 이러한 측면에서 民隱疏에 보이는 부세제도 변혁론은 아주 현실적인 변통책으로 白徵禁止로 대표되는 것으로 현실의 법제를 그대로 유지하면서 운영에서 나타나는 폐단을 없애는 방안이었다. 제도개선론에 가까운 것이었다고 할 것이다.

19세기 후반에 부세제도를 개선하자는 주장은 여러 인사들이 올린 三政策에서 분명하게 찾아볼 수 있다.[27] 三政策을 올린 安重燮은 규정된 부세 외에 더 거두어지는 실상을 지적하면서 부가세를 거두지 못하게 하는 방안을 제시하였다.[28]

삼정책을 올린 인물 중에는 유랑지식인에 해당하는 사람도 있었다. 黃五가 대표적인 인물이었다.[29] 생활기반이 없는 지식층 가운데 賣文으로 資生하는 유랑지식인이 증가하고 있었다는 설명이다. 이러한 유랑지식인으로 지목된 黃五는 자신의 절절한 경험 속에서 三政 문제를 논하는 三政策을 지었다. 그가 소개하는 삼정 문란의 문제는 인간세상에서 출가하여 승려가 되려는 사람이 다수 존재하고 있다는 지적에서 아주 간단하지만 절실하게 드러내고 있었다.[30]

---

27 김용섭, 「哲宗 壬戌年의 應旨三政疏와 그 農業論」, 『한국사연구』 10(1974).
28 『蓮上集』 卷6, 「三政策」.
29 이성혜, 「黃五 문학에 나타난 유랑지식인적 자화상」, 『동방한문학』 29(2005).
30 『黃綠此集』, 「三政策」; 臣對 臣嘗過陝川之海印寺紅流洞 知我國三政之弊極矣 逢一老僧 年八十 語臣曰 僧初非僧也 夫人天地間 上以有君父 下以有妻孥 內以有親戚 外以有朋友 此人世之至樂也 但一身上有三弊 田賦也 軍布也 還上也 田賦不可不納 而火粟川陳之層起互起 不可堪也 軍布不可不納 而黃口白骨之橫徵疊徵 不可堪也 還上不可不

2. 土地所有 개혁론

1) 柳馨遠의 公田制論

18~19세기 농업체제 변혁론의 주요한 부분은 바로 토지소유 개혁론이다. 지금까지의 연구에서 田制改革論이라는 용어로 불리던 것이다. 토지소유 개혁론은 단적으로 조선후기 토지 소유문제를 해결하기 위해 제시된 것이었다. 地主들이 토지를 대규모로 집적해 나가면서 無田農이 증대하고, 게다가 小作地도 확보하지 못한 無佃農도 늘고 있었다. 또한 宮房과 衙門의 屯田이 확대되면서 民田을 침탈하였고, 이에 따라 소유권 분쟁도 격화되고 있었다. 이와 같은 토지소유 관련 모순을 해결하려는 여러 가지 토지소유 개혁론이 제기되었다.

조선후기 17세기에 들어 조선국가의 체제정비는 여러 가지 방향에서 모색되었다. 그중 전란으로 황폐화된 국가 생산력 기반을 회복시키는 것이야말로 가장 시급한 과제로 등장하게 되었다. 이같은 시기에 저술된 磻溪 柳馨遠(1622~1673)의 『磻溪隨錄』은 가장 체계적인 국가개혁론으로 주목되어 왔으며 당 시기뿐 아니라 현재까지도 17세기의 사회구조와 변화를 일관되게 정리한 연구서로 평가되고 있다.[31] 또한 유형원은 토지소유에 관한 근원적인 개혁론을 주장하였다.

柳馨遠(1622~1673)의 본관은 文化이며 字는 德夫이다. 그리고 호는 磻溪로 서울 출생이다. 외숙 李元鎭과 고모부 金世濂에게 사사하

納 而移貿作錢之星督火督 不可堪也 念薄田弊屋 隻狗乳犢折足之鐺 盡賣之 亦不足也 逐乃別妻孥 棄親戚 乘夜逃走 入此山 祝髮爲僧.

31 반계 유형원의 사회개혁론에 대해서는 천관우, 「반계 유형원 연구 - 실학 발생에서 본 이조사회의 일단면」, 『역사학보』 2·3(1952-1953) ; 「반계 유형원 연구 의보疑補」, 『역사학보』 10, 1958(이상 1979 『근세조선사연구』, 일조각 재수록) ; 정구복, 「반계 유형원의 사회개혁사상」, 『역사학보』 45(1970).

였고, 문장에 뛰어났다. 『磻溪隨錄』을 통하여 전반적인 제도개편을 구상하였다. 유형원이 이상적인 토지제도로 생각했던 것은 고대 중국의 정전제였다. 그러나 당시의 형편으로 정전제를 실현하기는 어렵다고 생각하였다.

柳馨遠의 『磻溪隨錄』은 18세기 당시부터 경세서의 대표적인 저작으로 평가받고 있었다. 유형원의 국가 개혁론은 17세기의 국가체제 전반을 개혁 대상으로 하고 있었다.[32] 그의 개혁론은 지금까지 실학이라는 범주를 통해 분석되는 가운데 정통 주자학자와 관인층의 체제 유지방식과 다르다는 것이 밝혀졌으며, 이를 바탕으로 반계의 독특한 국가개혁론이 확인되고 있다.[33] 반계의 개혁 구상은 주자학 이데올로기 뿐 아니라 정치제도 및 사회경제 전반에 걸친 것으로서 방대하기 이를 데 없는 것이었다.[34] 유형원의 국가 개혁론 가운데 주요한 중점은 다름 아닌 農政에 놓여 있었고, 특히 田制, 즉 토지소유 문제에 대한 개혁론을 주요하게 제시하였다.

유형원이 제시한 토지소유 개혁안은 井田法에 입각한 公田制였다.[35] 유형원은 『반계수록』 권1 전제 상의 첫머리에서부터 정전법의 지극한 이치를 강조하고 있다. 정전법에 의해 經界가 바로 서면 만사가 해결된다고 보아 民은 恒業를 갖게 되고 兵를 별도로 수괄하는 폐단도 없어지며, 귀천과 상하 모두 본분에 맞게 '各得其職'할 수 있다고 보았다. 이러한 가운데 分數가 절로 정해지면서 각자의 사회적 지위

---

32 千寬宇, 「磻溪 柳馨遠 硏究」 上, 『歷史學報』 2(1952).

33 金容燮, 「朱子의 土地論과 朝鮮後期 儒者」, 『延世論叢』 21(1985) ; 金駿錫, 「柳馨遠의 公田制 理念과 流通經濟 育成論」, 『人文科學延世大』 74집(1996).

34 金駿錫, 「柳馨遠의 變法論과 實理論」, 『東方學志』 75(1992) ; 金駿錫, 「柳馨遠의 政治·國防體制 改革論」, 『東方學志』 77·78·79 합집(1993).

35 이헌창, 「반계 유형원의 경제사상에 관한 연구」, 『조선시대사학보』 10(1999) ; 최윤오, 「반계 유형원의 정전법과 공전제」, 『역사와 현실』 42(2001).

와 신분이 정해질 수 있게 된다고 보았다. 이같은 정전법이 무너지게 된 것은 후대 대토지사유제의 발달에 따라 전제가 무너지고 私占가 횡행하면서부터라고 설명하였다.[36]

유형원은 정전제의 이념을 계승하면서 그것을 당대에 시행할 수 있는 융통 방안을 제시하였다. 첫째로는 지형이 넓지 않더라도 정전제를 시행할 수 있고, 두 번째로는 공전을 두지 않더라도 1/10세를 시행할 수 있으며, 세 번째로는 采地를 꼭 두지 않더라도 관리를 부양할 수 있다는 것이었다. 즉 井字 형태로 구획하지 않더라도 井田의 實이 모두 그 안에 갖추어지게 할 수 있다는 것이었다.[37]

유형원은 정전법을 현실화하는 방법으로써 公田制를 주장했다. 그가 주장한 공전제의 첫째 특징은 공전의 성격에서 찾을 수 있다. 공전이란 사적 소유지로서의 사전에 반대되는 개념으로서, 공유지 또는 국유지라고 불릴 수 있는 국가적 소유지를 의미한다. 따라서 유형원의 公田制는 개인의 사적소유를 제한함으로써 모든 토지를 國家的 所有로 환원하려는 것이었다.

私田을 혁파하는 것은 곧 토지세습제를 혁파한다는 뜻으로서[38] 사전이 세습되면서 나타나는 토지겸병과 농민몰락을 막을 수 있으니, 그러한 방법은 곧 공전제를 통해 토지를 국유화하는 것이었다.[39] 대개

---

36 『磻溪隨錄』 卷1 田制 上 1分田定稅節目 ; 古井田法至矣 經界一正而萬事畢 擧民有恒業之固 兵無搜括之弊 貴賤上下 無不各得其職 是以人心底定 風俗敦厚 古之所以鞏固維持數千百年禮樂興行者 以有此根基故也 後世田制廢而私占無限 則萬事皆弊 一切反是 賦役無節 貧富不均 兼幷牟利 良民失所 戶口易脫 詞訟煩多 貴賤無別 分數不明 以故權豪易肆而德義不興 賄賂易行而政刑不達 因以人心浮蕩 風俗偸薄.

37 『磻溪隨錄』 卷1 田制 上 分田定稅節目 ; 公田不必置而可爲什一 采地不必設而各有其養 合於自然之理 易於今日之行 萬民得所 百度皆順 雖不盡爲井形 而井田之實 俱在其中 又無唐麗難處之患 至公而正 可行於遠 至簡而要 無所不該 謹具條例于下.

38 鄭求福, 「磻溪 柳馨遠의 社會改革思想」, 『歷史學報』 45(1970).

39 金駿錫, 「柳馨遠의 變法觀과 實理論」, 『東方學志』 75(1992).

공전이나 사전은 별개가 아니라 모두 이 땅에 함께 설치된 것이지만 단지 공전은 공평하고 균등하며 사전은 사사롭고 편벽된 것이라는 점에 차이가 있다고 한다. 따라서 사전 대신 공전을 통해야만 제반 제도를 개혁할 수 있다고 한다. 즉 공전이라야 백성의 산업이 항구하고 인심이 안정되며 교화를 이룰 수 있고 풍속을 넉넉하게 할 수 있어서 만사가 각기 그 分數를 얻게 되지만, 사전은 일체 이와 반대로 아무 것도 얻을 수 없다고 설명하였다.[40]

그리고 유형원은 竝作의 관행을 막을 수 없음을 알고 제도화하고자 했다. 겸병의 폐단은 예부터 식자들이라면 모두 통렬히 금하고자 하였으나 매번 고제를 회복하기가 어려웠음을 거론하면서, 모든 토지에 있어 스스로 경작하지 않고 타인에게 맡겨 병작하게 하는 것에 관한 법령을 정하지 않을 수 없음을 말하고 있다. 이는 사대부 같이 귀한 자가 갑자기 농사일을 할 수는 없고 맹자가 말한 것처럼 勞心者는 勞力者에게 경작시키지 않을 수 없는 상황을 제도화시키는 것으로서, 겸병을 일삼는 모리배를 미워하여 군자와 야인을 구별하는 뜻까지 없앨 수는 없다는 설명이었다.

이때 경작자는 5분의 4를 취하게 하고 田主는 5분의 1만을 취하게 하며, 이를 위반한 자는 관에 고발하게 하여, 법대로 분급하게 하였다. 田主가 法을 위반할 경우 전주의 몫인 5분의 1도 모두 몰수하여 力農하는 경작자에게 나누어준다면, 力農者는 그 노력만큼 취하게 될 것이라고 보았다. 스스로 경작하지 않는 자들도 남는 땅에서 이익이 없어지게 되면 겸병을 비록 세세히 방지하지 않는다 하더라도 그 폐단

---

40 『磻溪隨錄』卷2 田制 下 田制雜議附 ; 大抵無論公田與私田 俱是一般此地此人 元非別基局 只公田則公而均 私田則私而偏 公則民産有恒 人心有定 教化可成 風俗可厚 萬事無不各得其分 私則一切反是耳 且此法若行 菽粟如水火 又焉有今世景象乎.

이 스스로 없어질 것이라고 보았다.[41] 그러면서 이같은 병작 관행을 제어하기 위해서 모름지기 공전을 통해 제도화할 때 본래의 기능을 살릴 수 있을 것이라고 하였다.

유형원은 三代를 이상으로 하기는 하였지만 고대사회로 환원시키는 것이 아니고 당시 조선의 현실에 맞는 제도를 강구해낸 것이기에 그의 사상은 복고적이라고 단정할 수 없다.[42] 즉 유형원은 三代의 古法을 원용하여 현실에 대한 비판 기준으로 삼으면서, 당시의 현실사회에 적합하다고 생각한 법제를 새롭게 구상하였다고 할 수 있다. 따라서 유형원의 구상은 고전을 바탕으로 보다 현실 개혁적인 토지제도를 체계화시켜 놓은 것으로 평가될 수 있다.

유형원의 개혁사상을 깊이 분석한 제임스 팔레(Palais)는 정전제 등과 마찬가지로 조선후기의 토지재분배론을 토지사유제를 부정한다는 점에서 시대착오로 평가하기도 하였다.[43] 18, 19세기 유형원, 박지원, 정약용 등이 제기한 토지의 국유화와 재분배론을 公田制, 井田制 등 중국 고대의 이상적인 田制에만 근거한 것으로 파악한다면 이를 중국 고대의 이상을 추구하는 맹목적 근본주의로 보는 것도 이상할 것이 없다.

하지만 유형원의 전제 개혁론은 조선의 농업 현실에 근거를 둔 방안이라는 점에 주목해야 할 것이다. 18, 19세기 조선의 농업 현실을 단적으로 말하자면 조선의 농촌사회에 뿌리 깊게 자리하고 있는 土地

---

41 『磻溪隨錄』卷2 田制下 田制雜議附 ; 或曰兼幷之弊 自古識者皆欲痛禁 而每難於 復古制 限田之不可行亦如此 則凡田不自耕而給人幷作者 定爲著令 作者食五分之四 田 主取其一分 租稅仍今出於田主 違者許告官 分給如法 而幷沒其一分 如是則力農者得食 其力 而不自作者無所利於剩田 雖不曲爲之防 而兼幷之弊 自息矣.

42 鄭求福, 「磻溪 柳馨遠의 社會改革思想」, 『歷史學報』 45(1970).

43 J. B. Palais, *Confucian Statecraft and Korean Institutions*(University of Washington Press, 1996).

所有의 不均等과 농민들로부터 田稅를 수취하는 田政을 포함한 부세 수취의 문란함으로 단순화시킬 수 있다. 따라서 엄격한 근대적인 잣대를 설정하고 이에 비추어보거나, 또는 중국 고대의 이상론과 명칭이 같다는 이유 등으로 조선후기 현실적인 개혁론의 성격을 재단하는 것은 무분별한 후세의 월권적인 평가라고 생각된다.

유형원의 공전론은 후대의 여러 인물들에게 영향을 주었다. 그 중 대표적인 것은 靈光의 進士 李大圭의 균전론이었다. 그는 당시 농촌의 피폐를 구제할 길은 균전법의 시행밖에 없다고 주장하였다. 다만 엄격한 중국식 균전제가 아니라 우리나라의 지형에 맞게, 또 토지의 비옥도를 공평하게 균분하여 1호당 1백무씩 지급하고 조세와 부역을 균등하게 부과하자는 것이었다.

2) 李瀷의 限田論

18세기에 활약하면서 조선의 농업현실에 근거한 개혁론을 제기한 학자 가운데 李瀷은 토지소유 개혁론으로 토지소유 규모의 제한을 내용으로 하는 限田論을 제시하였다. 이익의 전제 개혁론은 均田를 최종목표로 설정한 限田論이었다.[44] 李瀷(1681~1763)은 본관이 驪州이며 字는 子新이고 號는 星湖이다. 그는 『星湖僿說』과 『藿憂錄』을 지어 당시의 사회제도를 실증적으로 분석하고 비판하여 대안을 제시하였다.

이익의 전제 개혁론은 均田論이라는 논설에서 잘 찾아볼 수 있는데, 제목에 달려 있는 均田라는 명칭과 달리 실제 내용은 限田法이었다. 일정 규모 이상 농토를 소유하지 못하게 하자는 것이었다. 그는

---

44 金容燮, 「朝鮮後期 土地改革論의 推移」, 『증보판 조선후기농업사연구Ⅱ』(일조각, 1990).

영업전의 매매를 금지하면, 점차 토지를 많이 갖고 있는 부자의 토지가 자녀들에게 분산되어 자연히 均田의 규모를 이룰 수 있을 것이라고 보았다.[45]

이익은 토지 국유의 원칙을 토지제도의 기본으로 삼아 田主는 국가의 토지를 일시적으로 빌린 것이며, 소유권을 가진 것은 아니라고 보았다. 따라서 그는 토지의 私占을 원칙적으로 배격하고 토지에 대한 절대적 처분권 및 관리권은 국가에 귀속시켜 소규모 토지를 소유한 田主들의 몰락을 방지하려고 하였다.

이익은 나라 안의 토지가 대부분 豪勢 계층이 차지하고 있고 백성들은 송곳 꽂을 땅도 없는 현실에서 출발하여 자신의 전제 개혁론을 제안하였다.[46] 그는 특히 조선의 전세 제도가 너무나 관대한데 송곳 꽂을 땅도 없는 無田 농민은 관대한 전세제도로부터 어떠한 이득도 얻을 수 없다는 점을 분명하게 지적하였다. 田制와 稅制가 얽혀있는 점을 잘 살펴볼 수 있고, 이익이 한전론을 제기한 배경을 찾아볼 수 있다.

李瀷의 限田論의 내용을 보면 먼저 永業田을 100畝로 제한하였다. 나라에서 1戶에 소요되는 기준량을 작정하여 토지면적을 제한하여 1戶의 永業田으로 삼게 하였다. 그는 기준량으로 제한하려는 영업전의 면적을 대체로 100무로 정해놓고 있었다. 하지만 현재 그 영업전의

---

45 『星湖續集』 권15, 雜著 論田制 ; 國家宜稱量一家之産 限田幾負 爲一戶永業田 如唐之租制 過者不減奪 不及者不加授 有價欲買者 雖千百結皆許 田多欲賣者 只永業幾負外亦許 過而不願賣者不强 不及而不能買者不促 惟永業幾負之內 有買賣者 所在覺察 買者治其奪人永業之罪 賣者亦治匿賣 而買者不論價 還之 亦使田主自告 官免罪而推還其田 凡買賣必使告官而後成 官亦考驗田案而後作券以付之 其無印文者 不許聽訟 則雖無急效 必見永賴也 何也.

46 『星湖僿說』 권7, 人事門 結負之法 ; 國中之田 莫非豪勢所占 寬亦何益 獨不念民無立錐 而斂有剝膚耶 余故曰 治民均田爲上 收什一之制次之 量入爲出 凡苛細雜賦 壹是蠲除 又次之 大本旣正 他皆可坐而定也.

기준량보다 많이 가지고 있는 자에게 넘치는 부분을 빼앗지도 않고, 또한 기준에 미치지 못한 자에게 더 많은 토지를 나누어 주는 것도 아니었다. 그렇다면 어떻게 均田으로 나아가는 것이 가능할 것인가. 이에 대해 이익은 정해진 영업전 이외는 賣買를 자유롭게 허락하는 방안을 제시하였다.

제한된 영업전 이외의 田地에 대해서는 제한없이 자유매매를 허락하는 것은 곧 제한된 영업전은 매매를 허락하지 않는다는 의미였다. 토지 매매의 허가 여부는 전적으로 영업전 여부에 달려 있었다. 이러한 매매원칙은 富貴者의 현실적인 세력을 전적으로 무시하고서는 田制를 개편할 수 없다는 입장에서 나온 것이었다. 이익의 입장에서 영업전을 농민들이 확보하고 있으면 겸병이 불가능하기 때문에 전지가 많은 부호일지라도 세월이 지나면서 여러 아들에게 分占되고, 不肖子의 破落으로 말미암아 여러 세대를 지나지 않아서 平民과 均等하게 될 것이라 파악하고 있었다.

영업전의 매매를 불허하고, 이를 어길 경우 크게 처벌하도록 방침을 세워두고 있었다. 대개 전지를 파는 자는 반드시 貧民이므로 빈민으로 하여금 전지를 팔지 못하게 하면 賣者가 드물어져서 兼倂이 덜 해질 것이며, 빈민이 혹 知力이 있으면 전지를 얻을 수 있어서 寸尺의 전지가 쌓이게 될 것이고, 이와 같이 빈민의 토지의 매매가 없어지면 田地 均占의 상태로 이끌어 갈 수 있을 것이라고 생각하였다.

또한 당연히 전토의 매매는 관에 보고하여 허락을 얻는 과정을 거쳐야 한다고 보았다. 즉 모든 토지매매는 관에 보고하여야 하며, 관에서 田案에 기록한 후 文券을 만들어 주게 하여 관의 印文이 없는 것은 토지매매의 법적보증이 되지 못하게 하며 소송도 허락하지 않는다는 것이다. 이익은 이와 같은 전제의 정비를 위해서는 근본적으로 量田을 철저히 해야 한다고 지적하였다.[47]

이익은 농본적 국가에서 국부의 근본이 되는 토지제도의 개혁을 통한 자급자족적인 농업사회를 이상으로 하고 있으며 농업에 방해가 되는 수공업이나 화폐의 유통을 금지할 것을 주장하였다. 그는 급변하는 사회변동 속에서 몰락하여 가는 소토지농민을 구제하는 방편으로서 限田制를 주장하였다. 즉 한 가정의 생활을 유지하는 데 필요한 토지의 기준량을 국가에서 정하여 이 토지는 매매할 수 없으며 이를 제외한 토지의 매매는 허락하는 것이었다. 모든 토지의 국유화를 주장한 유형원의 공전제에 비교하면 일정한 생활근거를 보장하고 남은 토지의 자유매매를 인정하는 태도는 곧 당시의 현실을 합리적으로 분석한 결과라고 하겠다.

3) 朴趾源의『課農小抄』와 限田論

박지원이 제시한 한전론은 그의 농업개혁론과 깊이 결부되어 있다. 朴趾源의 限田論이 피력되어 있는 저술인 「限民名田議」는 바로『課農小抄』와 떼어놓고 분석할 수 없는 점들을 갖고 있다. 이러한 점을 좀 더 면밀히 검토할 필요가 있다. 박지원의 農書인『과농소초』의 어떠한 점이 한전론과 연관되는지 살펴볼 필요가 있다.

朴趾源(1737~1805)이 지은 여러 저작 가운데『課農小抄』는 정연한 체제를 갖춘 農書로 평가받고 있다.[48] 朴趾源은 조선사회의 기본적인

47『星湖先生全集』, 卷30, 雜著, 均田論;余旣論田制 仍及量田之術 以余一里觀之 去年幾戶破 今年幾戶又破 破者 自多田至少田 自少田至無田 田旣無矣 奈何不破 制民産者 雖不能奪此授彼 貧民若以見在餘田 恒保爲業物 則豈非少益之道乎 凡賣田者必貧民也 今有猾吏豪商 得貨千萬 一朝而聚衆貧民之田 享素封之樂 而目下破戶者不啻多矣 不已害乎 使貧民不賣田 則賣者稀 故兼幷減 貧民或有智力 可以得田 則得尺得寸 有入而無出 故亦以興富 民田雖多 或多子之分占 不肖破落 不過數世 而與平民等 如是則浸浸然宛成均田之制矣 貧戶免目前罄竭之患 則貧人固悅矣 富戶雖至破敗 而永業自在 則富人有後慮者 亦將悅矣 如是則行之易 而效必至矣 此其大概也 (……) 獨不思 授井之世 民不得買賣乎.

생산부문인 農業에 대한 여러 가지 개혁론을 제기하고 구체적인 방안을 제시하였다. 朴趾源의 농업개혁론이 農業技術의 측면과 土地所有의 측면을 모두 포괄한 종합적인 방안이라는 점을 주목할 필요가 있다. 이때 당연히 검토해야 할 자료가 바로『課農小抄』이다. 그런데 그동안 박지원의 農業에 대한 논의를 다룬 연구에서『과농소초』를 부분적으로만 검토할 뿐이었다고 생각된다.

김용섭은『과농소초』가 정조의 綸音에 應旨하여 進疏한 여러 사람의 農書 가운데 농서로서의 체계가 가장 완벽하게 세워진 것으로 평가하였다. 그리고 朴齊家의『北學議』와 달리 문헌중심의 연구성과로 파악하였다. 그런데 김용섭은 박지원의 농학연구에서 참고한 農書로 北魏의 賈思勰이 지은『齊民要術』, 徐光啓의『農政全書』등과 우리 농서로서『農家集成』,『增補山林經濟』등을 지목하는 것에 그치고 있다.[49] 하지만『課農小抄』의 구절을 하나하나 검토해나가면 이보다 많은 참고 인용 서목을 찾아낼 수 있다. 이헌창은 박지원의 경제사상을 살펴보고 있는데,『課農小抄』의「제가총론」에 보이는『管子』,『商子』(『商君書』) 등에 주목하면서 박지원이 공리를 중시하였다고 보았다.[50] 그런데 박지원이『管子』,『商子』(『商君書』)의 구절을『課農小抄』에 포함시킨 것은 바로『농정전서』를 주요한 참고 인용서로 활용하였기 때문이었다.

『課農小抄』를 다룬 여러 참고할 만한 연구성과에 대한 정리를 본격적으로 수행한 것은 아니지만『과농소초』의 성격을 규정하거나,『과농소초』에 드러난 박지원의 농업관 등을 다룬 연구성과들이 실제『과

---

48 金容燮,『朝鮮後期農學史硏究』(일조각, 1988), 301면.
49 金容燮,『朝鮮後期農學史硏究』(일조각, 1988), 301~304면.
50 이헌창,「燕巖 朴趾源의 경제사상에 관한 연구」,『함양문화』6(함양문화원, 2005), 116면.

농소초』의 내용 분석을 한쪽 측면에서만 진행하고 있는 것이 아닌가라는 의구심을 갖게 되었다. 더 나아가『課農小抄』의 내용 자체에 대한 종합적이고 본격적인 연구가 이루어지지 않은 상황이 아닌가 판단하게 되었다. 朴趾源이 편찬한『課農小抄』의 내용을 면밀하게 살피는데 중점을 두면서, 그가 제시한 농업에 관련된 여러 가지 논의를 검토하려는 것이다.

『과농소초』는 박지원이 자신의 입으로 토로한 대로 많은 農書의 抄錄을 바탕으로 삼고 여기에 자신의 按說을 덧붙인 것이다. 따라서 내용 구성이나 실제 수록된 조문, 구절 등을 명쾌하게 해석하고 분명한 의미를 부여하기 위해서는 각종 농서와 비교 검토하는 작업이 필수적이다. 이러한 문제의식에서 여기에서는 박지원의『課農小抄』에 담겨 있는 모든 구절의 出處, 인용관계 등을 면밀하게 조사할 필요가 있다. 세종 대의『農事直說』과 그 이후에 편찬된『농가집성』,『산림경제』등 조선의 農書와 비교 대조할 뿐만 아니라 明나라 徐光啓의『農政全書』와 전후에 편찬된 중국 農書도 같이 축차 비교 검토할 필요가 있다. 그리하여『과농소초』에 수록된 본문의 출처와 인용관계를 분명하게 밝혀야 할 것이다.

『課農小抄』의 전체 목차를 보면 卷首, 諸家總論, 授時, 占候, 田制, 農器, 耕墾, 糞壤, 水利, 擇種, 播穀, 諸穀品名, 鋤治(附備蝗雜法), 收穫, 養牛(附治病諸藥)로 구성되어 있다.

『課農小抄』첫 부분을 이루고 있는 것은 卷首이다. 卷首에는 編題와 進課農小抄文이 들어 있다. 編題는『과농소초』를 정조에게 올리게 된 배경 설명에 해당하는 부분이다. 박지원은 編題에서 정조가 직접 지어서 내린「勸農政求農書綸音」을 그대로 수록하고 이어서 정조의 綸音에 대한 평가를 내리고 있다. 정조가 1798년 11월 30일 내린「勸農政求農書綸音」을 당시 沔川군수이던 박지원은 12월 9일 받을 수 있었다.[51] 정조의 윤음을 인용한 다음 그에 대한 박지원 자신의 부연설명을 하고 최종적으로 박지원이 내린 결론은 "萬世의 鴻典"이 될 것이라는 것이었다.[52] 박지원은 영조 대 50년 동안 나라가 부유하고 잘 다스려진 근간이 바로 백성들이 근로하게 하고 농사를 중시한 一念에서 나온 것이라고 평가하고 정조가 이를 잘 계술하고 있으며, 이 윤음을 바로 訓農하고 養民하는 道에 정성을 다한 것이라고 평가하였다.[53]

박지원은 進課農小抄文에서 『課農小抄』를 올리게 된 경위를 설명하고 있다. 다름이 아니라 1798년 11월 30일 정조의 윤음이 내려온 다음 수령 가운데 應旨한 사람이 없어 독려하기 위해 1799년 1월 7일 정조가 내린 綸音과 下教에 호응하지 않을 수 없었다는 사정이다. 정조가 내린 윤음과 하교는 『정조실록』, 『승정원일기』에 보인다. 박지원은 그 내용의 핵심적인 부분을 뽑아서 進課農小抄文에 수록하고 있다. 그것은 "관찰사와 유수, 수령이 먼저 의견을 진술하라"는 것과 "文蔭 守令은 한 사람도 빠짐없이 經綸책자를 올리라"는 것이었다.

박지원은 이어서 『과농소초』를 지은 과정을 설명하는데, 자신은 본래 한성부에서 나고 자라 농사짓는 모습을 제대로 본 적이 없고 게다가 儒生으로서의 생활에 전념하여 野人이나 佃客을 마주한 적이 없다

---

51 『課農小抄』卷首, 編題; 臣趾源於戊午十二月初九日 在職次 祗受頒下印本 御製勸農政求農書綸音.

52 『課農小抄』卷首, 編題; 以臣愚見由百世而等之 今日隆昌之運 其殆漢之文景富庶之際乎 於休盛矣 斯實聖代制作之嘉會 奎璧之章 信乎發前經之未發 與豳風七月 周書無逸相表裏 而允爲萬世之鴻典云爾.

53 『課農小抄』卷首, 編題; 昔粤我英宗大王御極之十五年己未 聿修耕耤之儀 親載未耜于參保介之御間 冕而青紘 三發五推 維時庶民 歌呼鼓舞 樂業趨工 大有之書 不絶於史氏_先朝五十載治平殷富之化 實基於勤民重農之一念也 洪惟我主上殿下 承惟精惟一之傳致善繼善述之教 肆當舊甲之重熙 益懋前烈之克篤 乃玆渙宣絲綸 咸諭中外 古人云欲法堯舜 當法祖宗 此實綸 所以眷眷於訓農養民之道也 於是莫不竦然油然攢手感祝 如草木群生鼓潤於風雷雨露之中而不自知也 猗歟至哉 斯實前聖後聖之所以一揆 而堯舜之道近在於祖宗之模訓也.

고 하였다. 이런 모습이었던 박지원이 『과농소초』의 바탕이 되는 '農書 抄錄'를 집적하기 시작한 것은 그의 표현에 따르면 落拓하여 처음으로 歸農에 뜻을 두게 된 때부터였다. 즉 1777년 金川의 燕巖峽으로 은거하면서부터였다.[54]

그런데 박지원의 농서 초록이 빛을 발하게 되는 것은 좀 더 후대의 일이었다. 그의 설명에 따르면 연암협에 은거하고 있을 때 農書 抄錄한 것을 바탕으로 들판에서 농민들에게 설명하였지만 迂闊하다는 평가와 더불어 비웃음을 받았던 것이다.[55] 이렇게 비웃음을 받으면서도 그는 계속 農書 抄錄을 해나가면서 여기에 자신의 평가를 덧붙이고 있었다. 특히 수령으로 나아가 農桑을 주된 임무로 삼았을 때 더욱 힘써 原野에서 농민들에게 자신이 정리한 책 속의 여러 내용을 시험해보려고 노력하였다. 그러한 노력이 실제로 잘 결실을 맺은 것은 아니라고 하였지만, 이 과정에서 농서 초록의 내용이 보다 충실해졌을 것이다. 그리고 농서 초록이 『과농소초』라는 이름을 얻게 되면서 더욱 내용이 풍부해졌는데, 그것은 새롭게 박지원 자신이 按說을 붙였기 때문으로 추정된다.

『과농소초』에는 박지원 자신의 견해, 의견, 평가 등을 두 가지의 서두와 함께 정리하고 있다. 그러한 사정은 뒤에서 살펴볼 朱子 勸農文에 대한 부분에서 보다 확연하게 찾아볼 수 있다. 일단 박지원은 자신의 의견을 어떤 곳에서는 '臣趾源曰'을 말머리로 삼아 개진하고, 어떤 곳에서는 '臣謹按' 아래에 기재하고 있다는 점을 지적할 수 있다. 이는 일단 박지원의 주석이 달린 시기, 즉 자신의 의견을 정리한 시기의

---

54 『課農小抄』, 「進課農小抄文」; 及中歲落拓 始有志歸農 求所謂農家者流而鈔錄之.
55 『課農小抄』, 「進課農小抄文」; 往往郊野 見其耕耘之法 多不與古書合 或爲之曉說 趙過賈勰之遺方 未嘗不爲村備里老所笑以爲甚迂也.

차이로 설명할 수 있을 것으로 보인다. 「進課農小抄文」에서 박지원은 자신이 정리한 것을 숨김없이 올리는 데 按說을 대략 정리하여 올린다고 거론하였다.[56] 按說을 붙여 繕寫하여 올린다고 설명하였다. 아마도 按說은『과농소초』를 올릴 당시인 1799년 1월에서 3월 사이에 적은 것으로 보이고, 臣趾源曰로 시작되는 주석 부분은 그보다 앞서 農書 抄錄을 수행하던 과정에서 적어놓은 것으로 추정된다.

「諸家總論」의 내용은 徐光啓가 지은『農政全書』卷一 農本의 經史典故, 諸家雜論 上下의 내용 일부만 인용하고 있다. 徐光啓는 권1,2,3에 걸쳐서 農本 아래 經史典故, 諸家雜論 上下, 國朝重農考를 두고 자세한 내용을 정리하고 있다. 하지만 박지원은 극히 일부만 인용하고 있을 뿐이다.『管子』의 두 구절,『商子』(『商君書』) 한 구절을 인용하였다. 그것도『농정전서』와 순서를 달리하여 인용하고 있었다. 이러한 인용방식을 택한 이유는 박지원의 주석에서 분명하게 드러난다.[57]

박지원이 두 번째로 인용한 구절은 본래『농상집요』에는 훨씬 앞에 수록된 구절이었다. 이 구절을 뒤로 돌리고 기재한 첫 번째 인용문에서 '野與市爭民'은 바로 시장과 농지가 백성을 차지하려고 다투는 상황, 즉 백성들이 시장에 가지 않고 농지에서 농사짓는 것을 옳게 여기는 그의 시각을 잘 보여주고 있다고 보인다. 마찬가지로 '金與粟爭貴' 금과 곡물이 서로 귀함을 다투는 정황, 즉 곡물이 귀중하여 거래가

56『課農小抄』,「進課農小抄文」; 義在無隱 誠不獲已 逐敢略綴按說 繕寫呈進 臣無任愧恐屛營之至.

57『課農小抄』,「諸家總論」; 管子曰 野與市爭民 金與粟爭貴 又曰 民無所遊 食必農民事農則田墾 田墾則粟多 粟多則國富 商子曰 金生而粟死 粟生而金死 金一兩生於境內 粟十二石死於境外 粟十二石生於境內 金一兩死於境外 好生金於境內 則金粟兩死 倉府兩虛 國弱 好生粟於境內 則金粟兩生倉府兩盈 國彊.

제대로 이루어지지 않는 상황을 설명하는 것으로 보인다. 따라서 農本에 의거한 자급자족적인 상황을 요긴하게 바라보는 시각을 내비치고 있는 것이 아닌지 앞으로 좀 더 따져보아야 할 것으로 생각된다.

두 번째 인용문은 "또 말하기를 民이 노는 바가 없으면 食은 반드시 農에서 나온다. 민들이 農에 종사하면 田이 개간되고, 田이 개간되면 粟이 많아진다. 粟이 많으면 國이 부유해진다"로 해석되는 것처럼 전형적인 農本의 표방에 해당된다. 세 번째 인용문은 商子의 말을 인용한 것인데 "金이 살면 粟이 죽고, 粟이 살면 金이 죽는다", 즉 곡물과 금의 상대 가치의 차이 때문에 나타나는 교환의 부등가성 때문에, 금을 중시할 경우 곡물생산이 중단되어 나라가 허약해지지만, 곡물을 중시할 경우 금도 획득할 수 있어 나라가 강건해 진다는 점을 강조한 것이라고 할 것이다.

박지원은 세 인용문을 종합하여 자신의 의견을 개진하는데, 관중과 상앙의 언급을 인용한 것에 대한 합리화 정당화 논리를 제시하고 있다. 그에 따르면 本末과 輕重을 분별하는 것은 관중, 상앙과 같은 패도를 추구한 功利 우선론자에게도 마찬가지라는 것이다. 貨를 전적으로 믿어서 사람이 삶을 꾸려나가지 못하는 것과 마찬가지로 나라에서도 그러하다고 정리하고 있다.[58] 박지원은 이러한 설명의 전제로 財와 貨를 나누어 설명하였다. 貨는 재물, 화폐, 돈으로 바꿀 수 있는 물건, 재산 등을 가리키는 것이고, 반면 財는 굶주리지 않게 하고 춥지 않게 해주는 五穀과 布帛을 가리키는 것이었다. 평상시에는 貨를 가지고

---

58 『課農小抄』 諸家總論 ; 臣趾源曰 古人言民可百年無貨 不可一朝有饑 夫人之所以不饑不寒者 財也 五穀布帛是也 饑不可食 寒不可衣者 貨也 珠玉金錢是也 貨者 所以與財爲輕重之權 而非所以生財也 故一家之 可以自豪於平世 而一遇水旱兵荒 則其不盡歸於任氏之窖者 鮮矣 然而人知有貨之可以不饑 而不知徒貨之不足恃也 家猶如此 而況國乎 管商是佐霸之才 而其能明於本末輕重之辨如此 是豈可以功利之說而忽之哉.

굶주리지 않을 수도 있지만 결국 홍수, 가뭄, 병란, 흉년이 들면 貨라는 것은 다른 부호의 손에 들어가지 않을 수 없는 것으로 굶주림이나 추위를 해결해줄 것으로 믿기 어려운 것이라고 하였다.

박지원이 계속해서 인용한 부분은 『呂覽』(『呂氏春秋』)의 몇 개의 篇인데, 모두 『농정전서』에 들어 있는 부분을 옮겨놓은 것이다. 서광계는 『여씨춘추』를 인용하면서 "옛 農家의 書(農書)가 매우 많았지만 지금 드물게 전해지는데 呂相이 모아 놓은 여러 篇은 대개 근본으로 삼을 만한 것이고 또한 한두 개는 살펴볼 만하다"[59]라는 주석을 붙여놓은 것처럼 『여씨춘추』 士容論은 農書에 해당되는 부분이라고 할 수 있다. 그런데 서광계는 사용론의 6개 篇 가운데 審時篇, 任地篇, 辨土篇을 인용하고 여기에 農道篇을 같이 인용하고 있었다. 그런데 마지막 農道編이라는 編名이 붙은 부분은 『여씨춘추』에 들어 있지 않은 것으로 『亢倉子』라는 책에 나오는 내용이다. 그런데 『항창자』라는 책은 石聲漢이 지은 『農政全書校注』에 따르면 당나라 때 왕사원의 僞作이고 '농도편'의 내용은 『여씨춘춘』 사용론의 후 4편을 대략 고친 것이라고 한다.[60] 이런 이유에서 '亢倉子曰' 이하로 시작되는 농도편은 앞선 3편의 글에 이미 나온 내용이 상당수 중첩되어 들어 있다. 박지원이 이러한 내용상의 중첩을 그대로 인용하고 있는 이유가 무엇인지 아직 알기 어렵다.

『여씨춘추』를 인용한 부분에 붙어 있는 박지원의 주석은 農本에 대한 그의 생각을 가장 극적으로 드러내고 있다. 그는 비, 햇볕, 바람, 時 등의 원리에 정통한 사람을 聖農이라 평가하고 聖農이야말로 사람

---

59 石聲漢, 『農政全書校注』(상해고적출판사, 1979), 12면 ; (玄扈先生曰 古農家之書甚多 於今罕傳 呂相所集諸篇 槪有所本 亦可睹見一二矣).

60 石聲漢, 『農政全書校注』(상해고적출판사, 1979), 30면 주 35.

들을 길러내는 것뿐만 아니라 聰明하고 叡智가 있으며 건강하고 재앙이 없게 만들 수 있을 것이라고 극단적인 평가를 내리고 있다. 그리하여 天下의 사람들로 하여금 마음을 가다듬게 만들고 임금의 자리를 높이고 公法을 세울 수 있다고 하였다.[61]

박지원은 農이 가지고 있는 위력이라는 것을 대단하게 평가하면서 『여씨춘추』에 보이는 내용이 重農의 설명이 지극하다는 점을 주목하였다. 그는 商에 해당되고 農이 아닌 呂氏가 이와 같은 중농의 설명을 할 수 있었던 배경을 나름대로 추정하는데, 神農을 그 연원으로 파악하고 있다. 그리고 神農의 설명을 이은 農家인 허행의 무리들이 나중에 큰 장사치가 되었다고 보았다. 박지원이 聖農을 개념화할 가능성을 보여주고 있다는 점, 여씨의 말이라고 해서 배척하지 않고 이를 수용하는 것을 정당화시키고 있다는 점을 잘 알 수 있다.

다음으로 명나라 인물이 馬一龍의 『農說』을 인용하고 있다.[62] 『農政全書』에 수록된 내용을 그대로 옮겨놓고 있다. 상세한 부분에 대한 검토를 뒤로 미루고 박지원의 설명을 바탕으로 마일룡의 『농설』을 평가해볼 수 있다. 또한 이를 통해 박지원의 강조점도 보다 분명히 알 수 있다. 박지원은 마일룡의 설명이 오묘하고 그윽하다고 할 수 있지만, 農이라는 것이 갖추고 있는 천하에서 지극히 순박하고 지극히 정교한 실체가 반드시 그(마일룡의 설명)에 담겨 있는 것은 아니라고 하

---

61 『課農小抄』, 「諸家總論」; 人知雨潤而暘燠也 不知風之可使冷然善也 人知後時之爲失也 不知先時之失猶夫後時也 夫能知其術而盡其理者 其惟聖於農乎 人皆知農之能養人也 而不知聖於農者之乃能使人聰明睿智體康無殃也 又能使天下之人童樸一心 以至於主位尊而公法立也 大哉農乎.

62 석성한은 마일룡의 『농설』에 대해서 벼농사 중심으로 서술하고 그것도 강남 澤農의 입장을 잘 대변하고 있다고 평가하였다. 또한 농사 경험을 잘 반영하고 있지만, 理學 중심으로 해석하고 있다는 점을 주의해야 한다고 지적하였다[石聲漢, 『農政全書校注』(상해고적출판사, 1979), 59면 주 66].

였다. 농의 지극한 실체는 옛날에 聖智가 思力을 다해 백성들에게 일어주었지만 백성들이 평상시에 적용하면서도 알지 못하는 것이니, 力田하면 그 흔적을 쫓아갈 수 있고, 그 恒節을 지키면서 부지런해야만 한다고 주장하였다. 이는 정성과 노력에 근거한 농사짓기의 중요성을 앞세우는 것이었다. 마일룡이 음양이기의 논리적인 면을 주로 강조한 것에 대한 비판이라고 볼 수 있다.[63] 그리하여 박지원은 마일룡의 주장 가운데 실행에 반드시 옮겨야 할 것으로 '深耕易耨 日勤則不匱' 두 가지를 지목하였다.[64] 深耕易耨는 정심으로 경종하고 때에 맞춰 제초하는 것을 말하고 勤則不匱는 부지런해야 결핍되지 않는다는 것을 가리킨다. 이는 앞서 力田해야 한다는 지적과 상통하는 것이라고 할 수 있다.

다음으로 朱子 勸農文을 인용하고 있다. 그런데 주자 권농문은 徐光啓의 『農政全書』에 수록되지 않은 글이다. 1655년 申洬이 편찬한 『農家集成』에 주자 권농문이 포함되어 있다. 박지원은 『농가집성』을 보고 주자 권농문을 자신의 농서 『과농소초』에 수록할 근거를 얻었을 것이다. 물론 주자 권농문은 당연히 『朱子文集』에 수록되어 있기 때문에 주자의 글을 보는 사람들이 관심을 기울일 수 있는 부분이지만, 이를 農書에 수록하는 것은 그냥 문집에 실려 있는 것과는 좀 더 다른 의의가 있다. 신속이 『農家集成』에 주자 권농문을 수록하게 된 것은

---

63 『課農小抄』, 「諸家總論」; 其所論 推陳致新 脫胎洗髓 及察五賊於無形 治萎於未萌者 可謂奇且玄矣 雖然 農者天下之至樸 而至精至巧 未始不存乎其中 古來聖智蓋已竭思盡力以示民 而百姓之所日由而不知者也 力田者苟能履其粗跡 存其恒節而日孜孜焉可矣 此所謂心誠求之 雖不中不遠也.

64 『課農小抄』, 「諸家總論」; 故曰深耕易耨 日勤則不匱 此兩言者 足以爲南畝之經訓. 深耕易耨는 『孟子』 梁惠王上에 나오는 구절이고(孟子對曰 地方百里而可以王. 王如施仁政於民 省刑罰 薄稅斂 深耕易耨 壯者以暇日修其孝悌忠信 入以事其父兄 出以事其長上 可使制梃以撻秦楚之堅甲利兵矣), 勤則不匱는 『春秋左氏傳』 宣公 12년기사(傳曰 民生在勤 勤則不匱)에 나오는 구절이다.

다름 아니라 송시열의 「農家集成序」에 나와 있는 것처럼 宋時烈의 教示에 따른 것이었다. 여기에서 주자 勸農文에 대한 송시열의 평가와 박지원의 평가를 비교해볼 수 있다.

송시열은 주자가 백성들에게 務本을 근실하게 가르친 것은 배부르고 따뜻한 것만을 위한 것이 아니라 커다란 大事를 도모한 것이라고 설명하였다. 백성들에게 주자 권농문을 가르쳐서 살아나갈 수 있게 해주고, 그 가운데 뛰어난 사람들 추려서 학문을 가르쳐 관리로서 종사하게 하는 방안을 제시한 것으로 보았다. 좀 더 부연하자면 송시열은 주자 권농문을 사회교화, 개인 교화와 수행의 긴요한 방편으로 파악하고 있었다고 보인다.[65]

한편 박지원의 주자 권농문에 대한 평가는 일단 주자를 "학문이 하늘을 꿰뚫은 인물"이라고 보는 데에서 나오고 있다. 주자가 天下의 일에 모르는 것이 없고, 또한 하지 못하는 것이 없다고 보고 있다. 그리고 주자가 지방관이 되었을 때 農桑을 勸課한 일은 매우 상세한 것이어서 농민들이 따라오지 못할 정도였다고 하였다. 그리고 진실로 유자는 한 가지의 세상 물정에 대해서도 모르는 것을 부끄러워 해야 하고, 農이라는 것은 生民 또는 백성들이 살아나가게 하는 커다란 단서라고 마무리하였다.[66]

박지원은 「諸家總論」의 전체적인 附說로 볼 수 있는 按說에서 자신

---

65 『農家集成』 宋時烈 序文 ; 第念夫子教民務本之意 其勤若此 然豈欲其飽煖而已也 其平生勉人爲學者 必以爲一大事 而所以丁寧反覆 不止於此文而已 政如大明中天 而亦不外於民彝物則 則其與耕耘刈穫之常法 何異哉 長民者 誠能先以此文教諭氓俗 以遂其生 而又使其秀者 從事於夫子所示爲學之訓 則宗廟之美 百官之富 必能入其門而見之者矣 然則其所謂廣大精微之旨 豈必終晦 而唯此嘗試一 端 獨顯於世哉.

66 『課農小抄』, 諸家總論 : 紫陽夫子學貫天人 道接群聖 於天下之事 無所不知 亦於天下之事 無所不能 語其大則地負海涵 語其細則蠶絲牛毛 其於平日講學論道繙經著書之外 又奚暇鬣顏胝手 下學壟畝之事哉 然其莅縣守郡之日 所以訓誨氓俗 勸課農桑者 未嘗不諄切詳備 雖老於田舍者 殆不及之 信乎儒者恥一物之不知 而農又生民之大端也.

의 깊은 생각을 드러내고 있다. 그의 핵심 주장은 士의 學이 農工賈의 이치를 실로 兼包해야 한다는 것, 그리고 農工賈의 業도 결국 士가 있어야 이루어진다는 것 바로 이것이었다.[67] 士의 實學을 보다 구체적으로 보여주는 부분이라고 할 수 있다. 士가 明農, 通商, 惠工을 겸비해야 하고, 그렇지 못할 경우 農工賈가 失業하게 되니 이는 곳 士에게 實學이 없는 허물 때문이라고 하였다.[68]

박지원이 제기하고 있는 토지소유개혁론은 1798년『과농소초』를 진정하면서 덧붙여 올린「限民名田議」에 잘 드러나 있다.[69] 당시 沔川 군수로서 2년여를 보낸 박지원은 자신의 수령 경험과 농민경제를 관찰한 견문을 통해서 토지소유에 대한 개혁론을 제기하고 있었다. 그것은 앞서의 조선후기 토지개혁론의 흐름 속에서 나온 것이지만 그가 토지소유에 대한 개혁론을 제시함에 전제로써 농업기술의 구체적인 개혁안을 서술하고 있다는 점에서 보다 현실적인 방안이라고 할 것이다.

박지원이 검토한 이상적인 토지제도는 井田制이지만, 정전제를 갑자기 실현하기 어려우므로 토지소유의 상한을 정하여 점진적으로 井田의 실질적인 내용을 현실화시키자는 방안으로 한전론을 주장하고 있었다.[70] 박지원은 먼저 자신이 수령으로 있던 沔川郡의 경우를 예로 삼아 군의 전체 토지 면적과 호구수를 계산하고 있다. 그에 따르면

---

67 『課農小抄』, 諸家總論: 然而士之學 實兼包農工賈之理 而三者之業 必皆待士而後成.

68 『課農小抄』, 諸家總論: 夫所謂明農也通商而惠工也 其所以明之通之惠之者 非士而誰也 故臣窃以爲 後世農工賈之失業 卽士無實學之過也.

69 朴趾源의「限民名田議」는『燕巖集』권16에『課農小抄』와 더불어 실려 있다. 여기에서는 朴榮喆이 1933년에 活字로 간행한『燕巖集』에 수록된 것을 이용하였다.

70 『燕巖集』권16,「限民名田議」; 限田以後 兼並者息 兼並者息 然後産業均 産業均 然後民皆土著 各耕其地 而勒惰著矣 勒惰著 以後農可權而民可訓矣 臣於農務之策 不當 更贅他說 而譬如畵者 丹青雖具 摹畵雖工 不有紙絹之質 爲之本焉 則毫墨無可施之地 故不避僭越 敢爲之說焉.

경내의 原帳付 田摠는 5,896結 4負 3束인데 이 가운데 時起田만 떼어내서 계산하면 水田 1,303여 결, 旱田 1,121여 결, 총 2,824결 92부였다. 그리고 境內 戶口 가운데 入籍되어 있는 숫자를 따져보면 4,139호에 남 6,805구, 여 6,703구, 총 13,508구라고 하였다. 그런데 이 수치에서 戶當 口數를 산출하면 1호에 남녀가 평균 3.26구에 지나지 않게된다. 박지원은 1호에 5구는 되어야 糞田하고 힘써 일하여 농사를 지을 수 있다고 전제하여 임의로 13,508구를 5구씩 분배하여 2,701호를 가상으로 전제한다. 그리고 이 2,701호에 시기전 2,824결 92부를 고르게 나누어주는 것으로 계산하였다.[71] 그런데 위와 같이 군내에 거주하는 사대부 등에게는 후하게 대우하지 않을 수 없기 때문에 평민들이 균배 받아야 할 전토가 1結에 미치지 못할 것이라고 설명하고 있는 것이다. 즉 박지원은 신분적인 차별을 인정한 상태에서 토지의 분배를 실행할 것을 자신의 입장으로 삼고 있었다.

박지원의 토지소유개혁론을 담고 있는 글의 제목에 나오는 '限民名田'이라는 이름 자체는 중국 漢代의 董仲舒의 언급에 등장하고 있고 박지원 자신도 그 부분을 인용하고 있다.[72] 民의 名田를 제한해야 한다는 주장이었다. 「限民名田議」에서 제시하고 있는 토지소유개혁론은 『과농소초』의 「전제」에 나와 있는 箕田 농장제, 井田 농장제와 연결점을 찾기 어렵게 되어 있다. 따라서 기전이나 정전을 박지원이 제시하고 있는 토지소유개혁방안으로 보기 힘들다.

---

71 『燕巖集』권16, 「限民名田議」; 臣以境內田結排比郡中戶口 假令齊民盡是農家 農家一夫盡以上父母 下妻子爲率 以定見男女一萬三千五百八口 排比四千一百三十九戶 每戶以五口爲率 則五口之家不過二千七百一戶 盖非五口 則無以糞田力作 不能力作 則無以相養以生 所以戶必五口 然後始責其爲農也 故每戶以結分排 則一戶所得旱田四十二負五束 水田六十負三束 一夫所耕合田不過一結二負八束.

72 『課農小抄』, 「限民名田議」; 然董生言於武帝曰 井田雖難猝行 宜少近古限民名田 建平初史丹又建議限田.

대신 박지원이 설치할 것을 제안하고 있는 '法田'이 바로 농업기술의 진전과 더불어 그 보급을 위해 설치해야 될 모범농장으로 성격을 규정할 수 있기 때문에 그의 구체적인 토지소유 개혁방안으로 자리매김할 수 있을 것이다.[73] 農理를 잘 파악하고 있는 사람을 스승으로 삼아 농사일에 힘쓰는 사람을 사방에서 모아 제자로 삼고, 농사를 권장하게 하여 農學이 수립되기를 기대하는 방안이었다.

박지원이 제안한 '限田制'의 주요한 틀은 토지소유의 상한선을 설정하고 현재의 소유 상황을 인정한 상태에서 장차 그 이상의 소유를 금지하여 점차 균등한 토지소유를 성립시키려는 것이었다.[74] 토지를 겸병한 자라 하더라도 점차 자손들이 나누어 분산시켜 나가게 되면 균등한 면적을 가지게 될 것이고, 만약 은밀히 금령을 어기는 경우에는 해당 토지를 관에서 몰수하는 방식으로 실행하면 수십 년이 지나지 않아 나라 안의 토지가 모두 균등하게 나누어 질 것이라고 하였다. 그런데 「限民名田議」에서 박지원의 토지분배론은 사대부에게 혜택을 더 주어야 할 것이라고 지적하고[75] 있다는 점에서 당시 신분제 현실을 그대로 긍정하는 모습이 엿보인다.

---

73 『課農小抄』, 「田制」 ; 願國家置法田於東西兩郊之中 而一以箕田爲式 一以井田爲則 擧深曉農理者 爲之師 致四方力田子弟數十百人 與之耕作 毋循常習 必按古方 而益求其便利可行於今者 使各盡得其法而灼見其效 然後歸之 俾各爲一鄕一邑之師 而又從之以董勸考試之政 則民無不興起樂業 而農之學始可大明矣.

74 『課農小抄』, 「限民名田議」 ; 誠立爲限制曰 自某年某月以後 多此限者 無得有加 其在令前者 雖連阡跨陌 不問也 其子孫有支庶 而分之者聽 其或隱不以實 及令後加占過限者 民發之與民 官發之沒官 如此不數十年 而國中之田可均.

75 『課農小抄』, 「限民名田議」 ; 況一境之內 不能無士大夫焉 不能無世嫡 及有親有蔭之類 在所當厚者 則平民所均 又將不滿一結.

4) 丁若鏞의 井田論

정약용이 제기한 전제개혁론, 토지소유 개혁론은 바로 井田論이다. 뒤에 설명하는 閭田論에 입각한 농업 변혁이 조선의 농업현실에서 실행에 옮겨지기 어렵다는 사실을 잘 알고 있었던 정약용은 보다 현실적인 개혁론으로 井田制 전제 개혁안을 구상하였다. 정약용의 정전제 전제 개혁안은 『經世遺表』에서 찾아볼 수 있는데, 「田制」에 들어있는 「井田論」, 「井田議」 등의 논설에 잘 나타나 있다.[76] 『경세유표』에 들어 있는 정전제 개혁론은 토지의 국유화를 지향한 전제 개혁론이면서 또한 什一稅, 즉 10분의 1세를 위주로 한 세제개혁안이었다.[77]

정약용은 井田을 田家의 黃鐘이라고 단정하였다. 황종이 서지 않으면 樂音을 바로잡을 수 없는 것처럼 井田이 세워지지 않으면 田制를 바로 세울 수 없다고 단언한 것이었다.[78] 그리고 方 2里를 4井으로 구획하는 것을 기준으로 삼는데, 里를 채우지 못하는 곳은 1畎를 단위로 삼아 公田을 설치하였다. 이때 1畎는 다시 4區로 나누어지는데, 반드시 사방이 정방형이어야 했다.[79] 이처럼 공전의 형태가 정방형이 되어야 한다고 강조하였고, 공전 사방에 큰 돌을 세우고, 私田 사방에 작

---

76 『與猶堂全書』, 第五集 政法集 第五卷 經世遺表, 地官修制 田制一 井田論一~三, 考井田之法, 井田議一~六.

77 다산이 지향하는 농업경영론을 전업경영론으로 보고 「전제」에 등장하는 '역농자 力農者'를 자소작 상농층인 '경영형 부농'으로 해석하는 견해(김용섭, 「18, 19세기의 농업실정과 새로운 농업경영론」, 『한국근대농업사연구』, 1975)와 소지주로서의 지주 자작이라고 보는 견해(안병직, 「다산의 농업경영론」, 『이우성교수정년기념논총 - 민족사의 전개와 그 문화』, 1990)가 있다.

78 『與猶堂全書』, 第五集 政法集 第七卷 經世遺表 卷七 地官修制 田制九 井田議一 ; 井田者 田家之黃鍾 黃鍾不作 無以正樂音 井田不作 無以定田制.

79 『與猶堂全書』, 第五集 政法集 第七卷 經世遺表 卷七 地官修制 田制九 井田議二 ; 水田有方一里者 畫之爲井 每畎四角 豎石以標之 有方二里者 畫之爲四井 ○其不能里者 只畫一畎 以爲公田 其不能開方者 或長五廣卄 以爲一畎 或五五開方 以其四區 合爲一畎 凡公田皆四角正方 其有敧斜不正者 改作其畓.

은 돌을 세우도록 하여, 공전과 사전이 분명하게 구별되도록 강조하였다.[80] 이렇게 해야 공전과 사전의 경계를 분명하게 나눌 수 있고, 나아가 수확량을 정확하게 파악하여, 부세 수취를 분명하게 할 수 있었다. 그리고 井田制의 실행을 위해 특별한 관서로 經田司의 설치를 제안하기도 하였다.[81]

정약용은 정전법을 실행하면 稅斂이 균평하게 될 뿐만 아니라 백성들을 忠順하게 교육하는 것도 용이하다고 주장하였다.[82] 井田 9區 중 중앙의 1區는 8夫가 공동으로, 1夫는 각각 1區를 독자적으로 경작하는 것이었다. 1區를 공동경작하여 公稅에 충당하고, 나머지 8구는 8부가 각기 경작하여 그 소출을 소유하는 제도가 정전제인데, 중앙 1구는 국가에서 구입하여야 한다고 정약용은 주장했다. 이 정전제의 경우 현실의 토지소유 관계를 인정하고 능력에 맞게 경작되어야 한다는 점 등은 국가 조세수입의 확보가 최대의 목표임을 보여주었다.

하지만 「정전의」의 내용 서술 대부분이 租稅 수취와 관련된 부분이라는 점 때문에 이 논설을 세제 개혁론으로만 단정할 수는 없다. 왜냐하면 조세 수취의 다양한 양상을 제대로 실현하기 위해서는 田制를 공전과 사전으로 나누고 공전의 형태를 정방형인 井田으로 설정하는 것이 전제되어 있기 때문이다.

---

80 『與猶堂全書』, 第五集 政法集 第七卷 經世遺表 卷七 地官修制 田制九 井田議二 ; 乃於公田四角 樹之以大石 其私田四襯之末 樹八小石 以辨經界 (……) 凡一畎四圍之內 私田一片 不可攙入.

81 『與猶堂全書』, 第五集 政法集 第七卷 經世遺表 卷七, 地官修制 田制九 井田議一 ; 井田論於是別建一司 名之曰經田司 專掌是事 其提調卿一人中大夫二人下大夫二人 副正上士二人 主事中士四人 極選文理密察之士 俾正經界.

82 『與猶堂全書』, 第五集 政法集 第七卷 經世遺表 卷七 地官修制 田制九 井田議二 ; 臣伏惟 井田之法 不但稅斂均平 抑所以教民忠順 平居治農 皆知先國家而後私利 則有事之日 必有賴焉 其訓迪教導 豈口舌之所能及哉.

또한 정약용의 정전론에서 주목해야 할 부분이 吏胥의 중간수탈을 없애는 데 크게 주의를 기울이고 있는 점이다. 정약용은 이서의 농간을 조목조목 설명하면서 이서망국론까지 주장하였다. 따라서 그는 이서의 횡포를 배제하기 위해서는 농민들이 힘을 합하고 정전법을 시행하여야 한다고 하였다. 그는 위로는 나라의 부를 침식하고 아래로는 농민을 수탈하는 이서의 악폐를 제거함으로써 국부를 증진시킬 수 있으며, 그 방안으로 정전제를 제기하고 있었다.

3. 농업경영 혁신론

1) 조선후기 屯田 경영의 성격

18~19세기 농업경영 혁신론으로 屯田論을 중심적으로 다루려고 한다. 屯田은 본래 중국과 조선에서 駐屯兵의 군량을 자급하고, 각 관아의 경비에 충당하기 위하여 진황지를 개척하여 경작케 한 田畓이었다. 屯田의 이러한 성격만 주목한다면 표면적으로는 농업경영 혁신론과 잘 연결되지 않는 측면이 많이 있다. 하지만 18~19세기에 屯田이 특정한 농업경영의 방책과 연결되거나 새로운 농업경영의 모색과 연결시켜 주목되고 있었기 때문에 농업경영 혁신론과 밀접하게 관련되어 있다고 보아야 할 것이다.

18세기 후반 정조의 華城屯田 설치와 운영, 그리고 徐有榘의 屯田論은 국가적인 차원에서 시도되고 추진된 농업경영혁신론에 해당된다고 할 수 있다. 이러한 정조와 서유구의 주장과 조처는 바로 조선후기 둔전이 갖고 있던 역사적 성격에서 연유하는 것이다. 따라서 먼저 조선후기 둔전의 성격을 조선초기 이래 역사적으로 살펴볼 필요가 있다.

屯田은 중국의 경우 漢代에 처음으로 설치되었다. 우리나라에서도 高麗 이후 설치되었던 것이 확인되며 이후 置廢를 거듭해 왔다. 둔전의 종류에는 둔전 수확물의 귀속처, 그리고 토지소유의 주체를 기준으로 國屯田(軍屯田)과 官屯田으로 나누어 볼 수 있다.

먼저 國屯田은 고려 현종 대부터 설치된 것이 확인되고 있다. 國屯田은 國家財用, 軍資 보충의 목적으로 開墾을 통해 국가소유지로 설정된 토지였고, 국가 直營地이기 때문에 國農所라고도 불렸다. 각도의 관찰사를 통해 대상지가 선정된 다음, 설치된 지역의 지방관 곧 수령이 관리를 담당하였다. 고려 말에 이르러 私田의 폐단이 막심해지면서, 屯田의 경우에도 토지 私占化의 폐단을 크게 일어났다. 그리하여 이성계가 조선을 개창하여 태조로 즉위하면서 1392년에 내린 즉위교서에 따라 陰竹에 있던 屯田만 남겨두고 모든 국둔전이 혁파되었다.[83] 이때 혁파된 國屯田은 주로 연해지역에 위치하였다.

조선초기의 國屯田은 설치되었다가 혁파되는 등 置廢를 거듭하였다.[84] 국둔전은 연해 지역 防成를 담당하던 水軍이 경작을 맡아서 수행되는 토지였다. 水軍은 軍務 이외에 소금 燔造 등 여러 가지 役事에 동원되었고, 매우 고된 勞役에 시달려야 했다. 따라서 이들 수군을 國屯田의 경작을 동원하는 것은 굉장한 노동력의 징발이었다.

태조 원년에 혁파되었던 국둔전은 3년 뒤에 1395년에 都評議使司의 요청에 의해 복설되었다.[85] 그러다가 정종이 즉위하면서 내린 教書에서 다시 혁파대상이 되고 있었다. 이후 태종 대에 屯田이 다시 復立되었다.[86] 이때의 屯田 회복은 戶給屯田과 더불어 시행된 것이었다.

---

83 『太祖實錄』권1, 太祖 원년 7월 丁未 (1-22) ; 教中外大小臣僚閑良者老軍民 王若曰……國屯田弊於民 除陰竹屯田外 一皆罷去.

84 李鍾英,「朝鮮의 屯田制에 대하여」,『史學會誌』7(1964).

85 『太祖實錄』권5, 太祖 3년 正月 戊午 ; 都評議使司請……復屯戍軍屯田燔鹽 以充軍資.

86 『太宗實錄』권18, 太宗 9년 12월 庚戌 (1-520) ; 屯田復立之事 最爲先務 若復屯田則凡使民之事 皆可停罷 專事農務矣 (……) 若平州白州江陰禮山陰竹 革去國屯田 復立

平州, 白州, 江陰, 禮山, 陰竹의 革罷되었던 國屯田이 다시 회복되었다. 둔전이 다시 설치되었을 때 이를 경영하는 방식은 戍卒을 農軍으로 이용하는 것이었다. 戍卒은 한편으로는 군사훈련을 받고, 다른 한편으로는 농사에 땀을 흘렸다. 태종의 王命에 백성을 役事하는 것을 금지하는 내용이 담겨져 있었다.

1409년(태종 9) 12월에 군자 확보에 목적을 두고 다시 국둔전이 설치되었고, 이전에 설치되었던 것을 復設하였을 뿐만 아니라 새로운 개간도 함께 활발히 추진되었다. 그러나 노동력 동원의 기준이 문제되는 가운데 세종 8년(1426)에 官屯田과 함께 폐지되었고,[87] 이후 세종 연간에는 六鎭 개척이 진행되는 가운데 屯田의 본의를 살려 함경도·평안도의 연변지역에 한하여 추진되다가 그 말년에는 이것도 중단시켰다.[88]

문종 대에는 대상지를 내륙지역으로 바꾸어 황해도·강원도 지역까지 확대하여 鎭戍軍에 의한 耕作이 도모되었다. 세종·문종 양대의 위와 같은 屯田경영은 명칭 상으로 各官屯田이라고 하였으나 내용은 國屯田이었다. 세조 대에 保法과 鎭管制가 실시되면서 노동력 동원의 기반이 보다 확고해져 國屯田의 정책이 적극화하여 『經國大典』戶典에 규정이 생기게 되었다. 이 시기 이후 國屯田은 官屯田이 定限制에 묶여 있어 상대적으로 더 활성화되었다. 國屯田은 그것이 위치한 境內의 軍卒(鎭戍軍)을 동원하여 농사를 짓고 수확하여 軍資에 보충하는 용도의 전토였다.[89] 그렇기 때문에 國屯田은 軍屯田이라고 불리기

事 已卽行移 戶給屯田 則已有條令 若無停罷之命 則自然擧行.

　87 『世宗實錄』권32, 世宗 8년 5월 甲辰 (3-26) ; 傳旨戶曹 各道國屯田官屯田 並皆革罷.

　88 李景植, 「朝鮮初期 屯田의 設置와 經營」, 『韓國史研究』21·22(한국사연구회, 1978).

도 하였다. 국둔전은 일반 民田을 국가가 山陵 등을 조성하면서 침범하여 보상해야 할 때 동원되기도 하였다.[90]

한편 官屯田은 州府郡縣 등 행정기관과 浦鎭 등 군사기관에 公須衙祿田 등으로 부족한 관청경비를 충당하기 위해 설치된 토지였다. 당해 지방 수령의 권한 아래 설치 운영되어 官田이라 불리기도 하였다. 고려의 官屯田은 중앙정부에 의해 지급된 것이 아니고, 지방관아가 스스로 마련한 토지였다. 숙종 때의 관둔전 설치는 이전부터 지방관에 의해 계속적으로 추진되어온 官有地 개간을 법제적으로 승인한 것이었다. 이전부터 지방관아는 경제주체의 하나로서 토지를 개간하여 수입을 증가시키고 있었다. 공해전 중심의 지방관아 재정구조는 숙종 4년(1099) 官屯田의 등장으로 변화를 맞게 되었다. '州·府·郡·縣이 각기 屯田 5結을 경작토록 허용'함으로써[91] 재정원이 하나 더 추가된 것이었다.

조선왕조에 들어와서 태종 16년 민간노동력 동원이 문제되어 주부군현의 둔전은 혁파되지만, 浦鎭의 屯田은 복구시켜 유지하였다. 세종 6년(1424)에 부활된 州府郡縣의 官屯田은 定限制가 부여되어 각각 10결, 8결, 6결 이하로 각각 제한되었다. 관둔전 이외에 衙祿田은 公須田과 더불어 조선초기 지방재정의 가장 기본적인 收入源이었다. 특히 아록전과 공수전만으로 지방재정의 부족문제가 해결되지 않았기 때문에 마침내 세조 4년(1458)에는 官屯田을 두 배로 증액시키기에 이르렀다. 이러한 상황은 고려왕조에서도 지방재정의 주요 재정원은 公廨田이었지만, 官屯田이 주요 財政源으로 추가되었던 것과 같은 맥

---

89 『經國大典』 권2, 「戶典」 諸田 ; 國屯田 以所在官境內鎭戌軍 耕穫 補軍資.

90 『成宗實錄』 권4, 成宗 1년 3월 己丑 (8-479) ; 戶曹啓 英陵光陵圖局內禁耕田及守護軍折給田 皆是民田 理宜償給 請以通津金浦國屯田 準結負償之 從之.

91 『高麗史』 권79, 食貨2 農桑, 肅宗 4년 4월 ; 許令州府郡縣 各耕屯田五結.

락에서 이해할 수 있다.[92]

官屯田은 馬田, 津夫田 등과 같이 自耕無稅에 속하는 田土였다.[93] 數外屯田 및 屬公田을 貧民에게 나누어 주고 收稅하는 방식으로 운영되었다. 그리고 主鎭에 20結, 巨鎭에 10結, 諸鎭에 5結 등과 같이 軍鎭에 일정량의 田土가 배정되어 있었고, 府大都護府牧(각20결), 都護府郡(각16결), 縣驛(각12결) 등과 같이 邑治 지역에도 할당되어 있었다.[94] 이와 같이 軍鎭을 포함한 外官 지역에 경비마련을 위해 설치된 것이 바로 官屯田이었다. 官屯田을 두었던 목적에 대해서는 지방 재정에 소용되기 위한 것이라는 점을 분명히 밝히고 있었다.[95] 屯田의 수확은 따로 지방비에 충용하는 것이었고, 그 일부는 공물에 사용되었으며, 민간에서 조달해야 하는 것을 보충하는 것으로 마련되었던 것이다.

국둔전과 관둔전을 포함한 조선초기의 屯田制는 고려 말의 각종 屯田문제의 정리 작업과 戶給屯田의 置廢과정을 거친 후 세조 대에 일단 정비되었다. 조선왕조는 國屯田의 확대에 주력하였고 한편으로 官屯田의 定限制를 시행하여 나갔다. 定限制의 실시는 官屯田의 확장에 따른 농민소유지의 침탈 및 농민층 개간활동의 저해, 그리고 사사로운 점유에 제동을 가하는 데서 나온 것이었지만 동시에 屯田 개발의 책임량을 부과한 것이었고 나아가 지방관의 官屯田에 대한 자율권을

---

92 安秉佑, 『高麗前期 財政構造硏究』, 서울대학교 대학원 국사학과 박사학위논문 (1994).

93 『經國大典』 권2, 戶典 諸田 ; 官屯田 (……) 自耕無稅.

94 『經國大典』 권2, 戶典 諸田 ; 數外屯田及屬公田並給貧民收稅 主鎭二十結 巨鎭十結 諸鎭五結 府大都護府牧各二十結 都護府郡各十六結 縣驛各十二結.

95 『世祖實錄』 권30, 世祖 9년 6월 癸亥 (7-570) ; 戶曹啓 非唯公須衙祿 至於官廨修葺使客支待軍官供給兵器什物等項 一應調度 及民間未備貢物皆用屯田所出補之 詳定意至矣.

축소시키는 데 있었다. 이는 이 시기의 집권제의 강화과정과도 궤를
같이 하는 것이었다.[96]

조선시대에 둔전을 설치하여 농업경영을 수행하는 데 따르는 문제
는 크게 보면 두 가지가 있었다. 하나는 둔전을 설치할 만한 土地, 즉
屯田土를 확보하는 것이고, 다른 하나는 둔전에서 농사를 지을 人民,
즉 屯田民을 확보하는 것이었다. 屯田土는 기본적으로 荒地를 開墾하
여 설치하는 것이었으므로, 未開墾地로서 농사짓기에 적당한 荒地가
이곳저곳에서 찾아낼 수 있는 상황이라면 屯田土를 확보하는 데 커다
란 어려움이 없었다. 문제는 屯田民을 어떻게 마련하는 가였다.

屯田制의 운영에서 주목해야 할 점은 屯田이 조선국가 자체의 개간
활동으로써 성립되는 토지였다는 점이다. 중앙정부와 지방의 州·
府·郡·縣 및 浦·鎭 등의 각급 행정·군사 기구, 즉 국가권력의 구
현체인 통치기관의 토지소유와 그 확대는 지배체제의 강화와 직결되
는 것이었다.[97] 또한 조선왕조에서는 중앙이나 지방의 각급 관청으로
하여금 전국 각 지방의 閑曠地에다 屯田을 설치하고 개간하게 하였다.

屯田 개간의 중심대상은 濱海州郡의 陳荒地였다. 조선왕조는 墾田
多少에 따른 수령의 黜陟과 褒賞 등을 제시하였고, 개간자에 대한 소
유권 내지 이용권에 대한 우선 승인, 그리고 면세혜택의 부여 등을
통해 개간을 장려하고 독려하였다.[98] 그리하여 沿海 肥沃地의 개간은
신속히 진척되었다. 개간은 바다 가운데 島嶼에서도 활발하였다.

陳荒地가 농경지로 개발될 수 있게 된 데에는 농업기술이 발달하고
그것이 농민들의 경험 속에 축적된 결과이기도 했다.[99] 뿐만이 아니라

---

96 李景植, 『朝鮮前期土地制度史硏究 Ⅱ』(지식산업사, 1998).

97 李鍾英, 「鮮初의 屯田制에 대하여」, 『史學會誌』 7, 연세대, 1964 ; 李載龒, 「朝鮮
初期 屯田考」, 『歷史學報』 29(歷史學會, 1965).

98 李景植, 앞의 책, 1998, 58면.

밭 또한 낮은 지대로 이동하던 추세 속에서 下三道 바닷가의 땅이 비옥한 농토로 변하였다. 15세기 중엽에 이르러서는 濱海지역 중 옥토로 될 만한 곳은 대부분 개간되기에 이르렀다.[100]

농경지가 낮은 지대로 확산되는 추세는 내륙지역에서도 나타나고 있었다. 그동안 기피되어 오던 강가의 저습지에서도 경작이 이루어지게 된 것이다. 도랑을 깊게 파서 물이 잘 빠지도록 함으로써 저습지가 새로운 농토로 개발되어 내륙지역에서도 水田이 늘어갔다. 15세기 후반부터 川防이라는 새로운 관개기술이 보급됨에 따라 水田의 증가속도도 더욱 빨라졌다.[101] 내륙지역 水田의 개발은 下三道만이 아니라 중부의 산간지대에서도 진행되고 있었다. 水田의 비중이 급증되면서 생산력 역시 발달되었다. 조선초기 濱海 일대에서 진행된 陳田開墾과 干拓사업은 이 시기 농지개간, 新田개발의 중심이었다.

한편 조선초기 개간활동이 전국 규모에서 전개되는 가운데 함경도·평안도 兩界를 위시하여 北方開墾도 전개되었다.[102] 북방개간은 단순한 개간이 아니었다. 이는 농업개발을 동반하여 진행되었다. 우선 농지의 常耕·熟治를 위해 整地와 施肥를 모색하였다. 농지의 熟田·常耕은 우리 중세의 농업이 완수해야 할 큰 과제로서 일찍부터 추구되어 오고 있었는데, 조선초기에는 북방개척과 더불어 兩界지방이 그 최종 대상이 되고 있었다. 이것은 徙民에 의한 인력동원, 閑曠地의 규모 있는 배분, 각종 물자의 지원 등을 통해, 그리고 下三道 특히 慶尙道의

---

99 1429년에 편찬된 『農事直說』에 소개된 개간법 가운데 저습지를 수전으로 개척하는 기술이 가장 자세히 소개되어 있었고, 이것이 당시의 보편적 논 개간 방식이었다(李鎬澈, 「水田農法」, 『朝鮮前期農業經濟』(한길사, 1986), 50면].

100 李泰鎭, 『韓國社會史硏究』(지식산업사, 1986), 224~234면.

101 李泰鎭, 앞의 책, 1986, 212~217면.

102 이상협, 『朝鮮前期 北方徙民 硏究』(경인문화사, 2001), 248면.

농법이 개발의 지표가 되어 국가권력이 추진하여 갔다는 점에서 볼 때 인정과 토지에 기반을 둔 조선의 마지막 대사업이었다.[103]

북방 지역을 비롯한 변경 지역을 개척하여 농지로 개간하면서 屯田을 설치하는 것은 여러 가지 어려움을 극복하는 과정을 거쳐 성사되었다. 북방 지역의 둔전 설치의 어려움을 알려주는 좋은 사례가 바로 세종 때 함길도 鏡城 지역 國屯田의 경우이다.[104] 鏡城郡에 移管된 국둔전이 제대로 자리를 잡기 위해서는, 즉 설치의 목적이 달성되기 위해서는 土地를 경작할 수 있는 農軍의 확보가 필요하였다. 그런데 우수한 正軍으로 하여금 4, 5개월 사이에 20里 밖의 땅을 왕래하면서 농사짓게 하는 것은 急變에 적당히 대응할 수 없게 하는 조건이 되어버렸다. 따라서 함길도 관찰사의 요청에 따라 폐지되기에 이르고 말았다.

한편 16세기에는 戚臣을 중심으로 한 權勢家들이 屯田의 명목으로 海澤을 적극적으로 개발하였다. 그러나 耕墾의 과정에서 그것을 私有地化하고, 주민을 並作者로 흡수하여 農場을 만드는 것이 일반적이었다.[105] 國有에 속하는 官屯田을 대상으로 엄격한 국가의 금령이 있음에도 불구하고, 守令이나 權勢家들이 둔전을 私有化해나가고 있었다.[106] 公有物을 개별 私有物로 이동하고 있는 사정은 특히 생산력이 상대적으로 높은 良田의 경우 더욱 그러하였을 것으로 추정되기 때문에 당대의 신분제적 사회질서의 경제적 특성을 잘 보여주고 있다.

---

103 李景植, 앞의 책, 1998, 110면.

104 『世宗實錄』 권30, 世宗 7년 11월 庚申 (2-702).

105 李泰鎭, 「16세기 沿海地域의 堰田 개발」, 『韓國社會史研究』(지식산업사, 1986).

106 『成宗實錄』 권44, 成宗 5년 6월 辛丑 (9-121) ; 各官屯田 所以供使客補衙祿 公家支用甚緊 近來守令庸劣者 爲威勢所迫 盡輸權貴之門 因以爲攀援自托之資 國家嚴科條使還于公家 而守令非特不能還之 并其所餘 乃盡與之 (……) 故諸邑久遠錄案之田 無一肥膏在公家者.

17세기 초반 이후 임진왜란으로 인한 收稅地의 전국적인 격감이라는 사회적인 배경 속에서 衙門과 宮房은 재원확보를 위해 광범위하게 토지를 折受받아 田畓을 확보하였다.[107] 屯田은 주둔하고 있는 兵士의 군량을 자급자족하고, 각 관아의 경비에 충당하기 위하여 기본적으로 진황지를 개척하여 설정한 전답이었기 때문에 진황지를 절수받아 屯田으로 확보하는 것은 아무런 문제가 없었다. 조선초기 屯田의 경영 방식에 대해서 대략 조선초기에 人吏, 官奴婢 등 公役 부담자의 부역 노동에 의존하였다.[108]

임진왜란 이후 새롭게 전개된 둔전의 경영형태는 국가적 차원의 군수조달체제라는 시기적 특성과 관련하여 ① 軍卒, 農軍, 牧子 등 身役을 짊어지고 있는 사람을 동원하는 경작형태, ② 流民을 모집하여 경작하는 형태, ③ '給民並作'의 방식, ④ '戶給屯田'과 유사한 형태 또는 농민을 요역 징발하여 경작에 투입하는 방식 등 네 가지로 나누어지고, 이러한 둔전 경영방식은 기본적으로 '役'이라는 지배예속관계의 틀 속에서 이루어진 부역제적인 것이 주류를 이루었다고 평가하기도 한다.[109] 17세기를 전후한 시기에 둔전 경영방식이 並作制로 전환해나가면서도 國役으로 백성들을 동원하는 것이 가능한 시기에는 이를 이용하여 屯田을 경영하였다. 국역으로 동원하는 것이 불가능할 경우에는 병작제를 활용하는 것이었다.

17세기 초반 이후 開墾, 干拓이 크게 확대되면서[110] 진황지로 파악

---

107 임란 이후 屯田은 官의 권력에 의해 창출된 空閑地를 통해 확대되었다. 『大典會通』에 따르면 各鎭의 屯田이 액수에 미치지 못할 때 空閑地로 充給할 수 있었다(『大典會通』 卷之二 戶典 諸田).

108 李景植, 「朝鮮初期 屯田의 設置와 經營」, 『韓國史硏究』 21·22(한국사연구회, 1978) ; 李景植, 「16세기 屯田經營의 變動」, 『韓國史硏究』 24(한국사연구회, 1979).

109 宋亮燮, 「壬辰倭亂期 國家의 屯田設置와 經營」, 『韓國史學報』 7(高麗史學會, 1999).

되는 無主 陳田이 점차 사라지고 있었다. 이러한 개간의 진척 때문에 궁방과 아문은 無主 陳田을 지목하여 折受받는 방식으로 屯田을 개설하는 것이 곤란하였다. 따라서 궁방과 아문은 표면적으로는 진황지를 절수받아 백성을 모아 경작하는 방식을 형식적으로 취하고 있지만, 실제로는 일반 백성이 소유하고 있는 民田의 投托을 받거나 또는 민전을 侵奪하는 방식으로 자신들의 둔전 면적을 크게 확대시켜 나갔다. 또한 民田의 買得, 다른 아문 둔전의 移屬, 沒入屬公地의 賜與·折受, 民田 投托 등의 방식으로도 둔전을 넓혀 나갔다.

궁방전과 아문둔전이 확대되는 추세 속에서 궁방전·아문둔전으로 설정된 토지를 둘러싸고 소유권 분쟁이 많이 발생하였다. 그리고 궁방·아문과 일반 민 사이의 토지소유권 분쟁은 궁방·아문의 과도한 수취에 대한 민의 저항이라는 형태로도 나타나고 있었다. 궁방·아문의 과도한 수취는 다름아니라, 궁방전과 아문둔전의 중간관리인의 중간 수탈을 가리키는 것이었다.[111] 둔전에서 수취한 稅額의 일부만 衙門에 전달되고 나머지는 屯有司라고 불리는 중간관리인의 수중에 들어가버린다는 중간착취·수탈이 광범위하게 진행되는 사정이 바로 조선 후기 둔전경영에서 파생되고 있는 커다란 폐단 가운데 하나였다.[112]

아문둔전은 궁방전과 동일하게 결국 일반 백성을 경작자로 동원할 수밖에 없는 농업경영상의 한계를 가지고 있다는 점, 그리고 아문둔전이 아문 자체의 매입으로 설정된 경우, 民田의 투탁이나 민전 침탈로 형성된 경우 등 여러 가지 성격을 가지고 있다는 점에서 많은 문제

---

110 송찬섭, 「17·18세기 新田開墾의 확대와 경영형태」, 『한국사론』 12(서울대 국사학과, 1985).

111 송양섭, 『朝鮮後期 屯田 硏究』(경인문화사, 2006) ; 李榮薰, 「宮房田과 衙門屯田의 전개과정과 소유구조」, 『朝鮮後期社會經濟史』(한길사, 1988).

112 『燃藜室記述』 別集 권11, 政敎典故 田制

를 양산하고 있었다. 특히 토지소유관계를 둘러싼 궁방전·둔전 내에서의 궁방·아문과 일반 농민 간에 다툼이 많이 제기되고 있었다.[113]

2) 18세기 후반 華城屯田의 설치와 운영

조선후기 둔전의 설치·변동과 관련해서 華城을 축성하는 과정에서 만들어진 대유둔과 서둔의 사례를 살펴보는 것은 조선후기 屯田의 성격과 둔전을 둘러싼 제반 문제, 그리고 이에 대한 정조 당시의 조정의 대안 마련, 개선안 실행의 양상을 검토하려는 의의를 갖고 있다고 할 수 있다.

정조는 屯田이 兵農一致의 제도라는 점[114]에서 뿐만 아니라 職田 그리고 廩田의 의의를 갖고 있는 것으로 파악하고 있었다.[115] 屯田은 公稅를 호조 대신 각 衙門이나 宮房에서 받아가는 것을 가리키는 것이었다.[116] 그렇기 때문에 궁방전이나 아문둔전의 원조를 職田에서 찾는

---

113 토지소유관계를 둘러싼 宮房·衙門과 民의 소유분쟁을 어떻게 파악해야 할 것인가라는 문제와 궁방과 아문이 耕作者인 일반 民으로부터 收取하는 稅額의 근거가 어디에서 도출되는 것인지에 대한 문제제기를 통하여 궁방과 아문의 토지소유관계를 규정하는 문제가 해결해야 할 연구 과제로 남아 있다. 이러한 조선후기 屯田에 관련된 여러 가지 연구과제는 전근대 토지소유관계에 대한 이론적·실증적인 검토, 전근대 농업경영의 성격에 대한 고찰을 통해서 가능한 것이다. 이러한 과제는 또한 개별적인 연구의 집적도 함께 요구한다고 할 수 있다.

114 正祖, 『弘齋全書』 권12, 序引五, 翼靖公奏藁財賦類叙 ; 至若屯田則 (……) 後世則反是 農自農而兵自兵矣.

115 正祖, 『弘齋全書』 권166, 日得錄六, 政事一 檢校待敎臣尹行恁乙巳錄 ; 禮有祿足以代耕之說 我國之職田廩田 是也 職田者 宗親文武官 恒受有差等 廩田者 牧府郡縣所受有差等 而壬辰後 境界紊夷 職田廢 而至於廩田 大同行後 定營官需 俗所謂衙祿公需位者此也 故相金壽恒 嘗建白職田之議 而因朝議之多歧 未果行焉 大抵忠信重祿 所以勸賢 而京職諸官 不但無職田 廩祿亦變而爲散料 以今經費 雖不可遽議復舊 至於宮房折受 不緊衙門屯田 在所當禁.

116 『承政院日記』 正祖 3년 10월 9일 (己未) ; 砥平儒生申履權疏曰 (……) 今夫各軍門·各衙門屯田 處處有之 而其爲定稅 則比戶曹所捧 幾倍加徵矣 以臣所居鄕言之 畿甸關東之間 多有守禦廳屯田畓 而年年收稅 毋論豐凶 每一卜 穀則一斗五升 錢則十六文 其

것은 당연한 것이었다.

정조는 屯田을 제도적인 차원에서 긍정적인 것으로 평가하고 있었다. 정조는 둔전이 본래 채용하여 실시하기에 알맞은 제도인데 현재는 유명무실한 상태에 빠져 있다고 생각하였다. 정조는 둔전을 '兵農相寓'하는 先王의 美制에 가장 가까운 제도라고 생각하였다.[117] 정조는 신하들과 논의하는 자리에서 임진왜란 당시 柳成龍이 訓練都監을 설치하고 병사 만 명의 절반으로 하여금 둔전을 경영케 하고, 수확한 곡식을 저장하여 병사들의 식량으로 삼으려던 계획이 제대로 실현되지 못한 것을 안타까워하기도 하였다.[118] 그리고 유성룡에 대한 인물 품평을 하면서 屯田을 제대로 실행하지 못한 것을 아쉬워하고, 또한 折受하는 방식을 만들어낸 것이 여러 가지 功過가 있지만 이로 말미암아 開墾이 엄청나게 이루어졌다는 점을 높이 평가하기도 하였다.[119]

1787년에 정조 자신이 畿內의 두세 山郡에 장용영 鄕軍 2哨를 두고 둔전을 설치하여, 봄과 여름에는 이를 경작하고, 가을과 겨울에는 조련하면서 수확한 후 저장하여 군량으로 삼으며, 잉여가 있으면 資裝으로 사용하게 하는 계획을 수립하기도 하였다.[120] 또한 황해도 信川

視戶曹大同之例 五升穀六文錢加徵 此爲國中所無之稅也蓋此屯土, 本以戶曹收稅之地 劃給於軍門者 而在戶曹時則其稅何輕, 在軍門時則其稅何重耶.

117 『弘齋全書』卷169, 日得錄 李晩秀 丁巳錄.

118 『弘齋全書』卷167, 日得錄七 政事二 尹行恁 丁未錄.

119 正祖, 『弘齋全書』卷171, 日得錄十一, 人物一 原任直閣臣李秉模乙巳錄；柳西厓 (……) 如刱置訓局設射手殺手砲手 又欲設屯畿內養兵二萬 半在京半在屯 以寓兵寓于農之義 計策雖未行 如此好經綸好籌畫 何處得來 五衛之制罷 而國家所以恃爲緩急之用 惟訓局軍 而又能逆料養兵之弊 至有半兵半農之說 神機遠慮 眞我國之蕭侯也 當時田制 寔可釐正 而刱出折受之法 使之望定 到今野無不闢田無不墾 此又何等大事業耶 人或以折受之弊 歸咎西厓 而三代之政 亦有損益 末流之弊 豈法之罪也 此等處 今人初不理會 但欲掩人善而快已意 誠見其不自量也.

120 『弘齋全書』권167, 日得錄 尹行恁 丁未錄.

제2장 18~19세기 농업체제 변혁론의 양상　329

郡 加串坊에 밭 6석 14두락과 논 85석 14두 9승락 양자를 합하여 38 결 65부의 전토를 5,000냥으로 매입하여 둔전을 만들기도 하였다. 신천에 설치한 둔전은 결국 화성의 修城 재원으로 활용하는 것이었다.[121] 또한 화성의 兵制가 兵農이 둘로 나누어진 이후 가장 좋은 방책인 둔전에 거의 근사한 것이라고 지적하면서 화성에 둔전을 설치한 이유를 설명하기도 하였다.[122]

수원에 새로 성을 쌓으면서 또한 둔전을 설치하는 방안은 1790년 副司直 姜游의 상소에서도 나온 것이었다. 강유는 먼저 石城을 만드는 것이 비용이 많이 들어 곤란하면 土城을 쌓고, 女堞(성가퀴) 등을 설치하면 좋을 것이라고 주장하였다. 그리고 새로 만든 邑治에 집을 짓고 있는 사람들 절반이 儒生이라고 들었다면서 軍兵을 모아 이들이 집을 짓게 해야 할 것이라고 주장하였다. 軍兵이 새 읍에서 그럭저럭 살아나갈 수 있는 방도로 復戶를 내려줄 것을 주장하였고, 더불어 軍門에서 屯田을 설치할 것을 제안하였다.[123] 강유의 제안이 어떠한 논의를 거쳤는지 아직 불분명하지만 화성부 둔전 설치라는 제안은 실제로 현실화되었다.

둔전의 설치와 경영에 대한 정조의 관심은 화성성역 과정에서 분명하게 나타났고, 그것이 바로 大有屯(大有屯田)의 설치로 이어졌다. 大

---

121 『華城城役儀軌』 권6, 財用下 實入三 屯田買得(移付外別庫) ; 信川加串坊 田 6石 14斗落, 畓 85石 14斗 9升落(합 38결 65부) 이상 價錢 5천 냥.

122 『弘齋全書』 卷169, 日得錄 徐龍輔 丙辰錄.

123 『正祖實錄』 권30, 正祖 14年 6月 10日 己未 (46-114) ; 副司直 姜游 上疏曰 (……) 新邑旣是野中 果令築城設塹 則實合置城之制 今若築城於此 與禿山之城爲角掎 之勢 當不虞之時 而成夾攻之形 則雖有架點之賊 亦知兵法之所忌 不敢窺兩城之際矣 議 者若以石城之多費難之 則土城之完實 反勝於拳石之相累 若於土城 又設女堞 而間置雉 城 則防守之道 石與土無間矣 又聞築室於新邑者 半是儒生云 緩急難與守城 亦爲募入軍 兵 使之築室 復戶五百結內 折半除給軍兵 以爲聊賴之地 又使各軍門 設置屯田於新邑近 地 使軍兵作農 而自軍門收稅 則軍兵之無田土者 必爭應募矣 命廟堂稟處.

有屯[124]의 설치는 1794년 정조 18년 11월 1일 수원성역의 중단하도록 명령한 「諭華城城役董工諸臣綸音」에서 비롯되었다.[125] 이 윤음에서 정조는 수원성역을 중단하면서까지 둔전을 설치하려는 의도를 내비치고 있었다. 정조는 윤음에서 둔전에 대해 구체적으로 제시하였고, 같은 날 벌린 輪對에서 '後托'을 강조하며 漢代의 趙充國이 둔전을 통해 金城을 지킨 고사를 인용하였다.[126]

정조는 화성 성역을 중단하려고 하는 배경으로 가뭄이 극심하여 三南과 畿甸에 모두 흉년이 들었고 연이어 서북변의 군현들도 먹을 것을 찾기 어려운 상황을 지적하였다. 정조는 극심한 흉년에 대한 救荒방책으로 둔전 설치공사를 제시하였다. 정조는 다음해 봄 地脈이 풀릴 때에 役事를 시작하도록 명하면서, 北城 바깥의 척박한 땅에서 높낮이를 살펴서 1丈이나 半丈을 파서 100斛(1斛=10斗)을 뿌릴 수 있는 경계를 정하도록 지시하고, 다섯 마리의 말과 兩軌가 지나갈 수 있는 도로도 함께 건설하도록 명하였다.[127]

그리하여 大有屯田이 華城府의 북쪽 장안문 바깥 日用面에 설치되었다. 이 대유둔전은 화성둔전이라고 불렸다. 정조는 1795년 閏二月 14日 華城에 행행하였을 때 장안문에 이르러 화성유수 趙心泰에게 "일전에 말한 城外의 曠土로 起墾할 수 있는 곳이 어디인가"라고 묻자, 조심태가 城外의 서북쪽을 향하여 일일이 지적하면서 설명하였다.[128] 대유둔전은 여러 달에 걸친 공사를 통해 1795년 정조 19년 11

---

124 華城의 長安門 밖에 설치한 屯田을 大有屯으로 이름지은 것은 正祖 20년 1796년 1월 顯隆園에 行幸하였을 때의 일이지만 여기에서는 正祖의 屯田經營의 의도가 본래부터 들어있다고 생각되기 때문에 여기에서는 처음부터 이 이름을 사용하기로 한다 (『正祖實錄』 권44, 정조 20년 정월 정묘 참고).

125 『華城城役儀軌』 권1, 綸音 諭華城城役董工諸臣綸音 - 갑인 11월 1일.

126 『正祖實錄』 卷41, 正祖 18년 11월 을유삭.

127 『華城城役儀軌』 권1, 綸音 諭華城城役董工諸臣綸音 - 갑인 11월 1일.

월에 완성되었다.[129]

　대유둔전의 설치는 한편으로는 일반 民田을 매득하고 다른 한편으로는 새로운 開墾작업을 통하여 이루어졌다. 그리하여 100餘 石落의 토지를 둔전으로 만들었고 萬石渠를 축조하여 水利사업을 크게 일으키는 과정을 거쳤다. 이때 들어간 비용은 예산 2만 냥 중 18,663냥 3전 9푼이었다. 둔전이 완성된 해인 1795년 가을에 타작을 한 결과 全石 766石을 거두어 다음해 종자분, 監官 · 色吏 등의 料條로 사용하고 1795년 11월 당시에 총 596석 1두 5승이 창고에 보관되었다.[130]

　大有屯田(華城屯田)을 설치한 정조의 의도에는 여러 가지 차원의 것이 복합되어 있었다. 첫째로 대유둔전 설치의 목적은 救恤對策의 일환이었다. 이러한 의도는 화성성역을 계획하고 실행한 전 과정에서 관철된다고 할 수 있지만 특히 둔전을 건설하는 초기의 목적이었다고 할 수 있다. 둔전을 건설하는 과정을 통하여 부근의 백성들이 몰려들어 작업을 할 뿐만 아니라 교역이 이루어져 救荒하는 방책이 성공할 것이라고 생각한 것이었다.[131]

　둘째로는 장용영의 재원마련을 위한 것이었다. 정조는 華城屯田을 건설하여 이를 民人들, 구체적으로는 校史, 軍卒, 官隸에게 分給하고 농사를 짓도록 하여 이를 통해 屯田을 설치한 뜻을 펴도록 하고 있었다. 즉 城內外를 團束하는 一部軍에 있어서 2월부터 9월까지 8개월은 營下에 分番入防하여 屯田에서 作農하도록 하고, 耕耘하는 틈에 進退를 익히도록 하고 있었다.[132]

---

128 『華城城役儀軌』 권1, 筵說 을묘년 윤이월 14일자.
129 『正祖實錄』 권43, 정조 19년 11월 갑인.
130 『日省錄』 23책, 정조 19년 을묘 11월 7일 '華城屯田成'.
131 『華城城役儀軌』 권1, 綸音諭華城城役董工諸臣綸音 - 갑인 11월 1일.
132 『華城城役儀軌』 권2, 附近五邑軍兵合屬節目.

이와 같이 정조는 華城에 둔전을 설치한 것을 兵農이 둘로 나누어진 이후의 養兵하는 法制로 가장 좋은 것이 屯田이라고 파악하여 화성에서의 兵制가 屯田을 건설함으로써 古法에 걸맞게 되었다고 생각하고 있었다.[133] 정조는 장용영 外營을 華城에 두면서 兵農이 서로 일치하는 법제에 가장 가까운 屯田法을 시험하려고 한 것이었다. 그러면서 民田에 피해를 주지 않기 위해 開墾에 나서서, 北門 밖에 屯田을 설치하게 된 것이었다. 屯田을 설치하여 한편으로는 築城을 진행하고 다른 한편으로는 播穀을 하도록 생각하고 있었다.[134]

세 번째로 둔전 설치의 가장 중요한 목적은 華城修城의 재원 대책이었다. 華城의 修城을 위해 「行宮整理修城穀糶糴需用節目」이 마련되기도 하였다. 하지만 농업생산과 결합된 지속적인 修城의 物力을 확보하기 위하여 결정적으로 大有屯田이 설치되었던 것이다. 즉 "大有屯田은 곧 修城의 物力으로 삼으려고 설치한 것이니 本庫에서 관장하되 屯田節目을 참고하여 擧行하되 매년 가을 수확 후에 (세금을) 받아서 倉庫에 넣도록 할 것"이라고 「修城庫設施節目」에서 명확하게 밝히고 있었다.[135]

또한 "守臣에게 命하여 闢荒하여 屯田을 만들고 城民 중에 恒産이 모자란 사람들에게 나누어 耕作하게 하고 그 세금을 거두어 本庫에 붙여서 城을 補修하는 자본으로 삼게 하여 창고가 굳건하고 백성의 마음이 다져진다면 다른 날에 힘입는 바가 어찌 晉陽의 保障에 사양함이 있겠는가"라고 지적하고 있는 부분에서는 屯田의 경영의 효과로 修城의 효과와 백성의 平安·定着이 고려되었음을 잘 말해주고

133 『弘齋全書』 권169, 日得錄 尹行恁 丁未錄.
134 『弘齋全書』 권169, 日得錄 李晩秀 丁巳錄.
135 『華城城役儀軌』 卷之二, 修城庫設施節目.

있다.[136]

그리고 둔전에서 받은 正租를 作人 가운데 稍實한 자를 뽑아서 租 1斗를 米 4升의 例로 出給하여 하여금 作米하여 納入하도록 하는 방안을 강구해 놓고 있었다.[137] 다시 말하여 화성을 보수하는 실제적인 작업을 임금노동자를 고용하여 해결하기 위해 보다 환금성이 강한 米로 바꾸어 보관하고 있었던 것이다. 계속해서 "屯穀 중에서 1년에 쓸 것과 各樣의 修補에 쓸 것을 마련하여 덜어낸 다음에 그 나머지 숫자를 屯田의 作人에게 還分取耗하여 元數에 添補하되, 還穀이 漸增하면 屯民이 모두 받아낼 수 없으니 附近 民人에게 通同分給할 것"이라고 하여 還穀을 통하여 修城庫의 안정적 운영자금을 확보하는 데 둔전의 수입을 이용하고 있었다.[138]

이러한 大有屯田의 설치와 修城物力의 확보가 직접적인 관련 속에서 실행되었다는 판단은 祝萬堤의 부근에 설치한 西屯의 존재에서도 알 수 있다. 앞서 살펴본 祝萬堤에 근거하여 설치되었기 때문에 祝萬堤屯이라고도 불린 西屯田은 답 83석 15두 4升落에 賭租로 556석 14두 4승이 설정되어 있었다. 그리고 이 屯田의 관리를 위해 都監官 1인, 監官 1인, 農監·垌監 각 2인, 色吏 1인, 使令 2인, 勸農 2인이 설치되어 있었다. 그런데 이 祝萬堤屯과 大有屯에서 나오는 수입은 修城庫에 속하도록 결정되어 있었던 것이다. 즉 '前左水澤'[139]이라는 표현에서 알 수 있듯이 萬石渠(前=北)와 祝萬堤(左=西)라는 수리시설과 밀접한 연관을 맺고 있던 두 둔전의 수입을 修城의 물력으로 충당·이용하고 있었던 것이다.

---

136 『華城城役儀軌』 卷之二, 修城庫設施節目.

137 『華城城役儀軌』 卷之二, 修城庫設施節目.

138 『華城城役儀軌』 卷之二, 修城庫設施節目.

139 『華城城役儀軌』 권2, 附近五邑軍兵合屬節目.

이제 이와 같은 大有屯田, 즉 華城屯田을 건설하는 데 들어간 비용은 어떻게 조달되었을까의 문제를 검토하려고 한다. 본래 屯田을 설치하는 데 있어서 토지를 買得하는 데 들어가는 비용으로 책정된 것은 整理所에서 사용하고 남은 것과 關東穀을 여러 邑에서 作錢한 것을 區劃하여 총 2만 냥을 마련하도록 결정되어 있었다. 그런데 이러한 사정은 1795년 2월 7일 整理所에서 "本所의 錢 1만 냥을 먼저 該府에 輸送하고 關東의 作錢 만 냥은 또한 즉시 輸送하라는 뜻으로 該廳에 분부하는 것이 어떠한가"[140]라는 보고에 잘 나타나 있다. 정리소의 건의에 따라 여유있는 1만 냥을 우선 사용하도록 正祖에게 啓하여 윤허를 받으면서 일단 整理所의 物力을 먼저 이용하게 되었다.[141]

위에서 民田을 春耕하기 전에 買得해야 한다고 설명하고 있는 것에서 알 수 있듯이 이때의 1만 냥은 주로 民田을 매입하는 비용으로 사용되었다. 그리고 나머지 1만 냥은 애초의 결정대로 關東穀에서 區劃되었다.[142] 華城屯田의 총예산으로 마련된 2만 냥 가운데 12,660여 냥은 畓의 매입과 미개간지를 개간하여 作畓하는 자본으로 사용되었다. 그 결과 屯田畓으로 총 109石 14斗落이 마련되었다.[143]

華城屯田은 華城府가 둔전의 소유권을 가진 地主가 되고, 城內의 民人을 作者로 하는 地主制로 經營하였다. 「大有屯設置節目」의 한

---

140 『華城城役儀軌』 附編 2, 啓辭.
141 水原留守는 整理所에서 1만 냥을 받아오기 위해 將校를 關文과 함께 派送하였고, 整理所는 이에 따라 上下하고 있었다.
142 여기에서 한 가지 문제가 제기된다. 華城屯田을 건설하는데 들어간 비용이 整理所의 여분의 穀과 關東穀이었음에도 불구하고 「大有屯設置節目」에는 '內下錢'으로 표현되고 있다는 문제를 어떻게 해석할 것인가 하는 점에 있다.
143 『華城城役儀軌』 附編 2, 大有屯設置節目.
이하에서 검토할 大有屯田 운영에 대한 설명은 이 節目에 의거하였으며, 특기할 만한 경우가 아니면 따로 註記하지 않았다.

조목을 살펴면 "城內의 民人에게 그 힘에 따라 원하는 만큼 分給하여 농사를 지어서 곡식을 수확하여 힘입어 의지하도록 할 것이되, 公(官)에서 種子와 소를 나누어주어 이로써 그 힘을 돕도록 하고 折半收穫을 修城庫에 붙이도록 할 것"[144]이라고 규정하고 있었다. 즉 화성부의 民人에게 토지를 分給하고 作人으로 삼는 방식이었다.

華城府는 作人에게 種子와 牛를 대어 주었고, 절반의 수확을 획득하였다.[145] 즉 병작지주로서의 화성부는 屯田의 民人에게서 地代로서의 수확의 절반을 수취한 것이었다. 이렇게 수취한 절반은 修城庫에 붙여 修城穀으로 운영하도록 규정하였다.

屯畓의 크기와 作人을 파악하기 위하여 따로 量案을 만들어 屯所에 비치해 두었고, 作人이 바뀔 때에는 표를 붙여서 변동사항을 파악하였다. 그리고 屯田 作人의 원활한 재생산 조건을 갖추어 주기 위하여 소를 분급하였다. 200냥을 內下하여 10마리의 소를 구매하고 無稅로 作人들에게 나누어 주어 경작하게 하도록 하였는데, 단지 3년에 雛産한 마리를 납부하도록 하였고, 城役所에서 물러난 소 32마리도 屯田의 作人에게 20斗 씩을 받고 내어 주도록 하였으며 앞서의 10마리의 소의 경우와 마찬가지로 3년에 雛産 1首를 내도록 규정하였다.

주목되는 것은 소가 起耕과 김매기 등의 쟁기질에 필수적인 축력을 제공하는 측면뿐만 아니라 소를 이용한 비료제작에도 주의를 기울이고 있다는 점이다. 즉 東西養牛所에서 나오는 牛糞과 腐草를 北屯의 새로이 경작하는 사람에게 헤아려 싣고 가도록 都廳에서 품의하고 있었다.[146] 屯民에 대한 혜택은 還穀의 측면에서도 부여되었는데, 각 倉

---

144 『華城城役儀軌』附編 2, 大有屯設置節目.
145 주지하다시피 조선후기에 三南地方의 경우 地主가 아니라 作人이 地稅를 내는 관행이 성립되어 있었다. 반면에 경기 이북 지역의 경우는 作人이 아닌 地主가 지세를 내고 있었다.

의 元還을 分給하지 못하도록 하고 대신 修城庫의 屯還만 받도록 한 것이 그것이었다.

華城屯田을 경영하고 관리할 직임으로 屯所에 양반으로 임명한 屯都監 一員, 將校 가운데 차출한 屯監官 一員, 屯田色吏 二人, 根着人으로 임명한 舍音 一名, 使令 二名, 勸農 一名을 두었다.[147] 둔도감과 둔감관이 여타 아문과의 문서교환, 협조관계를 담당하였고, 이러한 문서거래에 色吏를 이용하였던 것으로 보인다. 舍音과 使令, 勸農은 세부적인 둔전 경영의 실제업무를 담당하였던 것으로 보인다. 실제로 舍音은 宮房田이나 기타 아문 둔전의 수취관계를 담당하는 직임의 명칭이었다. 위와 같은 屯所의 직임들, 즉 屯屬들이 업무를 처리할 장소로 大有屯舍를 설치하였다. 대유둔사는 古等村 아래의 高陽洞에 있었는데, 1797년 봄에 건축된 7間 반짜리의 瓦舍였다.[148]

華城屯田의 경영에서 특기할 만한 점은 이들 職任을 가지고 있는 자들에게는 급료가 지불되었다는 점이라 할 것이다. 매달 屯都監에게는 米10斗, 監官에게는 米8斗, 色吏에게는 米7斗, 舍音·勸農·使令에게는 각각 租1石(平石=15斗)을 지불하였고, 色吏 2인은 한 달씩 급료를 번갈아 받도록 규정하였다. 屯舍에는 창고가 마련되었는데 勸農이 根幹한 자를 택하여 庫直으로 삼도록 하였다.

또 하나 중요한 사실은 이와 같은 朔料와는 별도로 둔도감 이하의 生計와 衣資를 해결해 주기 위하여 토지를 분급하였다는 점에 있다. 그 내역을 보면 둔도감에게는 답 8斗落, 감관에게는 7斗落, 舍音·권농·사령에게는 5斗落을 私耕으로 나누어 주었다. 여기에서 주목되는

---

146 『華城城役儀軌』 卷之四, 稟目 丙辰 3월 13일.
147 『華城城役儀軌』 附編 2, 大有屯設置節目.
148 『華城城役儀軌』 附編 1, 亭渠/萬石渠.

것은 이들 耕地를 私耕이라는 형식으로 주었다는 점이다. 私耕은 土地를 분급받은 사람에게 耕作權을 양도하여 갈아먹게 하고 동시에 免稅의 혜택을 주는 내용의 것이었다.

화성둔전에서의 직역의 대가로 屯所 근처에 있는 屯田을 劃給해주고 이 畓을 경작하여 소출에 대한 면세의 혜택을 줌으로써 舍音 등의 직역을 수행할 바탕을 충실히 하도록 조치를 취한 것이었다. 실제로 宮房田 등에서의 수취에서 가장 문제가 되는 것은 중간관리인이 舍音·導掌 등의 중간 착취문제였고, 정조의 의도에서 만들어진 이 화성둔전에서는 이러한 중간착취를 배제하기 위한 장치가 마련된 것이었다. 정조는 궁방전과 아문둔전에 대한 절수의 제한과 중간관리인의 착취문제에 대해서 깊이 알고 있었으며 이러한 인식을 바탕으로 화성둔전에서의 둔전경영을 보다 안정적이고 이상적인 것으로 만들기 위한 위와 같은 조치를 내렸던 것으로 생각된다.[149]

정조 대『千一錄』이라는 應旨進農書를 올리기도 한 禹夏永의『觀水漫筆』에도 화성의 둔전과 관련된 언급이 보이고 있다. 禹夏永은 城北에 만든 새 屯田은 百石을 심을만 하니 稅金을 가볍게 정하여 作人에게 임의대로 농사를 짓게 하는 것이 並作을 시키는 것보다 좋은 방책일 것이며 낮은 세금과 병작으로 거두게 될 액수의 차이는 華城에 있는 목장을 파하여 屯田을 설치하여 얻게 될 수익으로 보전하면 될 것이라고 하였다.

그리고 현재 우리나라의 각 營門의 屯土는 모두 먼 곳에 있어서 세금을 받아 양식을 저축하는 데 불과하니 軍士를 나누어 농사짓는 뜻

---

149 이러한 파악은 앞으로 보다 많은 사례를 천착해야만 충분히 설명될 수 있을 것으로 보이며 여기에서의 언급은 특히 華城屯田의 경우에 한하여 지적하는 것에 불과하다.

이 없다고 지적하면서, 화성의 경우는 여러 곳에 산재해 있는 둔전을 본부 가까이로 옮기거나 서울사람의 농장과 교환하여 본부 四方 10里 안에 둔전이 있도록 하여 華城의 屯田을 경영하도록 제안하였다. 이러한 제안에 대하여 당시 朝廷의 반응이 어떠하였는지는 불확실하지만 보다 중요한 것은 화성의 屯田 經營에 대하여 둔전의 본래적인 모습에 가까운 대안을 제시하고 있다는 것과 정조의 屯田 구상에 간접적이나마 영향을 미쳤을 것이라는 점에 있다고 할 것이다.

이상에서 검토한 바와 같이 정조 대의 화성둔전의 설치와 경영은 당시 屯田이 안고 있던 여러 가지 폐단, 특히 중간관리인의 수탈 배제 등을 달성하기 위한 노력의 일환이었다. 그리고 兵農 一致라는 둔전의 기본적인 성격에 충실한 새로운 둔전의 실제 운영[150]을 통해서 당대 둔전의 문제를 해결하려는 성격도 갖고 있었다. 따라서 정조 대 둔전개선론의 실천으로 자리매김할 수 있을 것이다.

3) 19세기 屯田經營論

18, 19세기의 농업실정에 근거하여 몇몇 사람이 屯田의 설치, 屯田의 경영을 농업체제의 변혁론으로 제시하였다. 1809년 당시 평안감사로 재직하고 있던 徐榮輔는 강계부에 둔전을 설치하고 운영방안인 節目을 조정에 보고하였다.[151] 서영보의 강계부 둔전 설치와 운영은 둔전운영론의 차원에서 접근할 수 있다. 그가 보고한 「江界府防軍屯田節目」은 병농일치의 둔전론을 제시한 것이었다.

또 다른 둔전경영론으로 徐有榘의 屯田論를 찾아볼 수 있다.[152] 서

---

150 송양섭, 『朝鮮後期 屯田 硏究』(경인문화사, 2006), 220면.

151 『純祖實錄』 권12, 純祖 9年 5月 30日 己丑 (47-631) ; 平安監司徐榮輔, 以江界府防軍屯田節目啓.

152 金容燮, 「18, 9세기의 농업실정과 새로운 농업경영론」, 『증보판 한국근대농업사

유구의 둔전론은 그가 편찬한 『林園經濟志』에 보이지만 「擬上經界策」에 체계적으로 제시되어 있다. 서영보와 서유구의 둔전론은 앞서 살펴본 정조 대 화성에 둔전을 설치하고 운영할 때의 그것과 비교할 수 있을 것이다.

徐榮輔가 올린 「江界府防軍屯田節目」에 따르면 강계부 大羅信洞에서 慈城洞에 이르는 600리 땅에 屯所를 설치하는 것이었다. 徐榮輔는 강계부의 강변 부근 평탄한 지역 곳곳마다 屯田을 창설하고 개간을 허용하는 방안을 제시하고 있었다. 그는 江邊에서 산밑[山底]에 이르는 지역에 2~3리 또는 4~5리마다 개간할 만한 곳이 있다고 전제하였다. 이러한 지역을 대상으로 防卒을 동원하여 巡察과 農作을 같이 병행하게 하면 좋을 것이라고 주장하였다. 서영보의 둔전론은 외적을 방비하면서 農作을 수행하는 전형적인 兵農一致의 그것이었다.[153] 이와 같이 서영보가 제시한 둔전론의 첫 번째 특징은 병농일치의 屯田論이라는 점에 있다.

다음으로 서영보의 둔전경영론에서 찾아볼 수 있는 특징은 둔전 경작에 동원되는 防卒에게 朔料를 지급하는 방식을 취하고 있다는 점이다.[154] 이는 앞서 정조 대 화성부에 설치한 大有屯田에서 監官・色吏 등의 料條를 설정한 것과 같은 맥락이라고 볼 수 있다. 다만 大有屯田의 경우 官屯田에 해당하기 때문에 監官, 色吏가 下吏에 해당하는 職任이라고 할 수 있는 반면, 강계부 屯田은 兵農一致의 軍屯田에 해당

연구 상』(일조각, 1984).

153 『純祖實錄』 권12, 純祖 9年 5月 30日 己丑 (47-631) ; 平安監司徐榮輔, 以江界府防軍屯田節目啓 (……) 使之入防 專意巡瞭 輪回農作 一以爲備捍禦之策 一以爲務屯田之地.

154 『純祖實錄』 권12, 純祖 9年 5月 30日 己丑 (47-631) ; 一 防卒七百名 每朔每名六斗之料 通計一年爲三千三百六十石.

하기 때문에 防卒이 군인이라는 점에서 차이가 있다. 그렇지만 두 경우 모두 屯田의 원활한 운영을 위해, 즉 둔전의 경작과 개간이 제대로 성취될 수 있도록 중간 관리인에 해당하는 職任에게 給料를 지급하고 있다는 점에서 동질적이라고 할 수 있을 것이다. 屯田의 監官이 자의로 징수하는 것이 갖고 있는 문제점에 대해서는 1786년 '丙午所懷'를 올린 成均館 司藝 金禧麟도 지적한 바였다.[155]

마지막으로 서용보는 둔전의 안정적인 농업경영을 위해 農器, 즉 농기구와 農牛를 내려주는 방안을 제시하고 있다는 점에서 특징을 찾을 수 있다. 農器와 農牛는 農作에 소용될 뿐 아니라 開墾에 활용되는 것이었다. 강변에서 이어지는 넓지 않은 충적지는 개간가능지 1순위로 꼽힐 수 있는 적지라고 할 수 있다. 그런데 이런 개간가능지를 개간하는 작업은 여러 가지 유인책과 더불어 畜力와 농기구를 활용하는 것이 절실히 요구되었다고 할 수 있다. 이상에서 살펴본 바와 같이 서용보가 제시한 강계부 屯田論은 평안도 지역의 하천 인근의 넓지 않은 지역을 개간하고, 동시에 방비하는 방안이었다. 이는 당시 조선의 농민이 직면하고 있던 토지소유와 농업경영의 분화 등을 해결하는 방안이라기보다 국가의 변방을 지켜나가기 위한 현실적인 개선방안이었다.

徐榮輔가 제시한 屯田論의 성격과 관련해서 주목되는 것이 『純祖實錄』에 보이는 순조의 언급이다. 서영보는 1808년 9월 평안도관찰사

---

155 서울대학교 고전간행회, 『正祖丙午所懷謄錄』, 65면 ; 成均館 司藝 金禧麟 所懷 臣居在遐土 有目擊民瘼者 蓋總戎廳所管 德池屯 在於平安道永柔縣 而每當收悅之際 自本營差遣屯監 看坪取稅 而爲其屯監者 恣意徵斂 隨手高下 茆屋搔擾 號泣盈路 如此弊端 無歲無之 及其上納也 除却屯監料屬許多宂費 本營所捧之數 不甚夥然 臣愚以爲 屯畓卜結數 定稅磨鍊 則逐年所捧 足以當屯監常年所入之數 而況屯監所納 有豐有歉 年例不同 結役所捧 爲永歲一定之數 請革罷屯監 一依卜結定稅 自本縣上納 則本營無所損害 而於小民爲支保之道矣 批以屯監之弊 果如爾言 從當博詢 處之矣.

에 제수되었다.[156] 10월 초에 순조는 서영보를 召見하여 성심으로 백성을 돌보라는 하교를 내렸다. 이때 순조는 江界의 人蔘 문제를 거론하고 있었을 뿐이고 屯田에 대한 언급은 하지 않았다. 하지만 폐단이 있는 것을 반드시 백성을 살려내고 폐단을 혁파할 수 있는 방안을 마련하도록 당부하고 있었다.[157] 이렇게 볼 때 徐榮輔가 제시하는 屯田論은 앞서 정조가 화성에서 시행했던 屯田論을 계승하는 조선의 국가적인 입장에서 제기되는 둔전론이라고 할 수 있다. 또한 당대의 관료들이 현상적인 농업진흥의 문제를 해결하고, 나아가 개간, 간척 등을 수행하기 위해 고려할 만한 屯田論이었다고 할 수 있을 것이다.

다음으로 서유구의 관료적인 둔전론과 성격을 달리하는 徐有榘의 둔전경영론을 살펴본다. 19세기 전반에 『임원경제지』라는 종합농서이면서 類書의 성격을 지닌 방대한 저서를 지은 徐有榘는 또한 당시의 농업현실에 비추어 독자적인 농업개혁론을 제시하였다.

서유구는 18세기 말에 전라도 순창군의 군수를 역임한 바 있었다. 당시 정조는 농서 및 농정책을 종합하고자 응지진농서, 응지상소를 전국에서 올리도록 했는데, 1798년(정조 22)에 정조에게 올린 「淳昌郡守應旨疏」가 바로 서유구가 올린 상소이다.[158] 그는 농서 편찬에 대한 구체적인 방안을 제시하였는데, 道 단위로 文識가 뛰어난 선비로 하여금 그 지역의 농법을 정리하는 책임을 맡게 할 것을 제안하기도 하였다.[159]

---

156 『純祖實錄』권11, 純祖 8年 9月 21日 甲申 (47-610) ; 以徐榮輔爲平安道觀察使 尹致性爲司諫院大司諫 李冕膺爲全羅道觀察使.

157 『純祖實錄』권11, 純祖 8年 10月 5日 丁酉 (47-611) ; 召見平安監司徐榮輔 全羅 監司李冕膺 上謂榮輔曰 閣臣與他自別 下去後 須誠心對揚 有弊者必思蘇革之方 而至於 江界人蔘 屢年積弊 雖非一時所可蘇革者 而亦須詳探事實 博採人情 善爲釐正可也 且殿 最事 向亦有臺臣所奏 而嚴不嚴 專在於方伯 各別詳審也.

158 「淳昌郡守應旨疏」, 『金華知非集』『楓石全集』1984년 보경문화사 영인.

서유구는 『林園經濟志』와 「의상경계책」을 편찬하면서 당대 조선의 농업현실을 인식하고 이에 대한 어떠한 대책, 해결방안을 제시하였는데, 그것이 바로 屯田論이었다. 둔전론은 그동안의 조선의 농업현실을 변혁하여 새롭게 농업경영을 혁신하자는 주장으로 정리할 수 있다.

徐有榘는 당대의 농업현실을 개혁하는 방안으로 屯田論을 제시하였다.[160] 그는 朝廷의 관리가 아닌 在野의 학자로서 둔전경영론을 구상하고 이를 하나의 체계로 만들어 제시하였다. 서유구가 제시한 屯田論을 농업경영혁신론으로 주목하고, 이를 다른 관료, 학자들의 屯田論과 비교 설명한 연구를 찾아볼 수 있다.[161] 서유구가 1820년대에 주장한 농업개혁론은 屯田論, 즉 둔전설치론이었다. 屯田이란 원래 변경이나 군사요지 부근의 閑曠地를 개간, 경작하여 軍資에 충당하기 위해 설치된 토지였다. 그리고 후대에 州府郡縣 및 營鎭 등 官衙의 경비를 보충하기 위하여 설치한 토지도 屯田이라 하였다. 조선초기에 편찬된 『經國大典』의 규정에 따르면 전자를 國屯田, 후자를 官屯田이라 구분된다.[162] 조선왕조의 國屯田은 변경지방에 두어 軍資에 충당하기 위한 것이었고, 官屯田은 처음에 州府郡縣에 軍資가 부족하다는 이유로 설치된 것이었지만 실제로는 지방관의 일반 경비에 충당되는 것이었다고 나누어 볼 수 있다.

서유구가 屯田을 설치할 것을 제안한 것은 당시의 조선 농업현실에

---

159 徐有榘, 「淳昌郡守應旨疏」, 『楓石全集』 3, 金華知非集 ; 金容燮, 『朝鮮後期 農學의 發達』(한국문화연구소, 1970), 133면.

160 김용섭, 「18, 9세기의 농업실정과 새로운 농업경영론」, 『증보판 한국근대농업사연구 상』(일조각, 1992).

161 김용섭, 『朝鮮後期農學史硏究』(일조각, 1988) ; 김용섭, 『증보판 한국근대농업사연구』 상(일조각, 1992) ; 유봉학, 『燕巖一派 北學思想 硏究』(一志社, 1995), 230면.

162 『經國大典』 권2, 戶典 諸田 ; 官屯田 (……) 則自耕無稅 (……) 國屯田 以所在官境內鎭戌軍 耕穫 補軍資.

근거한 것이었다. 서유구가 제안한 둔전론은 국가재정의 보충을 목표로 삼은 것으로, 구체적으로는 한성부에 시범농장을 설치하고 이를 모범으로 삼아 각 군현에 屯田을 개설하는 것이었다. 그리고 북방지역의 개척 개발을 위해 屯田을 설치하고 활용하는 방안이었다.[163] 서유구의 둔전론은 중앙에 시범농장에 해당하는 모범 둔전을 설치하고, 이를 본받아 지방관청에 둔전을 개설하는 방안과 북방지역에 군현 설치 전단계로 富民을 동원하여 개발 전초기지로 둔전을 설치하는 방안으로 구성되어 있었다.

서유구는 젊은 시절에는 박지원의 限田論을 추종하기도 했지만, 오랫동안 관직에서 멀어져 향촌에서 생활하면서 조선사회의 현실적인 여건, 즉 자신이 직접 견문한 농촌의 실상에 근거하여 보다 실제적이고 구체적인 농업개혁론을 구상하기에 이른 것이었다. 둔전설치론 자체는 이미 박지원뿐만 아니라 박제가 등에 의해서도 제안되고 있었다.[164]

서유구의 둔전설치론은 그의 문집 『楓石全集』 속에 수록된 「擬上經界策」에 정리되어 있다. 上下로 되어 있는 「의상경계책」의 여러 조목 중에서도 '廣屯田而富儲蓄'이라는 조목이 바로 둔전설치론을 주장한 내용이다.

서유구는 屯田을 설치해야 한다는 주장은 먼저 地力을 다 활용하기 위해서는 田野에 남겨지는 이익이 있으면 안되기 때문에 耕種을 제대로 된 法에 따라 수행해야 한다는 것을 전제로 삼는 것이었다. 지력을 다 활용하려면 耕耰樹藝之法을 가르치지 않으면 안된다고 정리하였다.[165] 다음으로 樹藝하는 법을 어떻게 가르칠 것인가에 대해서 서유

---

163 염정섭, 「풍석 서유구의 농법 변통론과 농정개혁론」, 『조선후기 실학사의 재조명: 제3회 실학 연구 공동발표회』, 실시학사, 2013, 77~107면.

164 김용섭, 「朝鮮後期 土地改革論의 推移」, 『增補版 朝鮮後期農業史研究』 Ⅱ, 1992, 461면.

구는 반드시 式을 제시하고 보여주고, 效를 거두어 따르게 해야 한다는 것으로 결론을 맺었다.[166] 다시 말해서 새롭게 변통한 農法을 보여주고 그 농법으로 實效를 거둘 수 있다는 것도 알려주어야, 농민들이 스스로 따라올 것이라는 주장이었다.

서유구는 둔전이란 곧 보여주는 것, 그리하여 다투어 일어나도록 권장하는 것을 목적으로 삼고 있으며, 이를 위해 농법을 개발하는 일도 담당해야 한다고 보았다. 농민에게 교묘함과 졸열함의 차이가 수고로움과 편안함으로 판이하게 나뉜다는 것, 그리고 善否가 크게 차이가 나는 것에 따라 利害도 현저하게 달라진다는 것 이것을 보여주는 것, 그것이 바로 서유구가 바라본 屯田의 성격이었다.[167] 이러한 성격의 둔전은 달리 말해서 조선적인 농사시험장(시범농장)[168]에 해당하는 것으로 보아야 할 것이다. 治田, 種穀의 원리를 찾아내어, 농민들에게 교묘함과 졸열함의 차이, 善否의 크게 차이나는 양상 등을 살펴볼 수 있게 해준다는 것은 바로 농사를 시험하여 그 결과를 널리 보급하고자 하는 농사시험장의 성격에 걸맞은 것으로 생각된다.

서유구가 제시하는 둔전설치론은 가장 전형적인 '조선농사시험장'에 해당하는 京師屯田 4곳으로부터 시작한다. 東屯은 京城 東十餘里

---

165 徐有榘, 『楓石全集』, 「金華知非集」 卷第十一, 策, 擬上經界策 ; 農政之亟宜施措者六, 六曰廣屯田以富儲蓄 (……) 盡地力病何. 邦內久安. 田野日闢. 而臣以爲地有遺利者. 淤食者衆而爲之不疾. 耕種無法而生穀不多. 故耕耰樹藝之法. 不可不教也.

166 徐有榘, 『楓石全集』, 「金華知非集」 卷第十一, 策, 擬上經界策 ; 農政之亟宜施措者六, 六曰廣屯田以富儲蓄 (……) 教樹藝奈何. 習狃於故常者. 不可以色辭喩也. 見滯於方隅者. 不可以政令齊也. 必須程式以示之. 功效以歖之.

167 徐有榘, 『楓石全集』, 「金華知非集」 卷第十一, 策, 擬上經界策 ; 農政之亟宜施措者六, 六曰廣屯田以富儲蓄 (……) 使世之執耒耟而服甽疇者. 曉然知 治田 如此則理. 不如此則荒. 種穀 如此則食. 不如此則饑. 巧拙之相形而勞逸判焉. 善否之相違而利害懸焉. 然後競相興勸. 不令而趨. 故屯田不可緩也.

168 시범농장이라는 용어는 유봉학이 제시한 것이다. 유봉학, 「徐有榘의 學問과 農業政策論」, 『燕巖一派 北學思想 研究』(一志社, 1995), 211면.

中泠浦之西과 稍東四五里 拜峰之下에 위치하는데 龍爪 등을 이용하여 沙泥가 퇴적된 下流를 疏濬하고 圩岸을 圍築하는 등 여러 가지 수리법을 적용한다. 여기에는 拜峰의 牧廨를 활용하여 屯田所도 설치한다. 다음으로 西屯은 京城 西十餘里 楊鐵坪과 西南數里 衍義宮 舊基에 설치하는데, 民田인 곳은 매입하는 방식으로 둔전을 만든다. 山谷에 의지하여 築堤하여 저수지를 만들어 灌漑에 이용하고, 都城에서 나오는 糞壤을 수레로 운반하여 시비에 이용한다.

다음으로 南屯은 始興 安陽의 평야지에 설치하는데, 安陽橋 아래에 壩閘을 설치하여 물을 잘 조절(節宣)한다. 마지막으로 北屯은 楊州 議政坪에 설치하는데, 道峰 水落의 사이에 위치하여 홍수의 우려가 있으므로, 匠人의 溝洫의 제도를 따라 四尺짜리 溝와 八尺짜리 洫을 縱橫으로 조성하여 그 끝이 하천에 이어지게 한다. 이상에서 동서남북에 설치하는 京師四屯은 耕耙樹藝의 기술만 제시하여 보여주는 것이 아니라 水利法도 같이 제시하는 곳이었다.

경사둔전 4곳을 합하여 총 1,000頃을 조성하는데, 10頃마다 耦犁四牛, 役車二乘, 佃夫五人을 두어, 전체적으로 500명의 佃夫가 동원되는 규모였다. 그리고 耕牛는 嶺南에서 동원하고, 稻田 佃夫는 嶺南左道人으로, 粟田 治田者는 海西關西人으로 모집하게 하였다. 또한 매 1屯에 農務에 밝은 사람 1인을 典農官으로 삼아 그 일을 領略하게 하였다. 그리고 여러 가지 수리기계와 농기를 제작하는 것도 경사둔전에서 담당하게 하였다. 둔전의 稻田에서는 嶺南의 種稻法, 陸田에서는 지금 방법을 모두 바꾸어 대전법을 사용하게 하였다.

경사둔전에서 수확하여 그것을 창고에 축적하고, 시행한지 몇 년이 지나 커다란 성과를 거두게 되면 비로소 四都八道로 둔전 설치를 확장하는 것이었다. 즉 경사둔전과 사도팔도에 설치되는 營下屯田은 병렬적으로 설치되는 것이 아니라 순차적으로 설치되는 것이었다.[169] 그리고 사도팔도의 둔전에 뒤이어 水陸節度營 및 列邑都護府에도 편의에 따라 차례로 屯田을 설치할 수 있게 해주는 것이었다.

북방지역의 둔전은 京師屯田, 營下屯田, 列邑屯田과 전혀 성격이 다른 것이었다. 북방둔전은 두만강, 압록강의 경계로 삼아 두 강까지 사이의 북방지역을 개척, 개발하기 위한 방책으로 제시된 것이었다. 즉 토지를 개간해서 강역을 넓히고, 곡식을 쌓아두어 변방을 근실하게 하는 것 두 가지 모두 우리 我東에서는 하지 않고 있는데 이를 실행에 옮겨야 한다는 주장이었다. 이러한 지역개발을 추진하는 과정에서 둔전을 방편으로 삼는 것이었다. 지역이 개발된 이후에는 郡邑 또는 鎭堡를 설치하는 과정에 이르게 되었다.

북방둔전 설치는 郡邑, 鎭堡 설치로 이어지는 것으로 앞서 경사둔전이 농사시험장(시범농장)의 성격을 띠고 있던 것과 완연히 다른 것이었다. 따라서 북방둔전의 설치론은 점진적인 북방 개척의 방법론이라고 규정해야 할 것이다. 그리고 둔전은 지역개발의 거점에 해당하는 것이었다. 富民을 동원하여 이들을 百夫之長 千夫之長으로 삼다가, 개척을 진전시킨 다음에 둔전을 개설하여 屯長으로 삼고, 그런 다음에 다시 郡邑, 鎭堡를 설치하는 지역 개발의 점진적인 시스템을 제안한 것으로 볼 수 있을 것이다. 이상과 같이 서유구는 북방의 관둔, 민둔을 점진적으로 개척하고 개설하는 방안을 체계적으로 제시하였다.

이와 같이 살펴볼 때 서유구의 둔전설치론은 농사시험장 성격의 둔전과 북방지역 개발 전초기지로서의 둔전으로 나누어 볼 수 있다. 농사시험장 성격의 둔전의 경우 여기에 참여하는 佃夫를 통해 선진적인

---

169 徐有榘, 『楓石全集』, 「金華知非集」 卷第十一, 策, 擬上經界策 ; 農政之亟宜施措者六, 六曰廣屯田以富儲蓄 (……) 行之數年. 灼見成效. 然後分遣其徒于四都八道. 以一傳十. 以十傳百. 教導其耕播芸耨之法. 各就營下近處. 設置屯田. 多或七八百頃. 少或四五百頃. 其設施規制. 一倣京屯.

농업기술을 습득하여 전파할 수 있는 기회로 삼고자 했다. 즉 농장이나 농업기술의 모범을 보여 전국에 보급시키고자 한 것이다. 다음으로 둔전경영에서 얻은 소출을 둔전의 경비로 반을 지출하고, 나머지 반을 비상용으로 비축하도록 설정하고 있었다. 그리고 국둔은 이를 담당하는 관인으로 典農官이라는 자리를 마련하여, 일반 관리가 아닌 농사일에 능통한 농촌의 力農者를 임명하도록 구상하였다.[170]

한편 북방 지역 개발 전초기지로서의 둔전은 '변방을 굳건하고 건실하게 하는 방책(實邊固圉之策)'이었다. 북방둔전 설치는 郡邑, 鎭堡 설치로 이어지는 것으로 점진적인 북방 지역 개발의 방법론, 그리고 북방둔전은 지역개발의 거점이었다.

이상에서 살펴본 바와 같이 서유구가 제시한 둔전론의 핵심은 국가적인 농사시험장의 설치와 북방지역 개발이라는 두 가지 점에 있었고, 이를 위해 농촌의 역농자·부민 계층을 활용하는 것이었다. 그런데 서유구의 둔전론은 농법 변통론과 연결되는 측면을 가지고 있었다. 둔전을 개척하여 선진적인 농법이 세상에 전파되게 해야 한다는 둔전론이었다. 그리고 둔전을 담당하는 관원에 해당하는 明農者는 농사일에 노련한 농민, 즉 老農과 같은 성격의 농민으로 볼 수 있다는 점에서 현실의 선진 농법을 보급하려는 둔전론이기도 하였다.[171]

국영농장이나 민영농장의 설치는 단지 농민들에게 토지를 분배하는 기존의 방식과는 근본적으로 달랐기 때문에 둔전경영론이 성공하기 위해서는 보다 철저한 경영과 관리가 요구되었다. 서유구는 부농층을 관리자로 임명하고 이들의 지도로 세분된 단위농장을 집단으로

---

170 김용섭, 「朝鮮後期 土地改革論의 推移」, 『增補版 朝鮮後期農業史硏究』 Ⅱ, 1992, 463~464면.

171 유봉학, 『燕巖一派 北學思想 硏究』(일지사, 1995).

경영하려고 생각하였다. 그는 이 국영농장에 새로운 농업기술과 농지제도를 도입하며, 여기서 산출된 수확물은 고용된 농민에게 충분히 분배함으로써 농민경제와 국가재정의 파탄을 사전에 막을 수 있다고 보았다. 그가 제안한 국영농장, 민영농장의 성격을 한마디로 규정한다면 시범농장이라고 할 수 있다. 그리고 농업경영의 시범적인 모습을 제안하고 이를 통해 새로운 農法을 민간에 보급하려는 목표를 가지고 있었다.

서유구는 둔전론을 개진하는 것과 별도로 田土의 특성을 파악하고 이를 바탕으로 현실적인 田土 개선론을 제기하고 있었다. 서유구는 조선의 量田法에 대하여 비판적인 검토하면서 이를 바탕으로 結負法을 頃畝法으로 바꾸어 양전을 시행하자고 주장하였는데, 이러한 생각을 바탕으로 서유구는 조선의 토지이용실태, 즉 土地地目에 주의를 두고 있었다. 사실 「본리지」 권1 田制에서 집중적으로 서술하고 있는 내용은 諸田, 즉 토지지목, 토지종류에 대한 것이었다. 箕子井田, 區田, 代田, 圍田, 架田, 櫃田, 梯田, 塗田, 堰田, 沙田, 淤田, 反田, 火田, 苫田 등을 소개하고 있었다.

田制에 수록된 내용은 대부분 중국 농서와 조선 농서에서 인용한 것이지만, 몇 가지 경우는 서유구 자신의 입장, 주장, 논의를 같이 제시하고 있었다. 서유구의 논의는 조선의 농업현실에서 찾아볼 수 있는 토지 종류에 대한 정확한 파악을 목표로 삼고 있었고 특별한 경우에 이러한 현실을 뒤바꾸는 개선안을 제시하고 있었다. 다시 말해서 조선의 토지실태를 면밀히 파악하고 이를 바탕으로 현실적인 田土 개선안을 제시한 것이었다.

먼저 서유구는 梯田에 대해서『王禎農書』에 나오는 내용을 소개하고 있는데, 중국과 조선의 차이점에 주의를 기울이고 있었다. 중국의 梯田은 산기슭에서 산꼭대기까지 비탈을 개간하여 계단식으로 조성한 곳이었다. 水源이 있을 경우는 稻作을 할 수 있고, 없을 경우에는 粟이나 麥을 심는 것이 적당하였다. 농사를 짓지 않는 것보다 梯田을 만드는 것이 낫기 때문에 산골의 民들이 나서고 있다는 설명이었다.[172]

이러한 중국의 사정을 살핀 다음에 서유구는 梯田이 조선의 농업현실에서 어떻게 나타나고 있는지 설명하고 있었다. 그는 "우리나라 산골 마을에는 이런 농지가 많다. 그러나 거의 모두 밭작물을 재배하고, 그 가운데 수원이 있어 稻作을 하는 것은 10~20％에 불과하다"고 지적하였다.[173] 중국의 梯田은 水田으로 활용되는 비율이 조선에 비해서 높다는 점을 감안하여 우리의 경우 稻作의 비율이 매우 낮다는 점을 강조한 것이었다.

중국과 조선의 梯田 활용방식에 차이가 있는 점에 대해 서유구는 수리문제로 설명을 붙이고 있었다. 중국은 水源이 농지보다 매우 높은 곳에 내려올 경우 梯田을 만들어 물을 차례로 받는 방식으로 用水法을 만들어 놓고 있었다. 그리고 샘이 山上과 山腰 사이에 있을 때 아래쪽의 농지가 될 만한 곳을 개간하고, 물을 차례대로 받게 한 다음 아래쪽 江河로 내려 보내는 방식이었다.[174] 이러한 수리방식을 사용하고 있다는 점에서 중국의 梯田에서 水田 비율이 높다고 파악한 것이

---

172 『林園經濟志』, 「本利志」 卷1, 田制, 梯田 ; 梯田 謂梯山爲田也 山多地少之處 除磊石及峭壁例同不毛 其餘所在土山 下自橫麓 上至危顚 一體之間 截作重磴 卽可種藝 如土石相半 則必疊石相次 包土成田 又有山勢峻極 不可展足 播植之際 人則傴僂蟻沿而上 耡土而種 蹋坎而耘 此山田不等 自下登陟 俱若梯磴 故總曰梯田 上有水源 則可種秔秫 如止陸種 亦宜粟麥 蓋田盡而地 地盡而山 山鄕細民 必求墾佃 猶勝不稼 其人力所致 雨露所養 不無少穫 然力田至此 未免糠食 又復租稅隨之 良可憫也(王氏農書).

173 『林園經濟志』, 「本利志」 卷1, 田制, 梯田 ; (○案 我東山鄕 多此田制 然大率皆陸種 其有水源作稻畦者 什之一二也).

174 『林園經濟志』, 「本利志」 卷2, 水利, 論用水五法 ; 其三 源之來甚高于田 則爲梯田以遞受之 梯田者 泉在山上山腰之間 有土尋丈以上 卽治爲田 節級受水 自上而下 入于江河也.

었다.

서유구는 이러한 중국의 사정을 파악하고, 여기에 조선의 梯田이 놓인 처지를 감안하여 조선의 梯田에서 稻作 비율이 낮다고 언급하고 있었다. 이와 관련하여 지리학자인 남궁봉은 하천 상류 산간계곡에 山麓에 火入하여 畠田을 개간하고, 취락이 경작지를 따라 조성되며, 계곡을 흐르는 溪流를 이용하여 관개용수로 사용하고, 경지형태가 반달배미, 굿배미(움푹 파인 논배미), 장구배미 등 불규칙한 형태의 것이 현저하게 발달하여 골아실논 또는 棚田(시렁형태의 전답)을 띤다고 설명하였다.[175] 개간과정에 대한 연구성과에서 찾아볼 수 있는 산골 지역의 棚田이 형태, 用水法 등의 측면에서『임원경제지』의 梯田이 유사한 것이었다.

두 번째로 서유구의 언급을 찾아볼 수 있는 대상은 바로 堰田이다. 서유구는『王禎農書』를 인용하여 바닷가의 소금기가 있는 지역 가운데 둑을 쌓아 밀물을 막고 빗물을 저장하여 소금기를 씻어 없앤 뒤에 벼농사를 짓는 곳을 堰田이라고 규정하고 있었다. 堰田을 제대로 이용하려면 반드시 둑 안에서 지세를 헤아려서 도랑을 파고 개천의 물을 끌어들이기도 하고, 물을 저장하는 못을 만들기도 한 뒤에야, 소금기를 씻고 가뭄에서 벗어날 수 있다고 설명하였다. 朝鮮의 堰田은 제방을 쌓고 潮水를 막으면 만들 수 있는 것이었다.[176]

---

175 남궁봉,「韓國의 農地開墾過程 – 金萬頃平野를 중심으로」,『문화역사지리』11호(한국문화역사지리학회 1999).

176『林園經濟志』,「本利志」卷1, 田制, 堰田 ; 濱海斥鹵地方 有築堰捍潮 而瀦蓄雨水 洗去鹵性 然後作畦種稻者 俗稱堰田 是也 必于堰內 相度地勢 或開溝引川 或作積水池瀦水 然後可以洗鹵 可以救旱 不然 十年三熟也 按徐貞明潞水客談云 東南瀕海 歲多潮患 蓋海之勢 趨于東南也 遼海以及靑徐 有潮之利 無潮之害 徐玄扈亦曰 仲秋之潮 挾風雨而至者 唯東南爲甚 西北之雨 多在伏秋之間也 吾東則異於是 東南無潮 而西南濱海之地 忒苦潮溢 豈以我東居天下之東北 我東之西海 卽中國之東海 而我東之東海 卽中國之北海耶 今京畿水原富平仁川安山等 瀕海之田 往往苦潮患 百年桑麻之地 擧作瀉鹵之場

서유구가 堰田에 주목한 것은 17, 18세기 이래 宮房의 절수를 거쳐 개간한 궁방전 가운데 많은 부분이 堰田이었기 때문으로 생각된다. 「본리지」에 宮房 자체에 대한 언급이 들어 있지 않지만, 당대의 堰田 개발에 궁방이 많이 참여하고 있었다. 大江 유역의 蘆田, 海澤地를 개간하는 작업은 築堰, 築筒 작업이 선행되어야 하는데 많은 노동력과 비용 필요하였다. 이를 궁방 스스로 비용을 들이기도 하지만, 內需司 奴를 동원하기도 하고, 烟軍을 조발하여 부역시키는 방법을 동원하기도 하였다.[177] 서유구는 궁방의 堰田 개발에 대해서 직접 언급하는 대신에 堰田에서 제대로 수확하기 위해서는 소금기를 제거하는 데 주의를 기울여야 한다는 점을 강조하고 있었다.

세 번째로 서유구가 주목한 지목은 區田이었다. 區田은 실제로 토지지목이면서 또한 區田法이라는 이름에 걸맞은 農法의 하나였다. 서유구는 『課農小抄』에 나오는 李尙眞의 區田 관련 일화를 소개하면서 區田을 통해 많은 수확할 수 있다는 점을 설명하였다.[178] 區田法은 『齊民要術』을 비롯한 여러 중국 農書, 『增補山林經濟』, 『북학의』를 비롯한 여러 조선 農書에도 소개되어 있는 농법이었다. 그 가운데 柳重臨은 『증보산림경제』에 18세기 초반의 구전법 적용 사례를 소개하고 있었다. 이때 유중림이 강조한 것은 작은 농토에서 많은 수확할 수 있어 기근을 모면하게 해주는 농법이라는 점이었다.[179]

在俄頃間耳 故堰田二不能當陸田一也(杏蒲志 ○案 我東堰田之制 與王氏農書塗田之制相似 但塗田必須泥淤而成 堰田則不擇土 唯築堤捍潮 則可成也).

177 朴準成, 「17·18세기 宮房田의 확대와 所有形態의 변화」, 『韓國史論』11(서울대학교 국사학과, 1984).

178 『林園經濟志』, 「本利志」 卷1, 田制, 區田 ; 區田之法 不獨境瘠之地宜行也 凡於膏沃之土尤善 不獨旱田爲宜 雖水田亦好 (……) 此其區種之別法 最爲窮儒力不能躬耕負薪者 效而空傳美談 竟無行之者 良可慨惜(課農小抄).

179 柳重臨, 『增補山林經濟』 治農, 耕播 ; 竊考 區田法 大槩 與今之種瓜相類 (……)

서유구는 區田이 가뭄이 들었을 때에도 쉽게 물을 댈 수 있다는 점, 거름성분을 뿌리에 온전히 전해줄 수 있다는 점 등도 강조하였다. 서유구는 1811년(辛未年) 극심한 가뭄이 들었을 때 區田으로 재배한 작물을 거둘 수 있었다는 경험담도 곁들이고 있었다.[180] 이와 같이 서유구는 가뭄을 극복하는 방법, 작은 토지에서 많은 수확을 올릴 수 있는 방법으로 區田을 제시하고 있었다.

마지막으로 토지 지목에 대한 조선의 실태 파악 대상의 하나로 꼽아야 할 것이 反田이었다. 조선후기 旱田을 水田으로 만드는 反畓(反田)이 확대되고 있던 상황은 대체로 移秧法의 보급을 연결시켜 설명할 수 있다. 그렇지만 反畓의 확산은 결국 이전에 비해서 수리조건이 열악한 水田이 대량으로 확대된다는 점을 의미하였다. 서유구는 조선의 농업 현실에서 커다란 흐름으로 나타나고 있던 反田에 대한 자신의 견해를 여러 가지 논거를 들면서 제시하였다.

反畓의 열풍에 대하여 徐有榘는 당시의 전체 水田 가운데 10분의 3이 旱田에서 水田으로 바뀐 反畓(反田)의 경향에 따른 결과물이라고 지적하였다.[181] 이와 더불어 서유구는 몇 개의 글에서 反畓에 대한 자신의 입장을 피력하고 있었다. 먼저 「순창군수응지소」에서 서유구는 水田으로 翻作한 것이 一道의 田結 가운데 거의 3분의 1을 차지할 것이라는 점을 지적하였다. 또한 水田이 되었지만 旱田의 案에 매어 있어서 원래 把束도 俵災받는 예가 없다는 점도 지적하였다.

壬辰戊戌之際 但能區種三五畝者 皆免飢殍云 蓋此法 不耕傍地 庶盡地力.

180 『林園經濟志』,「本利志」卷1, 田制, 區田 ; 救旱 莫如區田 區田之美 爲其糞專於根也 辛未春夏之交 亢旱七十日 凡黍粟木綿荳麻之漫種者 一切不曾吐苗 幾乎野無靑草 而惟蔬瓞木綿之穴種者 往往出苗 蓋穴種近於區田之制也 (……) (杏蒲志).

181 徐有榘, 『杏浦志』田制 ; 反田者 翻陸田爲水田也 凡陸田之近泉近河 可引水灌漑者 改作畦塍 蓺以稻粳 今南北水田 什三皆反田 雖緣飯稻之風 視昔爲盛 亦由地省而利博也(畦種 則省地而收倍) 然陸田一年再種 稻則一熟而已 所謂利害相半者也.

서유구는 旱田에서 水田이 된 것을 면밀히 조사하고, 또한 舊陳을 換起하거나 灌漑를 적당히 할 수 있는 경우 反田을 허락하지만 그 이외에는 허락하지 말아야 한다는 방안을 제시하였다.[182] 이러한 방안은 현재 水田으로 만들어져 있는 것을 원상대로 복구시킬 수 없다는 인식, 그리고 농민의 水田 선호와 反田 확대를 어느 정도 용인하는 입장이 깔려 있다고 생각된다.

「의상경계책」에서 서유구는 순창군수 일 때의 견해와 크게 다른 입장을 피력하고 있다. 「五日禁反田以覈名實」에서 서유구는 "일체 陸田으로 換作시켜야 한다"는 강력한 입장을 표명하고 있었다.[183] 1798년 무렵 「순창군수응지소」에서 조선의 토지실태에 대한 사실상의 인정을 바탕으로 현실적으로 시행 가능한 방안을 제시하던 서유구의 논설이 1820년대 「의상경계책」에 이르면 현실보다는 이상적인 방안의 마련과 적극적인 실천이라는 방향을 띠고 있음을 알 수 있다.

「본리지」는 『행포지』를 인용한 反田이라는 標題 기사를 신고 있는데, 反田이 陸田 가운데 샘이나 하천에 가까워 引水하여 灌漑할 수 있을 경우만 해당되는 것으로 서술하고 있다. 몽리혜택에서 멀찌감치 떨어져 있는 反田의 존재 자체를 부정하는 방법으로 反田을 둘러싼

---

182 徐有榘,『楓石全集』3冊,『金華知非集』卷1, 淳昌郡守應旨疏 ; 大抵南俗水耨之功勝而火耕之務遜 硬稻之種盛而麥菽之播罕 遠水之乾坪 依山之梯田 無不翻作水田 偶値潦潦 幸得登穰 一有旱暵 輒致抛荒 臣於檢田之行 每到山脊高燥萎損最甚處 考準帳案則什九皆此類也 通計一道田結 殆將三分居一 (……) 除非舊陳還起 灌漑有路處外 勿許翻作水田 犯者施以大典冒畊之律 則未必不有助於裕民食備災荒之道 此聖教中相土宜之一事也.

183 徐有榘,『楓石全集』3冊,『金華知非集』卷12, 擬上經界策 ; 五日禁反田以覈名實 (……) 然近自百年以來 飯稻之風盛 而從古粟麥之田 無不翻作水田 俗呼爲反田 反者翻也 謂翻耕旱田而作水田也 遠水之乾坪稉秔彌望者 未必皆穿渠之有路也 高元之危坂畦塍錯互者 未必皆泉源之可引也 偶値潦潦 幸得一食 一有旱暵 輒致全荒 通計一國田總 此類三分居一 (……) 除非有川可引有陂可戽有井可漑者外 其渠引不至車戽不及者 一切還作陸田.

논란에서 벗어난 것이다. 다만 벼는 한번 경작하지만, 밭에서는 1년에 두 번 경작한다는 점을 들어 利害가 相半이라는 점을 지적하고 있었다.[184] 서유구는 反田에 대한 자신의 입장을 引水 여부라는 수리조건의 구비 여부에 바탕을 두고 있었다.

한편 서유구는 중국에서 우량 벼 품종을 수입해야 한다는 주장을 펼치기도 하였다. 서유구는 1838년(헌종 4)에 救荒策을 상소하면서 耐旱性, 耐水性, 耐鹽性을 지닌 품종을 중국으로부터 수입할 것을 제안하였다.[185] 서유구는 宋나라 眞宗이 占城稻를 도입한 故事를 인용하면서 이를 본받아 중국의 종자를 수입하여 파종하게 하고 성과를 올리는 것이 중요하다고 강조하기도 하였다. 이는 둔전 경영을 통해 농법을 보급하려는 목표와 연관시켜 볼 때 새로운 벼 품종을 보급하려는 의지를 보여준 것이었다.

서유구의 둔전론은 부농층을 기반으로 한 개혁적인 농업경영을 통해 사회개혁을 추진하려는 획기적인 방안이었다. 그러나 서유구의 농업경영 혁신론은 지주층의 자본을 이용하고 그들의 생산양식을 새로운 생산양식으로 점진적인 개혁의 추진을 모색하였다는 점에서 뒤에 설명할 다산의 여전제보다는 온건한 것으로 볼 수 있다.

---

184 『林園經濟志』『本利志』권1, 田制, 反田 ; 反(音翻)田者 翻陸田爲水田也 凡陸田之近泉近河 可引水灌漑者 改作畦畛 藝以稻梗 今南北水田什三 皆反田 雖緣飯稻之風 視昔爲盛 亦由地省而利博也(畦種 則省地而收倍) 然陸田一年再種 稻則一熟而已 所謂利害相半者也(杏蒲志).

185 유봉학, 『燕巖一派 北學思想 研究』(一志社, 1995), 230면.

4. 국가적 농업변혁론

1) 丁若鏞의 閭田論

조선후기 농업개혁론과 관련된 지금까지의 연구에서 丁若鏞이 전제개혁안으로 閭田制와 井田制 두 가지를 제안한 것으로 지적되어 왔다.[186] 대개 후자는 조선의 농업 현실을 인정한 입장에서 제시한 전제개혁안이며, 전자는 현실의 토지소유 관계 등을 혁명적으로 이상적인 전제개혁론으로 평가하였다.

여전론은 토지소유관계뿐만 아니라 공동노동, 공동분배를 규율하는 조직을 전제로 삼고 있는 것이었다. 나아가 여전론의 논리를 바탕으로 정치체제, 경제구조를 모색할 수 있는 성격을 지니고 있었다. 따라서 여전론은 기존의 전제개혁론과 성격을 달리하는 국가적 농업변혁론이라고 규정해야 온당하다고 생각된다. 정약용의 가장 급진적인 농업개혁론에 해당하는 閭田論은 「蕩論」과 「原牧」에 나타나는 정치사상에[187] 필적하는 이상적인 농업변혁론의 성격을 갖고 있었다.[188]

丁若鏞(茶山, 1762~1836)은 조선후기 실학의 집대성자로 불려도 좋을 만큼 많은 저술과 개혁안을 남겼다. 1801년 辛酉獄事로 수많은 南人 학자들이 화를 당했는데 이때 정약용은 둘째 형 丁若銓과 더불어 유배되었고, 셋째 형 丁若鍾은 사형에 처해졌다. 같은 해 10월에 이른바 '黃嗣永帛書' 사건으로 정약전은 黑山島에, 정약용은 전라도

---

186 金容燮, 「18, 9세기의 농업실정과 새로운 농업경영론」, 『증보판 한국근대농업사 연구 상』(일조각, 1984).

187 임형택, 「다산의 '민'주체 정치사상의 현실적·이론적 근거 - '탕론', '원목'의 이해를 위하여」, 『이우성교수정년기념논총 - 민족사의 전개와 그 문화』(창작과비평사, 1990).

188 『與猶堂全書』, 第一集 詩文集 第十一卷, 文集 論 田論一~七

康津에 移配되었다. 처음에는 강진읍 주막 등에 거처하다가 1808년 47세 되는 해에 茶山의 草堂로 거처를 옮겨 1818년 유배에서 풀릴 때까지 이곳에서 살았다. 그는 초기의 사환기에는 「田論」, 「湯論」, 「原牧」 등 이상적인 정치·경제개혁안을 내놓았으며, 후기의 유배기에는 본격적인 저작활동에 들어가서 그의 현실적인 개혁안인 1표 2서, 즉 『經世遺表』, 『牧民心書』, 『欽欽新書』와 經學書, 禮書 등에 대한 주석서들을 찬술하였다.[189]

閭田論은 『與猶堂全書』에 수록된 田論에 제시되어 있다. 토지에 대한 私有를 부인하고 공동소유, 공동경작, 노동에 따른 수확 분배 등를 기본내용으로 하는 이상적인 토지제도 개혁안이자 국가체제의 변혁을 도모하는 방안이었다. 소수의 대지주가 대다수의 토지를 집적하고, 많은 소작농민을 착취하고 있는 당시 현실을 비판하면서 내놓은 전제 개혁안이었다. 정약용은 균전제와 한전제가 현실에서 실행될 수 없는 주장이라고 비판하였다.[190]

19세기 초반 농촌사회에서 토지를 가진 자와 잃은 자가 크고 분명하게 구별되면서 토지소유의 불균등이 명확하게 자리잡은 상황을 국가권력의 힘으로 해결해야 한다고 보았다. 이러한 상황을 국왕으로서

---

189 1935년에 안재홍·정인보에 의해 『與猶堂全書』가 간행된 이후 1973년에는 『여유당전서보유』가 5책으로 간행되었다. 또 최익한, 『실학파와 정다산』(평양: 국립출판사, 1955) ; 홍이섭, 『정약용의 정치경제개혁사상 연구』(한국연구도서관, 1959) 등의 연구가 있고, 1985년부터는 다산 서거 150주년 기념으로 『정다산연구의 현황』, 『정다산과 그 시대』 등 다산에 관한 연구성과들은 이루 헤아릴 수 없을 정도이다.

190 『與猶堂全書』, 第一集 詩文集 第十一卷, 文集 論 田論二 ; 將爲井田乎 曰否 井田不可行也 井田者旱田也 水利旣興 秔稌旣甘矣 棄水田哉 井田者平田也 柞旣力 山谿旣闢矣 棄餘田哉 將爲均田乎 曰否 均田不可行也 均田者 計田與口而均分之者也 戶口增損月異而歲殊 今年以甲率分 明年以乙率分 毫忽之差 巧歷莫察 饒瘠之別 頃畝莫限矣 均乎哉 將爲限田乎 曰否 限田不可行也 限田者 買田至幾畝而不得加 鬻田至幾畝而不得減者也 藉我以人之名而加之焉 孰知之乎 藉人以吾之名而減之焉 孰知之乎 故限田不可行也.

방치한다면 王으로서의 자격이 없다고 지적하였다. 또한 強弱의 다툼을 그대로 내버려둔다면 수령의 노릇도 제대로 하지 못하는 것이라고 꼬집었다. 정약용은 백성들의 貧富 격차가 생겨난 근본 원인으로 토지소유의 불균등을 지적하고 있다고 보고 이러한 토지의 불합리한 소유 격차를 균등하게 바로잡기 위한 가장 근원적인 개혁방안으로 여전론을 제기하였다.[191]

정약용은 당시 우리나라의 전지가 총 80만 결이고 인구가 800만 명인데 10명 1호로 계산하여 매호마다 1결의 토지가 분배되어야 균등한데, 농촌의 실정이 이렇지 않다고 지적하였다. 그러한 실정에 처해 있는 이유로 대토지소유자의 대량 토지집적을 지목하였다. 그리고 앞선 사람들이 토지제도의 모순을 해결하기 위해 均田論을 내세웠으나 어떤 계층이나 일정액의 토지소유를 인정한 것은 잘못이라고 비판하였다. 이어서 토지분배에 있어서 "농사짓는 자는 토지를 가질 수 있고 농사짓지 않는 자는 토지를 가질 수 없다"는 원칙을 제기하였다.

閭田論은 閭를 하나의 토지소유 주체로 설정한 것인데, 본래 중국 고대 周나라의 촌락 단위였다. 정약용은 평균 30호 안팎의 人戶로 형성된 자연부락을 경제로 삼아 이것을 閭라 하고 이를 기본단위로 삼아, 3閭를 1里, 5里를 1坊, 5坊을 1邑으로 조직하는 촌락공동체를 구상하였다.

여전의 조직에는 이미 개인에 의한 토지의 사적소유가 없기 때문에 토지의 겸병이나 매매가 없고 토지로 인한 쟁송 따위도 없다고 보았다. 그리고 1여의 토지는 여 안의 사람들이 閭長의 지휘 밑에서 공동

---

191 『與猶堂全書』, 第一集 詩文集 第十一卷, 文集 論 田論三 ; 今欲使農者得田 不爲農者不得之 則行閭田之法而吾志可遂也 何謂閭田 因山谿川原之勢而畫之爲界 界之所函名之曰閭 周制二十五家爲一閭 今借其名 約於三十家 有出入 亦不必一定其率.

으로 경작하고, 여장은 매일 閭民들의 日役(노동일수)을 일역부에 기록한다. 그리고 추수 후 분배 때에 勞動日數를 계산하여 그 일수의 많고 적음에 따라 糧穀을 분배한다. 가을에 수확하여 모두 여의 창고에 넣었다가 먼저 공세를 나라에 바치고, 다음에는 여장의 봉급을 주고 나머지를 일역에 따라 여민들에게 분배한다.

또한 십일세를 기준으로 전세를 정액화하고 여전제를 그 자체 하나의 군병조직으로 활용하였다. 이러한 여전론은 기본적인 전제 개혁안 이외에도 수공업자·상인에 관한 규정과 놀고먹는 양반층을 생산적인 일에 종사토록 규정하고 있으며, 여장의 지휘 밑에 군사훈련과 군역·군포에 대한 규정도 들어 있었다. 이러한 공동경작과 로동에 의한 분배의 원칙은 당시 사회에서 無爲徒食하는 많은 수의 노동력을 農業勞動으로 흡수하려는 것이었다.

정약용의 여전론은 부세제도 및 군사제도와 연관된 것이었는데, 閭에서 국가에 바치는 세금은 什一稅로 고정시키고, 이 십일세 덕분에 국가재정이 안정될 것이라고 보았다.[192] 또한 여전제를 兵制와 결합하여 그의 兵農一致를 현실화시키려고 하였다.[193] 정약용은 1804년 이후 전라도 강진에서 유배하던 시절에 여전제 전제 개혁구상을 정리하였다. 물론 여전제와 같은 이상적인 토지개혁론은 현실적으로 조선후기

---

192 『與猶堂全書』, 第一集 詩文集 第十一卷, 文集 論 田論六 ; 田以什一而稅 法也 薄稅而不什一 貊之道也 重稅而不什一 桀之道也 今田得穀百斗者 公家之稅不過五斗 是 二十而取一也 私家之稅五十斗則是什五也 公家之爲大貊 私家之爲大桀 而國貧不支 民 匱不給 此遵何法哉 罷兼竝之家 而行什一之稅 則國與民俱富矣 然什一之稅 不可易言也 將視歲之豐儉而上下其稅乎 唯井田爲然 閭田不可爲也 相土之肥瘠 量穀之多寡 較數歲 之中以爲常令 一定其總 不得加減 唯大無之年 權貸其稅 遇大有之年 照數賠補 則國有定 入 民有定供 而諸亂俱整矣.

193 『與猶堂全書』, 第一集 詩文集 第十一卷, 文集 論 田論七 ; 今閭置閭長 令爲哨官 里置里長 令爲把摠 坊置坊長 令爲千摠 里長以大閭之長兼之 坊長擇里長之賢者兼之 祿 不疊受 邑置縣令 令得節制 則制田而兵在其中矣.

사회에서 실행하기 굉장히 어려운 것이었다. 하지만 토지소유를 둘러싼 모순적 상황을 타파하기 위해 국가적 농업체제 변혁론을 정연하게 제시하였다는 점에서 커다란 역사적 의의를 갖고 있다고 생각한다.

2) 崔漢綺의 국가적 分業論

19세기 중후반에 활약한 崔漢綺는 서양과학의 영향을 가장 뿌리깊게 수용한 인물이었다. 또한 崔漢綺는 자신의 독특한 氣 중심의 철학적 논리를 체계적으로 수립하여 세계를 해석한 사람이었다. 최한기가 28세일 때 지은 『農政會要』와 32세일 때 지은 『陸海法』, 40세일 때 지은 『心器圖說』 등이 최한기가 지은 농업 관련 저술들이다.

그의 농업 관련 저술들을 제대로 파악하기 위해서는 氣學의 체계를 참고할 필요가 있다. 최한기는 학문을 誠實學과 虛無學 또는 實學과 虛學으로 구분하였다.[194] 성실학은 人道의 운화에 도움이 되는 실천적인 학문인 반면에 허무학은 神과 허무를 이론 근거로 삼는 유해하거나 무익한 학문인 방술잡학과 외도이단이며 여기에는 불교와 서양 종교가 포함된다고 하였다. 이점에서 볼 때 최한기는 農業의 중요성을 명확하게 파악하였고, 이를 현실화시키기 위해 농업기술과 농기구에 관한 『農政會要』와 『陸海法』, 『心器圖說』을 편찬한 것이었다.

최한기는 특히 『陸海法』과 『心器圖說』에서 전면적으로 서양 농업기술의 수용을 강조하였다. 자연과학적 세계상을 확립하였고, 세계 각국의 지리·역사·과학·천문학·의학 등 서양학문을 소개하는 많은 저술을 통해 서양 과학기술의 도입을 적극적으로 주장하였다.

『농정회요』의 경우 김용섭은 현실의 地主制에 대한 변혁의지가 보이지 않고 따라서 小農經濟를 안정시켜야 한다는 목표도 없다는 점에

---

194 김태오, 「혜강 최한기의 운화적 교육론」, 『교육철학』 34집, 92면.

서 地主 富農層의 이익을 대변하는 견해라고 평가하고 있다.[195] 그런데 이러한 평가는 앞서 최한기의 여러 농업관련 서책을 소개한 데서알 수 있듯이 일면적인 것이라고 할 수 있다. 최한기가 상정하고 있는조선의 농업발전 방향, 또는 농업체제의 개혁방향을 地主의 이익을대변하는가, 小農의 이익을 대변하는가라는 이분법적인 질문으로 한정해서는 안될 것이라고 생각된다.

이런 맥락에서 최한기가 상업적 농업을 강조하고, 이와 더불어 국가사이의 교역의 문제를 제기하고 있다는 점을 주목할 수 있다. 단지국내의 시장만 대상으로 삼는 상업적 농업론이 아니라 국가와 국가사이, 그리고 상인과 국가의 관계 등에 눈을 돌려놓고 있는 상업적농업론이었다.[196] 따라서 최한기의 상업적 농업론은 개별 농가를 주체로 내세우는 것이 아니라 국가 간의 교역에서 주체로 설정되지 않을수 없는 국가를 주체로 설정한 것이었다. 결국 국가적 농업변혁론에걸맞은 논리라는 점을 확연하게 알 수 있다. 국가적 농업변혁론의 구체적인 방법론으로 農家 사이의 분업적 농업경영을 거론하고 있었다.[197]

또한 최한기의 저술 가운데『心器圖說』의 의미를 좀 더 천착할 필요가 있다. 1842년(헌종 8) 崔漢綺가 집필한 이 책은 단순한 농기구가아니라 본격적인 농업 기계를 다루고 있다. 특히 중국을 통해 들어온서양의 각종 농업기계를 소개하는 내용이다. 기중기, 양수기[取水機],기름틀[搾油具], 연자방아 등 여러 가지 농기구를 소개하고 있다.

서양 농업 기계의 도입과 관련해서 주의해야 할 점은 이러한 농업기계를 제작하고 활용하는 데 들어가는 비용과 그러한 농업기계를 활

---

195 金容燮,『朝鮮後期農學史硏究』(一潮閣, 1988), 442면.
196『人政』6, 測人門, 地位 商.
197『農政會要』11, 農餘 序.

용하였을 때 얻을 수 있는 성과의 문제이다. 단순히 신기하고 새롭고 정교한 서양의 농업기계를 소개하는 것으로 그쳐서는 조선의 농업 현실에 적용하기 어렵기 때문이다. 결국 최한기가『心器圖說』에서 소개하는 각종 서양 농업기계는 일반 농민들이 활용하기 어렵다는 점을 확연하게 알 수 있다. 앞서 최한기가 農家 사이의 분업적 농업경영을 지적한 것과 마찬가지로 전업적인 농업기계 제작자를 상정하고 있는 것으로 보는 것이 타당할 것으로 생각된다. 이렇게 파악하면 최한기가 氣學에 바탕을 두고 제시한 농업에 관한 변혁론은 국가 전체의 차원에서 농업체제를 분업화, 전업화, 기계화의 방향으로 이끌어나가려는 것이었다고 결론을 내릴 수 있을 것이다.

一

結 論

본서는 18~19세기 조선의 농정책의 전개양상을 정리하고 농업 현실의 폐단에 대한 변혁론으로 제시된 농업개혁론을 검토한 연구이다. 결론에서는 본문 내용을 요약하여 제시하면서 본서의 내용을 체계적으로 드러내고자 한다.

먼저 18~19세기 농정책의 전개 과정을 살펴보았다. 조선의 국왕은 전체적인 농정책의 측면 가운데에서 특히 권농, 즉 농사의 권장을 무엇보다도 강조하였다. 17세기 후반 숙종 대 이후가 되면서 국왕이 가장 중요한 의미를 부여한 권농책으로 매년 정월에 '勸農下敎'를 연례적으로 반포하는 것이 정착되었다. 영조도 숙종에 뒤이어 매년 세수에 권농교 또는 권농윤음을 반포하여 수령의 권농을 독려하였다. 임금이 직접 적전에 나아가 쟁기를 잡고 기경 작업의 시범을 보이는 의례인 친경례의 실시는 조선의 국왕이 백성과 신하에게 보여줄 수 있는 가장 커다란 의례적인 권농이었다.

정조는 친경에 대응하는 관예 의식을 거행하기도 하였지만, 그가 보다 주안점을 둔 권농책은 바로 권농교와 권농윤음의 반포였다. 정조가 수행한 권농책의 백미이자 18세기 후반 조선사회의 사회경제적 상황을 가장 구체적으로 반영한 「권농윤음」이 바로 1798년(정조 22) 11월 30일 반포된 「勸農政求農書綸音」(이하 農書綸音으로 略記함)이다. 정조가 「농서윤음」을 팔도의 신서에게 낱낱이 반시되기를 바란 것은 무엇보다도 새로운 종합농서로 '農書大全'을 편찬하려는 것이었다.

조선후기에 중앙정부가 수행한 권농정책의 한 방향은 한광지와 진전의 개간을 권장하는 것이었다. 정조는 개간의 장려를 위해 역대 조정이 마련한 여러 가지 시책을 계승하여 수령에게 개간을 독려하고, 개간지에 대해 몇 년 동안 免稅 조처를 취하고, 나아가 개간자에게 시상을 하기도 하였다. 정조는 진황전의 개간을 권장하기 위해 수세의 측면에서 근원적으로 혜택을 내려주는 조처를 취하였다. 曆書의 반포는 農時의 선포와 다른 것이 아니었다. 중앙정부가 農政策의 일환으로 農事曆의 의미가 있는 官曆을 반포한 것을 農時가 농업생산에서 갖고 있는 중요성을 인정하였기 때문이었다.

조선후기 農政策의 주요한 구성 부분의 하나는 農形 파악을 통한 농업생산 관리라는 監農의 측면이었다. 중앙정부는 지방 수령, 관찰사를 통하여 農民의 농업생산활동을 감독하였다. 구체적인 방식은 守令과 觀察使가 보고하는 農形狀啓와 雨澤狀啓를 확보하는 것이었다. 守令은 農節이 되면 관찰사에게 農形을 보고하고, 비가 내렸을 때 雨澤 상황을 구체적으로 보고하게 되어 있었다. 특별한 임무를 수행하기 위해서 파견된 暗行御史가 農形을 파악하여 보고하기도 하였다.

조선시대뿐만 아니라 전근대사회에서 발생한 災害 가운데 民에게 직접적이고 광범위한 피해를 준 것은 水災와 旱災였다. 다른 자연재해도 부분적으로 치명적인 피해를 가져다주고는 하였다. 조정은 자연재해가 발생하게 되면 또는 자연 재해가 발생할 조짐이 있으면 여러 가지 의식을 거행하여 이를 막아보려고 하였다. 가뭄이 들었을 때 祈雨祭를 드리고, 비가 계속 내릴 때 祈晴祭를 설행하거나, 벌레 피해를 이겨내기 위한 醋祭를 드리기도 하였다. 가뭄과 홍수 이외에도 곡식을 갉아먹는 벌레의 피해, 산을 넘어오는 건조한 바람의 피해, 너무 일찍 내리거나, 너무 늦게까지 내려서 곡식의 온전한 성장을 방해하는 서리의 피해 등 농민이 농업생산을 수행하는 데 지장을 초래하는 자연재해는 많고도 많았다. 농민의 삶의 고단함은 자연조건이 우선적으로 마련해주고 있었다.

조선시대에 조정에서 추진한 荒政은 흉년이 발생하였을 때 백성을 구제하는 방책이었다. 荒政은 곧 救荒政策이라 불렸다. 荒政이란 어느 한해의 농업생산이 가뭄과 홍수 등의 災害로 말미암아 소기의 성과를 거두지 못하게 되었을 때, 災害를 최소화하려는 노력을 기울이고, 재해를 입은 農地를 파악하여 賦稅를 줄여주며, 농민이 회생할 수 있는 대책을 수립하여 추진하는 정책적인 과정을 가리키는 것이었다. 조선시대에 흉년이 닥쳤을 때 賦稅를 견감하고, 賑恤을 수행하는 것은 바로 이러한 荒政의 요체를 실행하는 것이었다. 농사를 마친 다음 한해의 농사 작황을 전반적으로 평가하는 매기는 災實分等은 3等으로 나누어 尤甚, 之次, 稍實이라는 세 가지로 산정하는 것이 일반적이었다. 各道의 災實分等은 각도의 관찰사가 올린 災結과 實結에 대한 分等狀(啓)을 토대로 산정되었다.

조선 조정은 흉년이 발생하였을 때 가장 시급한 문제인 먹을거리의 확보를 위한 방책을 따로 마련하고 있었다. 그것이 바로 救荒식품을 활용하는 救荒方의 보급과 救荒書의 편찬이었다. 조선 중앙의 구황서 편찬은 아이들의 구제라는 특별한 목적을 지닌 책도 만들어내고 있었다.

19세기 순조 대 이후 여러 가지 농정책이 마련되어 시행되었다. 순조 대 이후 펼쳐진 농정책은 대부분은 정조 대의 그것을 계승한 것이었다. 농정책은 농업생산의 안정성을 확보하기 위한 것으로 이를 제대로 수행하는 것이야말로 국가 운영, 세도정치의 수행을 위해 필요한 財源을 확보하는 것이었다. 따라서 순조 대 이후의 농정책도 量田, 국왕 중심의 勸農, 監農, 荒政 등으로 이루어졌다.

순조 대 농정책 가운데 가장 먼저 특기할 만한 것이 바로 量田 계획과 추진이다. 19세기에 들어서면서 양전의 필요성에 대한 논의가 일어나면서 量田 계획이 수립되고 추진되기에 이르렀다. 1820년 양전 추진의 배경을 살펴보면서 지적한 바와 같이 量田은 근원적인 변혁조치, 또는 혁신적인 조치가 아니라 田政 운영상의 잘못을 정상적으로 운영하는 것이었지만, 田政의 폐단을 釐正하는 성격을 지지고 있었다. 이러한 점에서 순조 대 양전추진은 조정의 農政策의 하나로 수행된 것이지만 또한 농업개혁론의 성격을 일부 띠고 있었다.

국왕이 주도한 권농책 가운데 18세기 초반 무렵 정례화하여 이후 계속 계승된 것이 바로 歲首에 勸農教 또는 勸農綸音을 반포하는 것이었다. 다시 말해서 18세기에서 19세기 중반에 이르기까지 국왕의 권농책 가운데 일관된 양상을 보여주는 것이 바로 勸農教, 勸農綸音의 반포였다. 정조를 뒤이어 왕위에 오른 순조는 즉위 당시 11세에 불과하였지만, 국왕의 권농행사로 자리잡은 권농윤음 반포를 빠뜨리지 않았다. 순조는 즉위하고 맞이한 첫 번째 歲首부터 권농윤음을 반포하였다. 19세기 순조 대 이후의 監農은 의례적인 것으로 수행되고 있었다. 각지의 수령들은 農形 狀啓, 우택 狀啓를 작성하여 올리는 책무를 수행하고 있었다.

순조 대 이후 국왕이 추진한 농정책의 일환으로 주목할 수 있는 것이 암행어사의 파견이다. 이는 1808년 이후 본격적으로 등장하고 있었다. 순조가 즉위한 이후 4년여에 걸친 정순왕후의 수렴청정이 끝나고 순조(당시 15세)의 친정이 시작되었다. 그런데 순조 19세 되던 1808년 이후 國政을 주도하기 위한 순조의 노력이 확연하게 나타나기 시작하였다. 親政에 나선 순조는 國政의 실제를 파악하기 위한 노력을 기울였다.

순조의 國政 장악 노력은 農政策 시행의 측면에서도 이루어졌다. 그러한 시책이 바로 1808년 전국에 암행어사를 파견하여 民弊를 보고하게 한 것이었다. 순조가 수령에 綸音을 내려 民弊를 보고하게 한 것은 정조 대 후반인 1798년에 정조가 侍從 출신 수령에게 民隱을 조사하여 보고하게 하였던 전례를 따른 것이었다. 암행어사 파견이 농정책의 일환이고, 농정책을 수행하는 데 암행어사를 활용하였음을 가장 충실하게 뒷받침해주는 자료가 암행어사들에게 내린 '賚去事目'이라고 할 수 있다. 『八道御史賚去事目京畿』에서 농정책에 관련된 부분을 찾아볼 수 있다.

조선시대에 조정에서 추진한 救荒政策은 農民의 재생산을 최소한도로 가능하게 하기 위한 조처였다. 조선시대의 구황정책은 '荒政'으로 표현되기도 하였는데, 흉년이 닥쳤을 때 조정에서 시행한 여러 가지 시책을 가리키는 것이었다. 19세기에 들어서 세도정치가 나타난 뒤로 荒政의 커다란 부분을 차지하고 있던 還穀이 커다란 문제를 일으키고 있었다. 세도정치의 문란상이 상품화폐경제의 발달과 맞물리면서 환곡의 부세화가 더욱 강화되었고, 이에 따라 환곡이 지닌 진휼 기능이 더욱 약화되었다. 여기에 관리들의 부패가 겹쳐 환곡은 혼란스럽게 운영되었다. 1862년(철종 13) 전국적으로 일어났던 임술농민항쟁에서는 환곡의 문제가 농민들의 요구조건 가운데 가장 큰 비중을 차지했고, 농민항쟁의 수습책으로서 환곡제의 개혁이 요청되었다.

17세기 후반에서 19세기 초반에 걸치는 농업개혁론 가운데 먼저 농업구조 개선론의 추이를 살펴보았다. 농업구조 개선론이란 農政 개선론의 성격으로 바라볼 수도 있다. 조선왕조의 농업정책의 시행과정에서 빚어지고 있던 여러 가지 현실적인 문제를 개혁하기 위한 주장, 논리를 묶어서 농업구조 개선론으로 정리할 수 있다.

양전시행론은 均田를 지향하는 주장이라는 점에서 농업구조 개선론의 일환으로 살펴볼 근거를 가지고 있다. 그런데 전국적인 양전은 굉장한 물력과 인력이 투입되는 대규모의 사업이었다. 양전에 관련된 논의가 진행될 때 주요하게 제기되는 반대론의 논거는 바로 재원 마련의 문제와 양전을 적절하게 수행할 수령이 별로 없다는 점에서 찾고 있었다. 양전의 결과로 양안에 수록된 결부수의 성격이 이러한 것이었기 때문에 양전시행론을 주장한 인물들이 근본적으로 갖고 있던 양전 시행의 동기를 바로 이러한 것이었다. 경자양전을 주장한 인물들이 내세운 양전시행론은 결부수의 측면에서 호조의 수조안에서 누락되어 있던 漏結, 隱餘結을 파악하려는 것이었다.

18세기 초반에 시행된 경자양전 이후 조선왕조의 양전사업은 대규모 道別 양전이 이루어지지 않고 郡縣別 양전, 그리고 査陳, 즉 陳田改量 사업만 실행되었다. 따라서 양전을 통해 농정의 잘못된 부분을 개혁해야 한다는 양전시행론이 줄기차게 제기되었다. 이런 측면에서 1720년 이후 제기된 양전시행론은 농정개혁론으로서의 의미를 지니고 있었다. 특히 1720년 경자양전 시행 이후에 제기되는 양전시행론은 논의에 그치는 양전시행론의 대표적인 모습을 18세기 후반 정조대 여러 인사들이 정조에게 올린 丙午所懷, 應旨農書 등에서 찾아볼 수 있다.

19세기 이후 양전시행론을 찾아보면 丁若鏞과 徐有榘의 그것을 지적할 수 있다. 丁若鏞과 徐有榘는 結負制의 개혁과 量田法의 改正를 주장하였다. 정약용은 특히 현재 사용하고 있는 田算하는 법, 즉 田積를 산출해내는 방법이 死法, 즉 다른 것으로는 융통되지 않는 방법이라는 점이 주목하였다. 그가 제시한 양전론은 간략하게 줄거리만 제시한다면 개량을 하되 그 본질적인 작업은 査陳과 覈隱이라는 두 가지 작업, 즉 陳田의 조사와 隱結의 확인에 있으며, 옛것이 아주 잘못된 것이 아니면 함부로 고치지 말라는 것이었다. 서유구는 조선의 농업경영의 문제를 해결하는 방안으로 量田論을 제기하였다. 서유구는 『林園經濟志』本利志에 제시한 양전론 외에 「擬上經界策」에서 자신의 量田論을 제시하였다. 이상에서 살펴본 양전시행론은 조선 왕조의 농정農政의 가장 커다란 부분인 양전量田를 제대로 시행하여 토지소유의 문제, 부세 불균등의 문제를 해결해야 한다는 주장이었다.

농업구조 개선론의 또 다른 부문으로 水利施設에 대한 變通論을 찾아볼 수 있다. 당시 조선사회의 농업이 맞이하고 있었던 여러 가지 농업 여건 가운데 수리시설의 문제를 農政 실행의 주요한 요소로 파악하고 이의 변통을 주장하는 것이었다. 18세기 후반 정조 대 무렵에 여러 인물들이 다양한 수리시설 변통론을 제시하였다. 수리 시설 개선론 중에서는 특히 보의 중요성을 강조하여 開洑를 독려해야 한다는 주장을 여러 사람이 제기하였다. 18세기 후반 조선의 수리시설 현황에 의거하여 당시 응지농서를 올린 정조의 농정에 적극적으로 호응하던 응지인들은 새로운 축보기술의 제시, 설통인수법, 소규모 수리시설의 축조 등 수리시설의 신설축조에 보다 기울어진 수리진흥책을 제시하고 있었다.

박지원의 수리변통론은 『課農小抄』에 잘 정리되어 있다. 박지원은 특시 수차를 도입하는 데 관심을 집중하였다. 농법의 여러 측면을 대상으로 박지원은 卿懇, 糞壤, 水利 등의 제 기술을 중국 농서와 조선 농서를 비교 인용하면서 상세히 설명하였다. 그중에서도 특히 수리기술에 대하여 徐光啓의 『農政全書』에서 여러 가지 用水하는 방법을 인용하면서 자신의 의견을 덧붙이고 있었다.

서유구는 『임원경제지』, 「本利志」 권2와 권12, 권13을 水利시설과 관련된 내용으로 채워놓고 있었다. 水利, 즉 治水하여 농사짓는 데 필요한 물을 확보하는 방법을 다룬 부분이었다. 저수지를 만들어 貯水하는 방법, 洑를 축조하여 농토에 引水하는 방법, 海堰을 쌓아서 바닷물을 防水하는 방법 등이 소개되어 있다. 앞부분에서는 治水의 일반론이라고 할 수 있는 내용을 『王禎農書』, 『農政全書』 등을 인용하여 제시하고 이어서 河渠, 즉 물길을 만들어 물을 끌어들이는 방법을 소개하고 있다. 계속해서 陂塘, 즉 저수지를 축조하는 방법을 설명하고 있다. 또한 水門을 만들어 이용하는 설명도 들어 있다.

조선후기 18세기 후반 무렵에 여러 지식인들은 당시 농업생산에 사용되고 있던 農器具의 현황에 근거하여 여러 가지 변통론을 제시하였다. 또한 田制를 비롯한 農法의 변통을 주장하였다. 먼저 농기구 변통론은 당대의 농업현실에서 기본적인 생산수단인 농기구를 변통시켜 한 단계 진전시키고 이를 계기로 농업생산력의 발전을 도모하려는 주장이었다. 그리고 田制를 비롯한 農法 변통론은 조선의 農法 현실을 진단하고 이에 대한 개선안을 제시하는 것이었다.

농기구 변통론의 두 번째는 중국에서 농기구를 수입하여 조선의 농업현실에 수용하자는 주장이었다. 朴趾源와 朴齊家를 비롯한 이른바 북학파 학자들이 공통적으로 제기하는 농기구 변통론이 바로 농기구 수입론이었다. 북학파의 일원으로 北學論를 가장 강력하게 제기하였던 朴齊家는 농업기술의 측면에서도 적극적인 기술수용론을 제기하였다. 박제가가 농업 문제에 대해 깊은 관심을 보인 것은 田制 측면이 아니라 農法, 즉 농업기술의 측면이었다. 다시 말해 농업 생산량의 증가를 가져올 수 있는 방법에 대한 것이었다.

18세기 후반 수원 지역에서 활약한 禹夏永(1741~1812)은 자신의 학문적 성취를 바탕으로 조선의 농업현실을 분석하고 이에 대한 나름대로의 개혁론을 제시하였다. 禹夏永이 지은 『千一錄』은 향촌 유생의 시각에서 당시 조선사회가 부딪히고 있던 현실의 문제를 분석 정리하고, 이를 토대로 자신의 改革論을 제시한 책이었다. 『천일록』의 내용은 농업에 한정된 것이 아니었다. 농업뿐만 아니라 상공업, 광업 등 생산활동에 대한 것, 그리고 과거제, 신분제, 軍制, 軍政, 關防, 田制, 田政, 還穀 등 정치·사회·경제·군사제도에 대한 것 등을 망라하고 있었다. 여기에 華城 경영, 지역사회발전에 대한 時務論로 포함하고 있었다. 우하영의『천일록』은 당시의 농업현실 속에서 가장 시급하고 적절한 농정개선 방안으로 改量 실시와 農官 설치를 주장한 점을 주목할 수 있다.

서유구는 '農法 체계화', 또는 '農法 체계화의 방향'이라는 화두를 해결해 나가지 않을 수 없었다. 徐有榘는 中國 農法의 선진적인 부분을 적극적으로 수용하면서, 朝鮮 農法의 독특한 부분을 지속적으로 발전시키고, 또한 조선 팔도 지역농법의 독자성을 인정하고 활발한 개발을 주창하였다. 서유구가 風土論에 기반한 조선농법의 고유한 특성만 강조하는 입장에서 크게 벗어나 있음을 알려주고 있다. 서유구는 무조건적으로 중국 농법을 수용하자고 주장하는 것은 아니었다. 조선 농법의 개성을 강조하고 또한 조선 팔도 지역농법의 독자성을 인정하였다.

18~19세기 농업체제 변혁론을 제기한 논자들은 조정의 관리 노릇을 하던 인물에서부터 在野의 학자들에 이르기까지 다양하였다. 賦稅 수취를 통해서 조정에서 운영하는 財源을 확보하고 있었기 때문에 조정의 관리들이 부세제도를 온전히 운영하는 방안을 마련하고 제시하는 것은 일견 당연한 것이었다. 그리고 부세제도 이외에 토지소유관계, 농업경영 등의 문제에 대해서 나름대로의 문제제기와 해결방안을 제시하였다.

18~19세기에 부세제도를 근원적으로 변혁하자는 주장은 부세제도를 개선하자는 주장에 비해 많이 찾을 수 없다. 그 이유는 무엇보다도 賦稅가 현실과 밀접한 성격을 지니고 있어서 가장 현실적인 방안을 모색하는 것이 절실하기 때문이다. 즉 부세를 둘러싸고 펼쳐지는 폐단의 일단을 시급하게 고치는 改善方案을 먼저 강구하는 것이 필요하다고 파악하였기 때문이다.

조세제도 개혁의 일환으로 제기된 반계의 균민론은 균부균세를 지향하고 있다는 점이다. 세종의 공법이 비록 이상적인 세법의 형태로서 조선초기의 사회경제 수준에 알맞게 고안되었지만, 전제의 모순을 해결하지 못한 채 전세 제도만으로 모든 문제를 해결하려 한데서 조략함을 면치 못했고, 그것을 해결하는 방법을 정전법과 공전제에 기반한 세법에서 찾았던 것이다. 19세기 후반에 부세제도를 개선하자는 주장은 여러 인사들이 올린 三政策에서 분명하게 찾아볼 수 있다.

18~19세기 농업체제 변혁론의 주요한 부분은 바로 토지소유 개혁론이다. 지금까지의 연구에서 田制改革論이라는 용어로 불리던 것이다. 토지소유개혁론은 단적으로 조선후기 토지 소유문제를 해결하기 위해 제시된 것이었다. 磻溪 柳馨遠(1622~1673)의 『磻溪隨錄』은 가장 체계적인 국가개혁론으로 주목되어 왔으며 당 시기뿐 아니라 현재까지도 17세기의 사회구조와 변화를 일관되게 정리한 연구서로 평가되고 있다.

18세기에 활약하면서 조선의 농업현실에 근거한 개혁론을 제기한 학자 가운데 李瀷은 토지소유 개혁론으로 토지소유 규모의 제한을 내용으로 하는 限田論을 제시하였다. 먼저 이익의 전제 개혁론은 均田을 최종목표로 설정한 限田論이었다. 그는 급변하는 사회변동 속에서 몰락하여 가는 소토지농민을 구제하는 방편으로서 限田制를 주장하였다. 즉 한 가정의 생활을 유지하는 데 필요한 토지의 기준량을 국가에서 정하여 이 토지는 매매할 수 없으며 이를 제외한 토지의 매매는 허락하는 것이다. 모든 토지의 국유화를 주장한 유형원의 공전제에 비교하면 일정한 생활근거를 보장하고 남은 토지의 자유매매를 인정하는 태도는 곧 당시의 현실을 합리적으로 분석한 결과라고 하겠다.

박지원이 제시한 한전론은 그의 농업개혁론과 깊이 결부되어 있다. 朴趾源의 限田論이 피력되어 있는 저술인 「限民名田議」는 바로 『課

農小抄』와 떼어놓고 분석할 수 없는 점들을 갖고 있다. 『과농소초』는 박지원이 자신의 입으로 토로한 대로 많은 農書의 抄錄을 바탕으로 삼고 여기에 자신의 按說을 덧붙인 것이다. 박지원이 설치할 것을 제안하고 있는 '法田'이 바로 농업기술의 진전과 더불어 그 보급을 위해 설치해야 될 모범농장으로 성격을 규정할 수 있기 때문에 그의 구체적인 토지소유 개혁방안으로 자리매김할 수 있을 것이다. 박지원이 제안한 '限田制'의 주요한 틀은 토지소유의 상한선을 설정하고 현재의 소유 상황을 인정한 상태에서 장차 그 이상의 소유를 금지하여 점차 균등한 토지소유를 성립시키려는 것이었다.

정약용이 제기한 전제개혁론, 토지소유 개혁론은 바로 井田論이다. 뒤에 설명하는 여전론에 입각한 농업 변혁이 조선의 농업현실에서 실행에 옮겨지기 어렵다는 사실을 잘 알고 있었던 정약용은 보다 현실적인 개혁론으로 井田制 전제 개혁안을 구상하였다. 정약용의 정전제 전제 개혁안은 『經世遺表』에서 찾아볼 수 있는데, 「井田論」, 「井田議」 등의 논설에 잘 나타나 있다.

18~19세기 농업경영 혁신론으로 屯田論을 중심적으로 다룰 수 있다. 18세기 후반 정조의 華城屯田 설치와 운영, 그리고 徐有榘의 屯田論은 국가적인 차원에서 시도되고 추진된 농업경영혁신론에 해당된다고 할 수 있다. 조선후기 둔전의 설치·변동과 관련해서 華城을 축성하는 과정에서 만들어진 대유둔과 서둔의 사례를 살펴보는 것은 조선후기 屯田의 성격과 둔전을 둘러싼 제반 문제, 그리고 이에 대한 정조 당시의 조정의 대안 마련, 개선안 실행의 양상을 검토하려는 의의를 갖고 있다고 할 수 있다. 정조 대의 화성둔전의 설치와 경영은 당시 屯田이 안고 있던 여러 가지 폐단, 특히 중간관리인의 수탈 배제 등을 달성하기 위한 노력의 일환이었다. 그리고 兵農 一致라는 둔전의 기본적인 성격에 충실한 새로운 둔전의 실제 운영을 통해서 당대

375

둔전의 문제를 해결하려는 성격도 갖고 있었다. 따라서 정조 대 둔전 개선안의 실천으로 자리매김할 수 있을 것이다.

18, 19세기의 농업실정에 근거하여 몇몇 사람이 屯田의 설치, 屯田의 경영을 농업체제의 변혁론으로 제시하였다. 1809년 당시 평안감사로 재직하고 있던 徐榮輔는 강계부에 둔전을 설치하고 운영방안인 節目을 보고하였다. 서영보의 강계부 둔전 설치와 운영은 둔전운영론의 차원에서 접근할 수 있다. 그가 보고한 「江界府防軍屯田節目」은 병농일치의 둔전론을 제시한 것이었다. 서용보는 둔전의 안정적인 농업경영을 위해 農器, 즉 농기구와 農牛를 내려주는 방안을 제시하고 있다는 점에서 특징을 찾을 수 있다. 農器와 農牛는 農作에 소용될 뿐 아니라 開墾에 활용되는 것이었다.

徐有榘의 둔전경영론은 당대의 농업현실을 개혁하는 방안으로 屯田論을 제시하였다. 서유구가 제안한 둔전론은 국가재정의 보충을 목표로 삼은 것으로, 구체적으로는 중앙정부의 시범농장 설치와 그를 모범으로 한 지방관청의 둔전설치, 그리고 북방 지역개발을 위한 북방 둔전설치 주장이었다. 서유구의 둔전설치론은 그의 문집 『楓石全集』 속에 수록된 「擬上經界策」에 정리되어 있다. 上下로 되어 있는 「의상경계책」의 여러 조목 중에서도 '廣屯田而富儲蓄'이라는 조목이 바로 둔전설치론을 주장한 내용이다. 둔전을 담당하는 관원에 해당하는 明農者는 농사일에 노련한 농민, 즉 老農과 같은 성격의 농민으로 볼 수 있다는 점에서 현실의 선진 농법을 보급하려는 둔전론이기도 하였다. 서유구의 둔전론은 부농층을 기반으로 한 개혁적인 농업경영을 통해 사회개혁을 추진하려는 획기적인 방안이었다.

정약용의 농업개혁론의 가장 급진적인 閭田論은 「蕩論」과 「原牧」에 나타나는 정치사상에 필적하는 이상적인 농업변혁론의 성격을 갖고 있었다. 閭田論은 『與猶堂全書』에 수록된 田論에 제시되어 있다.

정약용은 백성들의 貧富 격차가 생겨난 근본 원인으로 토지소유의 불균등을 지적하고 있다고 보고 이러한 토지의 불합리한 소유 격차를 균등하게 바로잡기 위한 가장 근원적인 개혁방안으로 여전론을 제기하였다. 정약용의 여전론은 부세제도 및 군사제도와 연관된 것이었는데, 閭에서 국가에 바치는 세금은 什一稅로 고정시키고, 이 십일세 덕분에 국가재정이 안정될 것이라고 보았다.

19세기 중후반에 활약한 崔漢綺는 서양과학의 영향을 가장 뿌리깊게 수용한 인물이었다. 최한기는 학문을 誠實學과 虛無學 또는 實學과 虛學으로 구분하였다. 최한기는 마땅히 農業의 중요성을 파악하였고, 이를 현실화시키기 위해 농업기술과 농기구에 관한『農政會要』와『陸海法』,『心器圖說』을 편찬한 것이었다. 최한기가 상업적 농업을 강조하고, 이와 더불어 국가 사이의 교역의 문제를 제기하고 있다는 점을 주목할 수 있다. 단지 국내의 시장만 대상으로 삼는 상업적 농업론이 아니라 국가와 국가 사이, 그리고 상인과 국가의 관계 등에 눈을 돌려놓고 있는 상업적 농업론이었다. 따라서 최한기의 상업적 농업론은 개별 농가를 주체로 내세우는 것이 아니라 국가 간의 교역에서 주체로 설정되지 않을 수 없는 국가를 주체로 설정한 것이었다. 결국 국가적 농업변혁론에 걸맞은 논리라는 점을 확연하게 알 수 있다. 그렇기 때문에 農家 사이의 분업적 농업경영을 거론하고 있었다. 최한기가 氣學에 바탕을 두고 제시한 농업에 관한 변혁론은 국가 전체의 차원에서 농업체제를 분업화, 전업화, 기계화의 방향으로 이끌어나가려는 것이었다고 결론을 내릴 수 있을 것이다.

참고문헌

1. 주요 참고 자료

『朝鮮王朝實錄』

『備邊司謄錄』

『承政院日記』

『日省錄』

『親耕儀軌』

『弘齋全書』

『度支田賦考』

『度支志』

『居官大要』

『量田謄錄』

『版籍司辛丑謄錄』

『勸農節目』

『賑恤廳堤堰節目』

『均役廳事目』

『黃海道載寧郡所在堰畓節目』

丙午所懷(1786)

民隱疏(1798)

應旨農書(1799)

三政策(1862)

『星湖先生全集』(李瀷)

『順菴先生文集』(安鼎福)

『樂泉集』(南九萬)

『絅菴草稿』(申琓)

『歸鹿集』(趙顯命)

『冠陽集』(李匡德)

『德峯集』(李鎭宅)

『近齋集』(朴胤源)

『燕巖集』(朴趾源)

『貞蕤集』(朴齊家)

『楓石全集』(徐有榘)

『與猶堂全書』(丁若鏞)

『磻溪隨錄』(柳馨遠)

『北學議』(朴齊家)

『牧民心書』(丁若鏞)

『經世遺表』(丁若鏞)

2. 주요 연구 논저

姜祥澤,「朝鮮後期 有土屯田과 無土屯田의 擴大와 그 改革論議에 대하여」,『釜大史學』10(1986).

고동환,「조선후기 도시경제의 성장과 지식세계의 확대」,『다시, 실학이란 무엇인가』(푸른역사, 2007).

高昌錫,「조선후기 제주도 田畓文記의 연구 - 高在一氏 소장문기를 중심으로」,『탐라문화』13(제주대 탐라문화연구소, 1993).

곽창호,「대한제국기를 중심으로 한 토지소유관계의 일연구 - 용인군 수여면 광무양안의 사례분석」, 명지대학교 석사학위논문(1993).

金建泰,「16~18世紀 兩班地主層의 農業經營과 農民層의 動向」成均館大學校 博士論文(1996).

_____,「갑술·경자양전의 성격 - 칠곡석전 광주이씨가 전답안」,『역사와 현실』31(1999).

_____,「경자양전 시기 가경전과 진전 파악 실태」,『역사와 현실』36(2000).

_____,「조선후기 농가의 농지소유 현황과 그 추이」,『역사학보』172(2001).

_____,『조선시대 양반가의 농업경영』(역사비평사, 2004).

_____, 「19세기~20세기 초 不在地主地 經營」, 『大東文化研究』 49(2005).

金錫禧, 「朝鮮後期 南海縣 '花芳寺量案' 分析」, 『韓國文化研究』 創刊號(1988).

金榮鎭・李殷雄, 『조선시대 농업과학기술사』(서울대학교 출판부, 2000).

金玉根, 『조선왕조재정사연구』 Ⅱ(일조각, 1987).

_____, 『조선왕조재정사연구』 Ⅲ(일조각, 1988).

金容燮, 「양안의 연구(상・하) - 조선후기의 농가경제」, 『사학연구』 7・8
       (1960).

_____, 「晋州奈洞里大帳의 分析」, 『亞細亞研究』 8(1961).

_____, 「(속)양안의 연구(상・하) - 조선후기의 전호경제」, 『사학연구』 16・17
       (1963・64).

_____, 「司宮庄土의 관리 - 導掌制를 중심으로」, 『사학연구』 18(한국사학회,
       1964).

_____, 「司宮庄土의 전호경제」, 『아세아연구』 8-8(고려대 아세아문제연구소,
       1965).

_____, 「十八世紀 農村知識人의 農業觀 - 正祖末年의 應旨進農書의 分析」,
       『韓國史研究』 12(1968).

_____, 『朝鮮後期農業史研究』 Ⅰ(一潮閣, 1970).

_____, 『朝鮮後期農業史研究』 Ⅱ(一潮閣, 1971).

_____, 「光武量案의 思想基盤 - 量務監理 金星圭의 社會經濟論」, 『亞細亞研
       究』 15-4(1972).

_____, 「哲宗 壬戌年의 應旨三政疏와 그 農業論」, 『한국사연구』 10(1974).

_____, 『增補版 韓國近代農業史 研究』 (上)(一潮閣, 1975).

_____, 「조선후기의 농업문제와 실학」, 『동방학지』 17(연세대, 1976).

_____, 『增補版 韓國近代農業史研究』 (下)(一潮閣, 1984).

_____, 「朱子의 土地論과 朝鮮後期 儒者」, 『延世論叢』 21(1985).

_____, 『朝鮮後期農學史研究』(一潮閣, 1988).

_____, 「朝鮮後期 土地改革論의 推移」, 『증보판 조선후기농업사연구Ⅱ』(일조
       각, 1990).

_____, 『增補版朝鮮後期農業史研究』 Ⅱ(一潮閣, 1991).

_____, 「朝鮮後期 身分構成의 變動과 農地所有 - 大邱府 租岩地域 量案과 戶

　　　　籍의 분석」, 『東方學志』 82(1993).

김용헌, 「朴齊家 기술수용론의 의의와 한계」, 『퇴계학』 9(1997).

김인걸, 「朝鮮後期 村落組織의 變貌와 1862년 農民抗爭의 組織基盤」, 『震檀學報』 67(1989).

_____, 「조선후기 향촌사회 변동에 관한 연구 - 18,19세기 '향권'담당층의 변화를 중심으로」, 서울대학교 대학원 박사학위논문(1990).

_____, 「『民狀』을 통해 본 19세기 전반 향촌 사회문제」, 『韓國史論』 23(1990).

金鴻植, 『朝鮮時代 封建社會의 基本構造』(博永社, 1981).

김병하, 「日帝下 黃尙翼의 農業經營研究 - 槽東里 黃氏家文書를 중심으로」, 『사회과학논총』 10(계명대학교 사회과학연구소, 1991).

김용덕, 「정유 박제가 연구 - 박제가의 생애」, 『중앙대 논문집』 5(1961).

김준석, 「柳馨遠의 變法觀과 實理論」, 『東方學志』 75(1992).

_____, 「柳馨遠의 政治・國防體制 改革論」, 『東方學志』 77・78・79 합집(1993).

_____, 「柳馨遠의 公田制 理念과 流通經濟 育成論」, 『人文科學延世大』 74집(1996).

김태영, 「조선 전기의 均田・限田論」, 『국사관논총』 5(국사편찬위원회, 1990).

_____, 「朝鮮時代 農民의 社會的 地位」, 『한국사시민강좌』 6(1990).

_____, 「韓國 中世史에서의 國家體制와 農民」, 『人文學研究』 창간호(경희대학교, 1996).

都珍淳, 「19세기 宮庄土에서의 中畓主와 抗租 - 載寧 餘勿坪庄土를 중심으로」, 『한국사론』 13(1985).

문중양, 「조선후기의 수리학」 서울대 박사학위논문(1995).

閔成基, 「朝鮮後期 旱田輪作農法의 展開」, 『釜大史學』 6(1982).

_____, 『朝鮮農業史研究』(一潮閣, 1990).

朴廣成, 「宮房田의 研究 - 그 展開에 따른 民田侵及과 下民侵虐을 中心으로」, 『論文集』 5輯(仁川敎育大學, 1970).

_____, 「朝鮮後期의 土地制度 研究」, 『仁川敎大論文集』 8(1973).

朴秉濠, 「韓國近世의 土地所有에 관한 研究」, 『韓國法制史考』(凡文社, 1974).

朴準成,「17・18세기 宮房田의 확대와 所有形態의 변화」,『韓國史論』
11(1984).

_____,「조선후기 金海・梁山 蘆田지대의 노전소유와 경영」,『국사관논총』
63(1995).

朴珍泰,「조선후기 衙門屯田에 관한 고찰」성균관대 석사논문(1985).

_____,『한말 역둔토조사의 역사적 성격 연구』, 성균관대 박사학위논문
(1995).

박찬승,「조선후기 사회・경제사상 연구현황」,『한국중세사회해체기의 제문
제』 상(한울, 1987).

朴賢淳,「16~17세기 貢納制 운영의 변화」,『韓國史論』 38(1997).

朴花鎭,「千一錄에 나타난 禹夏永의 農業技術論」,『釜大史學』 5(1981).

徐昇煥,「朝鮮時代 農業生産力 發展에 관한 硏究–施肥法과 旱・水田農法의
發展을 중심으로」서울대 경제학과 석사학위논문(1987).

宋讚燮,「17・18세기 新田開墾의 확대와 經營形態」,『韓國史論』 12(1985).

_____,「朝鮮前期 農業史硏究의 動向과「국사」敎科書의 檢討」,『歷史敎育』
42(1988).

_____,「1862년 진주농민항쟁의 조직과 활동」,『韓國史論』 21, 서울대 국사
학과(1989).

_____,「숙종 대 재정 추이와 경자양전」,『역사와 현실』 36(2000).

宋贊植,「朝鮮後期農業에 있어서의 廣作運動」,『李海男博士華甲紀念史學論
叢』, 1970.

신용하,「日帝의 朝鮮土地調査事業에 있어서의 國有地 創出과 驛屯土 調査」,
『경제논집』 17-4(서울대학교 경제연구소, 1978).

沈羲基,「조선시대의토지법과 토지소유관계」,『박병호교수환갑기념 한국법사
학논총 2』, 1991.

_____,『한국법사연구』(영남대학교 출판부, 1992).

안병욱,「19세기 임술민란에 있어서의 '향회鄕會'와 '요호饒戶'」,『한국사론』
14(1986).

_____,「朝鮮後期 自治와 抵抗組織으로서의「鄕會」」,『聖心女子大學論文輯』
18(1986).

안병직 외편, 『近代 朝鮮의 經濟構造』(비봉출판사, 1989).

安秉直·李榮薰 외, 『근대조선의 경제구조』(비봉출판사, 1989).

安秉直, 「다산의 농업경영론」, 『碧史李佑成정년기념 민족사의 전개와 그 문화 (하)』, 1990.

안병직·이영훈 편, 『맞질의 농민들』(일조각, 2001).

安秉珆, 『조선근대경제사연구』(동경: 일본평론사, 1975).

安秉台, 「朝鮮後期의 土地所有‐重層的 所有構造와 經營構造」, 『朝鮮近代經濟 史研究』, 1975.

_____, 「17, 18세기 조선궁방전의 구조와 전개」, 『한국근대경제와 일본제국 주의』, 백산서당 편집부 역(백산서당, 1983).

廉定燮, 「正祖 後半 水利施設의 築造와 屯田經營」, 『韓國學報』 82집(1996).

_____, 「숙종 대 후반 양전론의 추이와 경자양전의 성격」, 『역사와 현실』 36(2000).

_____, 「조선시대 農書 편찬과 農法의 발달」 서울대학교 대학원 국사학과 박사학위논문(2000).

_____, 「18세기 후반 正祖代 勸農策과 水利 진흥책」, 『韓國文化』 29(2002).

_____, 『조선시대 농업발달 연구』(태학사, 2002).

吳仁澤, 「18,19세기 水稻 乾播法의 지역적 전개와 農法의 성격」, 『釜山史學』 20(1991).

_____, 「肅宗代 量田의 推移와 庚子量案의 성격」, 『釜山史學』 23(1992).

_____, 「朝鮮後期 新田開墾의 성격‐肅宗代 南海縣 庚子量案의 加耕田을 중 심으로」, 『釜大史學』 18(1994).

_____, 「17·18세기 量田事業 研究」 부산대학교 사학과 박사학위논문(1996).

_____, 「경자양전의 시행조직과 양안의 기재형식」, 『역사와 현실』 38(2000).

왕현종, 「19세기 후반 地稅制度 改革論과 甲午改革」, 『한국 근현대의 민족문 제와 신국가 건설』, 김용섭교수정년기념한국사학논총간행위원회 (1997).

_____, 「18세기 후반 양전의 변화와 '時主'의 성격‐충청도 懷仁縣 사례를 중 심으로」, 『역사와 현실』 41(2001).

_____, 「조선토지제도조사사업 연구의 과제와 시론적 검토」, 『역사와 현실』

50(2003).

_____, 「대한제국기 지계아문의 강원도 양전사업과 官契발급」, 『동방학지』 123(2004).

유봉학, 「18~19세기 燕巖一派 北學思想의 연구」, 서울대 국사학과 박사학위 논문(1992).

_____, 「조선후기 경화사족의 대두와 '실학'」, 『다시, 실학이란 무엇인가』(푸른역사, 2007).

尹大成, 「대한제국의 광무양안에 의한 근대적 소유권의 확립」, 『법사학연구』 24(2001).

李景植, 「17세기 土地開墾과 지주제의 전개」, 『한국사연구』 9(1973).

_____, 『朝鮮前期土地制度研究』(一潮閣, 1986).

_____, 「17세기 土地折受制와 職田復舊論」, 『東方學志』 54~56합(1987).

_____, 「조선후기 火田농업과 收稅문제」, 『한국문화』 10(서울대 한국문화연구소, 1989).

_____, 「朝鮮後期 王室·營衙門의 柴場私占과 火田經營」, 『東方學志』 77~79(1993).

李光麟, 『李朝水利史研究』 韓國文化叢書 8(1961).

李世永, 「18·9세기 穀物市場의 형성과 流通構造의 變動」, 『韓國史論』 9(1983).

_____, 「18·19세기 양반토호의 지주경영」, 『한국문화』 6(1985).

_____, 「조선후기 토지소유형태와 농업경영 연구현황」, 『韓國中世社會 解體期의 諸問題(下) - 朝鮮後期史 연구의 현황과 과제』(한울, 1987).

_____, 「조선시기 농업사 연구동향」, 『역사와현실』 창간호(1989).

_____, 「대한제국기 농촌사회경제구조의 변화 - 1900~1903년 경기도 광주부 북방면을 중심으로」, 『한국문화』 16(1995).

_____, 『조선후기정치경제사』(혜안, 2001).

李樹健, 『한국중세사회사연구』(일조각, 1984).

李永鶴, 「朝鮮時期 農業生産力 研究現況」, 『韓國中世社會解體期의 諸問題』, 1987.

_____, 「광무양전사업연구의 동향과 과제」, 『역사와 현실』 6(1991).

李榮昊, 「18·19세기 地代형태의 변화와 農業經營의 변동 - 宮庄土·屯土를
　　　중심으로」, 『韓國史論』 11(서울대 국사학과, 1984).

_____, 「조선시기 토지소유관계 연구현황」, 『韓國中世社會 解體期의 諸問題
　　　(下) - 朝鮮後期史 연구의 현황과 과제』(한울, 1987).

_____, 「대한제국시기의 토지제도와 농민층분화의 영상:京畿道 龍仁郡 二東
　　　面 光武量案과 土地調査簿의 비교문석」, 『한국사연구』 69(1990).

_____, 『한국 근대 지세제도와 농민운동』(서울대출판부, 2001).

李榮薰, 「朝鮮後期 八結作夫制에 대한 硏究」 『韓國史硏究』 29(1980).

_____, 「19세기 農業변동의 일양상 - 慶南 金海 內需司庄土의 사례」, 『經濟史
　　　學』 6(1983).

_____, 「量案의 性格에 대한 再檢討 - 慶尙道 醴泉郡 庚子量案의 事例分析」,
　　　『經濟史學』 8(1984).

_____, 「朝鮮後期 農業變動의 基本樣相에 관한 諸事例分析」, 『歷史學報』
　　　102(1984).

_____, 「개항기 지주제의 일존재형태와 그 정체적 위기의 실상 - 명례궁방전
　　　에 관한 사례분석」, 『경제사학』 9(한국경제사학회, 1985)

_____, 「朝鮮後期 土地所有의 기본구조와 農民경영」 서울대 경제학과 박사학
　　　위논문(1985).

_____, 『朝鮮後期社會經濟史』(한길사, 1988).

_____, 「19세기 農民經營의 分化趨勢와 階層別 存在形態 - 慶尙道 南海 龍洞
　　　宮庄土에 관한 事例分析」, 『韓國 社會와 文化』 13(한국정신문화연구원,
　　　1990).

_____, 「朝鮮時代 社會經濟史 硏究의 最近 動向과 古文書의 意義」, 『정신문화
　　　연구』 15-1(한국정신문화연구원, 1992).

_____, 「朝鮮時代의 社會經濟史 硏究에 있어서 몇 가지 基礎的 難題들 - 小經
　　　營의 發展過程과의 관련에서」, 『국사관論叢』 37(국사편찬위원회,
　　　1992).

_____, 「朝鮮後期 農民分化의 構造·趨勢 및 그 역사적 性格」, 『東洋學』
　　　21(1992).

_____, 「광무양안에 있어서 '시주'파악의 실상 - 경기도·충청남도 광무양안

　　　　　사례분석」, 『성곡논총』 23(1992).

_____, 「韓國史에 있어서 近代로의 移行과 特質」, 『經濟史學』 21(1996).

_____, 「量案上의 主 규정과 主名 기재방식의 추이」, 『조선토지조사사업의 연구』(민음사, 1997).

이영훈 편, 『수량경제사로 다시 본 조선 후기』(서울대출판부, 2004).

이우성, 「실학연구서설」, 『실학연구입문』(일조각, 1973).

李潤甲, 「18세기말의 均竝作論 - 洪川儒生 李光漢의 貸田論을 중심으로」, 『한국사론』 9(1983).

_____, 「18 · 19세기 경북지방의 농업변동」, 『한국사연구』 53(1986).

李政炯, 「17 · 18세기 宮房의 民田 · 屯田 침탈」 부산대석사학위논문(1995).

이종범, 「1908~09년 일제의 과세지 조사에 관한 실증적 검토:전라남도 구례군 토지면 오미동 사례」, 『역사와 현실』 5(1991).

李哲成, 「肅宗末葉 庚子量田의 실태와 역사적 성격 - 比摠制로의 변화」, 『사총』 39(고려대, 1991).

李春寧, 『李朝農業技術史』(韓國硏究院, 1964).

_____, 「進北學議를 통하여 본 朴齊家의 농업론」, 『진단학보』 52(1981).

_____, 『한국農學史』(民音社, 1989).

이태진, 「朝鮮時代 水牛 · 水車 보급시도의 農業史的 意義」, 『韓國社會史硏究』(지식산업사, 1986).

_____, 『韓國社會史硏究 - 농업기술의 발달과 사회변동』(知識産業社, 1986).

_____, 『朝鮮儒敎社會史論』(知識産業社, 1989).

이헌창, 「반계 유형원의 경제사상에 관한 연구」, 『조선시대사학보』 10(1999).

_____, 「유학 경제사상의 체계적 정립을 위한 시론」, 『국학연구』 3, 한국국학진흥원(2003).

李鎬澈, 『朝鮮前期農業經濟史』(한길사, 1986).

_____, 「朝鮮時代의 農業史」, 『한국의 사회경제사』(한길사, 1987).

_____, 「조선후기 水稻品種의 분화」, 『經濟史學』 19(1995).

임형택, 「다산의 '민'주체 정치사상의 현실적 · 이론적 근거 - '탕론', '원목'의 이해를 위하여」, 『이우성교수정년기념논총 - 민족사의 전개와 그 문화』(창작과비평사, 1990).

林和男, 「李朝農業技術の展開」, 『朝鮮史叢』 4(1980).

전석담 · 허종호 · 홍희유, 『조선에서 자본주의적 관계의 발생』(평양: 사회과학출판사, 1970)(이성과 현실, 복간본).

全盛昊, 「1725~1761년간 경상도 도성지방의 물가수준에 관한 연구」, 『태동고전연구』 13(1996).

전해종, 「釋實學」, 『진단학보』 20(진단학회, 1959).

_____, 「조선조 實學論 比較小論」, 『진단학보』 71(진단학회, 1991).

정구복, 「반계 유형원의 사회개혁사상」, 『역사학보』 45(1970).

鄭善男, 「18 · 19세기 田結稅의 收取제도와 그 운영」, 『한국사론』 22(서울대 국사학과, 1990).

鄭勝振, 『韓國近世地域經濟史』(경인문화사, 2003).

鄭昌烈, 「朝鮮後期 屯田에 대하여」, 『李海南博士華甲紀念史學學論叢』, 1970.

趙啓纘, 「翁主房屯田畓의 일형태 – 전라도 임피현 화순옹주宅房屯畓改量成冊을 중심으로」, 『우헌정중환환력기념논문집』, 1974.

趙璣濬, 『朝鮮後期社會經濟史硏究入門』(민족문화사, 1991).

조석곤, 「양안과 土地臺帳의 역사적 성격」, 『경제사학』 19(한국경제사학회, 1995).

조성을, 「실학과 민중사상」 한국역사연구회 엮음, 『한국역사입문』 2(풀빛, 1995).

趙世烈, 「朝鮮後期 水稻作法의 集約化傾向」, 『慶熙史學 – 朴性鳳敎授回甲論叢』 14(1987).

주강현 엮음, 『북학의 민속학』(역사비평사, 1989).

지두환, 「조선후기 실학연구의 문제점과 그 방향」, 『태동고전연구』 3(1987).

천관우, 「반계 유형원 연구 – 실학 발생에서 본 이조사회의 일단면」, 『역사학보』 2 · 3(1952~1953).

_____, 「반계 유형원 연구 의보疑補」, 『역사학보』 10(1958).

_____, 「韓國土地制度史(下)」, 『韓國文化史大系』 Ⅱ, 1965.

崔永俊, 「江華地域의 海岸低濕地 干拓과 景觀變化」, 『學術院論文集』 – 人文社會科學篇 30집(1991).

崔元奎, 「朝鮮後期 水利기구와 經營문제」, 『國史館論叢』 39(1992).

崔潤晤, 「조선후기 和雇의 성격」, 『충북사학』 3(1990).

_____, 「18·19세기 농업고용노동의 전개와 발달」, 『한국사연구』 77(1992).

_____, 「肅宗朝 方田法 시행의 역사적 성격」, 『國史館論叢』 38(국사편찬위원회, 1992).

_____, 「朝鮮後期의 量案과 行審冊」, 『역사와 현실』 36(한국역사연구회, 2000).

_____, 「반계 유형원의 정전법과 공전제」, 『역사와 현실』 42(2001).

_____, 「朝鮮後期 土地所有의 發達과 地主制」, 연세대학교 박사학위논문(2001).

_____, 「대한제국기 광무양안의 토지소유 구조와 농민층의 동향 - 충북 진천군 양안을 중심으로」, 『역사교육』 86(2003).

_____, 「대한제국기 광무양안의 토지소유와 농업경영에 관한 연구 - 충북 진천군양안 전체 분석을 중심으로」, 『역사와 현실』 58(2005).

崔洪奎, 『禹夏永의 실학사상 연구』(일지사, 1995).

한국고문서학회, 『동아시아 근세사회의 비교 - 신분·촌락·토지소유관계』(혜안, 2006).

한국역사연구회 근대사분과 토지대장연구반 편, 『대한제국의 토지조사사업』(민음사, 1995).

한영우, 「'실학' 연구의 어제와 오늘」, 『다시, 실학이란 무엇인가』(푸른역사, 2007).

허종호, 『조선봉건말기의 소작제 연구』(사회과학원출판사, 1965).

홍덕기, 「茶山 丁若鏞의 土地改革思想 硏究 - 閭田論를 中心으로」, 전남대학교 박사학위논문(1990).

홍성찬 외, 『일제하 만경강 유역의 사회사 - 수리조합 지주제 지역 정치』(혜안, 2006).

홍희유, 『조선중세수공업사연구』(과학백과사전종합출판사, 1989).

宮嶋博史, 「李朝後期農書の硏究」, 『人文學報』 43(京都大 人文科學硏究所, 1977) (『봉건사회해체기의 사회경제구조』, 청아출판사, 1982년에 재수록).

_____, 「李朝後期における朝鮮農法の發展」, 『朝鮮史硏究會論文集』 18 (1981).

＿＿＿＿＿, 「李朝後期の農業水利 - 堤堰(溜池)灌漑を中心に」, 『東洋史研究』 41-4 (1983).

＿＿＿＿＿, 「朝鮮史研究と所有論 - 時代區分についての一提言」, 『人文學報』 167 (東京都立大學, 1984) ; 『경제사연구』 1(경희대 한국경제경영사연구소, 1985).

＿＿＿＿＿, 『朝鮮土地調査事業史の研究』(高麗書林, 1991).

＿＿＿＿＿, 「土地臺帳의 比較史 - 量案·檢地帳·魚鱗図册」, 『근세 동아시아 근세사회의 비교』(혜안, 2006).

和田一郎, 『朝鮮土地制度及地稅調査報告書』, 1920.